U0432996

法拉利圣经

王若冰　卞亚梦　编著

《法拉利圣经》收录了法拉利70年的历史以及恩佐先生一生的重大事迹。全书分三部分，第一部分将恩佐先生、法拉利车标的演化、V形发动机、外形设计等方面逐一分栏讲解，这种表现手法在法拉利品牌书中是极少见的；第二部分是经典车型，作者将法拉利出品的所有公路跑车“一网打尽”；第三部分是作者在撰写本书的过程中经历的事情，比如参观法拉利总部等。

《法拉利圣经》是作者撰写的第二本法拉利品牌书，与第一本《法拉利公路跑车宝典》相比，本书加入了许多新鲜的元素，一改《法拉利公路跑车宝典》教科书式的氛围，可使读者更加直观地了解法拉利的历史。本书是一本适合法拉利车迷和汽车行业从业人员阅读的豪华汽车品牌书。

图书在版编目(CIP)数据

法拉利圣经 / 王若冰，卞亚梦编著．—北京：机械工业出版社，2019. 3
ISBN 978-7-111-61882-9

Ⅰ．①法… Ⅱ．①王… ②卞… Ⅲ．①跑车—介绍—意大利 Ⅳ．① U469.11

中国版本图书馆 CIP 数据核字 (2019) 第 018702 号

机械工业出版社(北京市百万庄大街22号 邮政编码100037)
策划编辑：李 军　　责任编辑：李 军
责任校对：王 延 潘 蕊　责任印制：孙 炜
北京华联印刷有限公司印刷
2019年3月第1版第1次印刷
300mm × 240mm · 41印张 · 4插页 · 770千字
0 001—3 000册
标准书号：ISBN 978-7-111-61882-9
定价：199.00元

凡购本书，如有缺页、倒页、脱页，由本社发行部调换
电话服务　　网络服务
服务咨询热线：010-88361066　机 工 官 网：www.cmpbook.com
读者购书热线：010-68326294　机 工 官 博：weibo.com/cmp1952
010-88379203　金 书 网：www.golden-book.com
封面无防伪标均为盗版　教育服务网：www.cmpedu.com

Foreword 推荐序

法拉利的故事写好不容易。它太知名了，想挖掘到不为人知的故事更不容易；它的关注度太高了，但凡一点小纰漏都会被无限放大。

写法拉利的故事，需要作者是考据派，有能力在超越半个世纪的历史时光中筛选内容。它还需要作者是实践派，没有到意大利马拉内罗总部参观拜访，没有亲自开过法拉利经典车型，怎么可能描述出真实的感受。王若冰就是这样一位固执而且较真的作者。阅读他的文字可以感受到他的专业性和他对法拉利品牌的热情和喜爱。

坦率而言，这本书是“难产”的作品。几年之前，王若冰就着手撰写这本书稿。但是每当我问起他究竟什么时候付梓，他的回答要么是法拉利又发布新车了，需要加到这本书里；要么是他又挖掘出了新的历史故事素材需要补充到书稿里……于是这本书变得越来越厚，故事的密度变得越来越大……

最近，我终于看到王若冰的终稿。让我感到欣喜的是，这本书不同于文字枯燥的传统历史传记，也不同于只会罗列照片的汽车画册。它能让人感受到执笔人有着丰富的杂志编辑经验。它不是一本摆在橱窗用来装饰房间的图集，也不是一本偶尔翻一下的字典，而是实实在在有着超强可读性的法拉利品牌书。

如果你是一位法拉利车迷，这是一本你值得收藏的书。

如果你是一位法拉利爱好者，王若冰是一位值得你认识的同道中人。

法拉利创始人恩佐曾经说：“I have often been asked which has been the most important victory achieved by a car from my factory and I always say: the most important victory will be the next one.”（经常被问到我们所造的车取得的最伟大胜利是哪一次？我总是回答：下一场胜利！）。

最后，祝福王若冰能够持续为读者们创造优质的作品。读完这本书的人，一定会期待你的下一本作品。

王洪浩

58同城副总裁、内容负责人

Foreword 作者序一

欢迎各位读者跟我们一起走进“红魔”的终极天地。

回溯儿时爱上汽车的启蒙年代，翻版汽车杂志上的法拉利Testarossa、F512TR、F355打那时起就成为心中最梦幻的汽车，与闻名遐迩的意大利男高音及电影配乐一样，是华丽而永恒的存在。

很荣幸可以和法拉利超级粉丝及专家王若冰合作这本书。在人类步入第二次工业革命之后，也快速迎来越来越多的Icon(偶像)。猫王、迈克尔·杰克逊等歌手是流行音乐界的Icon，奥黛丽·赫本、马龙·白兰度等演员是电影界的Icon，可口可乐是软饮界的Icon，Mini是紧凑小型车界的Icon，而法拉利则是超级跑车界毋庸置疑的Icon。当法拉利在2017年迎来伟大的70周年庆典之时，我和王若冰不约而同地将热情聚拢在偶像身上。

从确定策划方案，前往意大利总部拜访和试驾，到翻阅海外书籍资料和拍摄相关模型，再到编写及印刷出版，近一年的时间里我们不断自我颠覆，旨在制作一本适于收藏品鉴的“跃马圣经”，一本中文原创的终极法拉利宝典。

感谢法拉利中国的大力支持，也感谢父亲赐予的书法佳作。希望我和若冰的联合出品可以让红魔之魂跃然纸上，给各位车迷呈上非同凡响的共鸣与阅读体验。

敬请关注和联络卞亚梦的新浪微博：卞亚梦

Foreword 作者序二

在2016年我开始非常认真地考虑是否应该将我2011年出版的《法拉利公路跑车宝典》做一些增补。随后我开始了新书的撰写，但在2017年我却停下了手中的笔。因为新书无论是内容还是版式都和《法拉利公路跑车宝典》如出一辙，没有任何突破。《法拉利公路跑车宝典》是一本按时间顺序介绍法拉利所有公路跑车的书。从1940年的Auto Avio Costruzioni 815直至2011年的FF。

这本书在策划时是想作为前作的续本，不仅要加入从FF至今的所有GT车型，更着重将20世纪五六十年代法拉利的车型补全，力求为读者呈现出一个更加完整、系统的法拉利族谱。虽然这次撰写的车型比前作更加系统和全面，但我始终感觉缺少了些什么，所以迟迟没有出版，直到我的好朋友卞亚梦给我打来了一个电话。在青岛的海边我俩从中午谈到傍晚，在回家的路上我对自己说我知道该怎样做了。于是，新书就变成了现在的样子。

在前作的撰写过程中，我就遇到过几个问题。

某些情况下，一种车型会出现两个版本。例如365 GTC 和 GTS，虽然都是1969年亮相的，但它们并不能完全算作是一款车。但因为它们是同一车型的不同款式，所以读者会在同一目录单元内找到这两款车。两个不同的研发项目，例如365 GTB/4 Daytona 和其Spider款365 GTS/4，也被我划归到一个目录之中。而同一款车的几个版本，考虑到车型的定位和法拉利的开发意图，分别建立目录。我相信这也是正确的选择，比如599 GTB Fiorano、599 GTO和SA Aperta。

1953年的375 MM，它有两个截然不同的分支型号，一款是运动赛车，一款是公路跑车，虽然底盘和发动机都是相同的，但这两款车无论是从外形还是用途上都不能混为一谈。不过这本书主要是介绍法拉利公路跑车的，所以我将这两款车放在了同一目录下，同样，250 MM也是如此。

使用车型的型号来编排法拉利，有时会遇到相反的情况，外观有着天壤之别的两辆车，竟会被编排在一个目录下。这种情况多见于20世纪60年代以前，因为那时的法拉利将所有车辆的车身都外包给车身制造商，而一款车同时外包给多家车身制造商也并不奇怪，再加之此时的车身制造商并没有形成现代化的量产模式，所有车身都是手工打造，而且法拉利还会生产许多one-off车型，所以我们将这一时期的法拉利底盘型号和发动机作为重要的参考依据。

在每辆车的最后都有一个简单的数据列表，包括发动机、变速器、车身、底盘的主要特征。这时遇到的主要问题是，我从各种渠道咨询得到的数据会存在些许出入。当这种情况出现时，我选择使用直接从法拉利官方网站上获得的数据，但关于某些车型最终量产的出入，我的做法是将所有收集到的数据一并列出。

对于某些车型，例如308、328、348，我将这三款车型放到了一个目录单元内，这样的情况还有很多，如果大家想详细地知道它们的故事，请翻阅《法拉利公路跑车宝典》。

本书在甄选车型时没有将原型车和概念车收录其中。有许多宾尼法利纳的概念车非常值得介绍，但因为年代久远，而且这些概念车纯粹是用于科研、验证；它们从没正式生产过，也没有参加任何比赛。所以最终并没有被收录。

这本书的撰写历时3年，版式经过了3次大的改动，内容的小改则不计其数，2018年它终于完成了，而2018年正值恩佐 · 法拉利诞辰110周年。

王若冰

敬请关注和联络王若冰的新浪微博：两厢半的书

contents 目录

生

涯

马

成

经常被问到我们所造的车取得的最伟大胜利是哪一次？

我总是回答：下一场胜利！

（恩佐·法拉利）

第一章 伟大的男人

1898年2月18日的那一天，暴风雪在意大利艾米利亚·罗马涅区咆哮肆虐，道路几乎无法通行，大大小小的村庄里渺无人迹。没有人敢在这样的天气离开自己温暖的屋子外出活动，作坊主阿尔佛雷德·法拉利（Alfredo Ferrari）同样不敢出门，尽管他打算向政府部门报告一件令他全家欢喜的消息：他的儿子恩佐·安塞姆（Enzo Anselmo）在这一天降临人世。但直到两天以后，阿尔佛雷德才动身前往摩德纳的户籍登记处为儿子办理新生儿户口登记手续。在意大利，各种档案记录都很随意，意大利人从来不像严谨的德国人和英国人那样，在各地的教堂里记录着详细的公民档案。自19世纪以来，意大利人的官方档案都是潦草粗略的，恩佐·法拉利的情况也是这样，记录得并不准确。

摩德纳姓法拉利的家族非常多，直至今日，法拉利这个名字在摩德纳依旧很常见。阿尔佛雷德·法拉利在摩德纳的金属制造行业担任高级技术顾问多年。据恩佐回忆，他的父亲为国家铁路供应舷梯和遮棚，阿尔佛雷德不仅是公司的经理，还是设计师、销售员和打字员。法拉利的家位于小镇北部市郊的卡姆利街264号（现在已改为保罗·法拉利街85号），离街面比较远，但和铁路相连。阿尔佛雷德·法拉利的公司叫阿尔佛雷德·法拉利机械公司（Promiata of Ficina Meccanica Alfredo Ferrari），法拉利一家住在最西边的楼上。作为摩德纳最著名的名人故居，这栋房子至今依旧完好，几乎没有什么变化。

恩佐的孩提时代平淡无奇，这个家庭的生活完全称得上舒适惬意。1903年，他们还拥有了一辆属于自己的汽车，当时摩德纳仅有27辆私家车；之后他们又买了两辆，并聘请了人专门负责维修兼司机。恩佐小时候还喜欢骑自行车和射击，所有这一切都不是一个出身贫寒的孩子可以拥有的。

恩佐第一次接触赛车是在1908年9月6日，父亲带着他和哥哥去博洛尼亚看赛车。次年，幼小的恩佐跋涉两英里穿越农田，观看

摩德纳，罗马人称其为摩提那（Mutina），公元前43年的一件事令它第一次受到外界的关注。恺撒大帝遇刺后，马克·安东尼（Marc Antony）追捕一名叫德西莫斯·布鲁托斯（Decimus Brutus）的人到了这里，这个布鲁托斯仅是刺杀的同谋之一，并非传说中给了恺撒致命一击的马库斯·布鲁托斯（Marcus Junius Brutus）。在短暂的战斗后，这个城市陷入了长达千年的停滞期，直到成为伦巴第联盟（Lombard League）的一员才开始恢复生机。17世纪时强大的埃斯特（Este）家族将摩德纳发展为欧洲首屈一指的制造和贸易中心，但随后法国和奥地利的不断入侵，摩德纳又渐渐变得萧条。

恩佐·法拉利出生时，摩德纳只是一个有着5万人口的小镇，夏天闷热潮湿，蚊虫肆虐，冬天阴冷多雾，这比当地的香醋更加出名。这里的居民寡言而勤奋（按照意大利人的标准来说），拥有传奇般的手工技能，尤其在各类金属的铸造、塑型、切割、成型方面令人叹为观止。

法拉利的家位于小镇北部市郊的卡姆利街264号

了他人生中的第二场赛车比赛。这场比赛无疑给年幼的恩佐留下了深刻的印象。多年后恩佐在回忆录中坦言，在孩童时期自己的梦想是做三件事：写体育新闻、唱歌剧和赛车。虽然他出色的文字技巧和个人魅力很有可能令他在意大利新闻界大展身手，但最后恩佐并没有向这方面发展；至于唱歌剧，恩佐曾公开承认自己是一个五音不全的人，就算喝再多的酒自己也不会独自开口唱歌。

在人生最初的 20 年里，恩佐只是一个喜欢自行车、赛车和足球的普通意大利男孩。直到 1914 年 6 月 28 日的早晨，萨拉热窝两声枪响，整个欧洲陷入了战争的旋涡，恩佐也被卷入其中。

最初阿尔佛雷德（恩佐的哥哥，也叫 Alfredo，乳名是迪诺）将家里的一辆车改造成为了修护车，负责运送阿尔卑斯前线的伤员到波河平原的医院去。满 19 岁后，他加入了意大利空军，作为空军 91a 中队的地勤。这支部队的徽章就是一匹马——一匹腾跃而起的马。当时部队最出名的英雄飞行员是开着双翼 Spad S13 的弗兰西斯科·巴拉卡 (Francesco Baracca)，他的战机上一直佩戴着这个徽章。

1916 年 2 月，恩佐的父亲因肺炎去世，这是他第一次面对死亡。父亲去世后，摩德纳的小工厂陷入了困境，毫无经验的恩佐无法维持工厂的正常运作，只能离开家四处打工。突然有一天，噩耗传来，迪诺也死了，死因是在部队染上恶疾，治疗了一段时间后不治身亡。而当恩佐还没有从父亲和哥哥过世的悲痛中清醒过来时，19 岁的他被征招入伍。恩佐由于有机械师的背景，所以被分配到第三山区炮兵部队为拉炮的驴子钉掌，虽然很辛苦，但也算远离前线。三个月后，恩佐染上了重病，几乎丧命，随后被送到了博洛尼亚的一家收容所里。据恩佐回忆：自己被关在一栋房子的二楼，屋子里阴暗寒冷，他能清楚地听见屋外传来棺材盖上时锤子敲打钉子的声音。恩佐在那里接受了最简单的治疗，竟然奇迹般地痊愈了，虽然身心都遭到了重创，但和千千万万埋骨青山的年轻人比起来，他还是很幸运的。

1918 年，第一次世界大战结束，恩佐也在此时退伍。但他并没有回到家乡，而是来到了都灵，希望在菲亚特公司找到一份工作。由于战争的原因，整个意大利北部地区混乱不堪。菲亚特拒绝了恩佐，然而更糟糕的是当地的兵舍也被本地居民霸占，他突然间流离失所了。恩佐在回忆这段经历时充满了心酸：“在冬日昏暗的天空下，我走出菲亚特的办公楼，穿过繁华的街道，游荡在波河沿岸瓦伦蒂诺公园（Valention Park），在巨大的瓦伦蒂诺公园城堡的阴影下,我拨开长凳上的积雪,坐了下来。我很孤单，父亲和哥哥都不在了，我被孤独和绝望打败，我哭了。”

到都灵没多久，恩佐就用其与生俱来的机智和强大的说服力使一名博洛尼亚的汽车经销商雇用了自己。恩佐的工作很简单，帮忙拆掉货车的驾驶室和车厢后，将光秃秃的车架开车送到一百多英里外的米兰。但恩佐是何时学会开车的？这已经淹没在历史的长河中了，后来恩佐的驾照上的编号是1363，说明他在退伍前就已经学会开车了，是意大利最早的驾驶人之一。恩佐并不满足现状，他经常去米兰赛车手们常去的酒吧里寻找机会，不出所料，他遇到了事业上的第一个贵人——乌戈·斯沃琪（Ugo Sivocci）。

乌戈·斯沃琪是一位傲慢的、留着大胡子的前自行车赛车手，后来转投汽车行业。他在瓦拉泽（Vallazze）的CMN公司（Costruzioni Meccaniche Nazionalia）担任首席试车手，而怀揣驾照的恩佐幸运地成为了斯沃琪的助手，开始迈出了辉煌的第一步。

1919年10月5日，恩佐以一名赛车手的身份亮相，首场比赛就是帕尔玛·波吉奥(Parma-poggio di berceto)爬坡大赛，全程53千米。当时，他驾驶着一辆2.3升发动机的CMN汽车取得了本组第五名的成绩，在所有参赛选手中位列第12位——成绩并不十分出众。这令恩佐意识到，如果想提高成绩那么必须寻求更好的赛车。恩佐和阿尔法·罗密欧最初接触的细节也成为了不解之谜，但恩佐确实是买了一辆6升的阿尔法·罗密欧G.1。1920年，恩佐购买这辆车时才22岁，当时的阿尔法·罗密欧是非常昂贵的豪华车，就像现在的法拉利。而最初进入阿尔法·罗密欧并不是以赛车手的身份，而是一名销售员，也就在这个时候，恩佐结识了吉奥吉奥·里米尼（Giorgio Rimini）。

1920年，恩佐代表阿尔法·罗密欧车队参加了在西西里岛举行的全程长达1488千米的塔格·弗罗若公路大赛，并且取得了第2名的好成绩。1921年，恩佐说服乌戈·斯沃琪加入了阿尔法·罗密欧测试部门，斯沃琪对高速公路和赛道都很有研究，里米尼很快任命他为部门领导。此时的恩佐经常往返于米兰和都灵之间，做着各式各样的业务——买卖车辆、采购零件、搜集业内的八卦新闻、向客户交车和赛车比赛等，虽然几年之后他只待在摩德纳和马拉内罗，但这段时间他仍四处奔波，包括去英国和法国以及在意大利北部和瑞士之间频繁往来。在一次去都灵的旅行中，恩佐结识了一位身材健壮，有着深褐色眼睛和明媚笑容的21岁姑娘，名叫劳拉·多米尼克·伽利罗（Laura Domenica Garello），1923年4月28日，他们缔结连理。

1922年，恩佐回到了摩德纳，成立了艾米利亚车身制造厂（Carrozzeria Emilia），新公司位于艾米利亚古道上一个租来的小车库里。这家公司并没有制造任何产品，也没有销售阿尔法·罗密欧的汽车。但这家在故土上的艾米利亚车身制造厂确实为恩佐打下了商业基础。恩佐的销售业绩非常出色，此时他已经成为阿尔法·罗密欧在整个艾米利亚地区的独家销售代理。

1923 年，他在拉文纳 (Ravenna) 举行的斯沃奇汽车竞赛 (Circuito di Sivocci) 中夺冠。恩佐后来回忆说："1923 年赢得斯沃奇环道赛后，我结识了恩里科·巴拉卡伯爵（Count Enrico Baracca），他的儿子是意大利最伟大的空战英雄弗朗西斯科·巴拉卡 (Francesco Baracca)，这次会面后我还认识了英雄的母亲鲍琳娜·巴拉卡（Paolina Baracca）伯爵夫人。有一天她对我说，法拉利何不将我儿子的跃马标志用到你的汽车上呢？他会给你带来好运的！并将跃马授权给我。我现在还留有带着他父母的爱的巴拉卡照片。这匹马一直将是黑色的，但我增加了黄色的部分，因为这是摩德纳的颜色。"

这一年，强大的菲亚特车队内部发生了一场争执，30 岁的技术专家、发动机调试员路易吉·巴兹（Luigi Bazzi）和工厂的首席工程师大吵了一架。恩佐凭借自己出色的外交能力成功鼓动巴兹加入了阿尔法·罗密欧。从此以后，两人在汽车领域开始了一段长达 60 年的友谊。

蒙扎大奖赛，乌戈·斯沃琪驾驶着阿尔法·罗密欧新式的 P1 赛车冲出了赛道，当场死亡。斯沃琪走了，那个将恩佐带入赛车运动的人走了，他是恩佐最初的几个密友之一，现在成为了赛车运动的受害者。为了纪念斯沃琪，他赛车上的白底四叶草标志成为了阿尔法·罗密欧车队的幸运标志。

斯沃琪的死亡加上 P1 在速度上仍旧无法和菲亚特 805 匹敌，使得阿尔法·罗密欧最终退出了比赛。回去之后，车队上下一团糟，他们不仅失去了王牌赛手，P1 本身还有很多问题有待解决。巴兹提议，菲亚特车队里有一个特别出色的工程师维托里奥·加诺（Vittorio Jano），或许应该挖过来。阿尔法·罗密欧当然知道这位 33 岁的都灵人，在机械增压发动机技术上，加诺是真正的天才。加诺和恩佐在性格和做事方式可谓冰与火，但两人有一点非常相似，就是都不肯为了工作而离开自己的家乡，为了劝说加诺来米兰工作，恩佐和里米尼轮番上阵，甚至连尼古拉·罗密欧都出面了，并且开出了每月 3500 法郎工资外加一套米兰的公寓。加诺的工作非常高效，几个月后他就将 P1 改造为一款出色的跑车。

然而，在备战 1924 年即将在法国里昂举行的欧洲大奖赛的过程中，恩佐在进行了几轮训练之后做出了令他的竞争对手们感到万分诧异的决定，他走出自己的赛车并且宣布今后将不再参加任何大型的赛车比赛。就连他的队友们也对他如此轻易地放弃了自己原本前途一片辉煌的赛车生涯而感到十分震惊。不管真正的原因是什么，恩佐回到摩德纳开始专心自己的汽车生意，果断停止了之前零星参加的赛车比赛。

菲亚特车队也因为人才的流失和内部政策的改变，在 1924 赛季后便退出了赛车界。

1925 法国大奖赛的蒙特梅里赛道上，阿斯卡里在领先的情况下，驾驶阿尔法·罗密欧 P2 撞车身亡。法国大奖赛是当时世界上最富声望的顶级大奖赛，也是恩佐要参加的最高级别的一场比赛，但恩佐无法缓和沉痛与迷茫的心情，无法踏上赛道。更何况安东尼奥走后，留下了母亲和妻子还有孤零零的 7 岁儿子——阿尔贝托·阿斯卡里（Alberto Ascari）。最受欢迎车手的身故从核心上动摇了阿尔法·罗密欧车队，某种程度上，这件事浇灭了所有参与者的好胜心，从幸存的赛车手到机械师，无一例外。年轻的车队机械师路易吉·希奈蒂（Luigi Chinetti）也去了法国，从此再没有返回过米兰。这次赛事后不久，阿尔法·罗密欧公司就宣布，为了悼念他们逝去的英雄，公司将永远不再参加任何汽车比赛。

阿尔法·罗密欧退出赛车界后，恩佐则专心发展他的汽车零售业务，这时他已经获得了阿尔法·罗密欧在艾米利亚、马罗涅和马尔凯（Marche）地区的特许经营权，1925 年 4 月，他将艾米利亚古道上的两层小楼改造成了专卖店和服务中心，而且恩佐把家也搬了过去。为了他的事业，恩佐现在依然需要经常去米兰，因为他还必须和阿尔法·罗密欧的高层保持联系；或者去博洛尼亚，他在那里也开了一家分店。但回到摩德纳后，恩佐大部分时间都泡在酒吧和餐厅里。在那里恩佐凭借着自己的声望极大地提升了阿尔法·罗密欧的销量。此时加诺正在设计一些新型的跑车，恩佐向朋友们保证，这些新车无论是在高速公路上还是在小型赛事的环形跑道上都将占据优势。正是这些全新的跑车令公司的老车手和恩佐没有转投其他品牌。同时，加诺和巴兹也渐渐远离那些大奖赛专用车型，转向那些更有利可图、可批量生产且市场接受程度较高的跑车。

此时的摩德纳比起米兰仍旧非常落后，直到 1925 年才有了第一次"正式的车展"，而恩佐要被迫在当地马场的一个大棚里展示自己的商品。

1927 年，恩佐重返赛场，他再一次以赛车手的身份进入一辆赛车，与之前不同的是，这一次的比赛他完全需要自己承担风险，这一次他成功了。1928 年，恩佐 30 岁生日的时候，意大利政府授予他"骑士指挥官"称号，以表彰其在商业上的成功和作为赛车手的不断努力。

阿尔法·罗密欧车队，右二为恩佐·法拉利

1929年，恩佐联络了一些朋友和赞助商，当然还有阿尔法·罗密欧，计划成立一个股份有限公司，共同出资购买赛车，参加赛车比赛。组队协议起草于1929年11月16日，官方文件则在29日提交给政府存档。项目总投资20万里拉，其中格拉夫·阿洛·菲利斯·特罗斯(Graf Carlo Felice Trossi)和马里奥·塔迪尼(Mario Tadini)出资13万里拉，恩佐出资5万里拉，费璐桥·泰斯蒂出资5000里拉，阿尔法·罗密欧出资1万里拉，倍耐力轮胎也出资5000里拉。12月1日，最终协议在法拉利的摩德纳律师恩佐·利维(Enzo Levi)的办公室签署，斯库代拉·法拉利责任有限公司(Societa Anonima Scuderia Ferrari)正式成立。虽然很多有钱人都曾做过类似的事情来推动他们的赛车事业，法拉利车队却是独一无二的。车队用了法拉利的名字而不是其他合伙人的名字。恩佐出资不是最多，也不是最重要的成员，但在重大的事情上，大家都愿意听取恩佐的意见，可见恩佐在公司取得成功的过程中起到的关键作用。

20世纪30年代，恩佐的小办公室里经常挤满一堆的访客和阿尔法·罗密欧的代表。此时法拉利车队的官方信件都是恩佐亲手打的字，然后用紫色的墨水签名，据恩佐自己说，使用这种特别的颜色是为了纪念他的父亲，因为在正式文件上签字的时候，他的父亲总是用一支不可擦的铅笔在复写纸上留下紫色的签名。所以恩佐一辈子都使用这种颜色签字。

仅有这些钱是远远不够运营车队的，而车队的其他资金则来自三个方面：赞助、付费车手和大赛奖金。通过阿尔法·罗密欧的安排，法拉利车队很快就获得了各方面的赞助(主要是低成本的赛车和零配件以及技术支持)：德国厂商博世、梅米尼(Memini)化油器、冠军(Champion)火花塞、倍耐力轮胎和壳牌石油，恩佐亲自联络了这些厂商，几年之后，当法拉利车队处于顶峰时期，这些赞助加起来的金额达到每年上百万美元。其次，一些富裕的赛车手被邀请参加各种比赛，他们使用的阿尔法·罗密欧赛车大都会由法拉利车队负责前期的准备工作，并运送至比赛场地。那时欧洲的赛车比赛非常多，赛事除了精心准备的奖杯和荣誉，还会有一笔奖金，虽然金额不多，但多少可以起到补贴车队的作用。

在恩佐31岁那年，他从一名雇员一跃成为一名外表看来相当独立的企业家。恩佐不仅是一位精明的商人，也是一位头脑清晰的企业家，他懂得要为自己的队伍招募业界精英。早在他的团队创立之初，恩佐就和多达50名赛车手签下了合同，其中不乏这一行业的巨星——固赛普·坎巴利(Giuseppe Campari)和塔齐奥·努瓦拉里(Tazio Nuvolari)都来到了恩佐的团队。胜利当然接踵而来，法拉利车队在这一年参加的22场比赛中，获得了8场比赛的胜利。毫无疑问，法拉利能有这么惊人的成绩，努瓦拉里居功至伟。

努瓦拉里和恩佐都是以自我为中心的人，两人的关系很不好。他们是在1924年6月的一场比赛中认识的，恩佐认为这个小个子男人尖酸刻薄极度自大，努瓦拉里则经常嘲笑恩佐，觉得他作为车队的管理者做出的很多决定并不正确。在加诺看来，努瓦拉里也是个异类，是一个一心想毁掉赛车和自己的疯子。加诺利用自己在公司的影响力，一直拒绝让努瓦拉里加入公司的赛车队，虽然大家都承认努瓦拉里很有才华。努瓦拉里当时已经三十多岁了，但加诺仍称努瓦拉里为“那小子”，甚至在努瓦拉里的赛车生涯如日中天时依旧这样称呼。

1930年，恩佐为了扩大车队的事业向银行申请了100万里拉的贷款，他用这笔钱在加里波第广场角落买了一个两层的车库和店面作为车队的总部。恩佐和劳拉也搬到了这里，占据了二楼的一个小套间，后来他们在这里住了将近30年。

1931年，一切都还在继续，需要继续参加赛车比赛，需要继续准备车辆，需要继续提升客户的满意度。公司的运营已经开始走向正规，已经有了自己的政策和车辆。车队的机械师们开始对阿尔法·罗密欧送来的车辆进行一些特别的改造，当然他们现在还没有能力真正生产一些零件来替换米兰工厂生产的零件。但这个时候，法拉利公司车辆的发动机、底盘以及传动系统的关键零部件上，都已经刻上了SF（Scuderia Ferrari）标识和序列号。当时车队还有两辆卡车，两辆车都安装了艾米利亚车身制造厂制造的全封闭式的车身。1931年末，随着车队越来越专业化，车队最初的创立者特罗斯和塔迪尼都渐渐退出了，他们手中的股权几经转手，但车队的运营实际上还掌握在恩佐手里。1932年1月19日，他的长子阿尔佛雷德（Alfredo）出生了，这个名字是恩佐已故兄长的名字，恩佐也借由儿子的出生宣布自己将不会再驾驶赛车。11月21日，在摩德纳博宁塞加（Boninsega）举办的年会，被认为是恩佐赛车手生涯的终点。大范围的测试，大部分驾驶工作都由努瓦拉里完成。这次测试不但得到了倍耐力顶级的轮胎，更进一步奠定了法拉利车队作为顶级赛车组织的地位。年会晚宴后来成为了法拉利公司的传统。

恩佐·法拉利（左起第一）、塔齐奥·努瓦拉里（第四）、阿希尔·瓦尔齐（第六）和阿尔法·罗密欧的经理普罗斯佩罗·詹费拉里（第三），1933年拍摄于意大利马达莱娜山下

迪诺（阿尔佛雷德的小名）出生后，恩佐确实从车队繁忙的日常工作中抽出了很多时间来陪伴儿子。公司和梅米尼化油器公司的合作已经结束，恩佐找到了博洛尼亚的爱德华·韦伯（Eduardo Weber）。这时的1000英里耐力赛已经从一个简单的赛车比赛发展成为举国盛事。每次比赛都有数以万计的观众观赛，现场有大批的民兵和宪兵维持秩序，就算比赛地点在偏远的山区也阻止不了观众的热情。名誉和财富正向着胜利者和制造冠军车辆的厂商招手。再一次，阿尔法·罗密欧将努瓦拉里召回了官方车队，而法拉利车队则得到了5辆新车。

暮春的暖意渐渐在波河平原扩散，法拉利车队在意大利四处参加活动，车队成员不断参加大大小小的比赛，但他们所有的努力都没有办法把阿尔法·罗密欧拉下头把交椅。努瓦拉里等待着加诺的最新设计名为Tipo B的单座大奖赛专用赛车，这辆车很快被命名为P3。6月5日，努瓦拉里驾驶着这辆车获得了它的首胜，但这一切都属于阿尔法·罗密欧，法拉利车队并没有参与。

当阿尔法·罗密欧在欧洲大奖赛上大出风头的时候，恩佐则在组建自己的车队。他的赛车都是过时的8C和1750，车手大都是业余车手。这段时间恩佐的心情非常沮丧，就在一年前，他的车队几乎成为了阿尔法·罗密欧的正式车队，但这家反复无常的公司因为P3赛车的巨大潜力又对赛车运动积极起来，而恩佐现在能做的，就是回到自己的位置上，耐心管理自己的二流车队，尽可能多地赢得小型比赛的胜利。

1932年的比利时斯帕24小时耐力赛，这场比赛之所以引人注目并不是因为法拉利车队包揽了冠亚军，而是因为跃马图案首次出现在法拉利赛车的发动机盖上。现在几乎所有人都认可跃马标志是在斯帕大赛时首次出现在公众面前，至于恩佐为什么要在远离家乡的一场并不著名的赛事上引入这个标志，已经无人知晓了。但确实从那以后法拉利车队的车辆上都悬挂了这个标志，而阿尔法·罗密欧官方车队发动机盖上的图案是四叶草，两者截然不同。有可能是恩佐意识到，P3的成功会重新点燃阿尔法·罗密欧的激情，那时自己的车队会被一脚踢开，所以他决定用独特的标识为自己的公司树立更强大、更独立的形象。法拉利车队的车身颜色是酒红色的，而不是意大利赛车的那种赛车红，这一点也和阿尔法·罗密欧公司的车辆不同。另外，二者前照灯的形状也有一定的区别，这进一步加大了法拉利车队和阿尔法·罗密欧官方车队的差异性。当法拉利车队回国时，一辆全新的P3赛车正从波特罗运过来，指定的赛手是努瓦拉里。也许是恩佐强大的政治能力又起到了关键作用，又或是作为赢得斯帕比赛的回报，总之公司给了法拉利车队一辆新车。努瓦拉里也理所应当地赢下了之后的比赛。又一个赛季结束了，11月19日，公司又一次在博宁塞加餐厅举办了年会。年会依旧由恩佐主持，主要是演讲和颁奖，还发了一本名为《The Third Year of Racing》的小册子，里面有这个赛季的总结。车队一共参加了50场比赛，获胜26场，但也一目了然地指出这些比赛没有大奖赛，没有国际性比赛，也没有欧洲著

法拉利车队从1932年开始使用韦伯化油器，这个合作催生了韦伯公司独特的双腔化油器设计，这给双方都带来了巨大的回报。在20世纪80年代燃油喷射技术取代化油器之前，法拉利公司一直使用韦伯生产的化油器，发动机转矩产生的强大动力在很大程度上要归功于韦伯出色的设计。在1932年初，法拉利、韦伯和壳牌联合进行了一个科研项目，研究燃油、感应器和燃烧室之间的关系，这一项目为三方都带来了持久的回报。

名的爬坡赛，有的只是一些小型俱乐部的比赛，地点通常在摩德纳，赛程也不超过一天。这与恩佐组队时的想法相去甚远。也许1933年会更好，可是前景谁知道呢？

新年如期而至，但恩佐却毫无喜庆的感觉，不久前恩佐就听说阿尔法·罗密欧要退出大奖赛。现在阿尔法·罗密欧正逐步转型为战争物资的生产，更糟糕的是，大萧条的来临导致高性能跑车变得无人问津，用跑车提高国际形象的做法此时收效甚微。在艾米利亚昏暗的冬日里，阿尔法·罗密欧官方车队宣布解散，曾经所向披靡的P3赛车也被锁在波特罗的车库里永久退役。恩佐多次跑到阿尔法·罗密欧的工厂想拿到这6辆车，但都被无情地拒绝了。公司宣布，这些车永远不会外流，而此时法拉利车队拥有11辆8C和2辆机械增压的1750。

1933年前半个赛季，法拉利车队使用着老旧的8C赛车疲于应战，虽然努瓦拉里凭借着其过人的意志力和不可思议的天赋赢得了几场胜利，但在赛季中期他还是决定和恩佐摊牌。在比利时斯帕大奖赛之前，努瓦拉里决定将开着一辆玛莎拉蒂参赛，这无疑是一次背叛。虽然为了顾全双方的脸面，最终努瓦拉里开着这辆玛莎拉蒂代表法拉利车队出战（但这没有任何意义，因为车上没有任何法拉利的标识）。努瓦拉里走了，一起出走的还有两位明星车手。法拉利车队一下子失去了所有的明星车手，当赛车界把这件事传得沸沸扬扬时恩佐迅速做出了回应，他雇用朱塞佩·坎帕里（Giuseppe Campari）和路易吉·法焦利（Luigi Fagioli）。努瓦拉里的背叛很快引起了米兰方面的注意，阿尔法·罗密欧终于答应了恩佐的诉求。6月末的一天，一辆满载的卡车停在了法拉利车队总部的门前，车上装载着6辆P3跑车以及堆积成山的零配件，更令恩佐高兴的是巴兹被调到发动机开发部门，一同调到摩德纳的还有机械师阿特利欧·马里尼诺（Attilio Marinoni），他曾是阿尔法·罗密欧车队的首席试车手。转瞬间，法拉利车队从一支二流车队华丽地转变为潜力巨大的公司，天赐良机拯救了车队的命运，这种天降的好运以后还会多次改变法拉利和车队的前途。得到新车的恩佐立即着手准备即将到来的蒙扎大奖赛，但在第二场预赛时，坎帕里驾驶的P3飞出了赛道，坎帕里被甩出了赛车，当场死亡。听到这个消息后，站在维修站前的恩佐感觉自己都要被撕碎了。虽然他早就知道赛车比赛是项极其危险的运动，早就做好了心理准备，虽然之前很多赛车手的意外离世恩佐也是见证人，但都不是发生在法拉利车队身上。在这个不幸的下午来临之前，跃马的标识上还没有沾染过鲜血。这次事故对恩佐来说是个转折点，这之后恩佐·法拉利在自己和车手之间建立起了一道看不见的屏障，很少有人能突破这一界限，也许多年后的吉尔是个例外。

当赛季结束法拉利车队再次一起聚餐时，气氛已经和上一年大不相同，去年还坐在一起的车手不是出走就是长眠地下。更糟糕的是，有消息从德国传来说希特勒纳粹政府正在募集资金，准备在大奖赛上打败一切对手，这当然包括法拉利车队。但积极的一面也是有的，巴兹和马里尼诺都成为了法拉利公司的员工，车队也已经完全取代阿尔法罗密欧站在了赛车界的顶端。正如皮埃罗·法拉利说的那样："我的父亲拥有钻石般坚硬的心和不计代价追求胜利的勇气。"

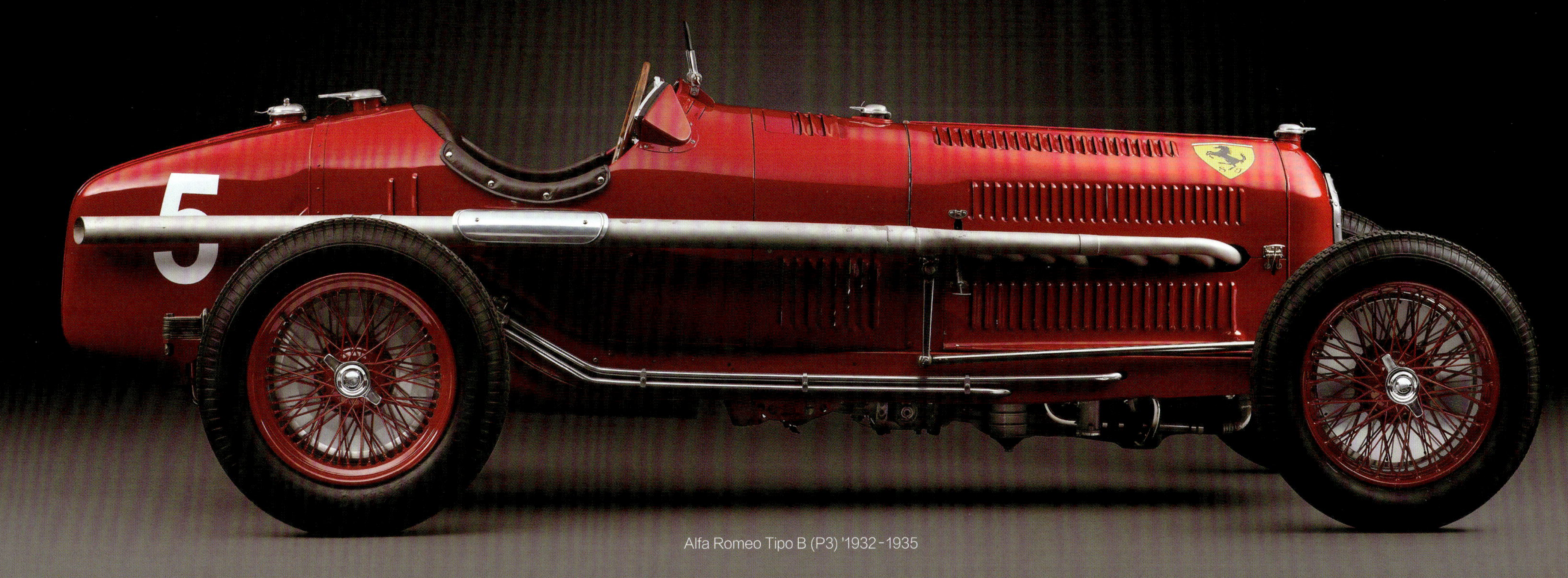

Alfa Romeo Tipo B (P3) '1932-1935

恩佐很清楚，1934年还有数不尽的变化等待着自己的车队。此时的阿尔法·罗密欧几乎完全被政府控制，并聘请了乌戈·高巴托（Ugo Gobbato）来掌舵。此时高巴托刚从苏联回国，立即管理起来一家完全国有化且全力支持军备事业的工厂。他在1933年11月宣布，阿尔法·罗密欧将不再以公司的名义参加赛车比赛，赛车部门全部移交给法拉利车队。赛车和车手阵容让法拉利车队在1934赛季成为了顶级的大奖赛车队。不过，一项新的规则正在欧洲赛车圈蔓延，所有参加大奖赛的赛车都必须将车重控制在750千克之下。这项规定明显是在限制赛车的速度，新规则要求大奖赛的赛车除去轮胎和其他液体（冷却液、润滑油、制动液等）之后，总重量不得超过750千克。当时阿尔法·罗密欧、玛莎拉蒂、布加迪使用的都是3升排量的机械增压发动机，整车重量刚好达到标准。如果要搭载排量更大的发动机，就必须有更加坚固的底盘和变速器，车重必然会直线上升。整车重量一旦受到限制，车辆的动力必然会受限。

鉴于当时的汽车制造商都沉迷于动力输出，认为直线加速才是取胜的关键，车辆的其他方面都可以不予考虑，恩佐就是这个观点最强力的支持者。在技术停滞的大环境下，750千克规则似乎意义非凡。如果有人能降低车辆重心、改变悬架结构而制造出优秀的底盘，那他的赛车肯定会在大奖赛中脱颖而出。

法拉利车队的总部设在加里波第广场

德国人最先做到了，因为得到了政府的大力支持，资金充沛的戴姆勒－奔驰首先完成了W25原型车的制造。这辆车将用梅赛德斯－奔驰的品牌名称参赛，W25拥有全独立悬架，液压制动系统，配备差速器的4档变速器和3.3升直列八缸增压发动机，峰值功率314马力（1马力≈0.735千瓦）。德国车队已经开始使用独立悬架，而意大利和法国车队依旧使用的是19世纪四轮马车的悬架。德国车队如此先进的组件加上液压制动、流线型的车身和充足的后勤保障，从一开始就注定要碾压那些老旧的赛车。

虽然恩佐对各种新鲜技术都不感兴趣，他认为只要发动机功率足够大，其他的一切都不重要。但在观看了德国的赛车后，恩佐还是下令为P3设计流线型车身。随后这辆有着新车身的P3赛车赢得了一场比赛的胜利（汽车联盟和梅赛德斯－奔驰的赛车都因为机械故障退赛了），但摩德纳的所有人，包括恩佐·法拉利在内都很清楚，这样的胜利毫无意义。7月1日法国蒙丽瑞（Montlhery）大奖赛，这是一次真正的决战，所有一线车队都将全力以赴，法拉利车队派出了所有成员和精心准备的三辆P3赛车，搭载加诺设计的2.9升发动机。但恩佐自己却留在了摩德纳，恩佐不去现场的原因有很多，比如他拒绝坐飞机，对火车也持怀疑态度，唯一的出行方式就是汽车，而且在1956年迪诺去世后基本上再没离开过摩德纳。

这次大奖赛有13辆赛车参加，在练习赛中梅赛德斯－奔驰车队的三辆赛车都非常快，虽然那时国际长途电话还非常落后，但乌戈·高巴托还是打给了身在摩德纳办公室的恩佐，沮丧无比地告诉他圈速的情况。从这时开始，一直到恩佐晚年，车队一直保持着这种做法：车队经理会在比赛现场通过电话将赛场上的事情详细地报告给恩佐。正赛开始后出乎所有人的意料，德国车队的赛车不是退赛就是在赛道上艰难地爬行，当方格旗落下的时候，法拉利车队包揽了前三名。虽然意大利媒体兴奋至极，甚至还向国内车迷保证，P3完全可以和德国车队的新赛车一争高下。然而，恩佐、巴兹和高巴托都非常清楚这种说法多么的荒谬。德国赛车正处于开发阶段，它们的发动机、悬架、变速器都还在磨合期。车队的所有人，从机械师到恩佐都清楚地意识到，在未来的比赛中他们这些老旧赛车取胜的机会已经屈指可数了。法拉利车队的好运气似乎在8月15日佩斯卡拉举行的阿赛博杯上用尽了。盖伊·摩尔在第17圈时飞出赛道，当场死亡。摩尔的身故一下子浇灭了法拉利车队所有人的热情。赛季接近尾声时，所有人都清楚车队将在随后面临巨大的变数。加诺向恩佐描述了一款他正在设计的新车型，拥有独立悬架和直列八缸发动机，但如果没有好的车手，任何努力都是白费。此时的恩佐想起了一位发誓永远不会回到法拉利车队的赛车手，塔齐奥·努瓦拉里。

整个1934赛季努瓦拉里都没有什么出色

恩佐最初想请阿尔法·罗密欧帮忙设计P3的流线型车身，但阿尔法·罗密欧突然之间失去了对赛车运动的所有兴趣，这使得波特罗的工作人员只能为法拉利车队提供未完成的发动机铸造件和车辆驱动铸造件，因为这都是恩佐已经交了钱的。但他们拒绝为法拉利车队提供任何的额外的支持，最终打造出什么样的赛车完全取决于法拉利。不惜一切代价的恩佐请布雷达（Breda）航空公司的工程师为P3设计了流线型的车身。当时的空气动力学就像变魔术一样，恰当的外形设计可以让赛车得到本质的飞跃。原型车制造出来后，车队在米兰到贝加莫的高速公路上进行了测试。在高速气流中，铝制车身的各种小部件可怕地抖动着。测试结果表明，这辆车可以在直线赛道上取得绝对的优势。

Alfa Romeo Tipo C (8C-35)（1935年）

表现，汽车联盟和梅赛德斯 - 奔驰车队都不会聘用他。别无选择的努瓦拉里和恩佐进行了第二次长时间的谈判。加诺充当中间人，帮固执的双方传递书信、联系电话和谈各种要求、条件。努瓦拉里住在曼图亚附近的别墅里，恩佐则在摩德纳，最终两人在折中的皮亚琴察见面，达成了一个协议。努瓦拉里获得了丰厚的薪水，还将得到大赛奖金的 50%。

1935 年的开局非常顺利，随后赛季进入了两个月的间歇期，这使得恩佐和巴兹有机会制造出赛车历史上最大胆的赛车。在 1934 年 12 月举行的年会上，巴兹向恩佐提议用现有的赛车底盘安装两台发动机制造一辆双发动机赛车。这个想法很大胆，还有些异想天开，但除了这个外，还有什么办法能战胜德国人呢？恩佐很喜欢这个想法，所以在新年来临前的整个冬天，巴兹和工厂的负责人斯蒂法诺·梅阿查（Stefano Meazza）都在潜心研究新车。为了安装第二台发动机，他们把 P3 的底盘延长了 6 英寸（1 英寸≈ 25.4 毫米），把新增的发动机安装到驾驶席后面。巴兹和工程师阿纳尔多·罗塞（Arnaldo Roselli）设计了一个超级复杂的传动系统，他们将两台 8 缸发动机连接到后轮上。巴兹是一个不苟言笑的人，工作起来废寝忘食，餐饮只是吃点意面、喝点红酒。是他规定法拉利的厂区内禁止吸烟，这个规定至今仍被法拉利工厂保留（但现在工厂内开辟了吸烟室，每间大概 3 平方米）。

巴兹打造了两辆双发动机赛车，一辆安装两台最新的 3.1 升机械增压发动机，另一辆安装 2.9 升发动机。两辆车的重量大约都是 1270 千克，可以产生 520~540 马力的动力。车队将首发日程安排在的黎波里，大家都期待新车的直线速度能超过 320 千米 / 时，排量较大的那辆由努瓦拉里驾驶。在比赛中努瓦拉里创造了 335 千米 / 时的惊人速度，但巨大的车重导致轮胎就像干面包那样被轻易碾碎。努瓦拉里在三圈之后就回到维修站更换新轮胎，他在比赛中 12 次重复这一过程，最终获得了第四名，他的队友获得第五。两个星期后在 AVUS（Automobile Versuchs and Untersuchungs Strecke）车队再次尝试。轮胎再次成为致命的缺陷，努瓦拉里最快只能开到 280 千米 / 时，再快一点，轮胎就会从轮毂上脱落。当时的轮胎技术和这辆汽车巨作真的无法匹配。事实证明，新车虽然在技术方面有了革新，但当时的轮胎难当大任，要想提高成绩还要另寻出路。

在彻底败给德国队之前，法拉利车队还赢得了一场不朽的胜利，也是阿尔法·罗密欧·法拉利车队的最后一次。7 月 28 日，纽博格林赛道，被认为是世界上最苛刻的赛道，塔齐奥·努瓦拉里，当时世界上最伟大的赛车手，将在这里上演一场永载史册的比赛。比赛当天清晨，赛道上下起了蒙蒙细雨，虽然整条赛道都是湿漉漉的，但比赛开始前太阳已经从云雾中露了出来。比赛进行到第 11 圈，努瓦拉里按常规停下来加油，但赛车的油泵坏了，他必须手动将油罐里的燃油导入油箱，当他再次跳上赛车时，已经落后到了第六名。赛车运动史上最华丽的追逐战开始了。

其他德国车手不是落后就是退赛，所以大家都认为领跑的肯定是梅赛德斯 - 奔驰车队的曼弗雷德·冯·布朗奇（Manfred von Brauchitsch）。随后三圈时努瓦拉里已经追到了第二名的位置上，距第一名的差距只有大约 60 秒，但他那文物般老旧的赛车还能坚持多久。最后两圈时赛德斯 - 奔驰车队的观察员发现布朗奇车辆的右前胎上有一道白色的缝。在距离终点 6 英里处，布朗奇爆胎了，努瓦拉里超了过去。努瓦拉里获得了冠军，含着眼泪的布朗奇只获得了第五名。

在这场比赛中还有一个小插曲：因为比赛举办方认为德国车队拥有压倒性的优势，所以没准备其他国家的国歌唱片。而努瓦拉里在这时又体现了他的自信，他总是在自己的背包中携带一张意大利国歌的唱片。在努瓦拉里疯狂的追逐中，他还注意到主看台上迎风飘扬的意大利国旗竟然破旧不堪。据乌戈·高巴托回忆，当疲惫不堪、满身汗水的努瓦拉里从赛车里爬出来的时候，他说的第一句话是：“让德国人赶快换面新国旗上去！”

此时的恩佐当然不在现场，他在摩德纳的家中通过长途电话听取高巴托的战报，除了胜利的满足感之外，恩佐清楚地认识到这次胜利在很多方面都是侥幸，除了努瓦拉里无与伦比

Bimotore 在参加过两场比赛后，恩佐和巴兹都意识到轮胎的问题不是短时间内能解决的，所以恩佐出售了努瓦拉里驾驶的那辆，小排量的那辆则报废了，零件另作他用。有资料表明，恩佐虽然卖的是努瓦拉里驾驶的那辆，但出售前换上了两台 2.9 升发动机，车子卖给了英国绅士车手亚瑟·多步森（Arthur Dobson）。之后车辆几经易手，最后车辆被拆解，后车身的发动机安装到了一辆英国车上，剩下的部分被运到了新西兰装上了 GMC 的卡车发动机。据说一位新西兰的汽车收藏家对这辆车进行了修复。

很多人认为这辆 P3 Bimotore 是恩佐制造的第一辆车，但很多汽车史学家并不认同这个观点，一些人坚持认为这不过是一辆经过深度改装的阿尔法·罗密欧。这辆双发动机的赛车虽然没有带来胜利，却把法拉利车队的名声提高到了前所未有的高度。

的驾驶技术，还有布朗奇的轮胎和尚未完全磨合的德国赛车。虽然这是意大利举国欢庆的时刻，但恩佐却怎么也高兴不起来。除非意大利政府给予大量资金上支持，否则在赛车场上再也无法唱响意大利国歌了，对于这一点，恩佐非常确信。

随着1935年10月墨索里尼对阿比西尼亚(1941年改名埃塞俄比亚)的入侵，阿尔法·罗密欧感受到了来自政府方面的巨大压力，最明显的是日益繁重的军用物资的生产。雪上加霜的是加诺陷入了低潮期，这位神一般的设计师开始迷失方向。原因在于他负责的领域太大了，大大超过了他的知识范围。高巴托委托加诺设计一款飞机发动机，但加诺的专长是汽车发动机，在项目失败后高巴托将加诺降了职，这肯定影响了他的工作热情。

加诺对P3进行了一些改进，但潜力非常有限。因为这次升级只是换装了发动机，底盘的能力已到极限。德国车的底盘又宽又矮，而加诺设计的底盘又高又窄，这和物理学定律完全相悖。但加诺一直认为高车身是行得通的(后来加诺在设计蓝旗亚时承认这个观点是错误的)，不过新设计的独立悬架和改善后的液压制动还是为努瓦拉里带了一些优势。

阿尔法·罗密欧此时做出了一个决定，将加诺设计的新车低价卖给法拉利车队，但比赛所得奖金全部要归阿尔法·罗密欧，其他的出场费和赞助费则都归法拉利，车队的赛车手可以折扣价购买阿尔法·罗密欧的乘用车。恩佐全身心地投入到赛车事业中，阿尔法·罗密欧的乘用车生产几乎已经停止，所以恩佐专卖店里的生意也变得可有可无，他所有的利润几乎都来自于赛车。此时车队的年收入大约是100万美元，但车队总共有三十多位工作人员，还有赛车手，再加上车队到欧洲各地参赛也需要巨额的费用，所以恩佐依旧在公司二楼的一套小公寓里过着简朴的生活。

1936年初，多位赛车手相继离开了车队，但努瓦拉里继续签约车队。同时一位叫朱塞佩·尼诺·法里纳(Giuseppe Nino Farina)的29岁车手加入。这个赛季的胜利注定属于汽车联盟，对于法拉利和梅赛德斯－奔驰来说都是灾难性的一年。

一切都发生在1937年3月，阿尔法·罗密欧强行购买了法拉利车队80%的股份，并对车队老板宣布赛车部的管理重新回到波特罗总部。从1925年阿尔法·罗密欧宣布推出赛车运动后的15年里，恩佐用自己的努力终于爬到了公司的顶端，但现在一切的努力似乎都将归零。此时的恩佐超乎寻常地冷静，他竭力保持着法拉利公司的完整，车队再次签约努瓦拉里，并由他领导车队。

赛车界也在不断变化着，750千克规则实施后不但车速没有降低，还超过了可怕的320千米/时，于是规则在1938年继续修改，只允许3升排量以下的机械增压发动机车型和4.5升自然吸气发动机车型参赛。小道消息称1940年之后增压发动机车型的排量将被限制在1.5升之下。阿尔法·罗密欧的赛车部一下子忙了起来。这个时候乔克诺·克罗布(Gioacchino Colombo)被派往法拉利车队。阿尔法·罗密欧决定研发一款新车158，开发费用由波特罗总部负责，开发方向则由恩佐决定。克罗布最初想设计一款中置发动机车型，但被恩佐一口否定，恩佐认为汽车的发动机只能安装在前面(20世纪50年代恩佐再次执迷于这个理论)，最终新车的编号为Tipo 158。

158被昵称为阿尔菲塔(Alfetta)，恩佐开始带领他的团队夜以继日地购买零件。与此同时，新赛季拉开了帷幕，德国车队一如既往地横扫赛场。努瓦拉里则祸不单行，首先他在

Alfetta Tipo 158是一款又长又矮的赛车，它的尺寸只有大型赛车308的四分之三，但在操控性方面却更胜一筹。158配备了大型液压制动系统、全独立悬架和加强的变速器，其传动系统直接和后轮差速器连接，最大限度地对车身重量进行了均匀的分配。

最为明显的是阿尔菲塔(Alfetta)拥有向前突出的进气格栅，这个类似鸡蛋箱的设计在后来很多年里被看作是法拉利汽车最明显的标志，也成为法拉利的一个传统设计被保留至今。

都灵大奖赛出了车祸，导致肋骨骨折和脑震荡，之后他的父亲突然去世了，随后噩耗再次传来，他的长子因心脏病去世。虽然罗马和米兰的同事一次次提醒努瓦拉里牢记国家荣誉，但在佩斯卡拉的比赛中，他背叛了车队。努瓦拉里拒绝使用车队提供给他的12C-37。不久之后努瓦拉里开着一辆汽车联盟的赛车出现在瑞士大奖赛，更糟糕的是加诺离开了阿尔法·罗密欧，加入了蓝旗亚。在摩德纳，恩佐带领他的团队像矿工一样艰苦地工作，为了尽快打造好158，并赢得一些赛事的胜利，这样车队才能维持表面上的独立。

当1938年新年的钟声敲响时，乌戈·高巴托宣布赛车业务重新回到波特罗总部，并由新成立的阿尔法·科西嘉（Alfa Corse）公司管理。这家新公司不仅取代了法拉利公司，还吞并了整个车队。西班牙人威尔福雷德·里卡特（Wilfredo Ricart）成了恩佐的顶头上司，高巴托为了保留恩佐的脸面，任命他为新公司的总监。

恩佐现在已经算得上是摩德纳的贵族了，就算社会地位还谈不上这么高，但至少在财富上他已经是贵族级别了，而且还担任阿尔法·科西嘉公司的总监。但即便如此也无法弥补他一手创建的法拉利车队终结带来的伤痛，同时他还要经常去米兰汇报工作。不久之后阿尔法·罗密欧就派卡车运走了机床、赛车、零件和四辆已经完工的Tipo 158。卡车带走了车队的一切，恩佐的店铺里只剩几辆阿尔法·罗密欧的乘用车了，这里又变为了专卖店。

1938赛季第一场比赛的练习赛中，努瓦拉里驾驶的Tipo 308底盘严重变形，连油箱都破了，就在努瓦拉里刚从车上跳下后，火苗就窜了出来，努瓦拉里因此受了轻微的烧伤，努瓦拉里当场发誓再也不会驾驶任何阿尔法·罗密欧的赛车（他一直遵守这个诺言）。几天之后努瓦拉里宣布退役，并和妻子去了美国旅行。但在赛季中期他又回到了赛场，不过此时他已经是汽车联盟的赛车手了，直至第二次世界大战爆发。

1938年5月5日，阿尔菲塔在蒙扎成功进行了最终测试。虽然德国车队已经是不可战胜的了，但阿尔菲塔的出现还是引起了很大的轰动。新车被漆成传统的意大利赛车红色，当然不再悬挂跃马标志。Tipo 158的战绩不俗，这使得恩佐在波特罗的地位迅速上升，而代替加诺成为总设计师的里卡特的名声进一步下滑，两人几乎不怎么说话了。158还在继续开发和参赛，这主要归功于巴兹在发动机调试方面的惊人天赋。

1939赛季，意大利人为了要限制德国人的胜利想出了一个新的计划，在9月的意大利大奖赛上他们宣布参赛车辆必须符合1.5升规则。这看似是一个很无聊的决定，但德国车队根本没有这种赛车，而阿尔法·罗密欧和玛莎拉蒂则刚好拥有这个级别最好的赛车。意大利人觉得胜券在握了，但他们低估了德国人。

梅赛德斯－奔驰车队在最后时刻决定参赛，两辆赛车是专门为这场比赛打造的，没有经过任何测试，甚至有一辆是在穿越地中海的邮轮上完成的。意大利人觉得这样的赛车根本无法与自己成熟的赛车相匹敌。比赛开始后意大利人都傻眼了，戴姆勒－奔驰的工程师仅用5个月就制造出一款1.5升V8发动机的赛车，它几乎是那些无可匹敌的大型赛车的微缩版，同时底盘上还安装了最新的转向和制动系统。这是这款赛车唯一的一次亮相，也是德国技术的一次有力的宣传。德国赛车已经向意大利盟友和欧洲其他国家宣示，德国在所有领域的技术都是最先进的，包括军事装备。

9月1日，希特勒的部队越过边境入侵波兰，人类历史上最血腥的战争拉开了序幕。英国和法国在几周内相继宣战，意大利却暂时保持中立，直到来年。世界已经进入了战争状态，而阿尔法·罗密欧依旧在制造和测试赛车并且至少持续到1941年。

此时的恩佐已经离开了阿尔法·罗密欧，恩佐本人在回忆这件事时显得直截了当：“我

离开阿尔法·罗密欧对恩佐来说绝对是一个沉重的打击，多年后恩佐自己也承认，公司收购车队的费用加上向他支付的遣散费令他在资金方面非常充裕，而且他的赛车公司非常成功，就算后来赛车失去了竞争力，各项比赛的出场费和赞助费都使得公司运转顺利，也让回到摩德纳之后的恩佐可以安居乐业。恩佐依旧过着简朴的生活，和劳拉、迪诺一起住在车队二楼的小套间里。迪诺已经7岁了，对父亲从事的汽车事业开始显露出浓厚的兴趣。

恩佐可以说是白手起家，虽说从父亲那里继承了一点遗产。他通过自己的不断奋斗成为国际赛车界举足轻重的人物，41岁的他在声誉和物质上已经成为一名上层贵族。

和公司无法弥合的裂痕导致了我被免职。”恩佐收拾行装回到了摩德纳，和恩佐一起离开的还有阿特利欧·马里尼诺。阿尔法·科西嘉的人事变动在赛车界算是一件大事，但战火即将席卷整个欧洲，这些都变得微不足道了。但在意大利参战之前，恩佐制造了两辆车，称它们为Tipo 815，但很多人喜欢称它为“第一辆法拉利”。

恩佐和阿尔法·罗密欧的离职协议规定，他在四年内不可以使用法拉利车队（Scuderia Ferrari）的名称，也不可以直接参加任何赛车活动。因此恩佐回到摩德纳后着手建

Auto Avio 815/021

立起一家名叫汽车航空制造厂（Auto Avio Costruzione）的新公司，主要业务是制造机床，公司的所有信笺、宣传手册上都印有跃马标志。新公司在年底就接到了罗马的国家航空公司(Compagnia Nazionale Aeronautica）的零件加工委托。恩佐投入了大量资金在原法拉利车队的厂房内添置了车床、铣床、磨床和刨床，但是没有铸造车间，所以铸造件和锻造件外包给了博洛尼亚的卡尔佐尼铸造厂（Fonderia Calzoni）。恩佐已经完全摆脱了阿尔法·罗密欧的阴影。但此时还有一件令恩佐烦心的事情，1939 年玛莎拉蒂公司宣布将公司迁往摩德纳，车辆、工具、备件等一切一并迁往。

在 1939 年平安夜的晚餐上，恩佐决定制造一款车用来参加来年 4 月举行的大奖赛。平安夜是西方人一年中最神圣的夜晚，大家都忙于聚餐和祷告，而恩佐依旧在工作。恩佐已经习惯了这样，在复活节、圣诞节或是意大利日历上显示的任何节假日里，他都在工作。

1940 年的 1000 英里耐力赛将在 4 月 20 日举行，所以恩佐只有 4 个月的时间来打造两辆赛车。由于时间紧张，马里尼诺提出用现有车型进行改装最为便捷。恩佐的团队决定采用菲亚特 508C Ballila 进行改装。这是一款 1932 年投产的一款小型乘用车，拥有四档变速器、液压制动，前悬架为独立式，在私家车和赛车界都很受欢迎，但这款车的发动机无法满足 1.5 升级别比赛的要求。

马里尼诺提的方案是使用两台菲亚特 1100 的发动机的零件，再加上一个经过改造的 Ballila 的缸盖。缸体的改造在博洛尼亚进行，其他的所有工作都由法拉利公司自己完成，包括全新的曲轴、油底壳，需要强调的是这辆车没有任何一个部件来自阿尔法·罗密欧，哪怕是一颗螺钉。新车被命名为 815，但人们更习惯称它们为 Auto Avio 815。

两辆车的底盘编号分别为 815/020 和 815/021，它们都参加了 1000 英里耐力赛，但都因机械故障退赛。815 在速度和潜力方面都表现出色，6 月 3 日，意大利参战，马里尼诺的改进计划也被迫取消，随后恩佐将这两辆赛车出售。

在与阿尔法·罗密欧的四年竞业限制期满后，恩佐立即用自己的姓氏取代了之前汽车航空制造厂（Auto Avio Costruzione）的名字。1943 年开始，公司的销售手册上都添加了“法拉利车队”（Scuderia Ferrari）的标签，尽管公司直到 1946 年才正式更名为“法拉利汽车制造公司”（Auto Costruzione Ferrari）。1960 年，公司重整为公共实体，名称也随之变更为“法拉利赛车制造厂”（Società Esercizio Fabbriche Automobili e Corse ）。公司的标识一直都包含跃马图案，只不过从 1946 年法拉利制造厂开始使用全新的矩形标志，而盾形标志则继续由法拉利车队使用。

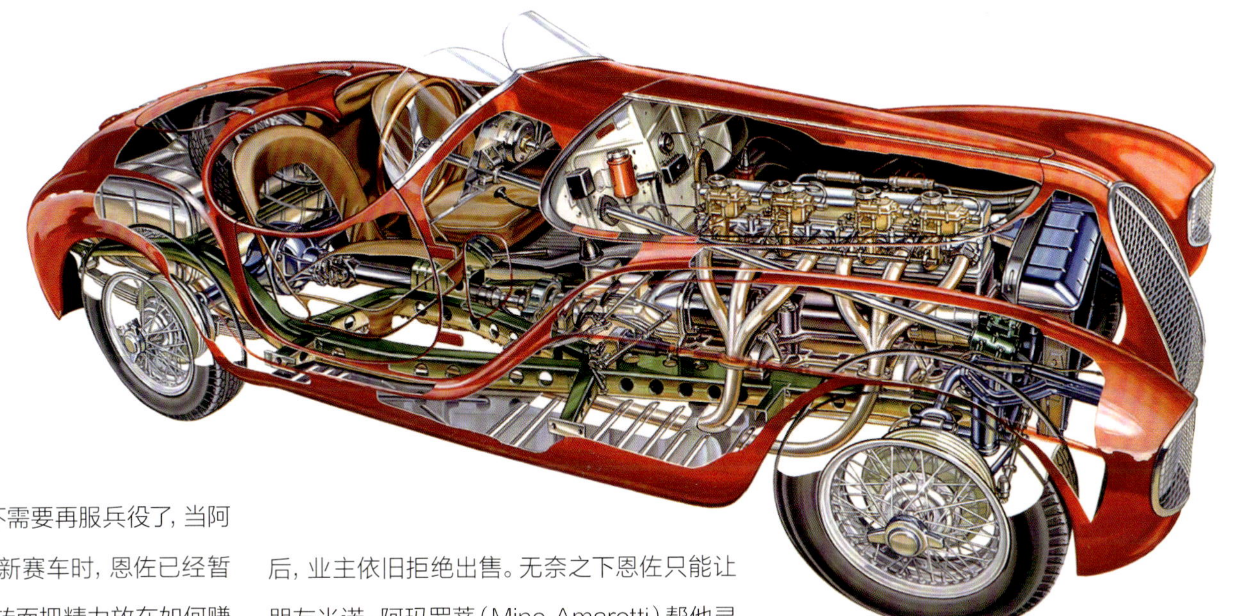

42岁的恩佐已经不需要再服兵役了，当阿尔法·罗密欧还在研究新赛车时，恩佐已经暂时放下了曾经的事业，转而把精力放在如何赚钱上了。众所周知，恩佐的企业在第二次世界大战中一直在生产一种精密液压磨床。1943年初，轴心国已经明显失去了赢得这场战争的希望，虽然在上一年轴心国还处于巅峰，但随着美国大规模工业力量的支持，同盟国的势力已不可阻挡。1943年秋天的时候，意大利已经处于无政府状态，米兰和都灵到处都在罢工。恩佐接到命令，工厂必须搬到更安全的地方。从1942年末，同盟国便将轰炸区域扩大到波河平原的主要工业城市，所以国家发布命令将工业区分散。

恩佐最初看中了城区往南几英里处福尔米吉村（Formigine）的一处产业，但多次交涉后，业主依旧拒绝出售。无奈之下恩佐只能让朋友米诺·阿玛罗蒂（Mino Amarotti）帮他寻找合适的土地。在距摩德纳10英里的马拉内罗，恩佐已经拥有一块土地，但只是一片樱桃园和一座老旧的石屋。阿玛罗蒂说服了当地的农场主将附近的房子和横跨阿贝托内－布伦内罗（Abetone-Brennero）高速公路的土地一并出售。这三块地加起来就足以建一座工厂。

1943年9月，恩佐的生意蒸蒸日上，和阿尔法·罗密欧签下的协议也已经到期，公司名字汽车航空制造厂如今又加上了法拉利车队。

事实证明，德国人可以是坚强的战士，也可以是野蛮的掠夺者，1944年初，德国人宣布菲亚特公司所有的机器和工具都将被运往德国，这一行为立即引起了意大利北部大规模的罢工，最终菲亚特得以保留。1944年9月，一队德国军官来到马拉内罗的小工厂内宣布所有的磨床都归德国政府所有。但就在德国人还没来得及拉走这些设备的时候，11月4日美国B-24重型轰炸机开始扫荡波河以南的地区，恩佐的工厂虽说不是首要目标，但也是目标之一。几颗炸弹落到了厂房里，炸毁了几台“德国人”的设备。

就在这时候，一位名叫莱娜·拉尔迪（Lina Lardi）的金发女孩进入了恩佐的生活。

1944年的冬天，艾米利亚似乎要永远笼罩在灰色中，这一年在一片恐惧和迷茫的范围中结束。对恩佐来说公司的前景一片黯淡，更糟糕的是马里尼诺被重金所诱惑转投了玛莎拉蒂。

1945年2月，美国人再次对马拉内罗的工厂进行了轰炸，不过恩佐很快在原址上建立了新厂房，新工厂是带有拱门入口的红色建筑，底部有黄赭色的缘石。这个风格一直保持至今，它是法拉利公司标志性的一部分。这间工厂使用了传统的工艺制造：砖墙和木结构屋顶。因为当时不能使用钢筋混凝土，钢材也被禁止使用，因为那是战争物资，民间不能私自使用。厂房虽然又建立起来了，但恩佐的世界正处于崩溃的边缘。

1945年5月22日，恩佐的第二个儿子皮埃罗出生，孩子非常健康。

1945年6月，意大利的“清算委员会”开始寻找那些在墨索里尼时期帮助“政府”做事的人。乌戈·高巴托被暗杀了；爱德华·韦伯也失踪了，尸体一直没有找到。

战争给国家带来的损失是巨大的，战后意大利的工业产出已经下降到1938年的五分之一，以农耕为主的南方也因战争导致农产品的产量下降了一半。但20世纪40年代的马歇

Auto Avio 815/020

Auto Avio 815/020

Auto Avio 815的8代表8个气缸，15代表发动机排量为1.5升。车身由图瑞超轻车身制造厂（Carrozzeria Touring Superleggera）生产，材质为昂贵的铝镁合金。815的外形被人们形容为“布雷西亚电鳐”（Torpedinoidei Brecia），它拥有全包围的车身，大嘴巴一样的椭圆形进气格栅以及一个修长的车尾，这款装有博拉尼（Borrani）钢丝车轮的全敞篷赛车对车手的保护仅仅是一块全副风窗玻璃，材料是刚刚才开始流行的有机玻璃。

1947年8月11日，恩里科·伯彻科尼（Enrico Beltrachini）驾驶的815/021和弗朗哥·科特斯（Franco Cortese）驾驶的法拉利125 S在赛场上碰面。

20世纪50年代815/020被拆解，而815/021在随后的岁月里幸存了下来，目前保存在摩德纳附近一位收藏家的手里。

真正意义上的第一辆法拉利——125 S，由乔克诺·克罗布设计，花了将近3年时间才最终完成。虽然这辆车的服役时间非常短，很快就被166车款所取代，但它对于法拉利、甚至是对于整个汽车产业所做出的贡献是不言而喻的。

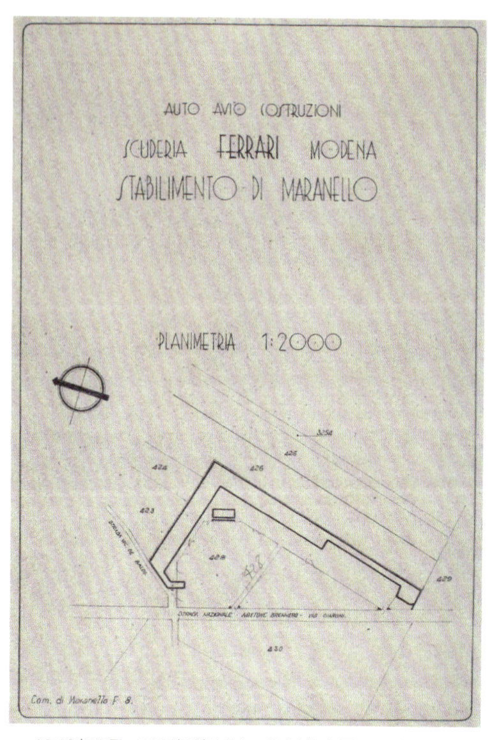

1942年2月，工程师绘制的一张马拉内罗工厂的图纸。

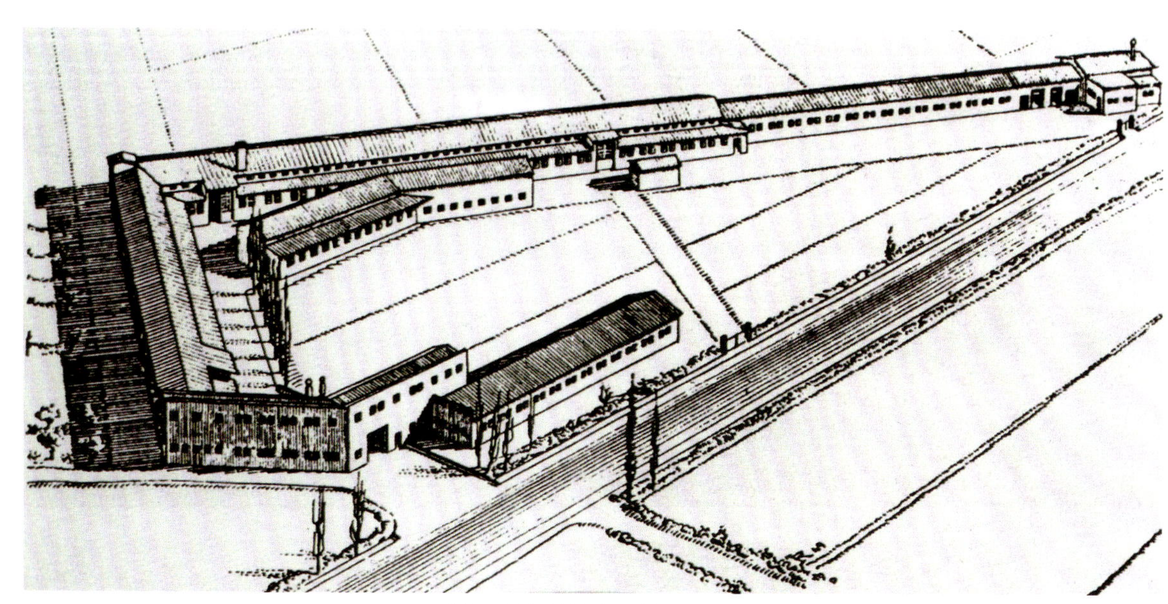

20世纪40年代，法拉利工厂的一张规划图。

1972年拍摄的一张工厂的鸟瞰图。

恩佐·法拉利（左3）与意大利著名绅士车手詹尼·马尔佐托（Gianni Marzotto）（左1）；恩佐在自己的书中是这样评价他的："非常快的赛车手；一位极具瓦尔齐（Varzi，意大利地名）性格特征的年轻人，他可以冷静地计算和推理，还有他的严肃和勇气。他会是一个优秀的职业车手，甚至可能是冠军。"

上图：恩佐的两侧停放着250 GT Berlinetta Lusso和330 GT 2+2，这张照片是1964年在马拉内罗工厂的院子里拍摄的。标志着法拉利开始生产"奢华"的公路跑车。

尔计划为意大利带了一丝曙光。恩佐的工厂被修复一新，在战后的工业重建中，恩佐的机床生意会一片大好，尽管当时的电力、燃油还处于限额配给状态，但恩佐相信，一个稳定、繁荣的未来正等着他。

1948 年夏天，当法拉利车队积极备战一些小型的比赛和 F2 赛事时，恩佐将注意力放在了两个目标上：首先他要监督完成克罗布设计的 125 单座版车型，这个车型已经在绘图板上搁置了近 3 年时间了；另一个目标是 166 系列车型的小批量生产，这个车型既可以参加赛车比赛，也可以作为公路跑车使用。但公司的第一笔订单依然来自赛车。

1949 年 10 月末，"指挥官"宣布从这一刻开始兰谱蕾蒂负责研发大奖赛赛车，发动机沿用其提出的 4.5 升自然吸气发动机方案。克罗布的新任务是为公司研发公路跑车——这等于是降职。这次人事变

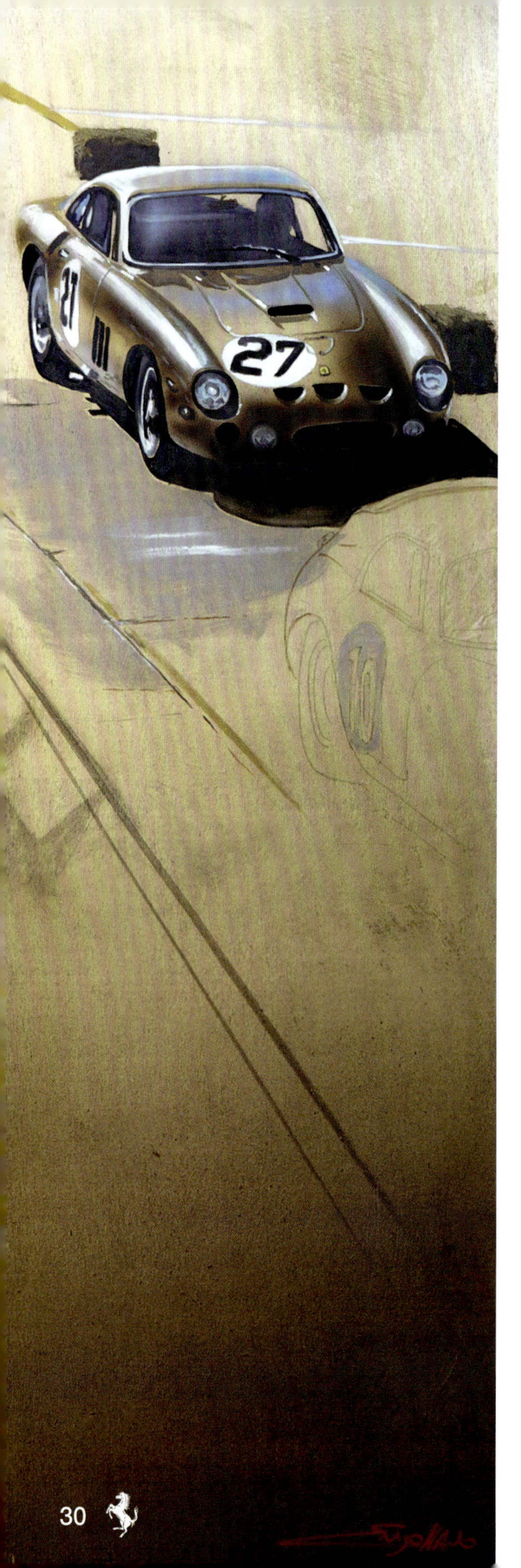

动引发了一场动荡，恩佐试图强迫克罗布接受新职务，可想而知当时的冲突有多么的激烈，整个公司都回荡着愤怒的吼叫。1950年底，克罗布终于回到了家乡米兰，加入了阿尔法·罗密欧。现在兰谱蕾蒂成为唯一的首席工程师。

1951年6月14日，法拉利车队终于战胜了阿尔法·罗密欧车队，这对恩佐而言是一个重大的历史时刻。自从1939年离开阿尔法·科西嘉车队之后，他一直想象着将其击败的样子。他在自传中写下："我终于打败了我的母亲！"恩佐随后给阿尔法·罗密欧发去了一封电报，"我依然怀念我在阿尔法的日子。"

20世纪50年代初期，恩佐·法拉利不论是在工厂经营方面，还是个人声望方面，都获得了巨大的成功。他凭借商业上的成功获得了"意大利共和国行业骑士"的头衔，但恩佐从来没有使用过这个头衔。

1953年，法拉利的工厂里增设了铸造车间，虽然这一举动耗尽了公司的资金，但这样一来法拉利就可以自己生产发动机缸体等零件了，这对公司来说是非常重要的一步。同年8月，恩佐最喜爱的赛车手努瓦拉里去世了，恩佐亲自驾车去曼托瓦(Mantuan)治丧。这一年，信心满满的兰谱蕾蒂想将Tipo 500四缸发动机进行简化，甚至尝试将四缸变为两缸，虽然工厂很快就将样机制作出来，但测试结果并不令人满意，大家也很快打消了这个念头。迪诺此时已经22岁了，他开始对工厂产生一些微小而显著的影响。

1956年6月30日，恩佐的长子迪诺因肾衰竭离世，虽然第二天法拉利车队赢得了法国大奖赛的冠军，但泪流满面的恩佐却表示自己对赛车再也提不起兴趣了。此时恩佐已经58岁了，虽然他已经成为一个真正的有钱人，但丧子的痛苦已经淹没了这一切。不过恩佐并没有被打倒，他计划将工厂扩建，并将阿贝托内公路上的一个马厩改造成了一个小餐厅和旅馆，这个名叫卡瓦利诺的餐厅日后的名气丝毫不亚于法拉利工厂。但迪诺死后很长一段时间内都让这一切黯然失色。1956年，恩佐再次表示要退出赛车界，很多熟悉他的人也觉得恩佐这次是真的不想干了。

虽然迪诺的死令恩佐伤心欲绝，但欣慰的是他还有一个儿子。皮埃罗已经11岁了，和母亲住在一起。

20世纪60年代开始，皮埃罗开始慢慢地走进了人们的视线。

1961年，法拉利车队发生了著名的"逼宫"事件，至少8名高层一起离开了车队。除了一些当事人的公开声明，这次决裂的具体原因至今不明。

1963年4月中旬，马拉内罗迎来了一大批工程师、会计和管理人员，他们对法拉利进行了详细的盘点。5月初，福特提出了1800万美元的收购价。但最后因为赛车部的主权问题，这次交易最终没有达成。

1965年，恩佐·法拉利的母亲去世了，她的去世敦促恩佐做了一个重大的决定——将皮埃罗的身份合法化。恩佐的母亲确切地知道皮埃罗的存在，一直催促恩佐将其身份合法化。

1969年6月21日，法拉利与菲亚特宣布成立联盟，恩佐将公路跑车部门全盘交给了菲亚特，自己只保留了对赛车部门的控制权。

1978年对于恩佐来说是死亡与希望并存的一年。劳拉于2月27日与世长辞；而吉尔·维伦纽夫加入了车队。恩佐和劳拉结婚55年了，劳拉去世时享年78岁，两周后恩佐孤独地度过了自己的80岁生日。劳拉去世后，恩佐做的第一件事就是立即着手将皮埃罗和孙女的身份合法化，这需要花上好几年的时间。在这之前，恩佐一直过着独居的生活，只是偶尔和朋友一起吃个饭，开一些商务会议和过问一下车队的情况。

20世纪50年代，恩佐的办公室，恩佐正在阅读各种关于他和法拉利的报道，此时办公室已经安装上了电话，桌子上放有迪诺的照片。

1964年，蒙扎赛道。约翰·瑟蒂斯和恩佐·法拉利。这是两人关系最好的那段时期，之后因为车队成绩和瑟蒂斯自己的某些原因，两人的关系开始发生变化，瑟蒂斯最终在两年后离开了法拉利车队。

恩佐·法拉利（左）、尼基·劳达（中）、卢卡·迪·蒙特泽莫罗（右）。

弗朗哥·高兹（Franco Gozzi）（左）和恩佐·法拉利（右）。卢卡·迪·蒙特泽莫罗曾经说过：很难用一个词来概括弗朗哥对公司的影响：体育总监、新闻官员、沟通主管，最重要的是他还是恩佐·法拉利最亲密的顾问和亲信之一。

20 世纪 80 年代初期，F1 即将迎来一次大洗牌，菲亚特向马拉内罗注入大量资金。也就是在这段时间里，整个法拉利车队搬到了卡瓦利诺餐厅的西边，同时卡瓦利诺本身也进行了扩建。此时的法拉利公司在规模上已经是 1970 年的两倍了，到了 20 世纪 80 年代中期，公司的占地面积达到了恩佐建立汽车航空制造厂时的 6 倍。虽然恩佐的精神状况依旧非常好，但他的身体日渐老迈，头发已经全白，而且越来越稀疏，两只眼睛深深地陷入眼窝，但依旧闪烁着智慧的精光。如今，法拉利已经传遍了五大洲，恩佐本人也成为意大利全民的偶像，按照意大利文化来说，他已经超越了自己的生命本身，成为了一个民族的瑰宝。恩佐对赛车运动的影响巨大，各种国际协会在制定规则和长期制度的时候都会事先征求他的意见。如果法拉利车队在大奖赛中罢赛的话，那么门票的销售至少会减少一半。

1979 年 10 月，一群盗墓贼闯进了圣卡塔尔多墓地想偷走迪诺的遗骸，他们几乎已经打开了棺椁，虽然最后这群毛贼被吓跑了，但对恩佐的打击可想而知。3 年后，恩佐出版了一本自传，他在里面写道："我从没想过成名后要付出的代价，但事实上我生命中的每一刻都在为此付出代价，其中包括 26 年前我亲手埋葬了儿子迪诺。事情过去了这么久，我依然感到孤独，我依然活着。当你明白了生命的脆弱后，你就会明白，生命每时每刻都伴随着痛苦。"

1975 年，皮埃罗带着妻子和女儿搬到了恩佐的那幢大房子里，莱娜也一起搬过去了。皮埃罗的身份在 1975 年合法化了。此时的皮埃罗作为车队的高级助理负责赛车手的相关行程安排以及和赛车场的谈判等，同时皮埃罗也是公司高级顾问团的一员。

多年以来，恩佐·法拉利都会在练习赛和资格赛时出现在蒙扎或伊莫拉赛道，而 1981 年是恩佐最后一次亲自莅临伊莫拉赛道了，之后他几乎一直待在摩德纳，再也没有出过远门。

恩佐在度过自己 85 岁的生日后，依旧对法拉利车队有着绝对的掌控权。各种头衔、荣耀、礼物堆满案头，讲演次数也越来越多。他在国际赛车界的地位早已经无人能及，但和不断下滑的车队成绩相比，这些名誉上的嘉奖都显得没有什么意思。他需要时刻令自己保持清醒，

皮埃罗·法拉利（左）正在向恩佐·法拉利（右）展示一台1:18的F40比例模型。

1980年，在伊莫拉赛道上的测试中，恩佐·法拉利与吉尔·维伦纽夫在一起。恩佐非常喜爱维伦纽夫，他很少到比赛现场，上一次莅临现场还是在7年前。

在面对强大的英国车队时，他依旧能对下属施加压力并让他们努力奋斗。

虽然在菲亚特收购了法拉利后，恩佐对公司的公路跑车业务一直不闻不问，但保时捷959 却引起了他的注意，这款双涡轮增压发动机车型的风头已经超过了公司最先进车型Testarossa。这种情况下恩佐决定生产一款双涡轮增压发动机车型来与之对抗，同时也为了庆祝自己的公司成立 40 周年。F40 的诞生令恩佐非常高兴，当原型车开上费奥拉诺赛道时，恩佐对旁边的人说："这款车的速度真是太快了！"

恩佐在F40项目上的贡献无疑是巨大的，这款车奠定了法拉利成为"世界上速度最快汽车的生产商"的基础。同时恩佐对公路跑车业务还有一个重大影响。在 F40 上市的那一年，菲亚特管理的设计团队想设计一款 4 门豪华轿车。原型车被命名为"Pinin"，但恩佐看了后不同意法拉利推出 4 门款式的汽车，因为他的强烈反对，项目被取消。"而法拉利不生产 4 门车型"这一决定直到现在仍被完美地贯彻执行着。

G. BERGER
Marlboro
FIAT
GOODYEAR
LONGINES
digital

1988年2月18日，恩佐迎来了自己90岁的生日，公司为他在马拉内罗工厂最新的装配车间里举办了一场盛大的生日会，餐会所有的食物都由卡瓦利诺提供，总共邀请了1770位宾客参加，宴会使用了12个巨大的生日蛋糕，恩佐的蛋糕师特别定制的，上面装饰着法拉利车队在20世纪30年代成立时使用的盾形的跃马商标，中间插着一根生日蜡烛。

此时的摩德纳已经从一个偏僻的小镇发展成一座商业中心。马拉内罗正在兴建法拉利博物馆，这个计划其实很早之前就已经决定了，但因为恩佐的关系（恩佐之前并不打算建任何的博物馆）这个项目停滞了很久，如今终于再次启动了。第一辆125 S将被复刻，法拉利联系了全球478个法拉利俱乐部，希望寻找到更多的早期车辆。但法拉利老车型的价格一直在飞涨，250 GTO的价格这个时候就超过了500万美元（在恩佐去世后价格更是翻了3倍）。因为公司早期的车辆不是全部售出就是被拆解，博物馆的展车要么花高价回购，要么去私人收藏家那里借。

现在的恩佐几乎不见任何访客了，除了几位负责工厂和车队日常事务的管理人员和一些关系密切的生意朋友。当春天过去，摩德纳闷热潮湿的夏季来临时，恩佐大多数时间都待在床上。这样的情况令他错过了与一个意大利重要人物见面的机会，这就是教皇约翰·保罗二世。1988年，约翰·保罗二世访问波河平原并参观了法拉利的工厂。教皇在一个晴朗的夏日抵达了工厂。恩佐因为卧床无法起身迎接最尊贵的客人，所以接待工作就由皮埃罗完成。

同年8月，恩佐的老朋友路易吉·希奈蒂造访马拉内罗，两人热情地拥抱在一起，希奈蒂同意将自己的一辆F2赛车借给法拉利用于博物馆的展出。

最后一刻来得很平静，1988年8月14日星期天的早晨，恩佐·法拉利在加里波第广场的家中去世。皮埃罗陪在身边。恩佐的老朋友天主教神父加拉索·安德里奥迪（Galasso Andreoli）主持了葬礼，这场葬礼是完全私人的，只有几位家族成员参加，外界都猜测法拉利家族会举行一场大型的葬礼或是哀悼仪式，但这一切都没有发生。当恩佐去世的消息传出来时，他本人已经长眠在了圣卡塔尔多的墓地中，在他的父亲旁边。

恩佐·法拉利，汽车界一位伟大的巨人走了，永远无可取代。

左图：1988年6月，教皇约翰·保罗二世访问马拉内罗，这一天特别的重要，但因为恩佐的身体状况不佳使他无法与这位伟大的老人会面。

馬跃

传奇从这里开始！

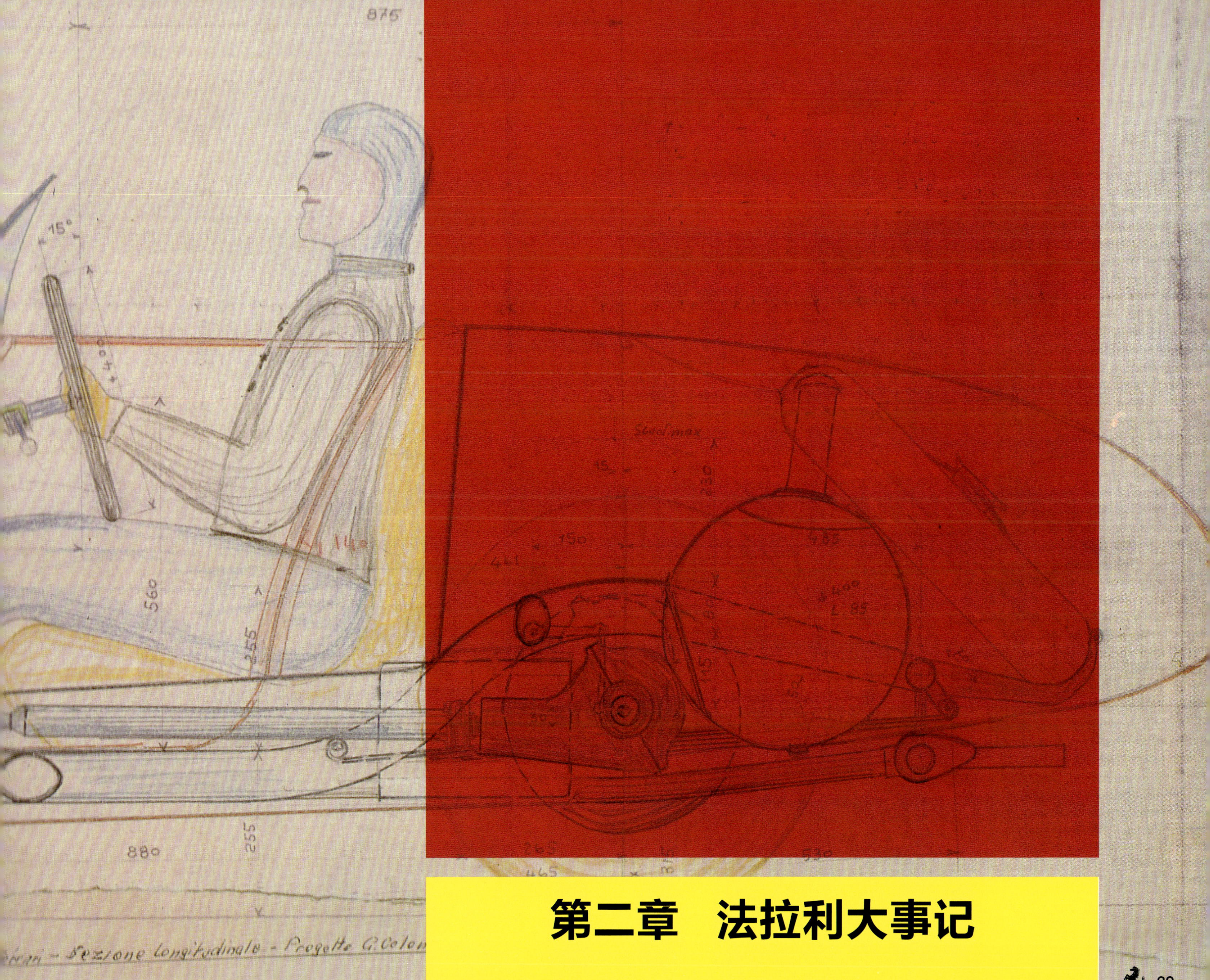

第二章 法拉利大事记

法拉利品牌诞生，125 S 在罗马大奖赛中夺得品牌首个冠军头衔。

1947

1948

都灵车展中正式发布法拉利 166 MM。1948 年 5 月 2 日，克莱门特·比昂德蒂和朱塞佩·诺温驾驶 16 号法拉利 166 C Allemano 赛车在 1000 英里耐力赛获胜，法拉利赛车在接下来的 9 届 1000 英里耐力赛中赢得了 7 场胜利。

1949

路易吉·希奈蒂和塞尔斯顿男爵驾驶 166 MM 勒芒 24 小时赛首度为法拉利夺得胜利。

1950

维托里奥·马尔佐托驾驶法拉利 195 S 称霸 1000 英里耐力赛。

赛季一级方程式第 2 场比赛在摩纳哥赛道举行，通过阿尔贝托·阿斯卡里的出色表现法拉利车队在这场处子秀中拿下第 2，也是法拉利在一级方程式中的第一个领奖台。

1951

1951 赛季一级方程式第 5 场比赛银石大奖赛，约瑟·弗罗兰·冈萨雷斯驾驶 375 赛车战胜同胞方吉奥为法拉利车队赢下第 1 场分站赛胜利。

为法拉利赢得1949年勒芒冠军的路易吉·希奈蒂结束赛车生涯，受许可在美国开设了北美第一家官方法拉利代理进口商，是法拉利美国市场的开拓者。

虽然F1是赛车顶尖运动，但跑车赛事的成功会更能推动公司商业上的成功，1953年，第一届世界跑车锦标赛法拉利派出375 MM和370 MM参赛夺冠，而现在法拉利传奇的全新篇章才刚刚开始。

250 Coupé Pinin Farina轿跑车诞生。

胡安·曼努埃尔·方吉奥驾驶法拉利D50夺得了F1世界冠军。

1952　1953　1954　1955　1956

维托里奥·马尔佐托驾驶225S获得第一个法拉利在蒙特卡洛赛道上的胜利。

1952年9月7日，阿尔贝托·阿斯卡里在蒙扎加冕新王，他以连赢6站比赛的壮举成为一级方程式锦标赛世界冠军，并在1953赛季成功卫冕。

墨西哥卡莱拉泛美赛在赛车历史中被认为是最艰苦的耐力赛之一，1954年最后一届比赛翁贝托·玛格莉莉驾驶375 Plus Pininfarina位列第一并创下赛事纪录，在媒体口中获得了“疯狂意大利人”的称号。

1954年，巴黎车展标志着法拉利公路车生产的转折点，250 Europa GT成为未来10年马拉内罗生产线的模板。

1957年，法拉利代表车型250 GT California投产，源于美国法拉利经销商路易吉·希奈蒂和约翰·冯诺依曼得知美国客户想要敞篷版的250 GT以享受加州阳光，因而得名California，先后分250 GT LWB（长轴版）和250 GT SWB（短轴版）。

彼得罗·塔鲁菲驾驶法拉利315 S，赢得最后一场1000英里耐力赛。

1957

1958

1958 麦克·霍索恩驾驶法拉利246赢得了F1世界冠军头衔。

路易吉·希奈蒂不只是经销商，1958年还成立了N.A.R.T.（North American Racing Team）车队，成功在北美和海外推广法拉利赛车，在戴通纳、勒芒等赛事均有冠军入账。

1959

法拉利赢得赛百灵12小时耐力赛。

1960

斯特林·莫斯驾驶250 GT SWB在古德伍德赛道举行的第25届旅游杯上（RAC Tourist Trophy）获胜，由此开启了法拉利在这项赛事上的5年连胜。

1961

1961年是值得纪念的一年，这个赛季法拉利赢下了3个世界冠军头衔：世界跑车锦标赛冠军、F1车队冠军和菲尔·希尔的F1车手冠军。

1963 年 勒芒 24 小时耐力赛冲线瞬间，法拉利 250 P 赛车在洛伦佐 · 班蒂尼和卢多维科 · 斯卡尔菲奥蒂驾驶下获胜，而前 6 名均被法拉利赛车所包揽。

环法拉力赛前排发车的 3 辆 250 GTO。斯卡列蒂车身制造厂出色的车身工艺使其在 20 世纪 50 年代末成为法拉利赛车的首选车身厂，产品有 250 GTO、250 TR、750 Monza 等。

恩佐 · 法拉利与巴蒂斯塔 · 宾尼法利纳 (Battista Pinninfarina) 合照，后者创立的宾尼法利纳设计室从 20 世纪 50 年代至今一直与法拉利合作设计汽车，诞生了包括 250 系列、330 系列、F40 等作品

1962

法拉利明星车型 250 GTO 诞生，强大的性能和卓越的设计使其从 1962 年至 1964 年连续 3 年获世界跑车 GT 锦标赛冠军，以及诸多场极负盛名赛事的胜利。

1963

1964

车手约翰 · 瑟蒂斯返回马拉内罗工厂与恩佐共享午餐，同年为法拉利赢得 F1 冠军，瑟蒂斯是唯一一位四轮和两轮赛车都获得世界冠军的车手。

1965

洛伦佐 · 班蒂尼和尼诺 · 瓦卡里拉驾驶法拉利 275 P2 赢得 1965 年的 Targa Florio 大奖赛。

1966

法拉利在都灵车展发表了 365 P speciale，独一无二的三座赛车。

法拉利拒绝了福特的收购后，在随后几年耐力赛事中与福特展开了激烈的竞争。1967 年初举行的戴通纳 24 小时耐力赛，法拉利车队留下了赛车史著名的一幕经典瞬间，占据前 3 的两辆 330P4 和一辆 412P 赛车以分列式的队形冲过了终点线。

克里斯 · 阿芒驾驶 Dino 246 Tasmania 赢得塔斯马尼杯车赛。

菲亚特掌门人詹尼 · 阿涅利与恩佐合照，1969 年 6 月 21 日，菲亚特宣布收购法拉利 50% 的股份。

法拉利第一款采用气缸夹角 180° V12 发动机的公路车型 365 GT4 BB 在都灵车展上首次亮相，两个字母“B”代表 Berlinetta Boxer。

1967　1968　1969　1970　1971

为致敬 1967 年戴通纳的胜利，法拉利于 1968 年巴黎车展推出了 365 GTB4，365 代表气缸容量，4 代表凸轮轴，B 代表 Berlinetta，365 GTB4 在 1972 年至 1974 年勒芒连续拿下 GT 组别冠军，是在被菲亚特收购前最后制造的一款车型。

安德里亚 · 德 · 阿德里克驾驶 Dino 166 F2 赢得了阿根廷 Temporada 赛。

归于菲亚特旗下后，法拉利开启了运动原型车项目，为参加 Group 5 赛事至少需要制造 25 辆车，Mauro Forghieri 为首的团队在 3 个月内就制造出了新车并命名为 512 S。

亮相于1973年巴黎车展的Dino 308 GT4是法拉利首款搭载中后置V8发动机的量产公路车型，也是首款采用四座2+2布局的中后置发动机车型，自1953年以来首款除宾尼法利纳以外的设计公司博通设计的法拉利量产车。

法拉利F1车队重组，放弃国际赛事专注F1，1973年卢卡·迪·蒙特泽莫罗进入法拉利并成为恩佐的助手，1974年成为车队经理。尼基·劳达在1974赛季西班牙大奖赛驾驶312 B3-74为法拉利带来第50场分站胜利。

继365 GT4 2+2后，1976年巴黎车展法拉利带来了400系列，整体布局更显豪华，恩佐将车比作“身着晚礼服的GT”，其中400 Automatic的命名来源配备的自动变速器，400 GT沿用手动变速器。

1972　1973　1974　1975　1976

4月8日，费奥拉诺赛道正式投入使用，成为法拉利赛车和新车的专用测试场地，也使法拉利成为唯一拥有私人测试赛道的一级方程式车队。

法拉利312 P在10场赛中屡战屡胜，赢得了跑车项目世界冠军。

1975年诞生的308 GTB、GTS用V8发动机和新锐线条吸引了大批客户，是在市场上活跃长达十多年的车型，销量超过6000辆，也是最为人熟知的法拉利之一。

劳达与312 T赢得F1世界冠军。

劳达与 312 T2 获得第二个世界冠军。

1979 赛季南非人乔迪 · 斯科特赢得 F1 世界冠军，由此成为迈克尔 · 舒马赫时代开始之前最后一位获得世界冠军的法拉利车手。

1981 年 5 月 31 日 F1 摩纳哥大奖赛，吉尔 · 维伦纽夫驾驶 126 CK 书写了 F1 历史新篇章，涡轮增压发动机首次在摩纳哥获胜，也是法拉利在 1 年半后的首场胜利。因此这场胜利让维伦纽夫成为继 1965 年吉姆 · 克拉克后第 2 位登上美国《时代》周刊封面的 F1 车手。

1977

1978

1979

1980

1981

恩佐一直对吉尔·维伦纽夫的能力深信不疑，决定继续给他机会，而维伦纽夫不负众望，在加拿大大奖赛获得了个人第 1 个分站冠军，让之前批评的人都哑口无言。图为 1980 年伊莫拉赛道练习赛后，维伦纽夫与恩佐欢笑畅谈。

1980 年，法拉利在日内瓦车展以新车 Mondial 8 替代 Dino 308 GT4，凭借其成功重返北美市场。Mondial 不仅表明此车款的亲民特性，还为了纪念 1 年前的 F1 冠军，更为缅怀 1953 年为阿斯卡里赢得世界总冠军的 500 Mondial Barchetta。

1984 年日内瓦车展 288 GTO 问世，引入全新理念，被认为是 20 世纪 80 年代超级跑车的象征，是第 1 辆采用复合材料 Kevlar 车身的车型，同时是第 1 辆配备 F1 电子燃油喷射技术的汽车，性能遥遥领先其他量产车。

继 288GTO 后，同年发布的法拉利 Testarossa 成为一个时代的标杆，使用最前沿的空气动力学技术，“Testarossa”之名这也是法拉利首次没有使用数字为跑车命名。

637 是法拉利秘密研发的单座赛车，不是为 F1 打造，而是 1986 年向国际汽联提出的 F1 规则变化和 8 缸发动机的改革施压抗议，法拉利威胁放弃 F1 转投美国 CART 锦标赛，国际汽联妥协后法拉利车队继续参加 F1，637 项目也随之结束。

Mondial 豪华休旅敞篷车诞生

1982 1983 1984 1985 1986

1982 年，法拉利对 Mondial 8 进行重新设计，同时采用每个气缸 4 气门的全新 V8 发动机，这辆新车便是 Mondial Cabriolet。1988 年，教皇约翰 · 保罗二世访问法拉利和摩德纳，正是皮埃罗 · 法拉利驾驶 Mondial Cabriolet 载着教皇行驶。

托格娜娜 · 德 · 安东尼驾驶法拉利 308 GTB 赢得 1982 年意大利拉力锦标赛。

308 系列是法拉利第 1 辆搭载横置 V8 自然吸气发动机的双座跑车，而 328 GTS 和硬顶 328 GTB 是这一系列最后两部作品，数字 328 代表 3.2 升排量及气缸数。1985 年 328 GTS 和 Mondial 3.2 一同亮相法兰克福和日内瓦车展。

为庆祝公司诞生 40 周年，法拉利 F40 于 1987 年 7 月 21 日在马拉内罗市政中心正式公开亮相，恩佐亲自参与设计这辆梦想之车。双涡轮增压 V8 发动机输出功率为 478 马力(1 马力约为 735 千瓦)，钢管和复合材料焊接而成的车架结构当时只有 F1 赛车使用。

奈杰尔 · 曼赛尔驾驶电控 F1 赛车鼻祖法拉利 F1-89 赢得了 1989 赛季巴西大奖赛，赛车配备了电动液压变速器，传统变速杆被方向盘的两根拨杆取代。

法 拉 利 推 出 Testarossa 继 承 者 512 TR， 在 Testarossa 基础上进行大幅改进。5 代表发动机排量，12 表示气缸数，TR 是 Testa Rossa 的缩写，在洛杉矶车展上亮相。

1987 1988 1989 1990 1991

1988 年 8 月 14 日：享年 90 岁的恩佐 · 法拉利辞世。

1990 赛季法国保罗里卡德赛道迎来诞生 20 周年的同时，也迎来这条赛道上最后一场法国大奖赛。本次比赛对法拉利更有纪念意义，阿兰 · 普罗斯特在本站取得胜利，为法拉利赢得了第 100 场 F1 分站胜利。

1992 年法拉利第一次在中国展出并第一次在中国售出汽车，当时的北京首富李晓华以 13.8 万美元买下的 348 成为进入中国的第一辆法拉利，中国现如今也是世界最大的汽车市场之一。

法拉利在巴黎车展上发表 456 GT，崭新风格与优雅兼具的杰作。

F512，最新搭载 12 缸中置发动机的量产车型。

F50 在日内瓦车展亮相，旨在庆祝法拉利车队成立 50 年，从内到外都是与 F1 间的技术联系，还有与壳牌润滑油的合作，是真正的公路版 F1 超跑。

迈克尔 · 舒马赫在 1996 赛季巴塞罗那大奖赛夺魁，是车王来到法拉利车队后为法拉利拿到的第 1 个冠军，这站比赛也充分表现了舒马赫的雨战能力。

1992 **1993** **1994** **1995** **1996**

1993 年秋，法拉利挑战赛在穆杰罗赛道拉开帷幕，分为意大利和欧洲系列赛两个系列。348 Challenge 两个版本 TB 和 TS 作为系列赛的指定赛车。法拉利单品牌赛事在全球获得成功，1994 年增加北美系列赛。自 1993 年起超过 1000 名车手参与法拉利倍耐力杯挑战赛，成为了培养具有天赋车手的摇篮。

法拉利迎来了自己 50 岁的生日。

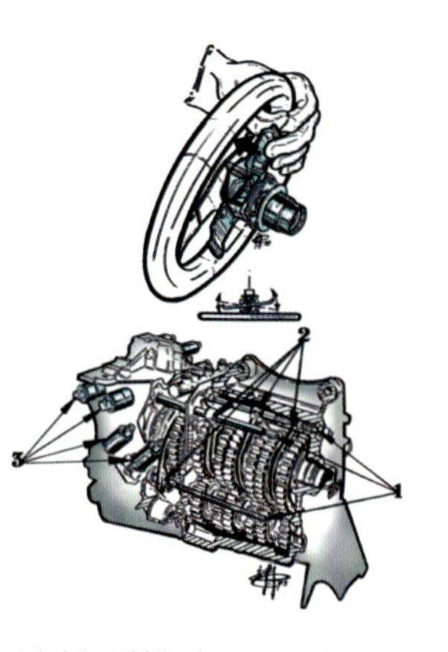

法拉利推出 355 F1，第一款配备 F1 变速器的 GT 车型。

2000 赛季法拉利车队再次获得 F1 车队冠军，迈克尔 · 舒马赫获得其在法拉利的第 1 个世界冠军，并在后面的 4 年中取得连冠，开启了法拉利王朝。

1997 **1998** **1999** **2000** **2001**

法拉利聘请世界上最有名建筑师之一的伦佐 · 皮亚诺设计风洞，于 1998 年完工，主要用于 F1 的研发。在随后法拉利 F1 黄金时期岁月中成为铸就法拉利辉煌时代的关键一环。

时隔 16 年后，1999 赛季法拉利重夺 F1 车队冠军，在风洞的帮助下 F399 取得了显著的进步，开启了未来几年连续获得更多胜利的良好势头。

法拉利和迈克尔 · 舒马赫再度获得世界双料冠军。

法拉利连续第 3 年夺得世界双料冠军。

巴黎车展推出举世闻名的法拉利 Enzo，这是为了致敬公司创始人恩佐·法拉利，Enzo 凝聚了在 F1 比赛中的经验成果，是第 1 辆拥有智能电子动态控制人机系统的法拉利汽车，采用 F1 式变速器、悬架、起步控制系统。

Superamerica 豪华旅行车诞生。

2002

2003

2004

2005

2006

献给乔瓦尼·阿涅利的 F2003-GA，让法拉利继续蝉联世界车手及车队双料冠军。

法拉利创下连续获得六度 F1 世界车队冠军及五度世界车手冠军纪录。

法拉利一直很重视客户的意见，2004 年开始筹备 XX 项目，2006 年诞生的新车命名 FXX。仅适用于赛道驾驶但不用于比赛，顶级客户可在教练和技师指导下在任何国际汽联批准的赛道上驾驶，测试中收集反馈参数以便投入开发新车型。

2007 赛季 F1 最后一场巴西大奖赛莱科宁与车队领队托德共庆冠军。2007 赛季迈克尔 · 舒马赫退役后吉米 · 莱科宁来到车队，后者成为法拉利历史上第 9 位赢得世界冠军的车手，这个激烈的赛季自 1986 年以来第 1 次有 3 位车手在最后一站争夺车手冠军。

闪耀 2009 法兰克福车展的 458 Italia 是近年来法拉利最为成功的车型之一。而 GT2、GTE 和其他赛道版车型在其他各项赛事中打败诸多制造商品牌，将无数赛事冠军头衔收入囊中。

2007 2008 2009 2010

法拉利获得第 16 次世界冠军。

法拉利主题公园“法拉利世界”在阿联酋亚斯岛建成，占地 86000 平方米，2010 年 11 月 4 日向公众开放，现在是中东著名旅游景点之一。

在 2011 年日内瓦车展展出的法拉利 FF。FF 意为 Ferrari Four，法拉利历史上首款 4 座 4 轮驱动跑车，是对 Grand Tourer 跑车的全新诠释。

LaFerrari 首次亮相于 2013 日内瓦车展，是使用最新技术的结晶，法拉利生产的第一辆 Hypercar 搭载 800 马力 12 缸发动机搭配一台 120 千瓦电动机，共同输出功率可达 963 马力。

2011 2012 2013 2014

F12 Berlinetta 是新一代法拉利 12 缸跑车的开山之作，在 2012 年日内瓦车展上对公众亮相，是集精密空气动力学设计与性能于一身的车型，并获多项国际汽车大奖。

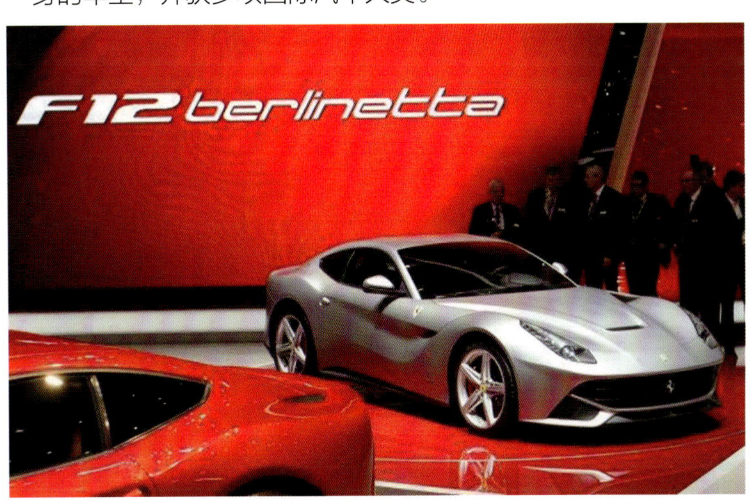

2014 年 12 月 2 日，法拉利世界年终大会在阿布扎比赛道举行，这场年度盛会第 1 次在欧洲以外的国家举行。亮相的还有 FXX K，K 代表 F1 使用的动能回收系统 KERS，像 FXX 和 599XX 一样为专属客户提供驾驶服务。

2014 年 8 月 14 日举行的 Bonham Quail Auction 拍卖会上底盘编号为 3851GT 的 1962 款 250 GTO 创下最贵拍卖纪录，以 3811.5 万美元成交，在经典车拍卖市场中法拉利一直是头号热门。

为纪念 20 世纪 50 年代法拉利在圆石滩参加的赛事，2015 年圆石滩优雅竞赛特别为法拉利经典赛车设立分组竞赛。

法拉利在纽约证券交易所上市。

488 Pista 在日内瓦车展上首次公开亮相。

在 2018 赛季揭幕战澳大利亚大奖赛上，维特尔和莱科宁同时登上领奖台。

2015　**2016**　**2017**　**2018**

法拉利在米兰证券交易所上市。

法拉利为诞生 70 周年庆特别打造了旗舰 LaFerrari 的敞篷版 LaFerrari Aperta，限量生产 209 辆，与第一辆以法拉利命名的车 125 S 在公司门外的合影代表了法拉利历史的开始和未来。

2017 年 10 月 29 日，“XX”部门最新力作 FXX-K-EVO 正式亮相。

法拉利家族最新款车型 812 Superfast 惊艳亮相日内瓦车展，作为 F12 Berlinetta 的继承者有 800 马力，极速超过 340 千米/时，0 至 100 千米/时加速 2.9 秒。这一年也是法拉利 V12 发动机诞生 70 周年。

Jeep
Jeep

马

一

第三章　跃马传奇

法拉利作为世界上历史最悠久的一级方程式车队和最著名的汽车制造商，

恩佐当年为什么会采用黄色的底纹加一匹黑色的跃马作为自己车队的标志呢？

Ferrari

1

S F
2

3
9
9

图 1： 1923 年，恩佐从意大利最伟大的空战英雄弗兰西斯科 · 巴拉卡 (Francesco Baracca) 的母亲鲍琳娜 · 巴拉卡（Paolina Baracca）伯爵夫人那里，得到了最初的跃马标志。

图 2： 1929 年，恩佐成立了斯库代拉 · 法拉利责任有限公司（Societa Anonima Scuderia Ferrari），跃马标志开始出现在法拉利车队的官方文件上。恩佐为黑色的跃马增加了黄色的底纹，黄色是摩德纳的颜色，徽章顶部为意大利国旗的颜色，徽章内的“S F”代表 Scuderia Ferrari。但在最初几年里，这个标志仅在法拉利车队内部使用。

图 3： 1932 年比利时斯帕 24 小时耐力赛上，跃马图案首次出现在法拉利车队的赛车上。

图 4： 1933 年，法拉利车队宣传海报上，已经出现了黑色的跃马标志。

1947 年 3 月 21 日，法拉利公司制造的第一辆赛车 125 S 的车头悬挂了方形的跃马标志。
从这时起，法拉利制造的每一款车都在车头悬挂方形的跃马标志（仅有 Dino 车型例外）。

从1932年开始，所有法拉利车队的赛车都会在车体侧面涂上象征法拉利车队的盾形跃马标志。从288 GTO开始，法拉利生产的顶级公路跑车（例如：F40、F50）开始在车身侧面悬挂盾形标志。2000年后，部分限量生产的公路跑车车型也开始悬挂盾形标志。2004年后，法拉利全系公路跑车均开始悬挂盾形标志。

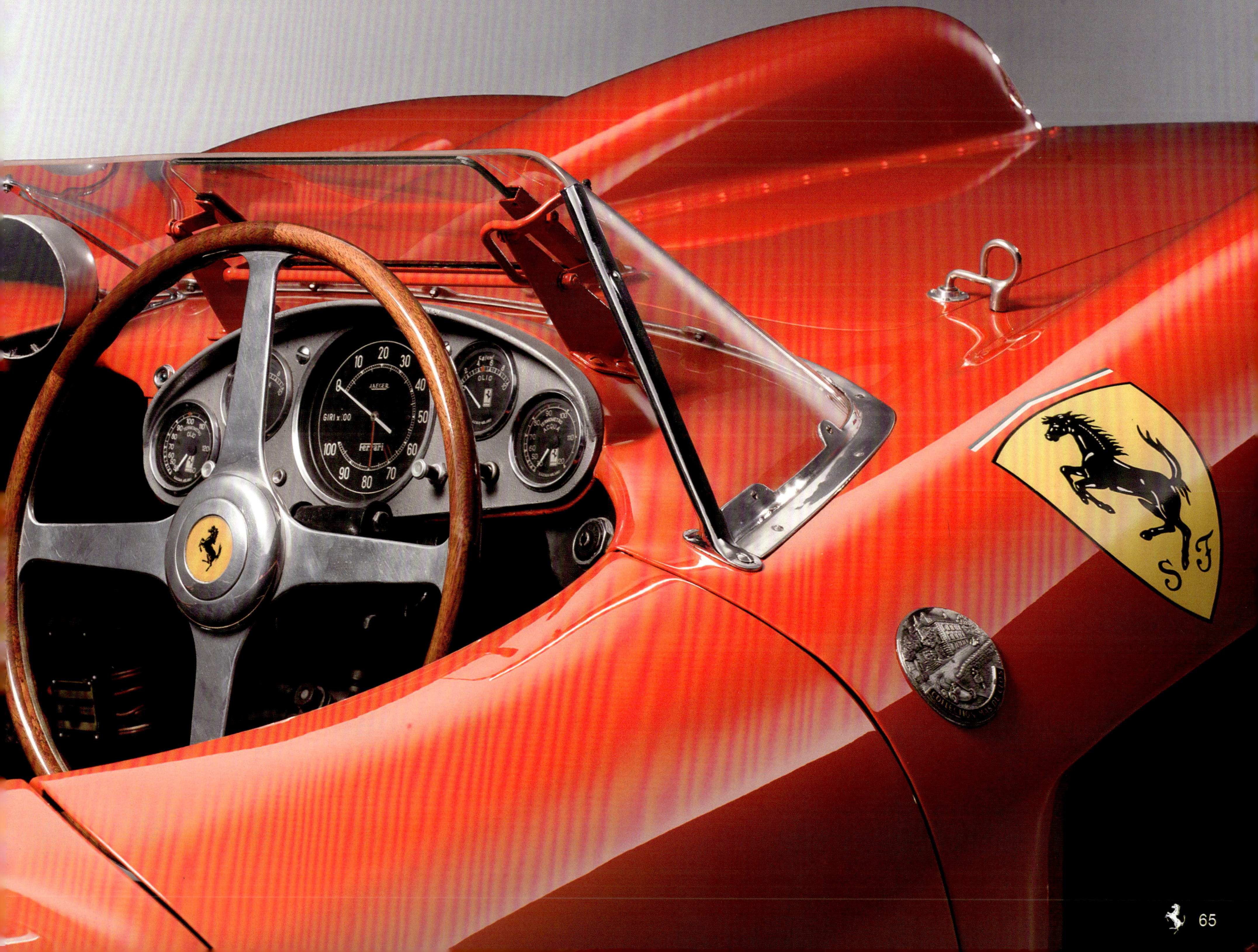
JAEGER
GIRI x 100
Ferrari
OLIO
SF

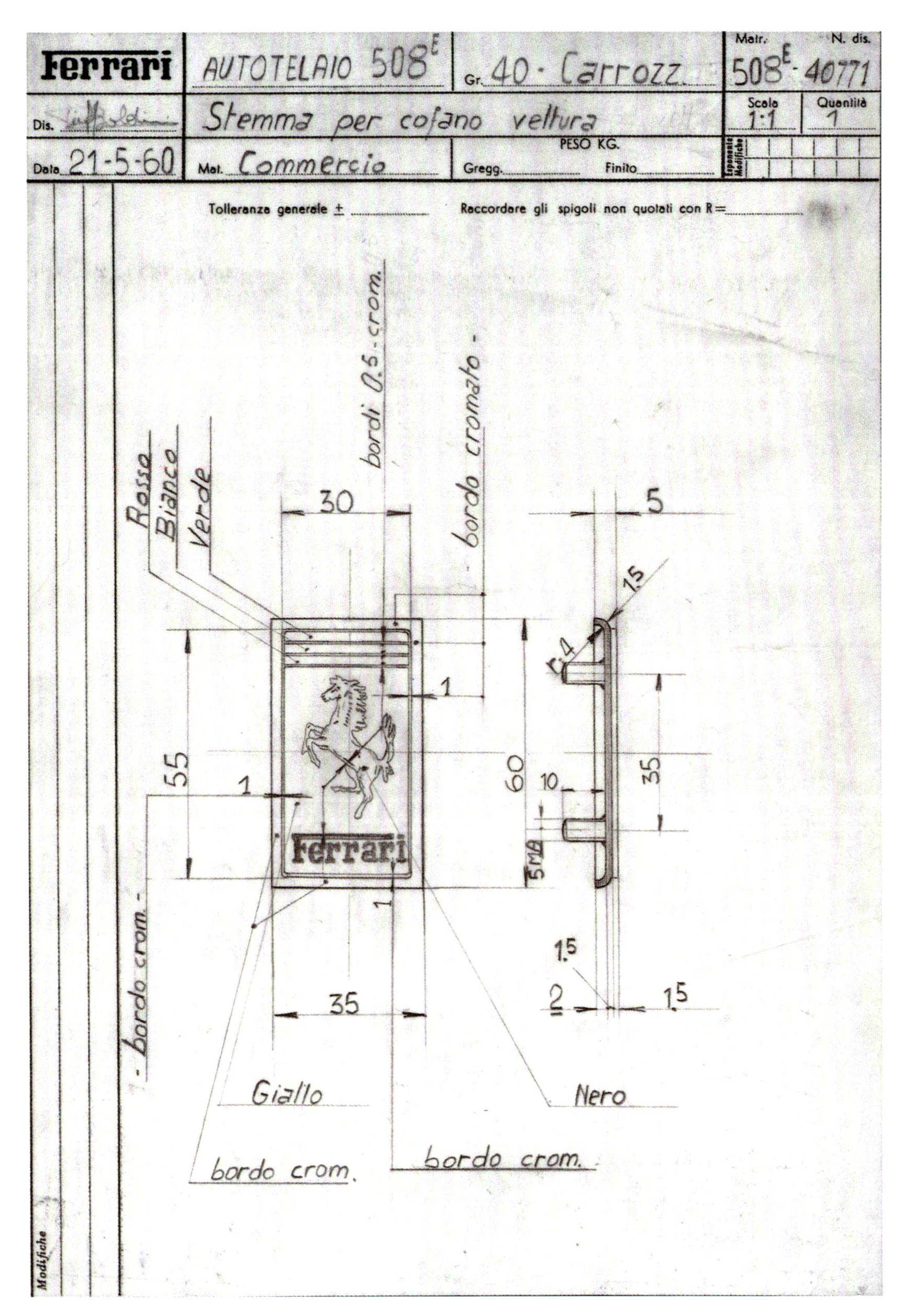

图 1：最初的跃马标志是由一家位于米兰的公司生产的，生产时间为 1951 年至 1953 年，这一时期标志内的跃马因为制造工艺的原因会显得瘦一些，而且这些标志镀层制作得都比较薄，所以几乎所有标志的表面都出现了龟裂的现象。

图 2：1960 年至 1980 年，这一时期的车头标志已经变为了所谓的“钢化版”，虽然跃马造型没有任何变化，但此时的标志更加经久耐用。

图 3：1981 年，法拉利重新设计了方形标志，跃马造型更加饱满，这个造型一直使用至今。

Ferrari

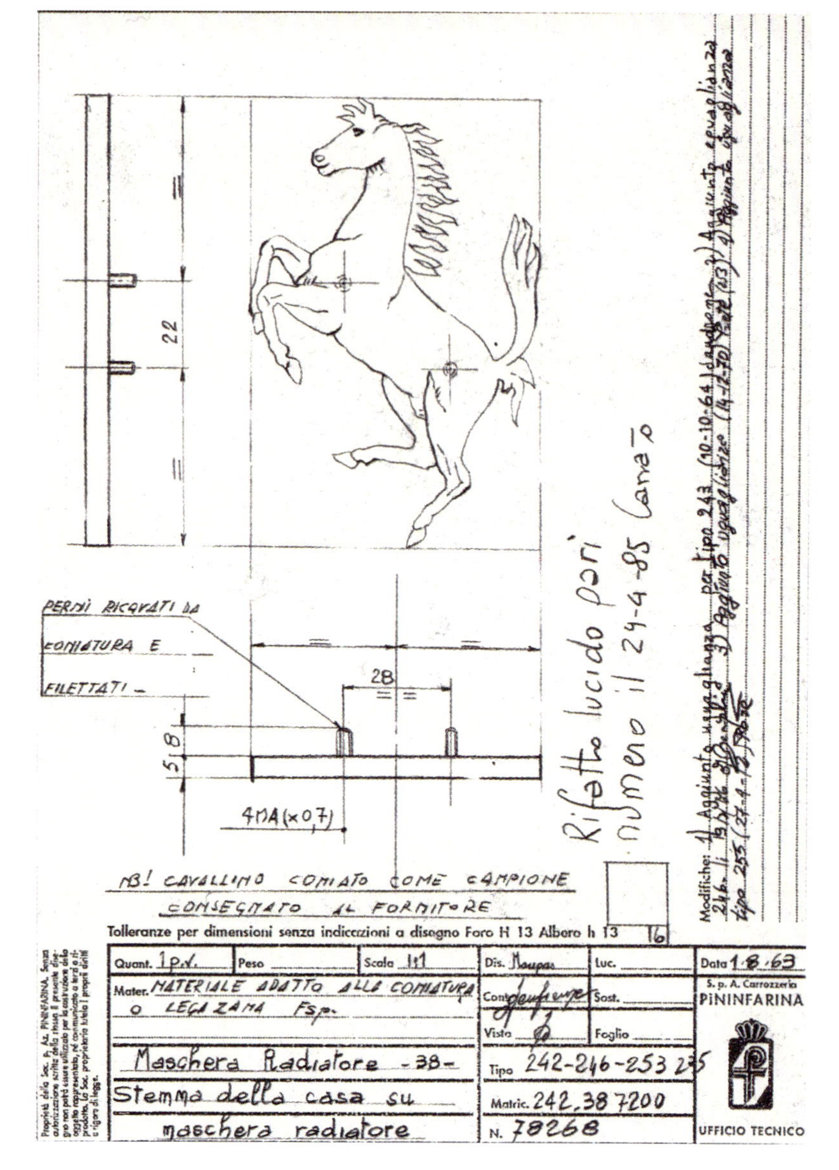

进气格栅中的跃马标志最早出现于 1959 年，这个创意是宾尼法利纳提出来的。生产工作则交给了斯卡列蒂。最初的工艺是直接切割 3 毫米厚的黄铜板，然后再拿去电镀。1963 年，法拉利与宾尼法利纳一起重新设计了跃马图案，并采用铸轧工艺制造，此时的跃马不再是之前扁平的金属板。20 世纪 70 年代开始，拥有立体造型的跃马标志开始出现在法拉利的车尾。

Trademark / 商标

法拉利公司商标标识，用于公司书面文件和出版物。

Racing Shield / 车队标志

法拉利车队标志，使用该标志需得到法拉利公司授权。

为什么法拉利的标志是黄色背景上的一匹黑色的跃马，这个故事恩佐只讲过一次，而且只用了简短的表述："这匹跃马最初被画在一架战斗机的机身上，这架战斗机属于弗朗西斯科·巴拉卡，这位英雄的王牌飞行员在第一次世界大战中丧生。当我赢得在拉文纳举行的第一届斯沃奇巡回赛冠军时，我遇到了英雄的父亲恩里科·巴拉卡伯爵。那次邂逅之后，我又结识了英雄的母亲鲍琳娜伯爵夫人。一天她对我说把他儿子的跃马放在我的车上吧，它会给我带来好运。我仍然有一张巴拉卡的照片，他们把他的徽章交给了我。那匹跃马过去是黑的，现在仍然是黑的。我又添加了淡黄色的背景，因为这是摩德纳的颜色。"

“GT”是车型中最常见的一个名称，GT 一词源于拉丁文 Gran Turismo，英文翻译为 Grand Touring。最早使用 GT 的交通工具不是汽车，而是马车，这和意大利车身制造厂的名称中都带有“Carrozzeria”一词一样，都是马车时代遗留下来的产物。20 世纪 60 年代出现了一批高性能高可靠性的大功率跑车，被称为 GT，而 Grand Touring 的意思也就转变为大功率的汽车。O 则是赛制规定，意大利语是 Omologato，英语是 Homologation。组成的 GTO 命名则代表这辆车符合 GT 组别赛车活动的赛制规定，法拉利则将自家最高性能的代表车型命名为 GTO。Berlinetta 在意大利语中原本的意思是“小沙龙”，放到汽车中的本意是小型乘用车，但在 20 世纪 30 年代之前，这个概念是非常模糊的。20 世纪 50 年代，Berlinetta 被法拉利使用，并且“一举成名”。第一款正式使用 Berlinetta 作为后缀的法拉利是 1959 年产的 250 GT Berlinetta SWB。在这个时期，“Berlinetta”可以理解为 sedan 和 coupe 车型的总称，而且一些运动型 2+2 车型也可以称作是 Berlinetta 车型，比如 250 GTE。这个时期对于 Berlinetta 车型的划分并没有明显的界限与指标，唯一硬性的指标就是车型必须是硬顶车型。这之后法拉利将 Berlinetta 缩写为“B”。随后 Berlinetta 被重新定义，如今 Berlinetta 特指硬顶、双座的车型。Berlinetta 定义的只是车身结构和座位数，并没有限定发动机位置、驱动方式和发动机气缸数。法拉利车型名称中的“S”，代表 Spider，意大利语原意是“小船”。法拉利原本将 125 S 那种全敞开车身的车型命名为 Spider，20 世纪 60 年代开始，法拉利将自己的公路跑车敞篷版本命名为 Spider。此时的 Spider 车型已经拥有了 A 柱和 C 柱，这一类型的敞篷车现在称为“Targa”。1993 年，法拉利推出了真正的敞篷车款 348 Spider，而现在法拉利将 Targa 车型命名为“Aperta”。“C”则代表“coupe”，法拉利的 2+2 车型用它作为车型名称后缀。

Testa Rossa，这个名字并非一位漂亮的姑娘或一段美丽的传说。1958 年，法拉利将一款赛车发动机的缸盖涂成了红色，而 Testa Rossa 翻译过来就是“红缸盖”的意思。也许是因为技术的原因，这一做法并没有在法拉利的发动机上得到广泛的使用，直到 1984 年新 12 缸车型 Testarossa，法拉利才再一次将发动机的缸盖涂成了红色，此时 Testa Rossa 也变为了 Testarossa。

“BB”的意思是“Berlinetta Boxer”，“Boxer”本意为拳击手，法拉利使用它的原因是发动机的气缸夹角此时为 180°，活塞运动时的样子很像拳击手在出拳。“i”代表着发动机采用了机械燃油喷射系统，车型中数字前面的字母“F”代表“Ferrari”,数字后面的“M”代表“Modifile”，改进的意思，说明这是一款改款车型。

GTO

第四章　V形发动机史话

“发动机必须在车辆的前部，而不能在其他任何位置，就好像拉车的牛一定在车厢的前面，不可能在后面一样！”

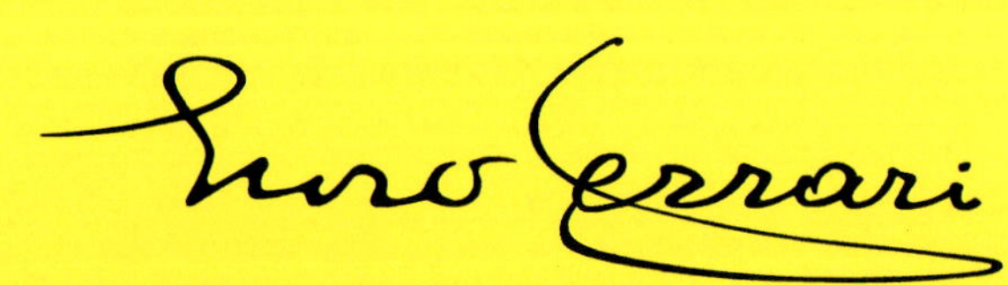

Dino & V6

迪诺从各方面来说都是一个不错的年轻人，对朋友非常友善，在陌生人面前却很害羞。

作为法拉利神话的一部分，恩佐说迪诺完成了瑞士弗里堡大学（University of Fribourg）的函授课程，毕业论文是一篇关于1.5升四缸发动机的设计，其中还包括一些对气缸和活塞独到的见解。但这一切都没有任何实际的证明。

迪诺因为身体原因无法作为赛车手参加比赛，但恩佐还是给了他几辆车，而且迪诺也很喜欢驾驶。最初是一辆菲亚特，然后恩佐给了他一辆自己生产的车。迪诺经常和他的朋友开车去附近的山区游玩，但在1955年冬天降临时，身体本就虚弱的迪诺已经不能开车了，他的大部分时间都待在房间里。恩佐宣称迪诺就是在这段时间里完成了以他名字命名的发动机的设计，而这款发动机也成为法拉利史上最成功的发动机之一。按照恩佐的说法，迪诺师承兰普蕾迪，但却对V6发动机情有独钟，每天下班后迪诺和维托里奥·加诺（Vittorio Jano）都会花好几个小时讨论V6发动机的技术细节。

迪诺在V6发动机的设计中到底做了多少实质贡献，这一直是一个争论不休的事情。发动机是迪诺设计的这一说法的原始出处是恩佐在1961年写下的：“我清楚地记得，迪诺曾无比耐心地阅读了大量的笔记和报告，他每天都会去马拉内罗的工厂，在那里他进一步了解了机械效率的问题，最终得出结论，发动机必须是V6。我们同意了他的意见。”而恩佐并没有指出迪诺阅读的这些笔记是出自谁之手。维托里奥·加诺是著名的工程师，而且在发动机领域拥有三十多年的经验，他1950年设计的蓝旗亚Aurelia和D24曾经赢得过米格米勒1000英里耐力赛和墨西哥公路赛的冠军，而这两个车型使用的都是V6发动机。兰普蕾迪在离开法拉利之前也一直在设计V6发动机，即便这款发动机是迪诺主持设计的，经验丰富的加诺在背后肯定提供了巨大的支持。从留下的资料可以肯定，迪诺在工程方面有着活跃的思路和丰富的知识，对于发动机的见解很可能已经达到了一定的高度，并将自己的才能发挥了出来，如果不是英年早逝，会对法拉利造成怎样的影响不可估量。在公众场合，恩佐很喜欢谈论这款发动机，他始终认为自己的儿子在设计中起到了决定性的作用。当然我们对一位爱子心切的父亲所表现出的这些做法应该给予足够的理解。

所以事情的真相可能是这款发动机是兰普蕾迪最初设计的，之后由维托里奥·加诺进行了完善，迪诺很可能参与了其中的设计，但在该项目中却不是核心人物。在兰普蕾迪、加诺这些工程巨头面前，一位20岁出头、毫无工程经验的年轻人却成为了整个研发项目的核心，就算他天赋异禀也会令人很难相信。

这款发动机最初出现在赛道上时是一款紧凑的65°气缸夹角的V6发动机，两边各有3个铝合金缸体的气缸，双顶置凸轮轴，每个气缸配有两个火花塞。F2赛车使用的是1.5升版本，F1赛车使用的是2.5升版本，使用航空燃油后，在8500转/分时可以爆发270马力的功率。从原始动力来说，Dino发动机绝对是一款顶级F1赛车发动机。

有一点也许是千真万确的，恩佐开始只打算把这款发动机用在赛车之上，是迪诺建议公路跑车也搭载这款发动机。于是在迪诺去世后，恩佐将这款发动机的2升版本安装在一辆新车上，并用儿子的名字为这辆车命名。

375 Indy 搭载的 4.4 升 V12 发动机

几乎所有的法拉利都安装有一台 V 形发动机。就算是从视觉上某些发动机的气缸夹角形成了 180°，但它仍旧是一款 V 形发动机。虽然在不同的年代为了对应不同的比赛规则而出现了4 缸、6 缸或一些实验性质的发动机，但几乎所有的法拉利都安装了 V 形发动机。

说起法拉利的 V12 发动机，就必须提到第一辆法拉利125 S 上安装的那台，这也是恩佐最喜爱的一款发动机。在 20 世纪 80 年代中期的一本关于公司技术成就的内部刊物中，记载了恩佐是如何力排众议，坚持研发使用 12 缸发动机，以及这个数字是如何持续的，尽管他在其他的发动机配置上也有过尝试。但恩佐说："V12 仍然是我的最爱。"

这是法拉利最著名的 V12 发动机王朝，由乔克诺·克罗布（Gioacchino Colombc）建立。最初的设计是 1.5 升的排量，之后逐渐提升至 3.3 升，最后通过加长缸体获得了 4.9 升的排量，这一系列发动机为最著名的经典法拉利——250、275 和 330 提供动力。这款发动机在 1967 年安装了第二对凸轮轴，得以一直使用到 1989 年。

1946 年，一个高个子且面带自信的年轻人出现在了法拉利的绘图室中，这就是奥雷利奥·兰普蕾迪，在这之前一直是设计飞机发动机。在马拉内罗他设计出 3.3 升、 4.1 升和 4.5 升 V12 发动机（工厂一般昵称为 L V12），在 20 世纪 50 年代的 275、340 F1 和 375 F1 上开始装备。

对于一家刚刚建立的汽车制造厂来说，拥有两位顶级的发动机设计师是非常幸运的，虽然克罗布和兰普蕾迪的设计理念截然不同，但两人相处得还不错，下班后经常在一起吃饭，还会继续讨论工作中遇到的问题。克罗布习惯在实践中进行各种试验和创新，他会一遍一遍对设计进行修改和调整，直到最终满意。所以他一直在改进自己设计的具有高转速的增压发动机。

而兰普蕾迪则是科班出身的航空发动机设计师，航空发动机对于可靠性的要求无疑在他心里打上了深深的烙印。兰普蕾迪坚信在实际生产之前发动机就必须具有精心的设计和严密的

250 SWB 搭载的 3 升 V12 发动机

156 F1

The 120°, V-6 engine of the 156 F1; with a cylinder capacity of 1476.60 cc. It had a power output of 190 hp at 9,500 rpm. It was preferred to the 65°, V-6 engine.

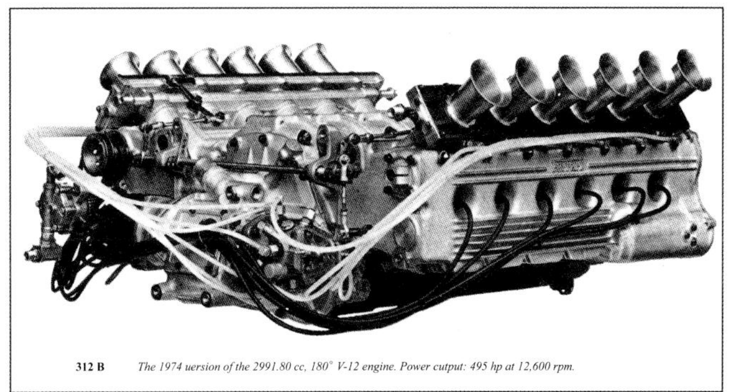

312 B *The 1974 uersion of the 2991.80 cc, 180° V-12 engine. Power cutput: 495 hp at 12,600 rpm.*

500 F2

The straight-4, 1984.85 cc. engine. Power output: 185 hp at 7,500 rpm. This was the first engine to break with the by-then-traditional 12-cylinadr engine.

计算并且已经定型，制造出成品后修改则是越少越好。对他来说，汽车发动机也应该像飞机发动机那样可靠、简洁，且便于维护。

阿尔佛雷德·法拉利，一个提起法拉利就必须提到的名字，他不仅仅是恩佐的长子，也是一个时代的符号。当法拉利工厂的生产部门都搬到马拉内罗后，原来车队的办公楼就变为了纯粹的新车交付中心，但这里仍旧车水马龙，公司的各种机械师和客户络绎不绝。迪诺会讲英语，所以他和摩德纳的英国人和美国人关系非常不错，他最后的时光也是在这里度过的。

在健康情况允许的时候，迪诺一直保持着对汽车的浓厚兴趣，也许这遗传自恩佐。据说迪诺最开始的导师是兰普蕾迪，之后是年轻的安德里亚·弗朗斯切提（Andrea Fraschetti），一位才华出众的工程师和绘图师。

据恩佐的说法，1956 年后迪诺的身体已经越来越虚弱了，他已经无法开车和自由行走了，也就是在这段时间里迪诺设计了以他名字命名的 V6 发动机，这款发动机无疑也是法拉利历史上最成功的发动机之一。

Dino 发动机最初是安装在 F2 赛车上的，气缸夹角为 65°，虽然这款发动机的纸面数据并不出众，但却非常实用。因为发动机拥有一个更低矮的外形，这为发动机舱提供了更多的可利用空间。多出来的 5° 气缸夹角是在没有损失顺滑和可靠性的前提下通过重新设计曲轴实现的，1958 年，Mike Hawthorn 驾驶着搭载 2.4 升 Dino 发动机的 F1 赛车赢得了世界冠军，而这款发动机一直使用到 1960 年，并在当年的蒙扎赛道上为车队取得了不俗的战绩。2 升版本的 Dino 发动机则更为大家所熟知，这款发动机是以便于量产化而设计的，这款四凸轮轴发动机也是法拉利和菲亚特共同生产的第一款发动机。

恩佐开始只想把这台发动机用在 F1 赛车之上，也是迪诺建议公路跑车也安装这款 V6 发动机。于是在迪诺去世后，恩佐为了表达对儿子的思念而推出了一款 V6 车型 Dino 206 GT。

很明显，在法拉利的历史中 65° 夹角的 V 形发动机表现非常好，所以当 1992 年 456 重新燃起 V12 的火焰时，5.5 升发动机的气缸夹角就是 65°。这款发动机在 550、575 和 612 上不断地增加其排量，但当 2002 年法拉利推出 Enzo 时，这款发动机已经无力担当这么艰巨的任务了。而此时这款 V12 发动机的排量已经达到 6 升，但气缸夹角仍旧没有变化。之后这款发动机继续进化着，在 2006 年法拉利用 599 取代 575 时，这款发动机的最高输出功率已经超过了 700 马力。

这些 V12 和 V6 发动机大都安装在法拉利公路跑车之上，而后者则通过一些改进进化为专供方程式使用的赛车发动机。例如 1961 年 Phil Hill 赢得世界冠军时所使用的那款发动机。20 年之后，F1 进入涡轮增压时代，法拉利的赛车发动机也变为了全铝的 90° V 形。1995 年法拉利推出的纪念款车型 F50，它的 4.7 升 V12 发动机就是从 1991 年 F1 赛车上的 3.5 升发动机演变进化而来的。

在 F1 进入涡轮增压时代之前，法拉利赛车的发动机都采用 12 气缸设计。不追求地面效应，不讲究空气动力学，仅仅关注发动机的动力输出，但这终究都将成为过去。1971 年，一款 4.4 升气缸夹角为 180° 的发动机面世，之后这台发动机将排量增加到 4.9 升。1984 年推出的 Testarossa 仍然采用这种气缸排列方式，直至 1996 年的 550 Maranello 才重新回归到 65° 的气缸夹角。

F1 所使用的发动机，6 缸、12 缸和 10 缸都有可能，但常见的法拉利公路跑车会是 V8，而不会是 90° 的 V10。但这并不是美国肌肉车那种粗犷的 V8 发动机，这款发动机在运行时对侧的一对气缸会同时燃烧，高转速是首要目标，优雅则放到了次要地位。

1961 年，法拉利也曾计划生产一款 2.5 升的 V8 发动机用于公路跑车，但最终这款发动机的排量被修改为 1.5 升，并于 1963 年装备了一级方程式赛车。

2.9 升 V8 发动机则装备到 1973 年推出的 308 GT4 上，1975 年为了对应意大利高额的排量税，发动机排量缩减为

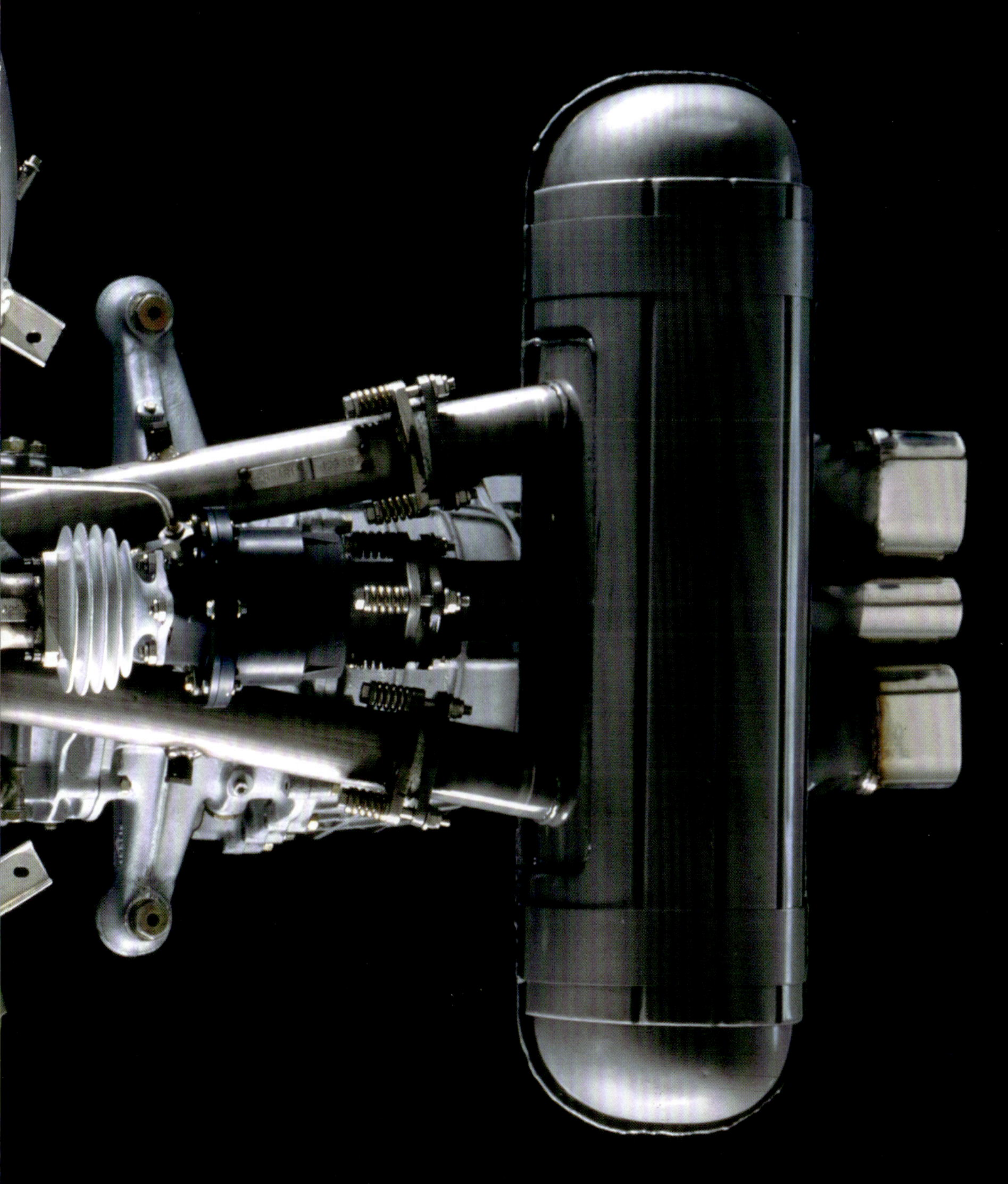

F40 搭载的 3 升双涡轮增压 V8 发动机

2 升并采用每缸 4 气门技术。这之后在 1994 年推出了 3.5 升排量的 F355，1999 年发布了 3.6 升排量的 360，它们的每个气缸拥有 5 个气门。

法拉利最令人激动的 V8 发动机还是 1987 年 F40 上的那台 2.9 升双涡轮增压发动机，最高输出功率 478 马力，不过等到 2004 年 F430 上市时已经完全看不到它的身影了。此时的 4.3 升 V8 发动机每个气缸安装有四个气门，并且拥有比 F40 上搭载的那台发动机更高的输出功率。

这款发动机的非平面曲轴与玛莎拉蒂共享，随后这款发动机继续进化，在 2009 年推出 458 时已经拥有了每缸四气门和最高 570 马力的输出功率。

如今的法拉利 V8 阵营，488 和 portofino 都使用涡轮增压发动机，并且减小了排量。虽然距离克罗布为法拉利设计的第一款 V12 发动机已经过去半个多世纪了，但仍旧有许多共同之处，比如漂亮而复杂的铝铸件（有时还会被涂上各种颜色或裂纹漆）。

现在法拉利已经迎来了涡轮增压发动机的新时代，不管法拉利是否愿意，时代的大潮总是无法抗拒的，所以法拉利使用涡轮增压进气技术也是可以理解的。虽然在法拉利的历史中仅有极少的情况下使用过。

事实上，1932 年恩佐驾驶的那辆阿尔法 罗密欧就已经在使用增压发动机了。增压发动机相比自然进气发动机优势明显：空气压缩机会将更多的空气送入发动机，燃油燃烧更充分，动力就更充沛。但弊端同样突出：由于压缩机由发动机驱动，会消耗掉很多动力。而涡轮增压发动机的出现则一举解决了这一问题，纵观汽车技术的发展，增压发动机都源自航空技术，这原本是为了解决航空器在高空空气稀薄时而引发的动力削弱效应。但有趣的是航空发动机设计师出身的兰普蕾迪却大力倡导大排量自然进气发动机。

机械增压发动机在汽车制造业的历史远比涡轮增压发动机来得更久，即使后者存在的时间远超人们的想象。

F50 搭载的 4.7 升 V12 发动机

California T 搭载的 3.9 升双涡轮增压 V8 发动机

LaFerrari 搭载的 6.3 升 V12 发动机

在 20 世纪法拉利使用涡轮增压发动机主要用来满足两个非常特别的要求。20 世纪七八十年代，意大利对超过 2 升发动机的车型征收高额的排量税，所以法拉利在本土推出了低排量版的 208 GT4 和 208 GTB，但 2 升发动机缺乏法拉利必须具备的强劲动力。因此从 1982 年起，法拉利开始制造 208 GTB Turbo 车型，其加速性能可以与自然吸气发动机的 308 GTB 相媲美。GTB Turbo、GTS Turbo 是 328 GTB 的 2.0 升涡轮增压版本，同样仅在意大利本土销售，其 1986 年版的动力已经达到了 254 马力，这个车型于 1989 年停产。法拉利在公路跑车上使用涡轮增压发动机还有另外一个原因就是看重了其小巧的外形。

法拉利的涡轮增压发动机另一使用领域是在 F1 赛场上。1981 年，法拉利意识到 1.5 升涡轮增压发动机的输出功率比 3.0 升自然吸气发动机还要强劲，并且当时的规则也是允许的。初尝涡轮增压发动机的法拉利车队这在这一年赢得了两场比赛的胜利，并在随后的 1982 年获得了车队冠军的头衔。

1984 年，法拉利推出了第二款 GTO 车型 288 GTO，制造改款车型原本只是为了参加比赛。GTO 使用一台 2.8 升涡轮增压发动机，最高功率 400 马力。这个数字即使与现在功率最低的法拉利车型相比，仍少了 160 马力。但放在当年，288 GTO 是法拉利最强的公路跑车，0 到 100 千米 / 时加速在 5 秒之内，因为只想为了达到规则的制造数量，所以预计只生产 200 辆，但一经销售就获得了巨大的成功，所以最终生产了 272 辆。收获成功后，恩佐对自己的团队说："用我们一直在做的方式，为明年的庆典制造一辆车吧。" F40 也成为恩佐监造的最后一辆法拉利。2.9 升双涡轮增压发动机直接从 288 GTO 搭载的发动机衍生而来，但具有更高的输出功率（478 马力），同时车身比 GTO 还轻了 60 千克。更轻的车身和更强劲的动力使得 F40 可以史无前例地在 3.8 秒内完成 0 到 100 千米 / 时加速，并成为首款得到纪录和证实的最高车速超过 320 千米 / 时的车型。特有的喷火尾焰、咆哮的排气声和惊人的加速度令每次驾驶都成为一次探险。尽管 F40 定位为公路跑车，但这款车在很多年里仍是赛场上的王者，直至 1995 年仍然可以在全球的比赛中获得胜利，而此时距它出世已经整整 8 年了。

在 F40 之后，法拉利放弃了涡轮增压发动机，这主要是因为涡轮增压发动机先天就存在不少问题，这包括：非线性的动力输出、加速踏板反应迟缓、排气声沉闷。前两个问题正是坊间传闻 F40 难以驾驶的根本原因。现在这些问题正在逐步被克服，而涡轮增压技术也再次回归法拉利发动机。这预示着全新的时代已经来临，不仅仅带来更低的油耗和排放，还将从现有发动机排量中获得高于以往的更强动力。

法拉利积淀了43 年的 V8 中置发动机技术在 488 GTB 车型上达到了巅峰，该款车型也是对 288 GTO 和 F40 的一种传承。这款 3.9 升发动机采用了特殊的气缸盖，活塞、曲轴和连杆均采用全新设计。涡轮增压发动机在增压时速度往往都

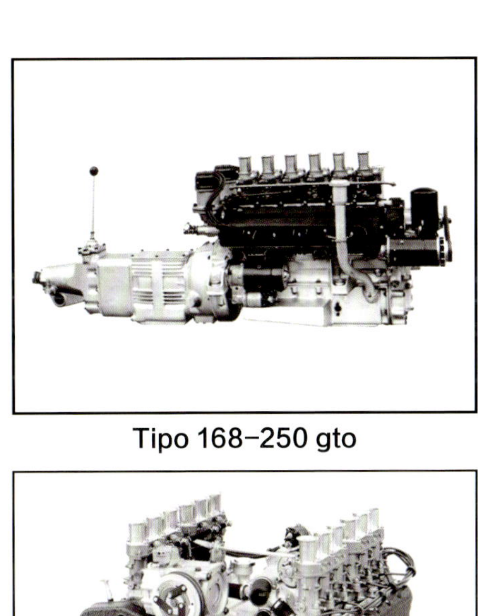

Tipo 168–250 gto

Tipo 135 B–Dino 206 gt

Tipo 251–365 GTB4 Daytona

f101 AC–365 gtc 4

f102 ab–365 gt4 berlinetta boxer

f105–308 GTB

f105 ab–mondial

f114 b–288 GTO

f113b–testarossa

f119–348

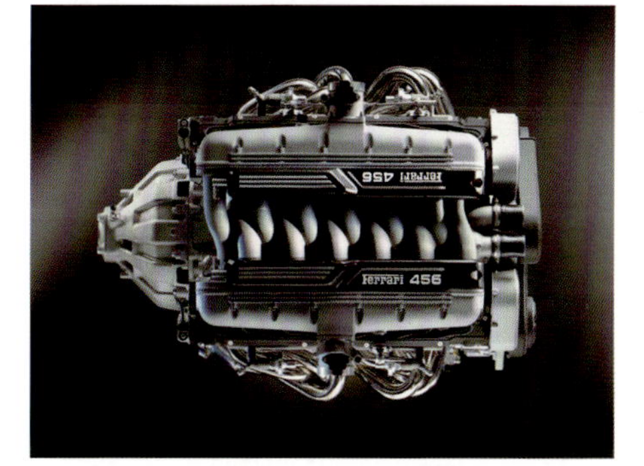

f116B–456 GT

f129B–f355

f131–360

f133 E–575 M

f140 B–Enzo

f136 e–F430

812 Superfast 搭载的 6.5 升 V12 发动机

488 GTB 搭载的 3.9 升双涡轮增压 V8 发动机

非常慢，但法拉利的技术团队开发的新技术有效地解决了这一问题。California T 通过采用双涡管涡轮增压器和三合一等长排气歧管，成功回避了涡轮迟滞的现象；488 GTB 的涡轮由 IHI 株式会社制造，通过球轴承和钛铝压缩机轮来减小摩擦。488 搭载的发动机非常灵活而且转矩大，能够在保持高档位的情况下进行急转弯或超车，这一优势得益于法拉利的智能转矩调节技术，该技术改变了不同档位的涡轮功率转矩曲线。前面说过，涡轮增压机通过球轴承承重减小摩擦力；压缩机轮采用低密度的钛铝合金制成，可以减低惯性影响，从而获得更高的加速效率，双涡轮技术引导每一个气缸的排气分别通过涡旋，提高排气输送效率，从而提供更强的动力。

488 GTB 的发动机声效强劲悦耳，这主要归功于曲轴的巧妙设计——与曲柄销呈 180°。这种声线可以追溯到法拉利 V8 F1 发动机的设计，在转速上升时，这款发动机的轰鸣声随着功率的上升而变得愈加清澈洪亮。

加速踏板反应灵敏、爆发力迅猛、尖锐的声线、雄浑的排气声，这就是法拉利。

Colombo V12 & Lampredi V12

Colombo V12 和 Lampredi V12 这两款发动机在数十年内为法拉利奠定了基础，而且至今在象征意义上仍旧是这个品牌的核心与灵魂。这两款发动机都设计了多种排列方式和排气量，克罗布设计的发动机包括机械增压和自然进气两种，而兰普蕾迪设计的发动机只有自然进气一种。相似的是它们的气缸夹角都是 60°，所以很多工程师都称兰普蕾迪的发动机是从克罗布的设计中衍生出来的，这一点我无从考证，但要将发动机的排量扩大一倍是需要付出极大的努力的，并不是简单扩大缸体就可以得到的。Colombo V12 在 20 世纪 50 年代初失宠，但随着 1955 年 250 GT 系列车型重获新生，这款发动机的 3 升版本几乎是完美无缺的，多款车型上的输出功率都超过 300 马力，成为多款顶级跑车的动力总成。Lampredi V12 的排气量在 1969 年北美赛事中达到了惊人的 6.2 升，但其最有效的排量范围还是 4.1 升至 4.9 升，对应的最大功率为 390 马力。这两款发动机安装在赛车上时都极为可靠且自身没有弱点，但当它们安装在公路跑车上时性能就变得不稳定了，主要表现为在交通拥堵时发动机容易变热、火花塞需要经常清洗或更换。在天气寒冷时发动机起动变得异常困难，偶尔还有渗油的问题，并且修理和保养的成本高得令人咋舌。即便是这样，这两款发动机仍旧被视为发动机设计史上的里程碑。

马

骏

第五章　设计的魅力

达·芬奇为恺撒·博尔吉亚（Cesare Borgia）绘制的极其精确的伊莫拉（Imola）的地图

为了成为设计师，他超越了艺术：这就是莱昂纳多·达·芬奇。他的职业情操不但是单方面追求美观，而且还通过功能的完美展现纯粹的美感。达·芬奇的发明比他所生活的时代要超前许多。虽然很多是当时的制造工艺无法实现的，但他所描绘的却是完美的机械和美丽的设备。意大利设计正是立足于这一传统之上。

设计（disegno）是一种精神创造，代表着设计师、艺术家、建筑师和工程师的工作成果。乔治奥·瓦萨里（Giorgio Vasari）于1570年对设计这个概念做了全面的总结，一份设计必须具有以下特质：意义、框架、美。这个概念对于手工业和工业产生有着重大的意义，四个多世纪以来，这个源于意大利的概念对全世界影响深远。也是意大利设计师们的承诺。

安德列亚·帕拉第奥（Andrea Palladio）的设计兼具了完美与美丽。它们必须具有很好的实用性——即使是仅为一场歌剧演出而修建的维琴察市奥林匹克剧场亦是如此。这座圆形的露天剧场的座位上设有放置酒水的置物架，所有位置都能清楚地观看到舞台，为了让舞台设计能完美呈现，还会有比较矮小的演员在舞台布景的后方表演。完美的策划也始终是设计的重要组成部分。

乌托邦式是指一个将城市建造于水中的理念，只有意大利的建筑师、手工艺人、规划师以及工程师才能将威尼斯这样的乌托邦式大都市付诸现实。这里连细节都满含爱意：没有一个窗台和其他窗台相同，每扇门把手所有的金属饰片也各不相同，连每一面山墙都做了不同的纹饰。正如约翰·罗斯金（John Ruskin）在1850年左右所观察到的那样，每一位手工艺人都为自己给整个城市的风貌所做出的贡献感到骄傲。

意大利设计兼具精致美丽与实用性。
设计师们将莱昂纳多·达·芬奇的这一传统一直延续至今。

若没有那些意大利的纺织、皮具和帽子手工作坊，威尼斯也不会成为传奇；没有那些丝绸纺织厂、制革工厂和裁缝将完美的材料制作成精美绝伦的服装，也就不会有绚丽的狂欢节、舞会，以及华丽的歌剧演出。如今意大利领带和皮具作坊仍占据着世界顶尖地位屹立不倒。

建筑设计大师勒·柯布西耶（Le Corbusier）设计的唯一一座工厂建筑是位于都灵灵格托（Lingotto）城区的菲亚特工厂。一座现代化的建筑，但同时兼具优雅与史无前例的功能性：

设计师们描绘出一个想法，车间将其制作为模型，然后通过生产和销售加以实现。近几十年来模型被三维立体设计所取代，从透视图直到 3D 打印。意大利的设计师们当然也紧跟这一步伐。计算机辅助设计（CAD）只是一个辅助工具，达·芬奇或许也需要它，但设计（disegno）却都是始于一支绘图铅笔，它是一项美学的、乌托邦式的、手工艺的、完美的精神创造工作，从这方面来看，从莱昂纳多·达·芬奇到现在并没有什么改变。

皮尔蒙特位于阿尔卑斯山南麓，坐拥一片优美的丘陵山地风光。在这里，绵延的山峦就是地平线，一路旖旎向南。在这样秀美的景色里生活、工作、恋爱、欢庆，不但是一种享受，更能自然而然地带来尊重与忠诚。这里的风光与生活都是田园式的。人们互相了解、互相尊重，建立起来的也大都是家族企业。但不论做什么，质量都被置于首位。

皮尔蒙特出产葡萄酒与大米，用它能煮出最好的意大利炖饭 Risotto。美味的香肠和精致的烘焙食品都是这里著名的美食，它将古奥地利、法国近邻以及新意大利融为一体。这里生产的

根据达·芬奇的手稿制作的战舰模型

享用型食品色香味俱全，令人食指大动。只有满怀爱意才能造就这精致的细节之美，这里出品的所有东西均是如此，无论是美食、家具还是汽车。

都灵是皮尔蒙特的首府，自古以来就是贸易、手工业的中心以及交通枢纽。意大利的工业化以及统一后的意大利历史也起始于此，所有这些至今仍有迹可寻。尽管在此矗立着许多气势恢宏的城堡，但这座城市随处可见的拱门和广场也表现出浓浓的亲民气息，这里充斥着辛勤工作与不懈努力的氛围。意大利的汽车制造业也始于这里。

皮尔蒙特不仅拥有都灵和阿尔卑斯山，这里的小镇伊夫雷亚（Ivrea）和阿尔巴（Alba）亦书写了自己的历史。像奥利维蒂（Olivetti）和费雷罗（Ferrero）这样享誉全球的跨国企业就坐落于此，它们虽然是家族企业，但也有着广大的影响力。这些企业将意大利的设计发扬光大，并通过自己的产品影响深远。这里曾举办过欧洲北部设计界最大的交流活动，与包豪斯以及装饰艺术风格的优雅理念进行了交流。

电影制片商们很清楚，若想展现最纯粹的意大利和真实的意大利生活，那么必须在皮尔蒙特演绎他们的故事。现在若到都灵摄影，那么很有可能拍摄到大师罗伯托·罗西里尼（Roberto Rossellini）和他的摄影师奥泰罗·马尔泰利（Otello Martelli）曾经拍摄到的画面。如果留意观察，总会发现这些影像中出现的汽车都是宾尼法利纳（Pininfarina）设计的。

从历史上来看，皮尔蒙特可以说是意大利的起源：这里的

人们被认为是勤劳的手工业者和专业人士，也是各行各业的专家。许多来自北方想穿越阿尔卑斯山的游客来到皮尔蒙特，除了领略这里秀美的风光外，还第一次感受到纯粹的意大利式的生活感觉，并留下难以忘怀的印象。完美与优雅的结合是皮尔蒙特无处不在的感受，这也深深地影响了众多的车身制造厂，并一直延续至今。

意大利汽车制造的相关企业大多将总部设在北部，这一点上，车身制造厂也有相同的特点。基本上所有的车身制造厂都集中在都灵和米兰。目前意大利注册国家汽车工业协会（ANFIA）的有18家车身制造公司，其中有12家的总部设在都灵。

锤子、锉刀和星形规一直以来都是车身制造工匠形影不离的工具，打造优美车身的手工艺是一门艺术，而意大利在这个领域堪称王者。恩佐在建厂之初，并没有看重车身设计，他认为法拉利只要专注造好发动机就可以了，其他的都可以忽略。所以法拉利当时只自己生产发动机，车身则交由几个车身制造厂负责，而这些车身制造厂则对制造的车身外观拥有绝对的自由。

1948年3月，恩佐就联系了老朋友——图瑞车身制造厂（Carrozzeria Touring）的老板菲利斯·比安奇·安德罗妮（Felice Bianchi Anderloni）（1882—1948年），他们在20世纪20年代早期参加各种赛车比赛时就认识了，恩佐在任何时候都不会放过做生意的机会，他在阿尔法·罗密欧工作时就和安德罗妮合作过，而第二次世界大战前那两辆815的车身正是安德罗妮的车身制造厂生产的。1948年5月，图瑞车身制造厂在位于米兰鲁多维科大街（Via Ludovico）的小工厂里为法拉利生产了两辆车身。

当时许多著名的车身设计公司都越来越突出，如宾尼·法

恩佐对法拉利在车身设计上的贡献虽然不能说完全没有，但肯定很有限。尽管大家都称颂法拉利的车身线条优美，但没有任何迹象表明恩佐本人对车辆的外观有任何影响。即便他会素描，但也没有任何的作品传世。如果说恩佐对法拉利的外观设计有一点点影响的话，那也可能只是他用极具说服力的语言影响了诸如吉奥瓦尼·米歇洛蒂（Giovanni Michelotti）这样的设计师，但最后的决定权还在这些设计师手里，至于为什么法拉利车型的外观设计一直是业界翘楚，那就是恩佐选择了意大利最出色的车身制造厂为车辆设计漂亮的外观。不过恩佐对法拉利驾驶席的设计确实有所影响。因为他个头高大，为了照顾他个人的驾驶习惯，方向盘和座椅离得就比较远，角度也比较突兀，并且那个时代座椅和方向盘都是固定的，所以对于小个子驾驶人来说，“指挥官”的个人喜好导致他们不仅够不到方向盘，也踩不到踏板。

利纳（Pinin farina），还有一些包括维格纳（Vignale）、博通（Bertone）、吉亚（Ghia）、图瑞（Touring）、Zagato，以及后来加入的 Boano、Ellma、斯卡列蒂（Scaglietti）和 Fantuzzi。这些车身制造厂明白，想快速提升企业知名度的方法就是在赛车比赛中增加曝光度，如果冠军赛车是自己制造的车身那就更完美了，所以这些车身制造厂纷纷与恩佐接触，希望获得法拉利的订单。

恩佐·法拉利和巴蒂斯塔·宾尼法利纳双方都互相赏识，双方都清楚，要实现各自的目标还急需与对方密切合作，并要先将对方争取成自己的合作伙伴。他们都清楚，在 1950 年都灵的汽车沙龙上喝了一杯浓咖啡后，彼此还必须找到一个突破口。双方各自执拗着一次会面和一个地点书写了历史：1951 年 5 月，位于都灵与摩德纳中间的小城托尔托纳。恩佐·法拉利与巴蒂斯塔·宾尼法利纳，在场的还有巴蒂斯塔 25 岁的儿子塞尔吉奥。在回程的路上，巴蒂斯塔在他那辆蓝旗亚车里对塞尔吉奥说：“法拉利是你的客户了，设计、技术和联络，这一切现在全部由你来做！”

此时维格纳的车身制造方式还保持了马车时代的痕迹。它们几乎不制作全尺寸的模型，而是直接用锤子敲打金属板，至少从 1948 年至 1968 年还一直用这种制造方式，这也是为什么维格纳的车身有时看起来左右不是那么对称的原因。完成后的车身部件被安装在车架上，然后用铆钉和螺钉固定，车身颜色喷涂完毕后，再进行镀铬通风口和小零件的装饰。维格纳与法拉利的合作是在 1950 年 7 月，第一款合作的车型是底盘编号 0062M 的 166MM。

从 1951 年开始，法拉利的年产量已经达到 70 辆，全球无数的精英人士和王公贵族都渴望成为恩佐的客户，这些强大神奇的底盘上安装着图瑞、维格纳和吉亚等公司设计制造的精良而美丽的车身。

也就是从这时开始宾尼法利纳开始了与法拉利长达半个多世纪的合作，宾尼法利纳几乎就是法拉利外观的代名词。这在整个汽车制造业都是绝无仅有的。若真有一个关于品牌形象设计的全球排行榜，法拉利毋庸置疑会排第一，宾尼法利纳居功至伟。从 1951 年至 2015 年，法拉利的几乎所有车型都由宾尼法利纳设计，仅有一个例外，就是 1973 年的 308 GT4 2+2，由博通设计，而这还是在菲亚特的干预下做出的。

1952 年，斯卡列蒂（Carrozzeria Scagletti）加入到法拉利车身制造商的行列。

1969 年，法拉利并入菲亚特集团，1977 年，法拉利收购了斯卡列蒂。

在这之前的 20 世纪 50 年代中期，法拉利的公路跑车业务仍然维持着半手工制造。设计师首先要绘制蓝图，然后制作一个全尺寸的木胎。将这个木质框架打磨完成后，把铝板或铁皮覆盖其上，然后用锤子等工具敲打出车身部件。当车身部件敲打出大致形状后将其组合在一起，最后再添加一些细节。用这种方法制造出的车身虽然精美，但无法达到大量生产的要求，而且这一时期生产的法拉利车身没有两个是完全一样的，就算是 250 Europa 和 375 America 这种准量产车型，也没有两辆车的细节是完全相同的，这还不包括那些 one-off 车型。

虽然 20 世纪 50 年代末，法拉利就已经开始着手将车型统一以便量产化，但此时的设计师仍旧需要坐在绘图桌前绘制草图。20 世纪 70 年代，法拉利的车身设计和制造已经完全分开，设计工作由宾尼法利纳操刀，生产则由斯卡列蒂负责，此时恩佐已经注意到空气动力学的重要性，但公路跑车的设计仍旧以手工绘图为主。

20世纪90年代，随着计算机技术的崛起，汽车设计领域也进入了计算机时代。1997年，认识到空气动力学无论是对赛车还是对公路跑车都至关重要后，法拉利兴建了自己的风洞实验室，风洞由世界顶级建筑师Renzo Piano设计。

但技术人员足足用了两年时间才完全掌握整套设备。首次根据这个风洞的实验数据来设计赛车是在2000年，结果就是这一年，法拉利车队和舒马赫登顶成功。也许这只是一个巧合，但在当今F1赛车的性能表现与空气动力学息息相关的前提下，风洞实验工作的成效直接影响着车队的整体表现。

风洞由一个直径15英尺（1英尺≈0.3米）的风扇叶轮组成，配有5米宽的金属轧制路，2200千瓦的风机能够根据紊流度、角度和均匀性生成极高质量的气流。风洞还具有世界最先进的数据获取系统和作用力及压力监控系统，可使用比例模型并结合由300多个传感器监控的复杂机构模拟任何一种设置或运动（滚动、侧滑、俯仰和过度转向），风洞可以模拟从弯道到直道任何环境中F1车体的环境指数。这里还有最先进的数据还原系统，它能完整还原车体在受到撞击时的真实受力情况。得益于风洞实验，法拉利的公路跑车在空气动力学方面也取得了长足的进步。

从212 Inter、342 America、250 GT、 Testarossa和F40直至Enzo，如果将它们漆成白色或蓝色，并把所有的标志都去掉，然后展示给10岁至70岁的人看，几乎所有人都会说，这是一辆法拉利。因为法拉利的设计具有鲜明的特性，这也是法拉利在传递的一个信息。法拉利是过去与未来的综合体，它的形象如此强势，以至于即使将其回归到单一颜色也能立即还原出来。

2015年，法拉利推出了新款中置V8发动机车型488 GTB，新车外形设计由法拉利造型设计中心（Ferrari Styling Centre）操刀，标志着一个新时代的开启。法拉利造型设计中心的设计方案不仅体现在几乎所有法拉利都拥有的侧线条的典型韵律，也不仅是后车轮上方的弧线以及车尾上的硬朗轮廓，还体现在发动机的位置，风窗玻璃的位置，以及创新的后窗玻璃和遍布周身的导风气孔。然而以上所有因素互相配合协调后的车身设计已经达到了无法用语言和文字描述的地步，这就是法拉利的魅力，无论是站在它的旁边，还是坐在其中，这都是一场感官、视觉、听觉、嗅觉和触觉的狂欢庆典。

Galleria del Vento

宾尼法利纳（Pininfarina）

1904年，巴蒂斯塔·宾尼·法利纳（Battista Pinin Farina）开始和他的兄弟开创了"法利纳车间"（Stabilimenti Farina）。1930年5月22日，巴蒂斯塔·宾尼·法利纳离开"法利纳车间"并在都灵创立了Carrozzeria Pinin Farina。该公司旨在为个人客户生产特殊汽车车身或小批量生产。当时只是个设计生产车身的小作坊，从20世纪50年代开始将汽车设计作为经营业务。

1961年，考虑到巴蒂斯塔·宾尼·法利纳在社会和工业领域卓越的成就，意大利总统根据司法部提议，批准他将姓氏改为宾尼法利纳（Pininfarina），企业的名称也由宾尼·法利纳（Pinin Farina）变为现在的宾尼法利纳（Pininfarina）。多年来宾尼法利纳一直以设计室的形式存在，虽然领导层一直由Pinifarina家族成员担任，但始终采取总经理外聘制。

2015年底，印度马恒达集团（Mahindra & Mahindra）表示，正式收购著名汽车设计公司宾尼法利纳76.06%的股权，并达成控股。并购后的宾尼法利纳仍是独立运营，该公司仍在米兰证交所上市，同时保罗·宾尼法利纳（Paolo Pininfarina）仍将作为该公司的主席。

作为设计师，我的根基和我的自我认知源于意大利文艺复兴时期的艺术家和工程师达·芬奇。

功能中体现的美。

一辆敞篷车的车顶不但要有令人迷恋的美貌，而且在每小时300千米的速度时还要避免出现扰人的啸叫。

塞尔吉奥·宾尼法利纳

（SERGIO PININFARINA）

20世纪50年代末60年代初，宾尼法利纳和斯卡列蒂设计的车身都非常漂亮，它们都拥有雕刻作品般的美感，但进入60年代中期后，宾尼法利纳的设计师们开始走个性化路线，车身变得圆滚滚的，有时还会搭配奇怪的"长鼻子"。这种奇怪另类的美学设计，加上双前照灯、怪异的车顶弧线和翼子板上的导风口，导致330 GT 2+2、365 GT 2+2、275 GTB这些20世纪60年代末70年代初的车型进入了"审美误区"，路易吉·希奈蒂和其他经销商均表示这些车几乎无法卖出去，虽然美国人对法拉利的热情丝毫未减，但他们更愿意购买之前那个样子的法拉利。

而且车身的配色也变得非常奇怪，希奈蒂在一次对恩佐的抱怨中提到，他正在纽约卸载一些刚刚运到的新车，发现一辆330 GT 2+2的两个前照灯就像猫头鹰的眼睛一样盯着自己，这辆浅黄色的车身居然搭配了绿色的内饰，还有一辆红棕色的车居然使用了浅蓝色的座椅，这实在是太恐怖了。不仅如此，车的做工也变得越来越差，除了魅力十足、闪闪发光的发动机和跃马标志外，所用零件都很廉价和粗糙。不仅如此，车上的电线也是随意安装，就算最有经验的机械师也搞不清楚它们的走线。

图瑞车身制造厂（Carrozzeria Touring）

菲利斯·比安奇·安德罗妮（Felice Bianchi Anderloni）和好友加埃塔诺·蓬佐尼（Gaetano Ponzoni）在1926年一起买入Carrozzeria Falco的股票，并取得经营权，并于1926年3月25日将公司的名称更改为图瑞车身制造厂（Carrozzeria Touring），公司总部设在米兰。

该公司的目标是成为不仅可以制造车身，就连底盘设计也可以承担的车身制造厂。公司引进了利用钢管框架制造轻量化机身的飞机构造技术，并在此基础上进行改良，取名为“Super Leggera”，并取得专利。所谓的“Super Leggera”是指在板状或梯状的底盘上焊接细钢管架，以便保证车体的坚固性。并沿着这个框架粘贴上薄薄的铝板，形成外部结构的单壳体构造。阿尔法·罗密欧8C 2900B以及宝马328 Touring Coupe等都是采用此种技术制成的。

安德罗妮去世之后，他的儿子卡洛·菲利斯·比安奇·安德罗妮（Carlo Felice Bianchi Anderloni）继承了他的事业。制造出Pegaso Z102B Granturismo Copue、阿尔法·罗密欧1900C Sprint Superleggera、蓝旗亚Flaminia GT、阿斯顿·马丁DB4等各家汽车制造商的跑车以及特制模型。另外，还负责兰博基尼第一辆量产车400 GT的车身制造。但是，伴随着单壳体车身结构的逐渐普及和各公司制造技术的提高，人们开始对在车身制造方面特别费功夫并且不适合大量生产的“Superleggera”敬而远之。除了向非常少的一部分顾客提供特别订制的车身以外，失去了很多订货业务的图瑞 在1966年与吉亚一起被德·托马索（DeTomaso）兼并。大部分员工都转投到Carrozzeria Marazzi公司，负责兰博基尼汽车的车身制造。但卡洛·菲利斯·比安奇·安德罗妮保留了“Touring Superleggera”的商标。

该商标现在的所有权被一家家族企业购买，并在2006年以“Carrozzeria Touring Superleggera S.r.l”的名义恢复了业务活动。现在公司的总部位于其家乡米兰附近。

吉亚车身制造厂（Carrozzeria Ghia）

现如今作为福特的设计基地之一而被大家所熟知的吉亚，原本是独立的车身制造厂。1916年，扎琴多·吉亚（Giacinto Ghia）和加里利奥（Gariglio）在都灵成立了Carrozzeria Ghia & Gariglio，后更名为吉亚车身制造厂（Carrozzeria Ghia SpA）。

吉亚车身制造厂最初制造轻质铝制车身，1929年为阿尔法·罗密欧6C 1500制造了车身，这辆赛车赢得了这一年的1000英里耐力赛的冠军，吉亚声名鹊起。公司初期一直在为阿尔法·罗密欧、菲亚特和蓝旗亚设计车身，其中最著名的是1933款的菲亚特508 Balilla运动跑车。1943年，吉亚的工厂被炸毁，随后在Via Tomassi Grossi地区重建。在创始人扎琴多·吉亚于1944年逝世之后，公司被卖给马里奥·波诺（Mario Boano）和乔治·阿尔贝蒂（Giorgio Alberti）。1948年在瑞士的Aigle小镇创立了附属品牌Ghia-Aigle。

1953年，设计师路易吉·塞格雷（luigi Segre）买下整个公司，开始为众多汽车制造商提供设计。4年后，收购了富亚车身制造厂（Carrozzeria Frua），并由彼得罗·富亚（Pietro Frua）担任首席设计师。在塞格雷体制下，公司设计出林肯Futura、Karmann Ghia、沃尔沃P1800等。除此之外，吉亚和克莱斯勒的关系也很深厚，很多知名人士都喜欢用吉亚生产的大型豪华轿车。

1963年塞格雷去世之后，吉亚的组织结构和首席设计师都更换得很频繁。乔杰托·乔治亚罗(Giorgetto Giugiaro）就任首席设计师是在1965年。第二年的时候，公司被西班牙的朗费斯·特鲁希略（Ramfis Trujillo）中将收购了。公司被收购的第二年，与图瑞一起被纳入了德·托马索的旗下。乔治亚罗在职的三年间，设计出玛莎拉蒂Ghibli、伊索Rivolta、德·托马索Mangusta等车之后离开了公司。新加入的汤姆·特嘉达（Tom Tjaarda）代替他就任首席设计师，设计出德·托马索Pantera，在北美成为畅销之作。

但是经营状况恶化的德·托马索集团把吉亚卖给了福特公司。福特公司在1973年完全把吉亚纳入旗下，指名由菲利波·萨皮诺（Filippo Sapino）担任首席设计师。萨皮诺三年后升任管理总监。吉亚作为福特的设计机构继续发挥其功能，并且发表了各种各样的概念车。2002年，吉亚工作室（Ghia Studio)经过解体和重新构筑，萨皮诺辞去了总监的职位。现在吉亚只采用数字化手段作业，继续支持着福特的设计开发。

斯卡列蒂车身制造厂（Carrozzeria Scaglietti）

1951 年，塞尔吉奥 · 斯卡列蒂 (Sergio Scaglietti) 成立了斯卡列蒂车身制造厂，厂址位于马拉内罗，与法拉利的工厂隔着一条道，就在它的正对面。

斯卡列蒂凭借车身的设计和技巧的工艺赢得了恩佐 · 法拉利的信任和尊重。塞尔吉奥 · 斯卡列蒂与迪诺使用底盘编号 0050M 的166MM 的底盘开发了一款新车，因为这款车的成功，在 20 世纪五六十年代的大多数赛车上出现了“驾驶席头枕”。这个想法最初被恩佐所蔑视，但是迪诺却很支持。另外该公司在 1958 年设计的 250 Testa Rossa，和一级方程式上采用的浮筒挡泥板，都是出自斯卡列蒂之手。

接下来斯卡列蒂担任包括 250 GTO 在内的众多赛车的车身制造工作。著名的车型有：在 1954 年为电影导演罗伯特 · 罗塞里尼 (Roberto Rossellini) 和他的妻子兼女演员英格丽 · 褒曼 (Ingrid Bergman) 改装的 375MM ，还有 1957 年生产的 250 California。斯卡列蒂车身制造厂一直作为法拉利的合作工厂，1977 年与法拉利合并。

2004 年，法拉利正式发布全新 2+2 GT 612，虽然由宾尼法利纳设计，但新车被命名为 Scaglietti，用以纪念塞尔吉奥 · 斯卡列蒂为法拉利做出的贡献。

维格纳车身制造厂（Carrozzeria Vignale）

在法利纳车间 (Stabilimenti Farina) 积累了丰富的经验后，阿尔佛雷德 · 维格纳 (Alfredo Vignale) 于 1946 年的时候自立门户，开始制造法拉利和玛莎拉蒂等的定制车身。1948 年创建了维格纳车身制造厂，并且很快就能在自己公司内设计造型，制作出 Cisitalia 202 以及玛莎拉蒂 3500 GT Spider 等。另外，与吉瓦尼奥 · 米切洛蒂 (Giovanni Michelotti) 建立起密切的联系，为 Triumph 和 Tatra 等非意大利制造商生产出各种各样的样车。

1961 年新建了工厂，成长为量产制造商。菲亚特为其提供平台，生产了古典设计的 500 Spider。1963 年设计出 Tatra 613 以及其衍生车种，生产也由其负责。但是，对于规模较小的车身组装公司来说，大量生产是不可能的。况且维格纳并不具备大规模生产的能力。阿尔佛雷德 · 维格纳放弃了独自一个人继续开展事业的念头。在 1969 年把公司卖给了德 · 托马索。仅仅 3 天后，阿尔佛雷德 · 维格纳就因为交通事故丧命了。被吉亚统合后的维格纳公司作为 Pantera (德 · 托马索最畅销的车型) 的生产基地继续发挥着作用。

1973 年，德 · 托马索将吉亚和维格纳一起卖给了福特。维格纳公司作为福特的车身制造部门开始生产概念车。

在 1993 年，日内瓦车展上，发布了阿斯顿 · 马丁 Lagmida Vignale。2013 年 9 月，福特计划恢复维格纳这一品牌并用于自己的高端豪华车型。这个品牌的车型将独立于现有销售渠道，并提供独家服务，比如免费的终身洗车服务。首款使用维格纳名称的是 2015 年在欧洲发布的福特蒙迪欧。在 2016 年 3 月 1 日的日内瓦车展上，福特发布了一系列维格纳版本的车型。

维格纳车身制造厂的商标现在仍然归福特所有，但处于休眠状态。

千

言

馬
倚

第六章 颜色的艺术

数据截止到 2018 赛季摩纳哥站

拥有一辆法拉利是很多人的梦想，而为自己的法拉利选择一种车身颜色无疑是最困难的（虽然红色代表了法拉利的历史，也是最正宗的法拉利色）。

法拉利曾经在官网上发起了一项民调，发现很多人在选择法拉利的车身颜色时，会采用一种完全不同于他们日常汽车的颜色。法拉利又将这些潜在买家的意图和工厂实际收到的订单做了比较，分析结果更加有趣。在对将近 5000 人的调查中，法拉利经典的红色和黄色以绝对的优势获得了胜利。

对于人们为什么选择红色的法拉利，这确实没有什么可多说的，红色几乎代表了法拉利，现在已经成为一种历史文化。换言之，选择红色表示尊重品牌的身份及其完整的"意大利风味"。

黄色的流行也很容易解释，有一则奇怪的传说流传于车迷之间："最早期的法拉利采用的都是黄色涂装。"这肯定是误传，因为在法拉利生产汽车的前两年，没有生产过一辆黄色的法拉利，而且该颜色还是比利时车队的国家颜色。但黄色也是摩德纳的颜色，法拉利标志的底色就是黄色，这个颜色从 20 世纪 30 年代起就开始伴随法拉利至今。红色是法拉利车队"衣服"的颜色，黄色则陪伴法拉利的时间最久。

黑色，在法拉利的历史中没有先例，但这种颜色也许因为"纯度审美"的原因正在受到更多人的青睐。著名的法国演员吉恩·雷诺（Jean Reno）拥有众多的法拉利，而这些法拉利都是黑色的，不论是外观还是内饰。这正是"纯度审美"的极致体现。

虽然这些可能是人们更多选择红色、黄色或黑色背后的原因。这是正确的，这些颜色是完全与法拉利运动的形象和流畅的线条相得益彰。

此时，有人可能会问，既然法拉利和红色、黄色、黑色更加匹配，那为什么还要提供多达 30 种不同的颜色供客户选择呢？答案很简单：就像个性化定制是法拉利的一贯特征，所以颜色的选择应该是广泛的。毕竟，颜色应该由客户决定。一个具有代表性的例子是白色的法拉利在日本非常受欢迎。

再者就是金属色，一种被纯粹主义者厌恶的色系，但它现在已经应用到了一级方程式赛车上。因此，法拉利的红色提供了更多种的选择，尤其是 F1 赛车上使用的那种红色，现在很多车主都会选择这个颜色。然而，金属色系更多地被使用在法拉利 12 缸车型上，但从 California 开始，这种情况开始改变，现在大多数的 Portofino 都采用了金属漆。

可以看出，个人期望和工厂实际接到的订单之间的区别还是很大的。从生产统计中可以观察到一个明显的趋势，红色系仍然是法拉利的主色，在过往 10 年的时间里，红色的比例一直保持在 46%~55% 之间；黑色和黄色的实际使用率和民调结果大不相同，黑色的流行度不断提升，法拉利最新的统计表明，所有生产的车型中黑色的比例已经占到了 22%，位列第二；而黄色所占比例正在逐年缩减，这远远低于民调参与者的意向；绿色和蓝色是最不受欢迎的颜色，所占比例微乎其微；近年来，选择白色法拉利的客户则越来越多，这个比例已经占到了 6%；当然不能被忽略的还有金属色系，喜爱它的人正在逐年增多。

在20世纪70年代车队主赞助商这个概念出现之前，国际大奖赛的赛车都使用国家代表色，这一传统是1903年波兰的一名赛车手提出的。红色最开始是美国的代表色，但这个颜色很快就给了意大利，而美国的颜色变为了白底加蓝色条纹，英国的颜色是绿色，法国是蓝色，德国是白色（但在20世纪30年代变成了银色），比利时是黄色。直至20世纪60年代末期，这些颜色都是各项大奖赛中固定的颜色，20世纪70年代开始各种赞助商的加入改变了这一局面。如今，只有法拉利车队还保留着这个传统。

1964年，恩佐为250 LM报名参加GT组别的比赛，4月法拉利向国际运动委员会提交了申请。参加这个组别的比赛要求车辆的产量必须超过100辆，而250 LM的定价为22000美元，这个价格在1964年和天价无异，所以当时只生产了10辆。于是法拉利的申请被驳回，7月法拉利再次申请，这次巴黎方面派出了一个考察团到马拉内罗实地考察，发现就算把所有半成品都算进去也只有37辆车，于是申请再次被无情地驳回。这令恩佐非常气愤，于是作为报复，恩佐在参加1964年美国站和墨西哥站的F1比赛时，将自己的赛车涂成了象征美国代表队的白底蓝条涂装，并以NART的名义参赛。恩佐用这种方式表达着自己的不满。

虽然红色的法拉利才是最"正宗"的，但恩佐自己的第一辆法拉利，250 GTE 2+2却是银色的，再到后来换成330 GT 2+2时恩佐选择了墨绿色，换成365 GT4 2+2时仍然没有选择红色而是淡蓝色。

巴蒂斯塔·宾尼法利纳的法拉利是淡蓝色的；塞尔吉奥·宾尼法利纳的456 GT是金属漆的天蓝色；而保罗·宾尼法利纳的FF则是金属漆的暗蓝色。

迈克尔·舒马赫拥有多辆法拉利，颜色也各不相同，最著名的第30辆FXX舒马赫选择了黑色涂装。

20世纪50年代，法国报业巨头《队报》（L'Equipe）的出版人、事业如日中天的法国人雅克·葛迪特（Jacques Goddet）订购了一辆212 Inter作为礼物送给妻子，车身颜色也选择了其妻子最喜爱的蓝色，包括宾尼法利纳的定制车身、真皮车身内饰和特别定制的佛罗伦萨风格的行李箱在内都是蓝色的。付清全款后（注意是全款），装配工作开始进行，宾尼法利纳花了几个月的时间在位于都灵的工厂内完成了车身及内饰，之后车子被运到摩德纳的法拉利工厂进行最后的调整。这时候，从德克萨斯来了一位石油商人，他参观车间时看到这辆几近完成的新车。这位顾客给恩佐报了一个"令人无法拒绝的报价"，于是恩佐将这辆法国人预订的车卖给了美国人。但法拉利和雅克·葛迪特约定的交车日期近在眼前，以当时法拉利的产量来讲再生产一辆是绝对不可能的，于是公司到处寻找代替品，最后终于找到了一辆同型号的汽车，但问题是这辆车是红色的。

于是，当葛迪特来提车时，恩佐唱起了空城计，恩佐和整

个法拉利的高管都失去了踪影，整个厂区只有几个清洁工人，面对怒气冲冲的新车主这几位清洁工也只能回以木讷的表情。怒火中烧的法国人别无选择，毕竟从法国长途跋涉就是为了取车，无奈只好把这辆车开走了。几个月后，恩佐收到一封从法国寄到的信，内容大致是：“尊敬的法拉利先生，您的车实在是太棒了，我的妻子非常满意。不过我有件事要告诉您——您是位无可救药的色盲！”

第七章　为声音疯狂

发动机是法拉利的灵魂，每一款发动机都拥有属于自己的声音。不是每个人都知道法拉利所发出的声音是一项复杂工作后的最终产物，法拉利有一个专门的部门调校这些声响，这些工程师们负责协调每一款发动机的声线和排气时产生的共振。

每一款新型的法拉利都必须具备自己特有的声音，这种声音还要明显区别于其他款型。事实上，这个工程团队为法拉利做的就是赋予每辆离开马拉内罗的汽车以灵魂，这个灵魂是由高性能的机械运作和准确无误的声线组成的。这项工作在整个研发过程中是多么的重要，可以想象一下：一位潜在的车主，当他正在犹豫购买哪个款型的法拉利时，首先看到的是车的外观，而后他肯定会进去驾驶舱，不可避免地起动发动机聆听高亢的轰鸣声。

法拉利发动机的声音无疑应该被很好地传承下来，这对延续法拉利的传奇至关重要，但 12 缸发动机那种高亢的声线在紧凑型 V8（208、308、328、348）时代似乎消失了。在那个时期法拉利确实忽略了声音的作用，但从 360 Modena 开始，法拉利重新开始关注声音的品质。首先法拉利在符合噪声排放规则的前提下，开始打造一个真正的“品牌噪声”，并且根据每款车型不同的细分市场赋予它们不同的声线。

工程师是如何创造属于法拉利的声音？首先，工程师们必须学会分辨什么是“优美”的声音。法拉利认为，在所有噪声中，一切关于性能的声音才能称得上“优美”的声音：如发动机的机械声、进气和排气的声音；而单纯的机械噪声、胎噪和风噪却是不需要的。

但优美的声音和噪声通常都混杂在一起，将它们分离开来并不是一件容易的事情。而且在分离之前你还要确定哪些是噪声，哪些是需要保留的。法拉利如今还采用“半手工”的方法来区分这些声音：由公路跑车试车手凭借他们的经验和耳朵来判断哪种声音需要留下，哪种需要摒除。这就意味着每款发动机的进气和排气声音都将是不同的：V12 和 V8 所发出的声音肯定是不相同的，但最终需要的结果都是一样的。

所有的汽车都不可能只保留下“优美”的声音，就算电动车也不例外。法拉利得益于新的发动机控制和排气门管理技术，马拉内罗所有公路跑车的那些不需要的噪声都保持在规定的限度内（75 分贝），F1 赛车则没有这种限制。

要判断一辆车的噪声是否优美，除了主观感受外，法拉利的声音调校部门还会在驾驶舱内安置多个传声器用以收集车辆在不同工作状态下声音的变化以供分析，值得一提的是，8 缸和 12 缸车型的声音采集点都是不相同的。

工程师们根据采集到的数据绘制成图谱，经过反复对比后确认哪条声纹是他们希望保留的。

正如大家都知道的，声音是法拉利成功的因素之一。在发动机的最初设计阶段，工程师们就已经考虑整车听觉效果了，得益于最新的数字模拟技术，根据数值的分析，工程师们就可以确定进气口的最佳定位，而且还可以预测出所有可能发出噪声的因素，在制造原型车之前就将这些事情充分考虑到，到原型车路试后，只是再进行一些小的修改和改进就可以了。

听起来可能很轻松，但原型车路试后，工程师们需要收集声音数据，然后和前期模拟出来的数据做对比，如果此时的声音不令人满意，那么就要从声源开始排查，边修改边测试，直到满意为止。此时各种声学痕迹被重组以形成一个单一的声音，这样工程师们就可以制定出修改的方案，经过调整后，工程师们会为每个声源找到属于它们自己的“优美”的法拉利那种特有的声线。

法拉利的声音管理部门（非官方名称）还拥有一位专业的音乐家，这位专家可以将真实的声音尽可能无损失地转换为数字信号。法拉利为此专门建立了一间由吸声的墙壁和天花板构成的半消声室，在这里工程师们可以模拟汽车在室外所能遇到的各种情况。

“Daytona”曾经被业内人士誉为拥有最迷人声线的法拉利，现在看来它的后辈已经赶超它了。

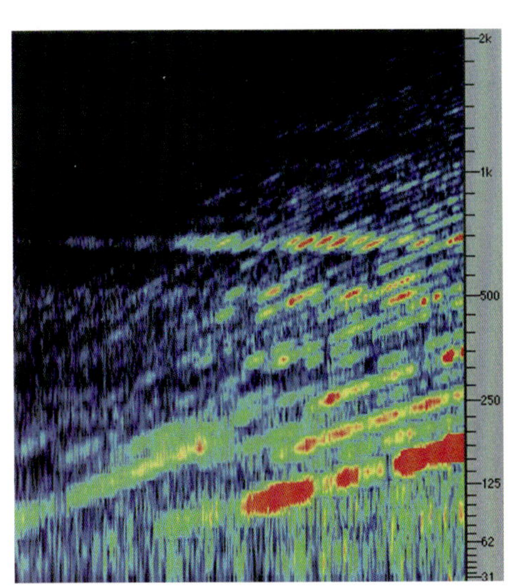

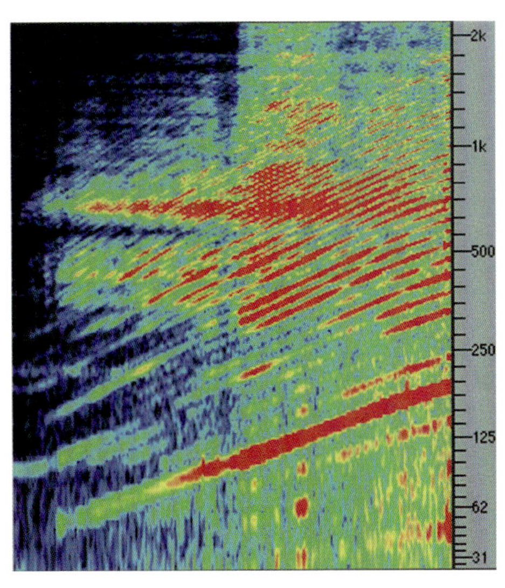

在驾驶舱中采集到的车辆加速时的噪声数据。

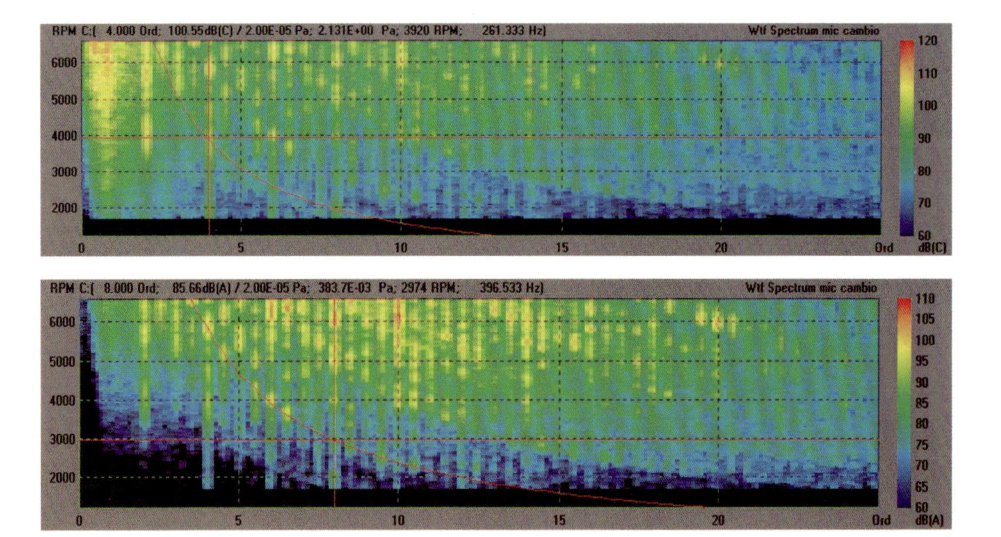

在排气系统记录的两个噪声数据的对比。

无论是在恩佐时代还是现在，法拉利的核心都是其发动机，然而，即便是法拉利车迷，只聆听发动机的轰鸣声也无法全面满足其听觉需要。数字存储设备和高性能音响系统的问世，确保了既能满足客户的便携要求，又能达到最真实的声音还原效果。法拉利的音响系统，其音效现在也可以像法拉利发动机那样清澈洪亮、震撼人心。

自 FF 起法拉利使用了 JBL Professional 最新的 QuantumLogic 技术，为汽车音响领域树立了全新标杆，该技术可将任何立体声音频源转化成 7.1 声道环绕音效。事实上，通过利用音频算法将信号流从原始录音中提取出来、对各种人声和乐器进行“再创作”，同时借助音乐本身固有的空间特质，汽车内部变成了一个多声道音场。如果你碰巧是个反对数字化声音处理和控制的音乐纯粹主义者，那么请你放心，法拉利现在的音响系统绝对是你在专业录音棚以外听到过的保真度最高的系统。它能做到这一点自有其道理。

过去，带 FM 接收器的无线电收音机是一种价格昂贵的可选配件，但那个年代已一去不复返。现在，功能强大的音响系统成为了跑车不可或缺的一部分。音响系统如何布置是工程师们首先要考虑的事情，GTC4 Lusso 与 812 Superfast 进行对比就可以说明这一点。四座的 GTC4 Lusso 座舱更

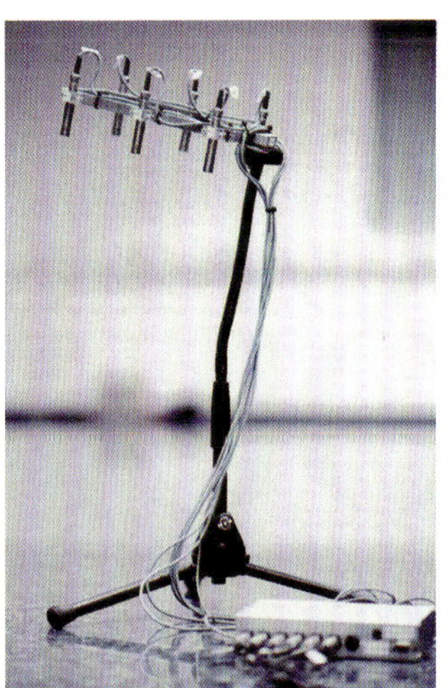

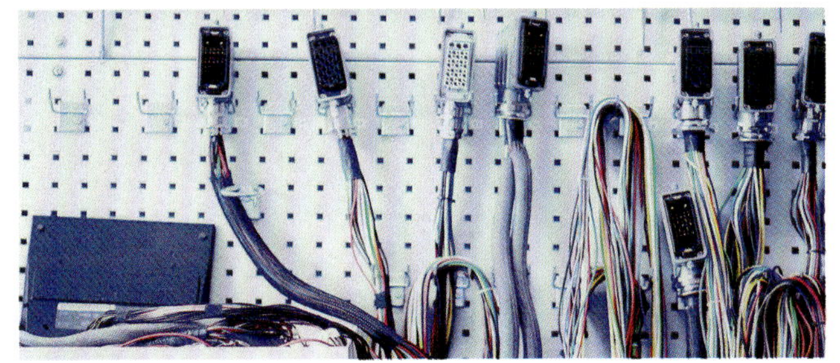

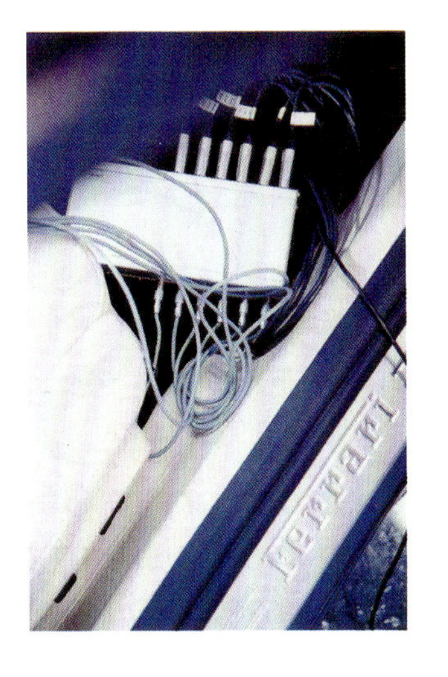

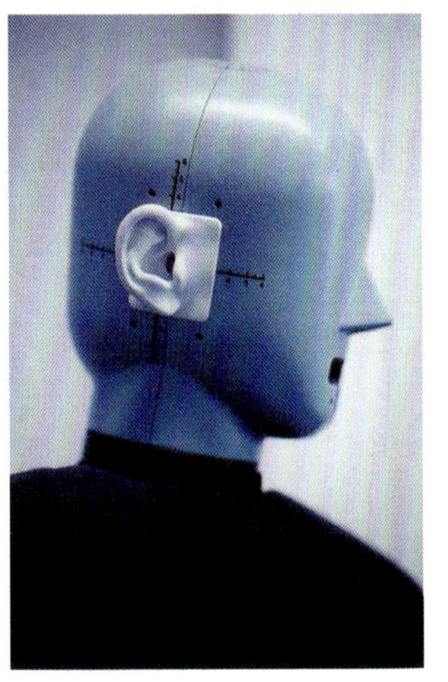

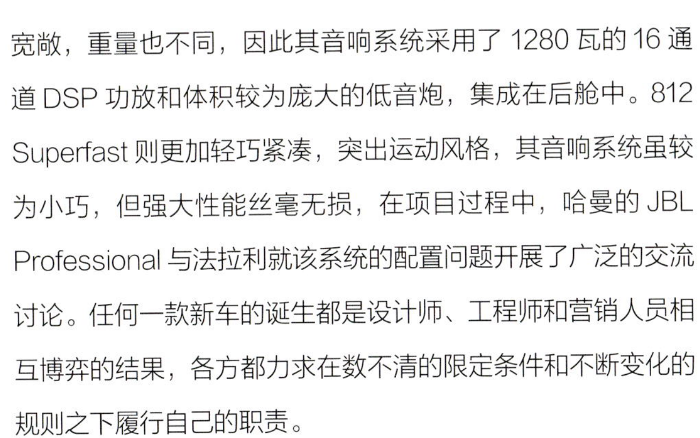

宽敞，重量也不同，因此其音响系统采用了 1280 瓦的 16 通道 DSP 功放和体积较为庞大的低音炮，集成在后舱中。812 Superfast 则更加轻巧紧凑，突出运动风格，其音响系统虽较为小巧，但强大性能丝毫无损，在项目过程中，哈曼的 JBL Professional 与法拉利就该系统的配置问题开展了广泛的交流讨论。任何一款新车的诞生都是设计师、工程师和营销人员相互博弈的结果，各方都力求在数不清的限定条件和不断变化的规则之下履行自己的职责。

法拉利使用的这套系统是经过控制和处理的，也只有这样，这款性能强大的系统才能拥有无比清晰的声音还原效果。即使当 V12 发动机发出暴怒的嘶吼，跑车迅如闪电般向前疾驰的时候，音响效果依然清晰悦耳。关于这一点毋庸置疑。

虽然 V12 发动机带来的挑战相比以往更大，这意味着，车主全神贯注极速狂飙时，可能没工夫听音乐。但工程师们还是必须确保音效表现能够盖过发动机的轰鸣声。这就需要在系统声学调试的特定区域做不同的尝试。例如跑车在某个频带时声音特别刺耳，就可以用某种动态均衡来进行补偿。尽管如此，跑车仍然是一个非常棘手的声学环境，因为它不仅会受到发动机振动的影响，还会受到轮胎摩擦声和风噪声的干扰。但法拉利的工程团队还是调试出高级家庭影院般的效果。

因为工程师针对驾驶人的位置精确调试了各项配置，他们知道听音者的耳朵在哪里，通过不断的测试也知道放置扬声器的位置。与其说法拉利追求完美的音色，不如说是追求人类情感的共鸣。

馬

寶

第八章　与绿色同行

位于马拉内罗的法拉利总部拥有真正独特的工作和生活环境：从铸造车间到机械车间，从发动机装配线到整车装配线，从厂房内到厂房外，无处不在的绿色既美化了环境也愉悦了人们的身心。刚刚投入使用的法拉利赛车部门再次成为了一例可持续发展的典范工程。

马拉内罗和费奥拉诺赛道

从 1947 年直至今日，所有法拉利生产的车型都经由这道历史悠久的大门驶出工厂。如今，大门内的恩佐 · 法拉利大道和乔凡尼 · 阿涅利广场已经是一片郁郁葱葱。穿过恩佐 · 法拉利大道，即可抵达法拉利公司的最新区域，这里基于“以人为本的方程式”理念，由国际著名建筑设计师佐伦·皮亚诺(Renzo Piano)、让 · 努维尔 (Jean Nouvel) 和马西米利亚诺 · 福克萨斯 (Massimiliano Fuksas) 联手打造。

从铸造到喷漆

恩佐·法拉利大道末端俯瞰风洞和机械车间。铸造厂就在附近，走入其中，便是一座座熔炉。机械车间的环境极其特殊，温度、湿度和采光在全年都需要严格控制。一辆辆完成喷涂的车身会被牵引至数米外的装配车间。

神奇的立方体

在阳光明媚的白天，这座立方体建筑的金属墙壁散发着灿烂的光芒，8缸和12缸发动机车型的总装配线以及皮革生产车间都设在这里。这座建筑由让·努维尔（Jean Nouvel）设计，共有两层，内部和外部均进行了绿化，对，法拉利的车间内是种有绿色植物的。1层为8缸车型总装车间，2层为12缸车型总装车间和皮革生产车间。

法拉利赛车部

费奥拉诺赛道位于工厂旁边，这里坐落着法拉利之家和赛车部门物流厂等几座建筑。现在，一座全新的由让·米歇尔·维尔莫特（Jean-Michele Wilmotte）设计的宏伟建筑在旧楼旁拔地而起。它是一幢融合理性与可持续理念的全新建筑，法拉利F1车队的总部就设在这里。

如大学校园般

自行车、长椅、健康中心、体育馆以及提供意大利和全球美食的员工餐厅，这些特色让法拉利总部成为名副其实的欧洲最佳工作场所，法拉利所采用的先进技术以及生产能源的清洁方式同样印证了这一点。目前为止已有超过26个国家的员工在这里工作。员工餐厅的午餐包括一份主食和一荤一素两样小菜，饮料无限畅饮。

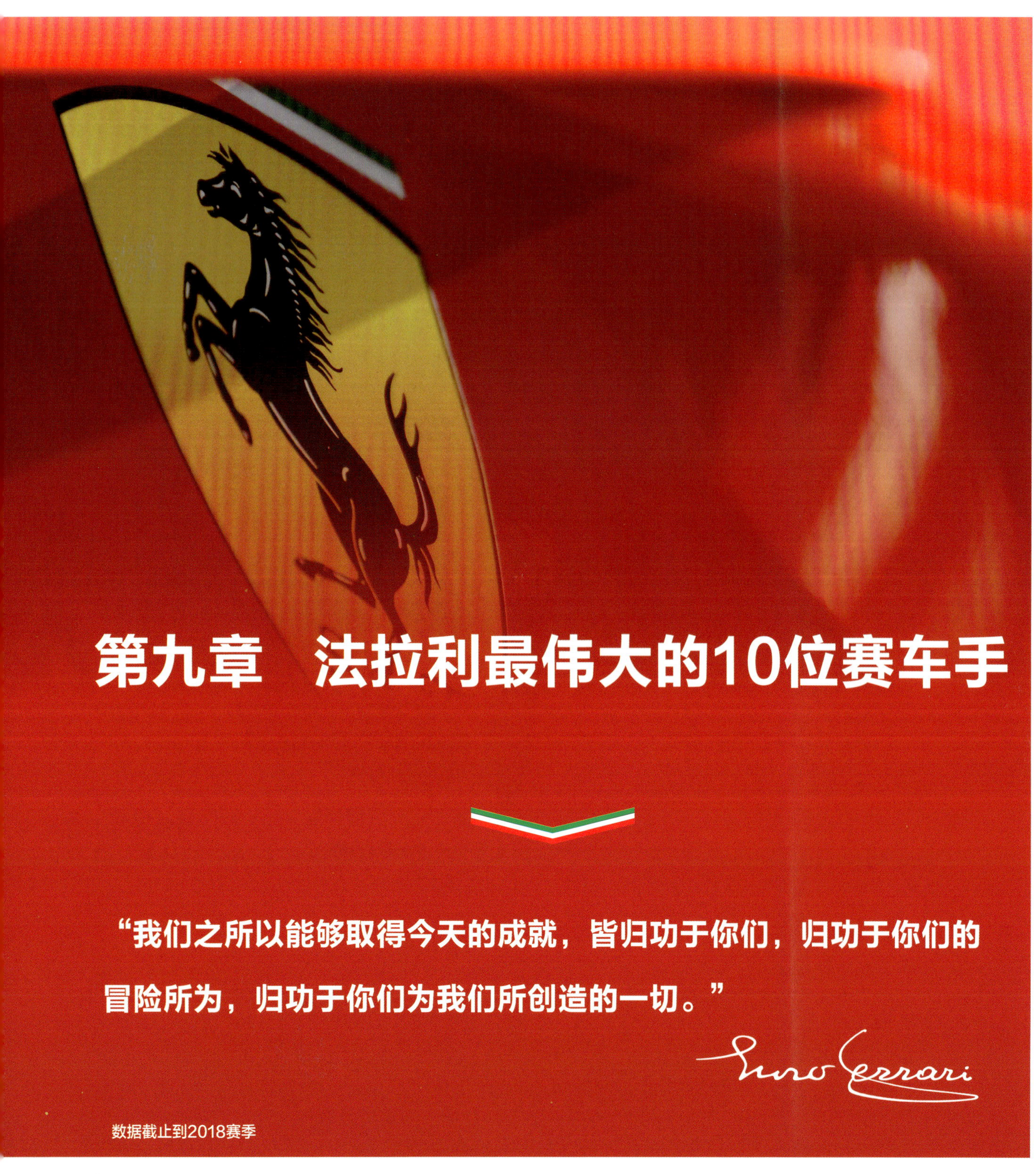

第九章　法拉利最伟大的10位赛车手

“我们之所以能够取得今天的成就，皆归功于你们，归功于你们的冒险所为，归功于你们为我们所创造的一切。”

数据截止到2018赛季

1 吉尔·维伦纽夫（Gilles Villeneuve）

在法拉利的服役时间
1977—1982年

代表法拉利车队参加F1比赛的场次
66次

代表法拉利车队获胜的场次
6次

恩佐从20世纪30年代起就不再亲临任何比赛现场了，车队离开马拉内罗后一切信息都由车队经理打长途电话传达，但电话的内容只限于练习赛和资格赛，从不涉及正赛。随着全世界范围内电视信号的普及，大多数大奖赛都会有现场直播，恩佐可以随时观看到赛场的信息。恩佐大多数时间都独自观看比赛，偶尔邀请朋友一起。据好友回忆：“无论车队的表现如何，恩佐在观看比赛时都没有流露出任何情绪，他只是一言不发地坐在那里，无论车队获胜还是失败，他都没有任何反应。”恩佐对赛车比赛一直都有自己的看法，他认为比赛本身没有意义，规划和准备阶段才是赛车的意义所在，在车辆制造、人员管理、车队组织以及和媒体、赞助商、赛事推广人之间的博弈才是应该关注的地方。对于恩佐来说，一旦赛车起动了发动机、冲过了起跑线，比赛就已经结束了，因为从那一刻起一切就都掌握在赛车手手里了。也许这就是恩佐从来不去比赛现场的原

因之一。

就算到了 80 岁高龄，赛车的荣光依旧照耀着恩佐追逐新梦想。1978 年，热情的吉尔 · 维伦纽夫帮助恩佐实现了这些梦想。恩佐很快就对这位年轻车手青睐有加，吉尔开放务实，对车辆有着强烈的驾驶欲望，并且有很强的车辆控制能力，还有一点是恩佐最喜欢的，吉尔在任何情况下都不会轻易放弃比赛。他还是一位无私的车手，如果队友需要获得好成绩，他会义无反顾地提供协助。

1978 赛季的情况并不客观，312 T3 的底盘完全不适应最新的地面效应技术，而发动机已经征战了 9 个赛季，这一切都令卡洛斯 · 鲁特曼（Carlos Reuteman）抱怨连连。但吉尔在家乡人民面前赢得了自己的第一个 F1 分站冠军，不但成为了魁北克人心目中的英雄，也奠定了自己在下个赛季的位置。鲁特曼依旧在抱怨着，还记得马拉内罗的那条铁律吗？所以这位阿根廷车手注定要被踢出局。

1979 赛季法拉利车队表现非常出色，马奥罗 · 弗格海利（Mauro Forghieri）对 312 T4 进行了不少改进，赛车的地面效应变得非常出色，发动机的功率和转矩表现也一如既往地优秀，这使得两位赛车手在比赛中不断获胜。最终乔迪 · 施科特（Jody Scheckter）获得了总冠军，吉尔赢了三场，获得了亚军。在意大利大奖赛上，施科特获得冠军拿下了年度总冠军的头衔，吉尔获得第二，当时车队维修站的很多人都觉得吉尔会在最后阶段发起挑战冲击冠军，但吉尔没有，他心甘情愿地跟在队友后面。这种团队精神非常伟大，仅凭这一点吉尔就可以获得恩佐长久的喜爱和感激。

尽管拥有世界冠军和“世界上最伟大的赛车手”，法拉利车队在 1980 赛季的成绩还是一塌糊涂，车队参加了 17 场比赛，两位赛车手的最好成绩不过是三次第五名，期间还发生了无数次机械故障。赛季结束后，乔迪 · 施科特宣布退役，以和平的方式离开了车队，这在所有为车队效力过的世界冠军中并不多见。

施科特离开后，吉尔在 1981 赛季开始和一位叫迪迪尔 · 派朗尼（Didier Pironi）的法国车手搭档。法拉利车队的赛车这个赛季也从全金属时代进入了复合材料时代。吉尔野蛮的驾驶风格令发动机不堪重负，不过他还是取得了不错的成绩，获得了摩纳哥站和西班牙站的冠军，而在英国、奥地利和荷兰的比赛中都发生了事故。他的冲动立即遭到了多方面的指责，但恩佐却越来越喜欢他，并称吉尔是“厚脸皮的大胆之徒”。

1982 赛季，法拉利的赛车已经开始采用蜂窝纤维成型技术，而且又用回了固特异的轮胎，因为前三个赛季使用的米其林最新的子午线轮胎，但成绩平平。这个赛季可以说是 F1 历史上最混乱的一个赛季，没有一名赛车手可以赢得两站比赛以上的胜利。圣马力诺站开始后，法拉利的赛车迅速占据了前两位，吉尔领先派朗尼几个车位，在这种情况下车队一般都会要求队友间保持这样的距离直至完赛。比赛进入最后几圈，派朗尼几次做出攻击姿态，而吉尔认为这是用来取悦观众的做法。最后一圈，派朗尼终于超越了吉尔，这一排位保持到比赛结束。吉尔非常愤怒，一言不发地站在领奖台上，拒绝和自己的队友讲话，而两人再也没说过话。吉尔表示他一直以为派朗尼在“表演”，最后会把位置让出来。虽然派朗尼自己极力开脱说比赛是公平的，但这种解释毫无意义。包括皮埃罗 · 法拉利和马奥罗 · 弗格海利在内的很多人都认为在比赛进入到最后几圈时，队友应当保持当时的顺序而不应该超车，因为车队的利益高于一切，他们甚至还举出之前的例子。

圣马力诺站和比利时站中间只间隔了两周的时间，吉尔的愤怒尚未平息，而派朗尼也拒不认错。比利时排位赛时，派朗尼的时间比吉尔稍快了十分之一秒，吉尔冲出了维修站，带着他一贯的鲁莽。吉尔撞车了，赛车翻出了赛道落到了沙地上，吉尔 · 维伦纽夫当场死亡，因为持续的碰撞令他的身体受到了太多的伤害。一时间整个赛车界一片震惊，这个时代最有才华、最具魅力、最有人气的赛车手吉尔 · 维伦纽夫去世了，恩佐更是心如刀绞。

恩佐曾在很多场合公开表示很爱吉尔。吉尔的驾驶风格狂野，永不言败，正因为这样他经常开坏恩佐的赛车，但恩佐不但没有责怪他，还说赛车坏了是因为车本身的问题。恩佐身边的人都说，换了另一个车手，恩佐肯定对经常开坏他赛车的车手大骂。吉尔的热情、忠诚、无私获得了恩佐的喜爱，也令他成为车迷心目中最伟大的赛车手！

尼基·劳达（Niki Lauda）

在法拉利的服役时间

1974—1977年

代表法拉利车队参加F1比赛的场次

57次

代表法拉利车队获胜的场次

15次

20 世纪 70 年代初，对于法拉利车队来说日子并不好过，车队如果想在即将到来的 1974 年赛季保持荣誉和商业价值，公司务必要做出一些大的改变。首先壳牌停止了对车队的支持，这家公司从法拉利车队成立之初就一直是车队的赞助商，停止赞助的原因并不是对车队不满意，而是公司对意大利产业的整体调整。壳牌意大利分公司将所有的股份转让给了一家名叫阿吉普（Agip，意大利国家石油公司）的本土企业。但法拉利车队最重要的变化还是人员方面，恩佐请来了当律师的卢卡·迪·蒙特泽莫罗（Luca di Montezemolo），他在车队内的影响力仅次于恩佐，他的到来为法拉利带来了稳定，这正是车队最需要的。

至于尼基·劳达，这位时年 24 岁的赛车手早就引起了恩佐的注意。但恩佐还是想先看看他的实力，于是劳达第一次来到马拉内罗直接去了费奥拉诺。在试车场上劳达开着新赛车跑了几圈，之后见到了恩佐，双方在简单的寒暄后，恩佐对劳达说："如果下周你的速度能提高 1 秒以上，我就录用你，否则一切免谈！"，一周后的结果是皆大欢喜的。

劳达在 1974 赛季的表现非常不错，他在西班牙站和荷兰站获得了冠军，在英国大奖赛上，他一开始也保持领先，但后来赛车爆胎了。以后他发生了两次车祸，一次是在纽博格林，另一次是在莫斯波特公园，幸好两次事故劳达都没受伤。总的来说，这是承上启下的一年，车队的未来充满了希望。

1974 年冬天，马奥罗·弗格海利和他的团队一直都在努力工作，随后诞生的新发动机不仅是弗格海利的代表作，也是法拉利赛车部门的最高水平。这款 180 度夹角的 V12 发动机可以稳稳地输出 440 马力的动力，又因为底盘升级了，5 档变速器被横向安装在发动机后面，使车辆的操控性得到了大幅提升。赛车的颜色也发生了改变，进气口变为白色，上面还带有红绿两色的条纹，这都是由菲亚特推进的。

经过一段时间的磨合，劳达的 312 T 表现出色，他在摩纳哥站一路领先取得了冠军。一周后劳达在比利时佐尔德再次夺冠，之后一路赢下了瑞士站和法国站。在蒙扎虽然劳达只获得了第三名，但足以令他赢得年度车手总冠军的头衔，这是自 1964 年以来法拉利车队获得的第一个年度总冠军。整个意大利都在欢庆，马拉内罗再次成为焦点。

1976 赛季一切都很顺利，劳达在巴西站和南非站都获得了胜利。4 月底劳达回到自己的别墅休整备战接下去的西班牙站，但他在自家庭院驾驶一辆拖拉机时被机器压到，断了两根肋骨。几天之后他继续参加了比赛，但因为胸部的剧烈疼痛而输掉了比赛，虽然劳达在比赛中表现出超人的毅力和忍耐力，但车队方面还是指责他不应该在关键时刻去开拖拉机。之后劳达的成绩再次回升，他赢下了蒙特卡洛和佐尔德的比赛。劳达来到了纽博格林，他本来就不喜欢这里，1973 年他在这里发生车祸弄伤了手腕，而且他认为救援人员无法覆盖 14 英里长的赛道。比赛刚开始几圈，劳达的赛车就冲出了赛道撞上了石墙，赛车旋转着被弹回赛道，油箱破裂，大火迅速包围了赛车，劳达被困在了赛车中。劳达被立即救出了火海，但他在车里已经遭到了严重的头部烧伤，吸入的有毒热气导致他的肺脏和血液系统损坏。虽然这时的劳达还有意识，而且还能马上站起来，但晚些时候他陷入昏迷，三天后当劳达在医院中醒来时，发现一位牧师正在对他进行临终祷告。当时欧洲体育节目流传着一些可怕的传言：劳达的整张脸都烧坏了，可能需要几年时间做整容手术，否则将无法出现在公众面前，更不要说开车了。就算最理性的人也知道至少在本赛季剩余的比赛中将不会看到劳达了。但劳达却告诉恩佐自己将要参加意大利大奖赛，这意味着在发生了几乎令其丧命的车祸后，仅仅六周后劳达就要重返赛场。恩佐当然不希望劳达这么做。不管怎样，尼基·劳达真的参加了意大利站的比赛。他头上缠着绷带，上面还渗着血，他受伤后的皮肤非常脆弱，用特殊的垫片保护着。很多人认为劳达这次不过是惺惺作态的表演，但劳达要捍卫自己的冠军头衔，他这么做不但要承受巨大的痛苦还要冒再次受伤的危险，所以这绝对是一次坚强意志和脆弱身体之间的搏斗。最终劳达以第四名的成绩完赛。加拿大站劳达位列第八，美国站季军。最后一站日本大奖赛将决定冠军的归属，但比赛当天，暴雨如注，大奖赛历史上很少有这样的天气。比赛开始后赛道上黑漆漆的一片，劳达在跑了两圈后停了下来。弗格海利建议劳达将退赛的原因归咎于赛车故障，但劳达拒绝了。劳达在东京的机场给恩佐打了电话报告了一切，电话里恩佐没说什么，但劳达知道恩佐心里肯定不高兴。在恩佐心目中，任何赛车手无论在何种情况下都不能放弃一辆运行完好的法拉利赛车，劳达非常清楚他和恩佐之间关系已经出现裂痕。

1977 赛季恩佐安排劳达担任车队的经理，但劳达不仅没有对赛车失去信心，而且还决心要证明自己。在赛季第三站南非站的比赛中，劳达获得了冠军。荷兰大奖赛夺冠后，劳达秘密地和布拉汉姆车队的经理伯尼·埃克莱斯顿（Bernie Ecclestone）签订了合同，下赛季将为他效力。恩佐无孔不入的情报网立即就向马拉内罗报告了这一切，恩佐的反应很激烈，声称一切背叛者都不会有好的下场。美国站劳达获得了第四名，获得了他的第二个年度总冠军奖杯。但比赛后劳达立即躲了起来，之后他发电报给恩佐说自己将不会参加赛季剩下的两场比赛。

尼基·劳达做了其他赛车手想也不敢想的事情，他公然触怒了赛车界最强大的男人。而恩佐在多年后也表示过自己好多年都没法原谅劳达的这一举动。但不久之后恩佐就注意到了一位来自遥远魁北克的小伙子，他不仅有潜力可以替代劳达，还可以和努瓦拉里、阿斯卡里媲美，他是恩佐一直最想得到的那种赛车手，他的名字叫吉尔·维伦纽夫。

3 迈克尔·舒马赫（Michael Schumacher）

在法拉利的服役时间
1996—2006年

代表法拉利车队参加F1比赛的场次
179次

代表法拉利车队获胜的场次
72次

也许现在仍有部分人认为他不是“有史以来最伟大的赛车手”，但为法拉利车队赢下 72 场大奖赛的胜利，无疑使他成为法拉利有史以来最出色的赛车手。

舒马赫赛事生涯的第一份合同是和梅赛德斯·奔驰签下的。1991 年埃迪·乔丹（Eddie Jordan）的车队首次进入 F1，在比利时站前车队赛车手贝特朗·加乔（Bertrand Gachot）与一位伦敦出租车司机斗殴而被关进了监狱，车队方面此时急需一名车手顶替他的位置。舒马赫之所以被召来要归功于他的经纪人威利·韦伯。正是这位威利不断地纠缠着埃迪·乔丹，而舒马赫也说了一个小谎。但此时舒马赫与梅赛德斯·奔驰的合同仍在有效期内，为此埃迪·乔丹支付了 15 万美元才签下了舒马赫。在随后的练习赛中，舒马赫取得了第七位发车的位置，虽然在正赛第一圈就因为离合器故障而退出了比赛，但赛后几乎所有人都意识到这是一颗冉冉升起的巨星。于是贝纳通车队迅速将其挖走。

1992 赛季，舒马赫 8 次登上 F1 的领奖台，其中在比利时站赢得了自己的首座分站赛冠军奖杯。赛季结束时，他以 53 分获得第 3 名。

1993 赛季舒马赫赢得了葡萄牙站比赛的冠军，年度排名第 4。

1994 赛季，舒马赫在经历了黑旗、禁赛的处罚后，将冠军的归属留到了最后一站。正赛时当希尔从内侧打算超越贝纳通赛车时，舒马赫撞上了他，舒马赫当即退赛，希尔的赛车后悬架遭到严重损坏。在 F1 历史上最具争议的赛季之一结束后，舒马赫获得了自己的首个车手年度总冠军。

经历了上一赛季的争议，迈克尔 · 舒马赫和贝纳通车队都下决心赢得 1995 赛季的胜利，只有这样才能消除人们对他们实力的怀疑。舒马赫赢下了 17 站比赛中的 9 个分站，再一次加冕年度总冠军。

在蝉联总冠军后，舒马赫出人意料地决定离开贝纳通车队。加入法拉利车队后，舒马赫立即测试了 1995 赛季的赛车，并对新赛车充满了信心。但当他测试过新车后，立即明白了 F310——法拉利第一款安装 V10 发动机的 F1 赛车缺乏足够的竞争力，这将是一个艰难的赛季。虽然舒马赫凭借着熟练的驾驶技巧赢得了 3 站比赛的胜利，但他现在已不再是世界冠军的有力争夺者。

1997 赛季，因为法拉利的新赛车还没完全调校好，威廉姆斯车队赢得了赛季最初 6 站比赛的 4 站。舒马赫凭借着天赐的才华在摩纳哥夺冠，并且利用雅克 · 维伦纽夫在蒙特利尔主场撞车退赛的机会，将自己留在了争夺总冠军的行列中。法拉利的积分稳步上升，舒马赫在日本站赢得了这个赛季的第五个分站赛的冠军，将年度总冠军的归属留到了最后一站欧洲站。在欧洲站，当舒马赫领先时，紧随其后的维伦纽夫试图超越他，千钧一发之际舒马赫做出了一个不冷静的选择，试图将维伦纽夫撞出赛道，但结果是使自己陷入了沙地。加拿大人拿到了冠军，作为对此行为的处罚，FIA 取消了舒马赫的全年成绩。

1998 赛季，窄边轮胎和有槽轮胎开始实施。舒马赫和米卡 · 哈基宁缠斗到最后一场日本站。舒马赫要做的就是打败哈基宁，但事情并不如想象的那样好，舒马赫的赛车在热身圈开始前熄火，这意味着他要从队伍的最后发车，而不是杆位。哈基宁充分利用了这一点迅速领先，舒马赫一路追赶到第 3 位，但爆胎使他最终退出了竞争。

1999 赛季的总冠军的归属在英国站舒马赫发生事故撞断右腿后就变为了哈基宁的囊中之物。舒马赫在马来西亚站复出，与队友一起为车队获得了本赛季的车队总冠军。

F1-2000 是法拉利车队首辆在车队新风洞实地测试过的赛车，这早在三个赛季前就该做了，但风洞的调试工作持续了 3 年才完成。于是乎，舒马赫与法拉利开始了对 F1 比赛长达 5 个赛季的“可怕统治”，这一时期的法拉利是不可战胜的。

中国有句老话：“月有阴晴圆缺”，法拉利车队在进入 2005 赛季后突然失去了竞争力，舒马赫只赢得了“米其林罢赛门”的美国站，车手排名第 3 名。

2006 赛季是舒马赫为法拉利征战的最后一个赛季。赛季初的三场比赛过后舒马赫仅有 11 分，已经落后阿隆索 17 分。紧接着他赢下了两场比赛的胜利，在圣马力诺获得了自己的第 66 个杆位，打破了塞纳保持了 12 年的纪录。摩纳哥大奖赛，舒马赫在排位成绩暂时领先，而阿隆索正在进行计时圈的时候将赛车停在了拉斯卡斯弯角（Rascasse corner）。舒马赫的这一行为是否是故意的现在还是一个争议，但赛事委员会认定为“故意”从而取消了舒马赫的杆位。最后一站巴西站，舒马赫从第 10 位发车，就在追到第 6 名的时候，赛车爆胎了，进站换胎后舒马赫的名次下跌至 19 名，从这时起车王展现了其无与伦比的驾驶技术，在用一个令人难以置信的方式超越莱科宁后，车王以第 4 名的成绩完赛。赛季结束后，舒马赫正式退役，但与法拉利的合同仍然有效，舒马赫以车队顾问的身份继续为车队效力。

2009 年 7 月 30 日，法拉利宣布迈克尔 · 舒马赫将从欧洲站起顶替头部受伤的菲利普 · 马萨出战余下的比赛。2009 年 8 月 11 日，舒马赫宣布因为身体原因取消 F1 复出计划，距离他 7 月底宣布复出只有 12 天。

2009 年 12 月 23 日，梅赛德斯 · 奔驰宣布迈克尔 · 舒马赫将在 2010 赛季代表梅赛德斯 GP 车队复出，合同期为 3 年。这是舒马赫在一年之内第二次宣布复出，不同的是他回到自己职业生涯的起点梅赛德斯 · 奔驰那里。在经历了 3 个平淡的赛季后，2012 年 10 月 4 日，迈克尔 · 舒马赫在铃鹿正式宣布再次退役。

舒马赫是一名出色的赛车手，同时更是一位不可多得的试车手，在为法拉利效力期间，根据舒马赫的建议，费奥拉诺赛道修改了一个弯角；几乎所有的公路跑车测试舒马赫都参与其中，更不用说繁多的商业活动和品牌宣传。批评舒马赫的人大多会说他为了胜利可以不择手段，甚至做出一些有违体育道德的事情，但就是这样的一个男人，在 2004 年为海啸的受害者捐赠了 1000 万美元。这一举动为人们了解他提供了更深刻的见解，这令他在 2013 年滑雪事故后的悲惨处境更加令人心酸。

舒马赫是否是位伟大的赛车手，如果光用数据来证明那显然是毫无意义的，如果用他对 F1 这项赛事和在法拉利所做的贡献来看，我认为将他排在这个位置是非常合适的。

阿尔贝托·阿斯卡里（Alberto Ascari）

在法拉利的服役时间
1950—1953年

代表法拉利车队参加F1比赛的场次
26次

代表法拉利车队获胜的场次
13次

阿尔贝托·阿斯卡里于1918年7月13日出生在意大利的米兰。他的父亲安东尼奥·阿斯卡里是当时意大利最为著名的赛车手。阿尔贝托的第一次赛车比赛开始于1940年，当时是驾驶法拉利赛车参赛的，但随后爆发的第二次世界大战中断了他的赛车生涯。1947年，阿斯卡里重新回到了赛道。

在阿尔法·罗密欧宣布退出1949赛季的比赛后，他们将场地留给了玛莎拉蒂，而玛莎拉蒂突然也退出了。对于法拉利车队来说，最直接的好消息就是年轻的阿斯卡里和路易吉·维尔里西（Luigi Villoresi）都失业了。恩佐顺势将两位赛车手招入麾下。那年，阿尔贝托·阿斯卡里获得了5场比赛的胜利，可以说是收获颇丰。

1950年对于法拉利来说充满了希望，兰普蕾迪相信自己的自然吸气发动机可以和阿尔法·罗密欧一决高下，更何况开车的还是出类拔萃的阿斯卡里和维尔里西。但事实却不是这样的，阿尔法·罗密欧的阿尔菲塔（Alfetta）异常强大，包揽了全部6场比赛的冠军。阿斯卡里只获得了年度第5名。

1951赛季，虽然阿尔法·罗密欧再次荣获年度总冠军，但此14年的研发已经将潜能消耗殆尽，于是在赛季末阿尔法·罗密欧彻底退出了F1车坛。阿斯卡里赢下了德国站和意大利站的比赛，年度排名第2。

1952赛季开始前夕，这项运动的管理层决定1952赛季和1953赛季的世界锦标赛采用F2大赛的规则，而不是F1。因为他们认为，考虑到阿尔法·罗密欧的退出和一些小车队仅仅为正常完成比赛而苦苦挣扎的情况下，F1只怕会形成一家独大的场面。但这一切都是徒劳的。阿斯卡里参加了全年7场比赛的6场，并且囊括了这6站的冠军。这样压倒性的优势在F1的历史中很少出现。这是一辆性能无可匹敌的赛车和一位伟大赛车手的组合，其他人根本没有任何机会。

1953赛季前夕，乔克诺·克罗布（Gioacchino Colombo）辗转加入了玛莎拉蒂，并对A6 GCM赛行进行了大规模的改造，使之与法拉利500不相上下。恩佐确信在即将到来的1953赛季，摩德纳的两支车队将展开殊死搏斗。但恩佐设想的一切最终没有发生，玛莎拉蒂自成立起财务状况就一直很不稳定。1953年随着朝鲜战争的结束，玛莎拉蒂原本稳定的机械工具订单急剧减少，奥斯家族不得不将精力转移到阿根廷。就算拥有天赋异禀的克罗布，玛莎拉蒂在短时间内也无法对法拉利造成威胁。赛季一开始，阿斯卡里就拿下了阿根廷、荷兰和比利时三场比赛的胜利，加上上赛季的6连胜，他已经连续9次赢得F1分站赛的冠军。法拉利在余下的比赛中继续大放异彩，车队唯一的一次失利是在蒙扎，方吉奥获得了冠军。随着赛季的结束阿尔贝托·阿斯卡里轻松卫冕车手年度总冠军，而法拉利车队在所参加的31场比赛中赢了28场。但恩佐与明星车手阿斯卡里和维尔里西之间的关系还是在年底走到了尽头，这两位明星车手转投了蓝旗亚。

1954赛季阿斯卡里本想延续自己的胜利，但蓝旗亚的赛车迟迟无法登场，梅赛德斯·奔驰车队的新赛车W196又给了本来就麻烦重重的蓝旗亚车队当头一棒，于是阿斯卡里和维尔里西一起去了玛莎拉蒂车队。然而在玛莎拉蒂车队经历了一连串的失败之后，阿尔贝托·阿斯卡里被租借到了法拉利车队，参加了意大利大奖赛。

1955赛季，阿斯卡里和维尔里西都到了蓝旗亚车队。在第二站蒙特卡洛时，阿斯卡里的赛车冲入了海中，但他没受一点伤。但是几天之后，在蒙扎赛道上练习时，他的赛车发生了事故，阿斯卡里当场死亡。

塞巴斯蒂安·维特尔（Sebastian Vettel）

在法拉利的服役时间

2015年—至今

代表法拉利车队参加F1比赛的场次

81次

代表法拉利车队获胜的场次

13次

塞巴斯蒂安·维特尔，无论从哪方面看这位1987年出生的小伙子都是一个不错的人，好胜、勤奋、严谨、低调、乐观，而且有些腼腆。当这位小伙子顶着4届车手冠军的光环加入法拉利车队的时候，所有人都为之振奋。

2015年3月29日，冲过雪邦赛道终点线之后，这位德国车手便开始不遗余力地庆祝自己加入法拉利车队的首个分站冠军："非常好！谢谢！十分感谢！法拉利万岁！"维特尔绝对有足够的理由咆哮，这是他继2013赛季巴西站后再次登上最高颁奖台，同时结束了法拉利车队连续34场国际大奖赛不胜的历史。这个赛季维特尔只赢了3场比赛，年度排名第3。

2016赛季在澳大利亚的揭幕战上，法拉利的信心看似很有说服力，维特尔和莱科宁在起步后超越了两辆梅赛德斯·奔驰，比赛掌控在德国人手里。但是，错误的轮胎策略，让他们与2010年以后的第一次"开门红"失之交臂，没想到这竟然是全年法拉利最好的机会。随着赛季的进行，法拉利开始跟不上梅赛德斯·奔驰的节奏，反而被红牛在夏休期前跃居积分榜第2名。下半赛季，意大利人仍然没有找到成功的钥匙，年度第2名的争夺，在阿布扎比收官战前已经尘埃落定。3年来，法拉利第二次全年没有胜绩，落后世界冠军梅赛德斯367分，落后红牛70分；上半年9次领奖台完赛，而"暑假"后的12场比赛只有区区两次进入前三。维特尔的表现明显与去年相去甚远，更别提四届世界冠军应有的标准。这年也是他3年来第二次没能进入年度前三，积分也比上赛季少66分。没有胜利、成绩不佳，重压之下的维特尔表现出小孩子般的情绪，屡屡在无线电通信里大发雷霆。

2017赛季，维特尔全年拿下5场胜利，年度排名第2名，但是与第一名的积分差距已经缩小到十位数。8月26日，法拉利车队宣布与维特尔续约3年，新合同直到2020赛季结束。抛开冰冷的法律合同，法拉利车队与德国人续签就是一种无声的肯定。在恩佐·法拉利时代，恩佐和车手的关系非常密切。恩佐觉得法拉利的胜利是自己对意大利应该肩负起的责任。尽管驰骋在赛道上的车手脑海里可没有这么多想法，他们只想取得胜利，但恩佐相信赛手代表着他的思想，肩负着团队的责任。

从这个角度看，维特尔绝对是名称职的赛车手，他不但积极参加赛车的各种测试，还帮助公路跑车部门测试新车，代表法拉利车队出席各种宣传活动，而且脸上始终带着迷人的微笑。维特尔和莱科宁的关系也非常融洽，这也是法拉利为什么几乎同时延长了两人的合同。法拉利车队的氛围和世界上任何一支车队都不同，恩佐创造了一个奇迹，因为他白天黑夜都在想着法拉利，想着他的赛车，想着他的客户。恩佐的能力超乎常人，他对市场营销、工业管理、人力资源等方面均有自己独到的见解。这种能力使他周围的人们对他产生了一种近乎于神圣的尊重。

2018赛季维特尔的每场胜利意大利的新闻节目肯定会24小时滚动播放，对于这个深陷经济危机，暂时还看不到希望的国家，体育运动的胜利无疑是最好的一针强心针。而意大利在世界杯预选赛上的失利，令法拉利车队再一次肩负起振兴意大利体育的使命。

维特尔的每一次呐喊，都会进入人们的心中，甚至那些之前并不关注一级方程式的人们也会一起呐喊。这就如同恩佐当年在家中观看比赛一样，两眼紧盯着屏幕，当看到黄色的跃马旗帜飘扬在终点线上时一样的兴奋。

约翰·瑟蒂斯（John Surtees）

在法拉利的服役时间
1963—1966年

代表法拉利车队参加F1比赛的场次
30次

代表法拉利车队获胜的场次
4次

约翰·瑟蒂斯的父亲是伦敦的摩托车经销商，他自小在摩托车氛围的耳濡目染下长大，不仅痴迷于摩托车，而且还花大量时间研究其机械结构。1950年，16岁的瑟蒂斯以学徒身份进入英国文森特（Vincent）摩托车厂。1951年，瑟蒂斯以业余车手的身份参加英国ACU（Auto-Cycle Union）摩托车赛。1952年，瑟蒂斯开始参加Grand Prix motorcycle racing（MotoGP前身），迈进职业摩托车手生涯。约翰·瑟蒂斯在Grand Prix motorcycle racing赛事中一共取得了7个总冠军，不过平心而论，这项赛事以不同排量划分出多个组别，现在的MotoGP也是如此，能成为多冠王并不稀奇。然而，瑟蒂斯的神奇之处在于跨界，既能在两轮世界呼风唤雨，也能在四轮领域登峰造极。

1960年，26岁的瑟蒂斯踏足四轮赛事，起初他效力的是莲花车队，参加的首场四轮比赛是1960年的BRDC International Trophy，这是一项依照F1赛制的方程式赛事，每年只会在银石赛道举办一场比赛，不过瑟蒂斯因赛车机械故障并未完赛。同年瑟蒂斯以莲花正式车手身份参加F1赛事，1960英国大奖赛是他的第二场F1比赛，他取得分站亚军的成绩，瑟蒂斯也证明自己不是顶着两轮冠军的光环到F1闹着玩的。随后的1961赛季和1962赛季，瑟蒂斯加盟到雷吉－帕内尔车队，但成绩并不理想。

1963年，瑟蒂斯转会到法拉利车队，他的到来受到了大家的欢迎。意大利车队的技术团队研发出一种比上赛季那种“鲨鱼鼻”更有竞争力的赛车。瑟蒂斯在纽博格林赛道赢得了自己的第一座分站冠军奖杯。但这个赛季他再没能重复这种胜利。1963赛季莲花车队的吉姆·克拉克（Jim Clark）统治了F1，全年10个分站中，克拉克赢了7场。

1964年的F1是约翰·瑟蒂斯和格拉汉姆·希尔（Graham Hill）双雄争霸的局面，虽然瑟蒂斯这个赛季只赢了2场。两人斗到最后一站比赛，第31圈，瑟蒂斯的队友洛伦佐·班迪尼（Lorenzo Bandini）撞上了希尔的赛车，希尔不得不进入维修站。而在最后一圈，克拉克的赛车也停了下来，此时班迪尼处于第二位，瑟蒂斯紧随其后。突然之间法拉利的工作人员意识到只要让瑟蒂斯获得第二名，那么他在积分上就会领先希尔一分。于是车队马上打信号让班迪尼让车，于是瑟蒂斯获得了1964赛季F1车手总冠军。规则就是规则，不管怎么说，国际大奖赛的冠军时隔三年后又回到了马拉内罗。

成功问鼎F1总冠军，意味着瑟蒂斯成为第一个既能在Grand Prix motorcycle racing夺总冠军，也能在F1夺总冠军的车手，这个纪录直到现在仍然无人出其右。当时的约翰·瑟蒂斯刚刚31岁，但头发已经开始花白了，他在马拉内罗的人缘很好，大家都称他为“大约翰”，这并不是因为他个子高，而是因为他强大的内心。恩佐也是真心喜欢这个和自己一样白手起家的小伙子。很少有人能像瑟蒂斯那样被恩佐邀请去他位于维塞尔巴的海边别墅作客。

1965年对于瑟蒂斯来说可是一个艰难的赛季，在加拿大的莫斯波特公园赛道的练习赛中撞车后，这位上赛季的世界冠军受了严重的背伤，他不得不退出第二年春天之前的所有比赛。

1966年，赛车界发生了巨大的变化，大奖赛规则从1.5升上升到3升，这样一来各支车队就要研发新的赛车，因为法拉利在过去15年中一直生产强大的3升赛车，所以大家都认为这个赛季的胜利对于法拉利来说是探囊取物。1966年春天，312的原型车开上了摩德纳的试车场，伤势还未痊愈的瑟蒂斯

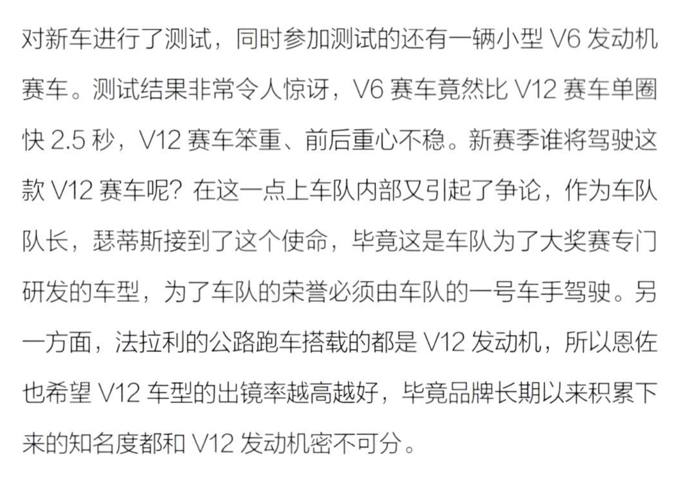

对新车进行了测试，同时参加测试的还有一辆小型 V6 发动机赛车。测试结果非常令人惊讶，V6 赛车竟然比 V12 赛车单圈快 2.5 秒，V12 赛车笨重、前后重心不稳。新赛季谁将驾驶这款 V12 赛车呢？在这一点上车队内部又引起了争论，作为车队队长，瑟蒂斯接到了这个使命，毕竟这是车队为了大奖赛专门研发的车型，为了车队的荣誉必须由车队的一号车手驾驶。另一方面，法拉利的公路跑车搭载的都是 V12 发动机，所以恩佐也希望 V12 车型的出镜率越高越好，毕竟品牌长期以来积累下来的知名度都和 V12 发动机密不可分。

虽然瑟蒂斯不高兴，但他还是驾驶 V12 车型参加了比赛。在第二场比利时斯帕赛道上，有 7 辆赛车在第一圈就发生了事故，比赛进行到后半段时还下起了大雨，更多的赛车出现故障，但瑟蒂斯还是赢得了胜利。

瑟蒂斯不但是法拉利车队的 F1 赛手，还为法拉利出战勒芒 24 小时耐力赛。但在 1966 年的勒芒现场，瑟蒂斯和法拉利车队的关系彻底破裂，传闻瑟蒂斯和恩佐在电话里大吵了一架。怒气冲冲的大约翰迅速收拾行装去了英国，又一位世界冠军在愤怒中离开了法拉利车队。

瑟蒂斯是位伟大的赛手，且敢于尝试，摩托车和 F1 的比赛规则完全不同，但像他一样成功转型的人并不多，代表人物还有努瓦拉里。能转行已经是非常了不起的事情，更何况他居然这么快就成为这个行业最出色的赛车手之一。但就算如瑟蒂斯这样伟大的赛车手，也不能触碰马拉内罗的那条红线——批评赛车，任何人都不可以，努瓦拉里不可以，方吉奥不可以，瑟蒂斯不可以，普罗斯特不可以，阿隆索也不可以，任何人批评法拉利的赛车都会遭到车队无情的清退，这似乎成为了马拉内罗铁一般的纪律。

7 费尔南多·阿隆索（Fernando Alonso）

在法拉利的服役时间
2010—2014年

代表法拉利车队参加F1比赛的场次
96次

代表法拉利车队获胜的场次
11次

2009 年，费尔南多·阿隆索被法拉利招致麾下，取代吉米·莱科宁的位置出战 2010 赛季。

首站巴林站，塞巴斯蒂安·维特尔（Sebastian Vettel）获得了杆位，阿隆索在第三位发车。但随后维特尔因为发动机故障退赛，阿隆索获得了冠军。这场胜利使阿隆索成为了自 1956 年之后第五位在加盟法拉利车队后的第一场大奖赛即夺冠的车手，前四位依次是 1956 年的方吉奥、1971 年的马里奥·安德雷蒂（Mario Andretti）、1989 年的曼塞尔和 2007 年的莱科宁。马来西亚站之后，阿隆索逐渐找到了感觉连续抢分，直到德国站再次站上了最高领奖台，在随后的意大利站、新加坡站和韩国站，阿隆索均获得了冠军。最后一站阿布扎比，法拉利车队的策略极端保守，致使阿隆索跟在慢车维塔利·佩特罗夫（Vitaly Petrov）身后多达 40 余圈仍无法完成超越，最终仅获得第七名，错失个人第三个总冠军。

2011 赛季，阿隆索继续与菲利普·马萨（Felipe Massa）搭档出赛。在西班牙站之前，法拉利将阿隆索的合同延续到 5 年，也就是说他将为法拉利征战到 2016 年底。这个赛季阿隆索 10 次登上领奖台，但仅在英国站获得了冠军，年终车手排名第四。

2012 赛季，阿隆索的开局很理想，在马来西亚站、欧洲站和德国站均获得了第一名，这使得赛季前半段他一度取得了 43 分的领先优势，但随后在比利时站和日本站的退赛使他失去了积分上的优势。最后一站巴西站，阿隆索必须获胜才能登顶，但遗憾的是他再次负于塞巴斯蒂安·维特尔，获得亚军。

2013 赛季，阿隆索驾驶法拉利 F138 以第五位发车开始了澳大利亚站的比赛，在第一圈结束的时候阿隆索就跃居到了第三位，随后利用进站策略超越了维特尔占据了第二名的位置，

第十章　经典车型

死亡只能带走我的肉体，但带不走我身后的汽车！

Enzo Ferrari

1947年 *Ferrari* 125 S

1943 年，恩佐着手重建在战争中遭到毁坏的工厂，在位于家乡摩德纳附近的小村庄马拉内罗，恩佐为新工厂奠基。但公司的官方地址仍然在摩德纳，马拉内罗的工厂中继续制作油压磨床。

1944 年，恩佐做出了一项重大的决定，这项决策也成了法拉利的精髓所在——从那以后法拉利将完全独立地制造赛车底盘、发动机、变速器甚至车身，所有的一切都要出自马拉内罗的工厂，出自法拉利。直至今日，法拉利都坚定地维护这一决策。

1945 年战争结束了，但对恩佐·法拉利来说，这是一个开始而不是结束。他从未想过退缩，也不想做一个安安稳稳的贵族。和平的降临让亚平宁有个喘息的机会，对恩佐来说这正是大干一场的机会。赛车运动很快就会恢复，而他想参与其中，这一次他不再为阿尔法·罗密欧打工，也不仅仅为那些有钱的赛车手提供赛车，他想制造真正属于自己的赛车。还有一个更好的消息就是那些烦人的德国车队在短时期内不会重回赛场。

至于恩佐的工厂是何时结束机床生意全面转向汽车制造的仍存在很多疑问，根据很多老员工的回忆，这个转变大约花了 5 年时间才得以完成。

恩佐重归汽车制造的原因很简单：他真正了解和热爱这个行业。机床生产只是战争期间的权宜之计，他的所有热情都在汽车上，所以一旦战争结束，他势必会回到这个领域。恩佐开始了第三次创业，这次他终于以自己的名字组建了公司，标志仍是黄色背景上的一匹跃马。同年还有另外一件喜事，恩佐的小儿子皮埃罗·拉尔迪出生。

恩佐现在的工厂已经扩大到4万平方英尺（1平方英尺≈0.09平方米），大约是老工厂的4倍，但仍旧没有铸造车间，不过其他设备都很完备，足以满足汽车生产这项复杂而艰巨的需要。但光有工厂是不行的，恩佐开始联系以前在阿尔法·罗密欧工作时的旧同事，包括工程师路易吉·巴兹（Luigi Bazzi）和发动机设计师乔克诺·克罗布（Gioachino Colombo）。

巴兹爽快地答应了，现在阿尔法·罗密欧伤痕累累，内部混乱，想在短时间内重启赛车运动几乎是不可能的，所以这位发动机设计老将决定搬回摩德纳。虽然恩佐最想得到的是维托里奥·加诺（Vittorio Jano），但在战争期间他加入了蓝旗亚，现在并不想换工作，虽然蓝旗亚在短时期内不会参与赛车运动，但加诺并不在意。再者蓝旗亚位于他偏爱的都灵，而恩佐

125 S的首场公开亮相是1947年5月在皮亚琴察的比赛，此时兰普蕾迪已经离开，设计部门只剩布索一人。巴兹和工人们开足马力才完成了两辆125 S，一辆是2个月前就打造好的，另一辆仅仅是包裹了一下车身，车轮上安装的是摩托车用的挡泥板。为了能尽快开上赛道，恩佐已经顾不上美学的考量了，毕竟他已经落后一年了，不管样子如何，只要先回到赛场就好。1947年5月25日，弗朗哥·科特斯（Franco Cortese）驾驶125 S在罗马的卡哈卡拉（Caracalla）举行的"罗马春季赛"（Roman Spring Season）中为法拉利取得了第一场胜利。6月法拉利又参加了5次比赛，获得了两个级别的冠军，刷新了两个纪录。

恩佐在制造出首辆125 S之后，并没有停止对车辆的改进。恩佐要求旗下的赛车手轮番对125 S进行测试，并针对试车结果做了大量的调试和改进。而法拉利车队在早期的测试都是在恩佐的注视下进行的，他像一位长辈那样观察着自己孩子的一举一动，并在一旁做出指导意见。

在125 S首次参赛不到3个月后的8月15日，恩佐又制造了一辆新车159 S，并把它送上了赛道，新车依然由弗朗哥·科特斯驾驶。159 S使用了1902.84毫升的V12发动机，缸径和冲程分别增加到59毫米和58毫米。发动机在7000转/分时的峰值功率为125马力。因为159 S在首次亮相时，使用了125 S的车身，所以很多人都误以为这还是辆125 S。

10月12日，159 S参加了都灵国际汽车大奖赛。经过几场比赛的考验，证明克罗布的2升发动机不论是性能还是可靠性方面都令恩佐满意。159 S只参加了极少的几场比赛，且都是在1947年。可以说159 S只是125 S和166之间的一种过渡试验车型。

159 S和最初的125 S最明显的区别是车头发动机进气口两旁又多加了两个进气窗。

法拉利建厂初期的产能非常有限，所以赛车的循环利用就变得至关重要。一辆赛车在参加过几次比赛后通常就会被分解，底盘、发动机等重要零部件会被再次组装起来变为一辆新赛车。恩佐当年一共制造了3辆125 S，很可惜没有一辆保留至今，不过幸运的是当年所有的图纸都留存了下来，于是法拉利在1991年重新复制了第一辆125 S。

的企业现在还处于起步阶段，一切还是未知，现在去摩德纳对于54岁的加诺来说无疑是一次赌博。恩佐最后在米兰找到了乔克诺·克罗布，和加诺不同的是克罗布非常向往摩德纳安静的工作环境。

克罗布在1945年7月回应了恩佐的邀请，那时大战刚刚结束三个月。他开着一辆老旧的菲亚特，油箱里加满了从黑市买来的汽油，沿着坑坑洼洼的道路穿过被炸毁的村庄前往摩德纳，战争刚刚结束，很多桥梁被炸毁还没有得到修复，克罗布只得乘坐驳船狼狈地到达河流彼岸。此时距离上一次为生产158来到摩德纳已经过去8年了，相比上一次，此次可谓困

意大利的八月节

8月15日即八月节，它的历史可以追溯到两千多年前的古罗马。当年，皇帝奥古斯都（Augusto）定8月1日为节日。从17世纪末，八月节改为8月15日，人们要在八月节前后度假，避过在一年中最热的时候工作。同时，这一天又是圣母（耶稣的母亲玛利亚）的升天日。奥古斯都创立这个节日的目的，是让古罗马人能够尽情欢乐，享受生活，忘记人间的悲伤和烦恼。

八月节期间，意大利要举办盛大的八月节舞会（Gran Ballo di Ferragosto），各地城市从市中心到郊区的许多广场，都将举办专业的舞蹈表演，音乐由现场演奏，公众也被邀请加入到舞蹈中来，每个广场都有不同种类的舞蹈，从探戈到摇滚，从嘻哈到朋克等。其中，罗马城的人民广场（Piazzadel Popolo）是八月节庆祝活动的核心，也是游客们节日期间的必游之地。

意大利的国家公务人员和各单位职员，趁着八月节到来，都要在8月份休假，一般分两批，7月底至8月15日为第一批，8月15至8月底为第二批。这期间机关不办公，学校放假，商店也轮休。人们一般都要到外地去度假，有的去海滨，有的去山区，也有的去国外。

在意大利八月节是十分神圣的节日，就算在战争期间仍然如期举行。

难重重，没有了阿尔法·罗密欧充足的资金支持，也没有了政府的扶持，而且在短期内看不到任何的希望。

克罗布和恩佐在摩德纳的小办公室内见面了，在这里他们曾经一起探讨158的诸多细节。这一次他们先是聊了一下因战争而四处散落的老朋友，然后是阿尔法·罗密欧。克罗布告诉恩佐，阿尔法·罗密欧现在元气大伤，目前仅生产一些例如厨具的小东西度日，后续计划是生产一些廉价小汽车，他还告诉恩佐阿尔法·罗密欧并没有重启赛车项目的计划。

当恩佐说出自己的想法后，克罗布第一个反应是在现在的情况下你居然还在考虑生产赛车。而恩佐直截了当地告诉克罗布：“我打算重回赛车制造，我们生产1500型的发动机怎么样？”1500型发动机即排量为1.5升的发动机，就是815同等大小的动力系统，恩佐认为今后的大奖赛会采用这种排量的赛车。“你认为发动机的规格是怎么样的？”恩佐接着发问。“按照我的想法，应该是12缸！” 克罗布回答。

“你真懂我的心思，我亲爱的克罗布！”恩佐说。克罗布后来在1958年的自传中写到，那次见面简明扼要，他们在办公室附近的一个餐厅内谈论了长期规划、日程表、财务状况等事宜，之后克罗布开车返回了米兰。

克罗布接手时的情况并不好，名义上他还是阿尔法·罗密欧的员工，虽然实际上已经停工很久了，考虑到生活必需的经济来源，克罗布毫不犹豫地接受了恩佐的邀请。但要完成这么一款小排量的12缸发动机，无论是设计还是制造都很困难，可一旦成功，利益却又是巨大的。当时世界上还没有一家企业生产过这样的发动机，如果能输出足够的动力，那么这种独一无二的发动机会使法拉利大出风头。

8月正值意大利神圣的全国性假期，法拉利当然也不例外。假期结束后，克罗布回到了米兰，他将公寓的小卧室改成了一间工作室，从图瑞车身制造厂那里借来绘图板，干劲十足地画了起来，这种工作环境十分艰苦，他要在闹哄哄的家庭环境中工作，四周围还有床褥。

恩佐将新公司的第一款车定名为Tipo 125，原因很简单，新车发动机每个气缸的排量是125毫升，总排气量是1500毫升。这种根据单一气缸排量为车辆命名的方式后来成为法拉利的一种固定做法。不过法拉利后来又任性地更改了命名方式，有时按照总排量，有时又按气缸数，最新款的812 Superfast，“8”代表发动机最大输出功率800马力，“12”代表12缸。

恩佐凭借着出色的外交能力先后拿到了点火器厂家马雷利、轮胎厂家倍耐力和化油器厂家韦伯的赞助，同时利用他最擅长的激励和鼓动令克罗布几乎疯狂地工作。

当1945年秋天到来的时候，米兰和马拉内罗之间的道路已经基本修缮完毕，克罗布的“家庭工作室”和法拉利工厂之间的联系也变得日益便捷。此时的法拉利工厂仍在生产机床，以为赛车的生产提供充足的资金保证。就在这时，克罗布为工厂招聘了一位年轻人，21岁的卢西亚诺·福吉（Luciano Fochi）。

1945年10月，125的图纸终于绘制完成，虽然有些细节还未安排妥当，但恩佐非常满意。克罗布设计的新车采用了前独立悬架，后轴则使用了坚固的非独立悬架，车子采用了钢板弹簧而不是德国赛车普遍使用的螺旋弹簧。车架是延续了克罗布在阿尔法·罗密欧时的设计理念，拥有重量轻、强度大、整体短而粗的优势。法拉利和米兰的特殊钢材制造商GILCO公司签订了合同，委托生产椭圆形钢管。125的最终重量被控制在650千克内，这对一直想要控制车辆重量的恩佐来说是一个好消息。

1945年的秋天，白天变得越来越短，克罗布已经完成了大部分的工程细节，他们希望巴兹在冬天来临之前开始车辆的生产，而此时的恩佐却还要为家庭分心。11月的时候克罗布告诉恩佐，他接到了阿尔法·罗密欧方面打来的电话。阿尔法·罗密欧打算重启赛车项目，因为目前仍有5辆158被拆散藏了起来，现在汽车联盟和梅赛德斯－奔驰都不复存在了，158无疑将成为赛场上最快的赛车，他们需要克罗布来组装赛车。而克罗布当然不愿意回去，阿尔法·罗密欧方面则扬言克罗布的合同仍在有效期内，阿尔法·罗密欧的工会甚至用罢工来威胁。无奈之下，克罗布只得挥别了摩德纳的老朋友们，再次沿着艾米利亚古道北上。

克罗布的离开令恩佐非常恼火，不仅因为他是125成功的核心人物，还因为他去了敌人那里，他即将打造的158车型将是法拉利首款车型最大的竞争者，更令人不能接受的是这些赛车还是在摩德纳的工厂内生产出来的。

克罗布、巴兹和恩佐一样，都是非常传统的工程师，他们习惯长时间地工作，即兴使用或更换零件，和那些受过系统教育的年轻设计师不同的是，克罗布对理论和数学公式毫不在意，法拉利的技工们也已经习惯了这种工作方式。他离开之后，巴兹、阿蒂利奥·加莱托（Attilio Galetto）和工厂的工人们需要根据他留下的尚未完成的蓝图打造出真正的发动机和车辆，没有工程师在边上指导，工程很快就搁浅了。

然而在圣诞节的前一天,一位老朋友出现了——路易吉·希奈蒂(Luigi Chinetti),他带着新婚妻子和刚出生的儿子从巴黎赶来。那一天,两人在法拉利寒冷的会客室内谈论了很久,两人都想找到一些快乐的因素,但很快就被淹没在破碎的梦想中。恩佐说起了在战争期间他在马拉内罗买了土地,建起了小工厂。希奈蒂则描述了发生在美国的奇迹,那里的人们非常进取,也有着孩童般的占有欲,他们愿意为了心中的精英汽车支付巨额的费用。而希奈蒂想要利用这一点。希奈蒂承诺,如果恩佐每年提供5辆车给北美市场,他确定可以卖出好价钱,如果有20辆,那么收入会相当可观,但这对于当时的法拉利来说无疑是个天文数字。

在利益面前,没有人会拒绝,恩佐也一样。如果125成功了美国人会疯狂地追逐法拉利。尽管美国市场的潜力非常乐观,但当前最需要解决的是克罗布走后,新车的研发已经处于停滞状态。恩佐迫切地需要一个替代者,最后还是他的老朋友想出了办法。克罗布推荐了一位已经从阿尔法·罗密欧离职的技术员朱塞佩·布索(Giuseppe Busso),此人的实力远不及克罗布,但恩佐已经别无选择。布索于1946年6月才加入法拉利,那个时候125项目已经远远落后于日程表,恩佐几乎把毫无经验的布索捆到绘图桌上。这位不善言辞的都灵人有着十分固执的性格,勇敢地踏入了陌生的领域。

布索在发动机方面唯一的实践经验还是飞机发动机,在汽车发动机方面仅停留在理论方面,但就这样他还是接下了克罗布的工作。布索每天都手拿卷尺埋头苦干,这位黝黑的年轻人承受着巨大的压力。当时法拉利工厂的机械师和工人之间的界限很模糊,不仅法拉利的工厂整个摩德纳都是这样,所以这里是一个流言蜚语很容易就传开的小镇。125项目停滞不前的消息早已传开,玛莎拉蒂和米兰的对手已经开始看笑话了。阿尔法·罗密欧已经重回赛场,1946年就组织了一支由4辆赛车组成的车队,升级后的158可以爆发出260马力的动力,而发动机是由克罗布改良的。

布索可没有心思想这些,他首要任务是将克罗布模糊不清的设计转化为现实。第一台发动机样机终于在1946年9月被制造了出来,但刚一放到巴兹的发动机测试机上机器就烧毁了。这款小型V12发动机在未配置增压器和开发不足的情况下,转速达到5600转/分时只能输出60马力的动力。布索和巴兹想要再加以改善,但此时恩佐的耐心已经所剩无几了,项目启动已经1年多了,工厂也逐渐从机床生产转为汽车制造,除了尽快制造出赛车外别无选择。

但事情在这个时候出现了转机,30岁的奥雷利奥·兰普蕾迪(Aurelio Lampredi)在10月初加盟了法拉利。兰普蕾迪和布索很快就在克罗布留下来的几个问题上产生了分歧,布索对克罗布设计的缸盖做了重新的设计,按照这样的设计缸盖会非常复杂,生产和维护成本会异常高昂。而航空发动机设计师出身的兰普蕾迪非常重视设计的简单性和可靠性,这一设计思路日后成为法拉利的标志。

到了1946年底,布索和兰普蕾迪的交谈只剩下"嗯""啊""这""是"这样的语气词了,但发动机的动力和可靠性已经得到了大幅提升,而巴兹则着手将GILCO公司送来的椭圆形钢管焊在一起,打造最初的3辆125。

12月,恩佐在马拉内罗召开了一次新闻发布会,在会上他隆重地介绍了新公司的产品线,125型双座跑车、125型单座跑车和125的竞赛车型。这种年度发布会成为了恩佐的惯例,一直延续了40年。不过这次,在舞台和宣传册的背后,恩佐清楚地知道自己的工程团队要将克罗布的设计转化为实车还需要克服众多的障碍。在一个月前恩佐就已经告诉工厂暂停接收机床的订单,公司的财务保障已经没有了。巴兹的团队在造的只有双座版的125,单座的125根本没有排期,而竞赛版125更是天方夜谭。

恩佐时刻记着和希奈蒂在摩德纳的对话。如果希奈蒂说的是真的话,北美市场将是一个聚宝盆,如果一切顺利,公司会推出一些易于大众驾驶的汽车,这个循环其实很简单:制造出成功的赛车提升公司形象,富人们就会蜂拥而至购买同款车型来满足他们的梦想,赚到了钱再研发更好的赛车。通过发布会上的宣传,恩佐得到了一些订单,随之而来的预付款使得公司可以正常运转。通过宣传,法拉利还吸引了更多的零配件厂家和赞助商。

意大利汽车媒体将法拉利将进军整车制造业的新闻看成是头条,而工厂的员工也受到了鼓舞。但很快漫长的冬天来临了,三个月后兰普蕾迪提出辞职,这时恩佐又发挥了自己独特的外交能力和个人魅力使得兰普蕾迪答应暂时留下来。但据工厂的老员工回忆,这个冬天确实是记忆里最凄苦的时光,恩佐也表示过,这令他想起了家人曾提到的他出生那年冬天席卷整个波河平原的可怕暴风雪,距今已经50年了。

最终在距恩佐和克罗布首次讨论打造125两年后,恩佐终于完成了第一辆原型车。这一切发生在1947年3月21日。新车被工厂的工人推了出来，包括巴兹、加莱托，还有互不理睬的布索和兰普蕾迪。

恩佐庞大的身躯挤进了细长的驾驶舱，简单检查了一下制动系统后他起动了发动机。V12发动机啪啪作响，恩佐挂上1档，松开离合器踏板，踩下加速踏板，倍耐力轮胎在努力地寻找着抓地力，新车驶出了工厂大门。恩佐开始加速，他身后的两根排气管的轰鸣声回荡着飘过两边的果园和牧场，他眯着双眼，风呼呼地吹过，风干了眼中的泪水。

奥雷利奥·兰普蕾迪（左）和乔克诺·克罗布（右）

1937年3月，阿尔法·罗密欧强行购买了法拉利车队80%的股份，并对车队老板宣布赛车部的管理重新回到波特罗总部。这意味着恩佐花了15年的努力几乎都将归零。但一道门关上的同时，另一扇窗却打开了，乔克诺·克罗布被派往法拉利。

克罗布14岁就在米兰著名的莱尼亚诺设计学院（Officine Franco Tosi di Legnano）担任技术绘图员，主要设计柴油发动机和蒸汽机，他提出的增压器概念获得了设计大奖，因此他进入了阿尔法·罗密欧的设计团队，并成为维托里奥·加诺的学徒。这位34的工程师从24岁起就跟在加诺身边，他的加入为法拉利带来了不可估量的贡献。

克罗布随后设计了强大的阿尔法·罗密欧Tipo 158，恩佐也是在这个时候发现了他巨大的潜力，于是在1945年第一个接触的人就是克罗布。但那时克罗布的工作环境今非昔比，不仅没有了强大的资金支持，设计的最初阶段正巧是八月节，而恩佐是全年无休的，所以就算在瓦雷泽（Varese）附近卡斯特兰察（Castellanza）的姐姐家参加家庭聚会的时候，克罗布也要画图。大部分时间克罗布都在阿尔卑斯山脚下的院子里闲逛，有了设计思路后就在一张包装纸的背面画草图，他先是粗略地画出了缸体和缸盖，这是一台发动机最关键的部位，里面包含了气门、火花塞。这些决定了这台发动机是高转速的赛车发动机还是大转矩的乘用车发动机。

克罗布的V12发动机有一个单独顶置的曲轴，用于控制两边的气门，这和他在阿尔法·罗密欧的设计很相似。他决定做一个大胆的尝试，将活塞的行程设计得比缸径稍微短一些，这种设计之后成为一种普遍的做法，但在1945年夏天，这决定了法拉利的未来。

奥雷利奥·兰普蕾迪在加入法拉利时刚刚30岁，这对一位发动机设计师来说有些年轻。兰普蕾迪之前是一位飞机发动机专家，第二次世界大战时在雷吉奥-艾米利亚的雷贾尼-卡布隆尼航空公司（Reggianc-Caproni of Reggio-Emilia）的设计部门任职。到了法拉利他发现，除了布索之外，只有福吉和四个十几、二十几岁的绘图员，兰普蕾迪身材高大，并且充满自信，他立即判断出布索缺乏权威和实践经验，无法抗争巴兹、加莱托和恩佐。虽然兰普蕾迪比布索小四岁，但他很快就融入了巴兹的车间和技工们打成一片了，他有着良好的教育背景，拥有弗莱堡高级技术学院（High Technical Institue at Freiburg）的机械工程学学历。同时在发动机和机械制造业的眼界也比较宽阔。1947年3月兰普蕾迪离开了法拉利，但在12月又回归了，而克罗布也以“顾问”的身份回到了摩德纳。

125 S

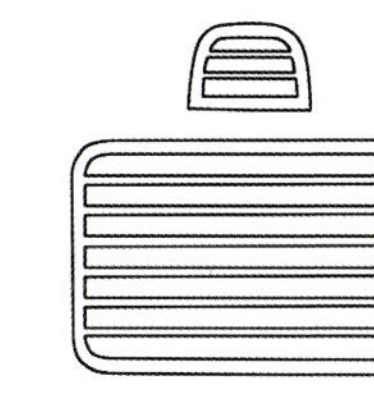

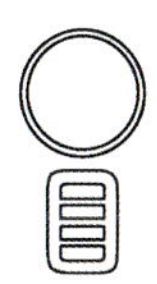

技术参数

发动机形式：60° 夹角 V12

发动机排量：1497毫升

缸径行程：55毫米x52.5毫米

气门驱动方式：单顶置凸轮轴

气门数：每缸两个

点火系统：每缸一个火花塞，一组分电器

供油方式：三联装韦伯 30 DCF化油器

压缩比：9.5：1

最大功率：118马力/6800转/分

润滑方式：湿式油底壳

变速器：五档手动

车身类型：单座/双座Barchetta

车重：650千克

最高车速：170千米/时

1949—1950年 Ferrari 166 Inter & 195 Inter

毫无疑问，法拉利汽车的名称就是它们历史的缩影。“Inter”这个名字代表了这是一款完全商业化的车型。恩佐 · 法拉利希望从销售公路跑车中取得利润用来资助车队参加比赛；相比那些专门为比赛而开发的车型，公路版跑车更适合“日常”驾驶。

20 世纪 40 年代末，法拉利已经停止了油压磨床的生产，公司如果想正常运转下去仅靠出卖那些少得可怜的赛车是不行的。于是恩佐将一部分赛车底盘加装了华丽的车身和内饰后摇身一变为公路跑车推向市场。

166 Inter 是法拉利生产的第一款公路跑车，法拉利早期的公路用车都是直接从赛车上发展而来的，166 Inter 的 2 升 V12 发动机衍生自 125 S 的那款 1.5 升 V12 发动机，125 S 是恩佐在马拉内罗的新工厂制造的第一款车。166 Inter 的 V12 发动机同样采用 60° 夹角，两个顶置凸轮轴通过滚子摇臂驱动，发动机的主要部件均为铝制。166 Inter Coupe 于 1948 年在都灵车展上亮相，车身部分在都灵的工厂内制造。

166 Inter Coupe 是法拉利的第一款公路用车，同时需要强调的是 166 Inter 在前排座位后方设有一个独立的空间，所以 166 Inter 也有部分车型被改造为 2+2。166 Inter 在 1948—1950 年间生产了 36 辆。

1950 年的 1000 英里耐力赛上，詹尼诺 · 马尔佐托（Giannino Marzotto）和马可 · 克罗萨拉（Marco Crosara）驾驶着法拉 195 S 取得了压倒性的胜利，恩佐顺理成章地推出了公路版 195 车型。而此时，远在大洋彼岸的美国人也开始注意到这匹红色的跃马了，恩佐非常清楚占领美国市场所具有的重大意义。

和 166 Inter 一样，195 Inter 的车架与底盘同样源自 166 S。前独立悬架装有横向钢板弹簧，后部使用刚性车轴和弓形钢板弹簧，弹簧旁边安装 Houdaille 杠杆减振器。195 Inter 的轴距也与后期型 166 Inter 一样将 2420 毫米拉长至 2500 毫米。

V12 发动机仍然是乔克诺 · 克罗布 1947 年为 125 车型所设计的那个型号，但排量比 166 车型增大了将近 25%，达到 2341 毫升。这通过将缸径增加到 65 毫米来得以实现，同时保持了 166 发动机的 58.8 毫米的行程。正如 166 Inter，195 Inter 的发动机最早由单联韦伯双气门 36DCF 化油器，之后为

195 Inter Ghia

了榨取更多的动力而换装了三联装韦伯化油器。同时一些166 MM型赛车将发动机升级到195的规格，因为大排量发动机可以提供更多动力，有助于它们保持赛道上的竞争力。该款发动机具有双分电器和线圈点火系统，以及每缸单火花塞和湿式油底壳润滑。

在法拉利最初的那段时间，恩佐与多家车身制造商保持着合作关系。恩佐授意图瑞、吉亚和维格纳每家利用195的底盘上，运用各自工艺制造了一辆车，而Stabilimenti Farina未能参与195 Inter的制造。所以这一时期法拉利同一型号的汽车拥有多款车身，对于195 Inter来说，吉亚和维格纳的车身风格似乎更受客户欢迎，在数量上远远超过了其他竞争者。

维格纳最先完成了195 Inter的制造，新车于1950年5月的巴黎车展上首次亮相；吉亚在1951年的日内瓦车展上也亮出了自己的作品；图瑞在之后的都灵车展上也完成了自己的亮相。

虽然有多家车身制造商参与了195 Inter的制造，但从1950—1951年间，为奇数编号的公路版车型底盘编号系列，范围为081S至0195S，共生产了27辆（亦或25辆）。

吉亚的创始人扎琴多·吉亚（Giacinto Ghia）和恩佐一直保持着非常良好的私人关系，但不幸的是在1944年2月21日扎琴多·吉亚与世长辞。这之后，企业由马里奥·菲利斯·波诺（Mario Felice Boano）打理。也许是波诺缺少吉奥瓦尼·米歇洛蒂（Giovanni Michelotti）那样的天才。这家公司和法拉利的合作开始貌合神离。

1950年，有10辆使用166 Inter底盘制造的195 Inter驶下生产线。波诺委托他的女婿负责这方面的工作，因为此时的他已经在位于都灵的工作室内超负荷工作了。

1951年，菲亚特集团的大股东詹尼·阿涅利购买了自己的第一辆法拉利，型号就是195 Inter Coupe。

1952年是吉亚和法拉利名义上合作的最后一年，这一年中该公司利用法拉利的底盘生产了10辆（另一种说法是12辆）212 Inter、5辆340 Americas以及3辆Ghia敞篷车。

吉亚与法拉利分道扬镳后第一个受益的公司就是维格纳。

1948年4月法拉利完成了三辆新车，5月法拉利将出征1000英里耐力赛，这次也是塔齐奥·努瓦拉里最后一次展现他出色的驾驶技术。

比赛前恩佐带着努瓦拉里参观工厂，给了两辆车让他选择。一辆是即将出售给俄罗斯王子伊戈尔古拉斯·屈贝寇（Igor N Troubetzkoy）的Spider版166C；另一辆是方头方脑的由阿利马诺车身制造厂（Carrozzeria Allemano）负责车身制造的Berlinetta。努瓦拉里选择了开放式车身的Spider版，因为封闭车身会令他原本就已经受伤的肺部更加不舒服。然而，当看到年迈的努瓦拉里和他机械师开着敞篷车迎着雨水和冰雪的洗礼经过亚平宁山口，而他的主要竞争对手克莱门特·比昂德蒂（Clemente Biondetti）和副驾驶朱塞佩·纳沃涅（Giuseppe Navone）则开着豪华跑车一路前进，全国的观众都对努瓦拉里产生了同情，但比昂德蒂和纳沃涅的情况也好不到哪去，驾驶舱内充满了难闻的气味、扰人的噪声和始终雾蒙蒙的车窗。

当努瓦拉里开到罗马检查点时，他的左前挡泥板和发动机罩已经不知所踪，随后车子被他开进了一个沟渠里，就算这样在到达博洛尼亚时仍然领先比昂德蒂29分钟。但在冲上波河平原后，车子终于不堪重负停了下来。

克莱门特·比昂德蒂轻松地斩获了人生中第三个1000英里耐力赛冠军，第二名开着一辆菲亚特晚了1.5小时才到达终点，而玛莎拉蒂和阿尔·法罗密全部退赛。法拉利赢得了意大利最著名的赛车比赛，在接下来的9届中赢下了7场胜利，更多的订单也如预料般接踵而至。

166 Inter & 195 Inter

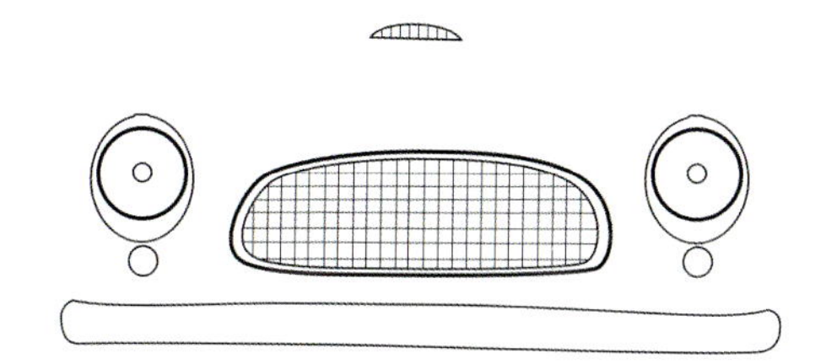

195 Inter

技术参数

发动机形式：60° 夹角 V12
发动机排量：2341毫升
缸径行程：65毫米x58.8毫米
气门驱动方式：单顶置凸轮轴
气门数：每缸两个
点火系统：每缸一个火花塞，一组分电器
供油方式：韦伯 36 DCF化油器
压缩比：7.5：1
最大功率：130马力/6000转/分
润滑方式：湿式油底壳
变速器：五档手动
车身类型：双座 Coupe
车重：950千克
最高车速：180千米/时

1951年 Ferrari 212 Inter

法拉利凭借 166 Inter 和 195 Inter 的成功在公路跑车领域赚到了第一桶金。于是在 1950 年底，恩佐计划在 195 底盘的基础上研发一款新车。此时的法拉利依然受产能的限制，位于马拉内罗的工厂内只能少量生产赛车底盘和极少量的定制公路跑车底盘。新车的底盘分为 2500 毫米和 2600 毫米两个不同轴距的版本，2600 毫米属于公路跑车版本。

新车的发动机依旧采用乔克诺·克罗布设计的 V12 发动机，而缸体再次得到扩容：在行程不变的情况下，缸径变为 68 毫米，单缸排量变为 213.54 毫升、总排气量为 2562 毫升。新车型的名称也随之改为 212。

最初发动机安装单联韦伯 36DCF 化油器，发动机在 6500 转 / 分时输出为 150 马力。这台发动机虽然看起来很低矮，但进气歧管上安装的化油器空滤盒却有些突兀，所以使得发动机罩上的线条有些高挑。212 的发动机之后换装了三联韦伯 32DCF 化油器，动力输出提升至 170 马力。这之后法拉利又对 212 的发动机进行过一次小规模的调校，使动力输出又增加了 5 马力。5 档变速器作为了 212 的标配。1952 年法拉利的宣传手册上标称 212 的油耗是 19 英里 / 加仑（约合百千米油耗 15 升）。

最终新车型被命名为“212 Inter”，并于 1951 年的布鲁塞尔车展上进行了首秀。这也是法拉利最后一款以“Inter”作为后缀的车型。

212 的椭圆形钢管焊接而成的底盘是由位于米兰的 Gilberto Colombo 代工的。独立前悬架依旧采用经典的方式安装在底盘上。Houdaille 制造的杠杆臂减振器安装在钢板弹簧的旁边。第一辆 212 的底盘有些与众不同，虽然后悬架仍采用钢板弹簧，但后轴使用了 3 个万向节，使后悬架变为了独立悬架系统。

当 212 Inter 首发时，意大利的豪华车市场由阿尔法·罗密欧 1900 和蓝旗亚 Aurelia 稳稳把握着。而此时法拉利在汽车

界的名声已经打响了，越来越多的赛车手、企业家、演员和各国政要都想拥有一辆法拉利作为自己不凡身份的象征。但恩佐清楚地知道美国才是最大的市场，于是马拉内罗的决策者制定了自己的策略：法拉利的汽车将是最稀有、最珍贵的（1951 年法拉利的年产量只有 33 辆），并且将确保利润最大化。

与前两款车型一样，212 的车身依旧外包给图瑞、吉亚和维格纳负责制造，不同的是宾尼法利纳加入了这支队伍。

一段有趣的历史插曲也由此发生，坊间传闻当时宾尼法利纳的车身设计技术已经非常出名，恩佐·法拉利也有心与其进一步合作制作 212 的车身，奈何两家企业的掌权人都不愿意屈身前往对方的城市进行会谈，最后的解决办法是他们均前往马里内罗和都灵之间的某处进行会晤。由此两家展开了长久而深入的合作，宾尼法利纳为 212 硬顶（coupe）、敞篷（cabriolet）和全开放座舱（spider）三个版本的车型制造了近 20 辆车。第一辆由宾尼法利纳制作的 212 敞篷车底盘编号为 0177E，第二辆的底盘编号为 0235EU，这辆车稳重而典雅，它们都有一具被称之为 “egg crate” 的进气格栅。而进气格栅、前后保险杠和发动机侧通风口都采用了镀铬工艺。

法拉利的早期车型基本都是右舵版本，因为那个时代赛道设计的原因，赛车手们都喜欢坐在右侧驾驶，法拉利的公路跑车也基本延续了赛车的这一传统。但大约在 1952 年年中，212 Inter 系列开始将左舵驾驶作为标准配置，这明显更为实用，因为左舵是该车型大部分销售市场中常见的驾驶位置。

《Autocar》曾对 212 Inter 进行过测试，出于对新车的保护，他们把发动机最高转速限制在 6500 转 / 分，测出的极速为 187 千米 / 时，0—100 千米 / 时加速时间为 10.5 秒。

一直和法拉利保持良好关系的维格纳利用 212 的底盘生产了几辆运动版敞篷车，虽然 212 Export 都是运动版车型，但实际上它并没有参加任何比赛。

吉亚为跃马进行了一个新的尝试：利用 212 的长轴距底盘生产 2+2 车型，并于 1952 年的都灵车展上进行了展示。

图瑞曾为 166 和 195 的公路版、赛车版都制造过车身，特别是那些公路跑车尤为经典，但到了法拉利推出 212 的时候，两家的关系已经大不如前。其中一辆名为“Aerlux”的图瑞版本比较特殊，因为这辆车的前风窗仍然由两块玻璃组成。

各厂家生产的 212 的车身造型不尽相同，但都具有经典的法拉利风格的线条。马尔佐托就曾经因为运动版 212 过于圆润的形状而将它称为“蛋车”。

212 的车身虽然由四家公司设计制造，但内饰却大同小异，212 的中控台上都有两个硕大的仪表板：左边的显示车速、机油压力和油箱油量；右边是发动机转速表、时钟和冷却液温度表。辐条方向盘的骨架由合金制造，其上镶嵌着实木，方向盘中央装饰有跃马标志。

之所以 212 Inter 能在美国市场大受欢迎，是因为在 1951 年的卡雷拉泛美大赛上（Carrera Panamericana），法拉利车队包揽了前两名。这场胜利的意义远比赢得奖杯重要得多，从此富有的美国人疯狂地希望得到一辆美丽而快速的法拉利。随着法拉利在北美市场越来越受欢迎，当地的经销商路易吉 · 希

212 Inter Vignale

212 Inter Vignale

212 Inter Ghia

212 Inter Pinin Farina (Roberto Rossellini)

1948 年 3 月，恩佐联系了他的老朋友图瑞车身制造厂（Carrozzeria Touring）的老板菲利斯 · 比安奇 · 安德洛尼（Felice Bianchi Anderloni），他们在 20 世纪 20 年代早期参加各种赛车比赛时就结识了。恩佐在阿尔法 · 罗密欧工作时就和安德洛尼有过合作，战前制造的 815 也是图瑞制造的车身。虽然在布索的介绍下，阿利马诺为法拉利制造了那辆赢得 1000 英里耐力赛的 166 的车身，但其过长的车身和方方正正的设计并非打造第一辆法拉利公路跑车的首选。

恩佐有足够的理由相信自己的公路跑车将会热卖，所以他和车身制造厂制订了一个计划：法拉利的员工会将汽车底盘运送到车身制造厂，然后顾客可以根据自己的喜好定制车身的细节，包括特殊的车身装饰、车身颜色和内饰的颜色。这也意味着法拉利要开发一条全新的产品线，公路跑车要有完整的车顶、车窗、加热器和全套的公路跑车设备及豪华的真皮内饰。意大利各家车身制造厂都希望得到法拉利的订单。此时的车身全部由纯手工打造，工匠们根据木结构框架打造出车身覆盖件，然后小心翼翼地放在装配好的底盘上，如果有误差还需要再次调整。

安德洛尼的工厂首先获得了这个机会，1948 年 5 月他们在米兰鲁多维科大街（Via Ludovico）的小工厂里打造了两具车身。按照计划，两辆安装图瑞车身的新车要在 9 月 15 日都灵车展前完工，路易吉 · 希奈蒂也表示会购买其中的一辆，这样一来按时完工就变得至关重要了。不知道是不是日夜赶工影响了安德洛尼的健康，他在 6 月份突然离世，项目也搁置了。直到他的儿子卡罗 · 菲利斯（Carlo Felice）接手公司，项目才继续进行。

但这之后图瑞和法拉利的合作项目明显减少，待到 212 Inter 生产时，图瑞只承接了几辆车身的制造任务。

奈蒂赚了个钵满盆溢。

1951—1953 年间，法拉利共制造了 80 辆各型 212。212 Inter 采用公路车型系列奇数编号，其编号起初采用后缀 EL，后来改为 EU。理论上应该如此编号，但一些设计和装备明显是公路版跑车的汽车却有着偶数底盘编号，这反映出当时法拉利量产车的双重设计用途。

宾尼法利纳制造了其中的 15 辆，这些车辆大多卖给了法拉利的忠实客户，其中就包括比利时公主莉莲（Liliana）和意大利新现实主义电影大师罗伯托・罗西里尼（Roberto Rossellini）；而吉亚生产的跑车受到了阿根廷前总统胡安・贝隆（Juan Peron）的青睐。另外，有一辆独一无二的 212 Inter，车架编号 0223EL2，它的发动机排量被提升至 2.7 升，并改名为 225 Inter，这辆唯一的 225 Inter 赠给了曾在维格纳车身设计厂的设计师吉奥瓦尼・米歇洛蒂。

在 212 Inter 生产期间，罗西里尼委托恩佐为自己制造一辆车。罗西里尼认为法拉利汽车的行李箱空间不能满足自己的需求，于是要求恩佐在车顶上安装行李架。恩佐竟然同意了，所以罗西里尼的那辆 212 Inter（底盘编号：39067）就带有行李架，宾尼法利纳根据他的要求特别打造，之后罗西里尼带着他的新娘英格丽・褒曼（Ingrid Bergman）和两个人的行李，开着这辆 212 Inter 游遍了欧洲。

212 Inter Vignale

212 Inter

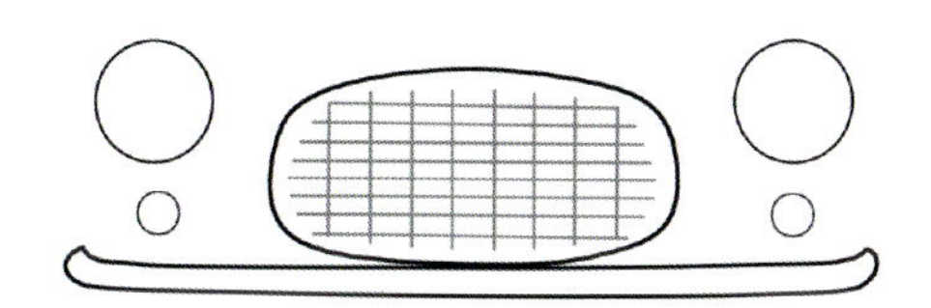

技术参数

发动机形式：60° 夹角 V12

发动机排量：2562毫升

缸径行程：68毫米x58.8毫米

气门驱动方式：单顶置凸轮轴

气门数：每缸两个

点火系统：每缸一个火花塞，两组分电器

供油方式：韦伯 36 DCF化油器

压缩比：7.5：1

最大功率：155马力/6500转/分

润滑方式：湿式油底壳

变速器：五档手动

车身类型：双座Coupe/Cabriolet

车重：1000千克

最高车速：185千米/时

1951年 Ferrari 342 America

1951 年 10 月的巴黎车展上法拉利展出了由吉亚设计的新车 342 America。但此时宾尼法利纳已经和法拉利建立了一种良好的合作关系。342 America 装备了排量为 4101.66 毫升的 V12 发动机，2650 毫米轴距的底盘和四档带同步器的变速器有助于提高汽车的舒适性和操控性，使它更适合于普通道路行驶。

宾尼法利纳在 1953 年的纽约车展上展出了一辆银色车身的 342 America 敞篷车。这辆车干净和优雅的线条在 212 Inter 上已经初见端倪。

340 和 342 America 系列的所有车型，无论是公路用车还是比赛用车，底盘编号均为偶数赛车用车型系列，尽管后来的车型很明显是公路跑车。

340 系列的生产一直持续到 1952 年，之后转为生产 342 America 车型。尽管车型编号（表明单个气缸的排量）的改变应该是指发动机容量有所增加，但这次却是例外。该发动机依然采用与 340 车型基本相同的 4.1 升装置，只有化油器和空气滤清器布局发生变化，外观上有所差异。

尽管奥雷利奥 · 兰普蕾迪设计过 1950 年 275 S 赛车以及众多单座赛车的发动机（这些赛车均表现出色），不过 340 和 342 America 却是第一款安装由他设计的发动机的法拉利

公路版跑车。

特别要提到的是，1951 年有一辆 4.5 升 V12 375 赛车，帮助弗洛伊兰 · 贡萨雷斯（Froilan Gonzalez）在银石赛道上取得法拉利的首场大奖赛胜利，而且还有一辆 2 升四缸 500 赛车，曾帮助阿尔贝托 · 阿斯卡里赢得了 1952 年和 1953 年的车手总冠军。

兰普蕾迪设计的 V12 发动机通常是指“长”缸体，以区别原先的克罗布的设计。它得名于发动机每侧缸组上的缸径中央距离，克罗布的发动机上的这一距离为 90 毫米，兰普蕾迪发动机则为 108 毫米，因此增加了缸体的总长。

发动机需要更宽空间来容纳具有较大缸径直径的设备，以及兰普蕾迪一个独具特色的设计：湿式缸套用螺钉固定在缸盖内。正如克罗布设计的发动机，兰普蕾迪的装置在每组气缸上均装有单顶置凸轮轴。

赛车用车型 340 America 安装有干式油底壳润滑型的 4.1 升 V12 发动机，缸径和行程为 80 毫米 x 68 毫米，而公路版跑车则装有常用的湿式油底壳润滑，通过一个刚性后轴连接至 5 速变速器。

342 America 作为 340 车型的公路跑车版有着相同的缸径和行程，但因为调校上更倾向于公路驾驶而减少了 20 马力的动力，并具有湿式油底壳，同时装备新款四速全同步器变速器。

利奥波德三世的父亲是阿尔贝一世。利奥波德三世早年就读于英国伊顿公学。他同瑞典公主阿斯特里德结婚，育有一女二子，长女约瑟芬·夏洛特，卢森堡大公妃；长子博杜安，生于 1930 年 9 月 7 日；次子阿尔贝，生于 1934 年 6 月 6 日。1934 年阿尔贝一世在登山中意外死亡后，利奥波德三世加冕为比利时国王。他封长子为布兰班特公爵；1935 年，阿斯特丽德王后不幸在瑞士发生车祸丧生。1936 年起比利时对外奉行中立政策。1939 年加入由瑞典、丹麦等国君主组成的“善意人集团”，呼吁维持世界和平。

1940 年 5 月德国发动西线战争时，利奥波德三世任比利时军队总司令，1940 年 5 月德国入侵后 18 天，他下令让已陷入重围的部队投降，他保证和士兵同命运共呼吸，拒绝离开比利时成立流亡政府。利奥波德三世留在国内，隐居在利涅宫，试图通过同希特勒讨价还价帮助自己的国民。

1940 年 11 月 19 日，利奥波德三世赴德国贝希特斯加登会晤希特勒，讨论了比利时人民的前途和王室的命运，同时起用一批亲德分子。但这一行动使大部分国民不解，流亡政府和许多比利时人认为他串通德国人，王储博杜安和兄弟姐妹本已逃到英国，又到西班牙，但 1940 年又回到利涅宫父亲的身边；1941 年 9 月，利奥波德三世与有投敌之嫌的佛拉芒天主教政治家之女结婚，引起全国人民的不满。婚后两人育有三个子女，但都没有王位继承权。

1944 年 1 月 25 日，他口授了政治遗嘱，准备在盟军解放比利时后把权力移交给在伦敦的首相休伯特 · 皮埃洛特。1944 年 6 月 7 日，盟军在诺曼底登陆的次日，德国人把利奥波德三世和家人掳到易北河边的希尔斯泰因，后又带到奥地利的施特罗贝尔；利奥波德三世在临行前曾发表告人民书，就此事表示抗议。

1944 年 9 月当盟军解放比利时时，国王仍被扣在德国人手中，比利时人民当即选举利奥波德三世的弟弟查尔斯亲王代理国政。1945 年，美国军队解救了利奥波德三世，当他准备再次行使国王的权力时，却遭到比利时社会党、自由党、比利时共产党和乌德比斯特党的集体反对，于是退隐瑞士，把国事交给其弟处理；静待复位问题的裁决。1950 年在公民投票中获得 58% 的赞同票同意他恢复权力，5 月 22 日回国后，为了避免再次引起骚乱，利奥波德三世请求比利时政府将其子博杜安宣布为国王；1951 年 7 月 17 日，利奥波德三世退位，博杜安一世向宪法宣誓，成为比利时王国第五位国王。

退位后的利奥波德三世过着隐居的生活，1983 年 9 月 25 日逝世；他被安葬在拉肯皇家墓地，那里也是他的两位妻子最后安息的地方。

340 America Vignale

谈到 342 America，就必须要先介绍一下 1951 年生产的 340 America 车型。虽然吉亚制造的首款车并没有获得太多的关注，但随后维格纳和宾尼法利纳的改进为这款车的成功铺平了道路。该车型生产时间较短，总共只生产了 8 辆。然而，它们却拥有多个令人惊叹的车身设计，例如图瑞设计的经典 Barchetta 车身风格，吉亚工作室较为正统的三厢 2+2 Coupe，以及各式各样的维格纳车身设计。

维格纳还生产了一辆独一无二的 340 America Cabriolet，但可惜的是，此车已不复存在，因为一起未遂的保险欺诈案，它的车身被切割并丢弃，这之后维格纳利用仅存的底盘部分又给其装配了一具 Spider 的车身。

赛车手韦路列斯（Villoresi）和卡萨尼（Cassani）驾驶一辆维格纳车身 340 America Berlinetta 赢得了 1950 年 1000 英里耐力赛的冠军。越来越多的潜在客户对法拉利表示出了兴趣，但是其中一些人对发动机性能达到竞赛级别持谨慎态度，这些发动机在到达市场时经过很少的偏调。为了满足这一类客户的需求，恩佐决定生产豪华轿车，法拉利开始研制自己的首款真正意义上的公路跑车，而不是一辆变相的赛车。新车的研发方向是一款更为通用的车型，装备有更具灵活性的发动机、全新的合成式 4 档变速器和更方便用户使用的驾驶方式。

美国杂志《Road & Track》1952 年 9 月对一辆维格纳车身 340 America 赛用车型 Berlinetta 进行了路面测试，记录下其 0—60 英里 / 时的加速时间为 6.1 秒、0—100 英里 / 时的加速时间为 15.5 秒，并标注最高速度为 151 英里 / 时——这一数字在半个多世纪之前十分惊人！

340 America Vignale

342 America Pinin Farina

342 America Pinin Farina (Leopold Ⅲ)

342 America

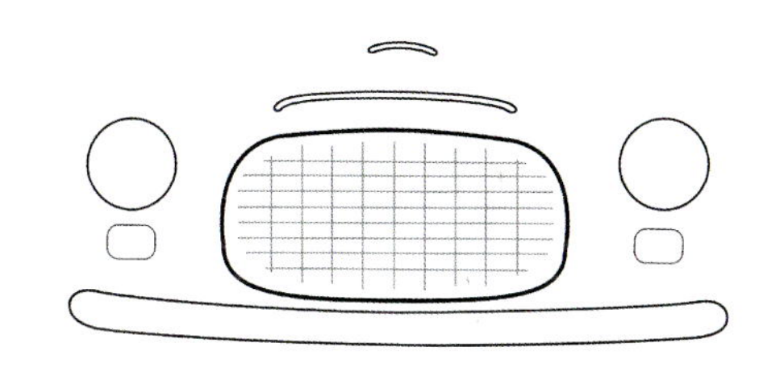

奥雷利奥·兰普蕾迪设计的 V12 发动机安装在法拉利经典的椭圆形钢管焊接而成的底盘上。几乎每辆 342 America 的轴距都不尽相同，相同的只是 1326 毫米的前轮距和 1318 毫米的后轮距。这样就赋予了设计师可以制造一个长轴距和更宽敞的客舱。

342 America 的发动机罩和行李箱盖由铝板打造，车身的其他部分都是钢制的。虽然产量只有 6 辆，但还是有硬顶和敞篷两个版本。但造型有别于那些优雅的法拉利，这主要是因为散热格栅被安装得太靠前了。

在这稀有的 6 辆 342 America 中，还有一辆显得与众不同，这辆由宾尼法利纳生产的 342 America（底盘编号 0234 AL）安装了一台 4.5 升的大排量发动机，根据厂方的说法，发动机在 5000 转 / 分时可以输出 250 马力的动力。利奥波德三世（Leopold Ⅲ）在设计时就一直参与其中，并提出了一些自己的想法：在中控台和杂物箱的门壁板上分别安装海拔表和航海经线仪。这位国王在阿尔卑斯山和欧洲的旅行中用到了它们。利奥波德三世驾驶了这辆车两年，这之后国王又购买了一辆 375。

技术参数

发动机形式： 60° 夹角 V12
发动机排量： 4010毫升
缸径行程： 80毫米x68毫米
气门驱动方式： 单顶置凸轮轴
气门数： 每缸两个
点火系统： 每缸一个火花塞，两组分电器
供油方式： 三联装韦伯 40 DCF化油器
压缩比： 8：1
最大功率： 200马力/5000转/分
润滑方式： 干式油底壳
变速器： 四档手动
车身类型： 双座 Coupe/Cabriolet
车重： 1200千克
最高车速： 186千米/时

1953年 Ferrari 250 MM

1952 年，吉奥瓦尼 · 布拉科（Giovanni Bracco）和阿方索 · 罗尔福（Alfonso Rolfo）驾驶着正处于实验状态的 250 S 赢得了 1000 英里耐力赛的胜利，尤其是以业余车手身份参赛的吉奥瓦尼 · 布拉科竟然击败了当时不可一世的梅赛德斯 · 奔驰车队，这令法拉利车队士气大振，并参加了同年的勒芒 24 小时耐力赛和卡雷拉泛美公路拉力赛。一个搭载 3 升 V12 发动机的宏伟车系由此开始。

250 S 的底盘和动力总成在 1952 年的巴黎车展上首次亮相，但此时它还没有官方名称。宾尼法利纳非常了解法拉利的想法，在维格纳制造的车身基础上，弗朗西斯科 · 萨洛莫内（Francesco Salomone）做了修改，并于次年的日内瓦车展上展出了全新设计的样车。新车一经亮相，其他车身制造商的设计立即显得黯然失色。

新车被命名为 250 MM——这个名字是为了纪念法拉利在 1952 年 1000 英里耐力赛的胜利。这标志着法拉利公司在自主生产汽车方面已经取得了成功。250 MM 也开启了马拉内罗正式生产公路跑车的序章。最成功的 250 系列“Tour de France”，SWB 和 GTO 从此展开。

250 MM 的车身设计极其简洁，散热器格栅的孔径也变得更小，并不再采用镀铬工艺。后窗采用了大面积的弧形玻璃。由维格纳制造的开放型车身也出现了许多突破性的设计，例如嵌入车身的前照灯和镀铬的椭圆形通风孔，这些设计元素日后都成为了维格纳的标志性特征。

250 MM 拥有钢管底盘与独立前悬架，采用横向钢板弹簧和 Houdaille 杠杆臂减振器。后桥两侧各有一个半椭圆弹簧组成的悬架。新的排量为 2953 毫升的 Colombo V12 发动机由三联装韦伯 36 IF 4C 化油器提供混合气体，发动机在 7200 转 / 分时动力输出为 240 马力。

工厂声称 250 MM 的极速为 255 千米 / 时，这令它远远落后于 375 MM 的 298 千米 / 时。与第一辆样车不同的是，

法拉利制造了 17 辆硬顶和 14 辆开放式车身的 250 MM，但这些都是竞赛车型，真正的公路跑车法拉利只制造了 2 辆，并且全部由维格纳制造车身。

250 MM 当年的售价大约为 350 万里拉。

虽然大多数 250 MM 为竞赛车型，但法拉利还是宣称 250 MM 非常适合在公路上驾驶，为了证实这一点，《Lotus Owner》杂志的记者在 1957 年 5 月做了测试。在一个安静的星期天早晨，在伦敦的街道上，这辆 250 MM 的拥有者麦凯 · 弗雷泽（Mackay Frazer）先是驾驶了一段距离，然后让杂志编辑驾驶。这位记者在文章中提到，250 MM 在 144 千米 / 时时依然非常易于驾驶，同样令人印象深刻的是制动。在这个速度下，它仅需要 130 米就能停下。在试车报告中，作者还特别提到加油时加油工那副惊讶的表情，因为 250 MM 一次加了 220 升汽油。

250 MM Pinin Farina

“量产版”250 MM 安装一台 4 档变速器而不是 5 档变速器。它的性能决定了 250 MM 绝不是一辆凭动力取胜的怪兽，但它的性能却是毋庸置疑的。

250 MM 小巧、机动性高，这主要得益于其 2400 毫米的短轴距，和速度比起来其灵活性显得更为突出。由于增添了 Houdaille 减振器，发动机和悬架装置均取得显著改善。虽然变速器设计只有四个同步齿轮，但车辆其实更容易操作（换档更容易）。

250 MM 的首战是 1953 年的 Giro di Sicilia，保罗 · 马尔佐托（Paolo Marzotto）一直保持领先，直到恩纳（Enna）被驾驶 340 MM 的 吉吉 · 维尔里西（Gigi Villoresi）超越。

1952 年吉奥瓦尼 · 布拉科的那场胜利促使一位年轻的墨西哥赛手埃弗拉 · 鲁伊斯 · 埃切维里亚（Efrain Ruiz Echeverria）非常想得到一辆 250 MM，为了规避南美的进口关税，他声称订购的这辆 250 MM（底盘编号 0352MM）是为了自己的 212 Inter（底盘编号 0239EU）进行大修所准备的。所以这辆 250 MM 的底盘上也有埃切维里亚先前那辆 212 Inter 的底盘号码，并以这种双底盘号码的身份而闻名于世。

1953 年，埃弗拉 鲁伊斯 · 埃切维里亚以个人车手的身份驾驶着 250 MM 参加了卡雷拉泛美大奖赛，他将和以厂队身份参赛的蓝旗亚和法拉利同场竞技。埃切维里亚的成绩并不突出，仅获得第 11 名，但他是该项比赛首位通过终点线的墨西哥赛车手，并且也是成绩最好的个人车手。

250 MM Vignale

250 MM Vignale

在接下来的 40 年里这辆车多次易主，并被换上了一台雪佛兰 V8 发动机，这对法拉利来说简直是奇耻大辱。好在它现在遇上了一位懂它的主人，忠实地恢复了汽车的原始配置，就像 1953 年埃切维里亚卖出它时一样，包括它的心脏——法拉利原厂发动机。

这辆法拉利 250 MM 现在在墨西哥赛车圈内拥有无与伦比的崇高地位。

250 MM

技术参数

发动机形式：60° 夹角 V12
发动机排量：2953毫升
缸径行程：73毫米x58.8毫米
气门驱动方式：单顶置凸轮轴
气门数：每缸两个
点火系统：每缸一个火花塞，两组分电器
供油方式：三联装韦伯 36 IF4C化油器
压缩比：9：1
最大功率：240马力/7200转/分
润滑方式：湿式油底壳
变速器：四档手动
车身类型：双座 Sports Saloon/Barchetta
车重：900千克
最高车速：250千米/时

1953年 Ferrari 375 MM

在著名的意大利公路赛之后，375 MM 继续保持了法拉利的命名传统。该车是 F1 单座赛车的衍生品，最初的定位是竞赛车型。

375 MM 的发动机基于 F1 发动机，但新型曲轴提供了更短的 68 毫米的行程，而更大的缸径提供了更高的 4.5 升排量。340 Berlinetta 首次使用该发动机参加勒芒耐力赛，由阿斯卡里（Ascari）和韦路列斯（Villoresi）驾驶。随后宾尼法利纳设计了约 10 款 Spider 和几款 Berlinetta，主要供顶级车手使用。

在 1953 年的勒芒 24 小时耐力赛上，法拉利的 V12 发动机再次用傲人的成绩证明了自己的王者地位，同时马拉内罗与宾尼法利纳紧密合作开发了一系列实验型赛车。新车的外形与 340 MM 相似，而这一年的赛车手也继续由阿斯卡里和韦路列斯担任。375 MM 从一开始就装配了久经考验的 4.5 升 12 缸发动机，车型名称来自其发动机的单缸排气量。

但 375 MM 搭载的那款糟糕透顶的变速器却成为阿喀琉斯之踵，这一致命的缺陷直到赛季结束都没有得到解决。然而，恩佐决定坚持下去，他把所有的赌注都押在新车上，这是一个成功的决定。在 1953 年比利时斯帕赛道上，阿斯卡里驾驶 375 MM 获得了胜利。另一辆由法利纳（Farina）和霍索恩（Hawthorn）驾驶的维格纳制造的 375 MM，在纽博格林 1000 千米拉力赛中取得了桂冠。

4.5 升 V12 发动机的非凡表现成为赢得胜利的秘密武器：在 7000 转 / 分的峰值功率为 350 马力，375 MM 的最高车速为 280 千米 / 时。这之后，宾尼法利纳设计了简洁而精致的 375 MM barchetta。1954 年，法拉利 375 MM 升级为更为强大的 375 Plus，其动力总成已经更换为全新的 5 升 V12 发动机。375 Plus 拥有开放式和封闭式两种车身结构，并在 1954 年为法拉利赢得了多项比赛的桂冠。

1953 年 375 MM 取得的胜利促使恩佐下决心发展壮大公路跑车。375 MM 最初是作为竞赛车型研发出来的，但 20 世纪 50 年代，利用赛车底盘制造公路跑车，法拉利一直是这么做的。宾尼法利纳和法拉利紧密合作，结合了法拉利众多经典型号最迷人的元素后，终于令所有人眼前一亮。1953 年的巴黎车展上 375 亮相，取代了 342 的位置，它和 250 Europa 都使用了兰普蕾迪设计的发动机。这两款车有一个非常相似的轴距为 2800

375 MM Scaglietti (Roberto Rossellini)

毫米的底盘。375 MM 公路版保留了赛车版所有简约而干练的线条，虽然采用了镀铬保险杠和弹出式前照灯，但这一切都丝毫不减其运动气质。

375 是一款非常豪华的轿车，只出售给富人和名人。

375 MM 的所有者包括比利时国王利奥波德三世、泰国皇帝 Bo-Dia、菲亚特的老板詹尼 · 阿涅利（Gianni Agnelli）、意大利电影掌门罗伯托 · 罗西里尼（Roberto Rossellini）和美国纸业大亨鲍勃 · 威尔克（Bob Wilke）。

发动机依旧为那台 V12，虽然动力比赛车版有所降低，但 350 马力的峰值功率依然可以令车子的极速达到 280 千米 / 时。秉承赛车的基因，仅有一辆公路版的 375 MM 使用了高品质的皮革作为车厢装饰。

最具流线感的 375 MM 并非竞赛版，而是由电影导演罗伯托 · 罗西里尼为妻子英格丽 · 褒曼（Ingrid Bergman）定制的版本。1954 年巴黎车展上这辆由宾尼法利纳设计的特别版 375 MM 高调亮相。这款车型还创立了一种新的车身颜色——英格丽灰，罗伯托 · 罗西里尼将这辆特别定制的金灰色 375 MM 送给他的新娘英格丽 · 褒曼，从此这种金灰色便被冠以她的名字。

气势、优雅兼具空气动力学的同时，这辆特别版 375 MM 的侧面雕刻般的线条，和前翼子板融为一体的前照灯，处处体现出超现代的特殊魅力。尤其是独特的前翼子板的大百叶通风口，不仅有助于从发动机罩下加快释放热量，也作为了一个非常漂亮的车身装饰件。向前倾斜的通风口极具运动感，也标示了 375 MM 是一款脱胎于赛车的公路跑车。车身后部的尾翼得到了保留，但此时装饰作用明显大于实用。简练的车顶和后窗上的小通风口也都预示着法拉利新一代车型的设计语言。

至于之后生产的 375 MM 则很少使用弹出式前照灯和辐条式侧通风口了。1955 年的都灵车展，375 MM 有了新的概念，镀铬的椭圆形散热器和侧通风口格栅，后窗下方的出风口，这些新的空气动力学成果，都成为日后著名的 250 系列的标准配置。

罗伯托 · 罗西里尼不仅仅拥有一辆 375 MM，总产量 15 辆的第 12 辆则更为传奇。这辆车于 1954 年 3 月生产，最先由美

375 MM Pinin Farina (Ingrid Bergman)

英格丽 · 褒曼，1915 年 8 月 29 日出生于斯德哥尔摩。褒曼童年的大部分时间在瑞典度过，但偶尔也去德国，所以她的德语非常流利。褒曼两岁的时候母亲去世了，艺术家兼摄影师的父亲在她 13 岁时也离开了她。褒曼幼年时上了三年的声乐课。1933 年，英格丽 · 褒曼高中毕业，她考上了斯德哥尔摩的瑞典皇家戏剧学院。在瑞典皇家戏剧学院学习期间，她便开始了自己的表演生涯。

1935 年出演电影《蒙克洛格里文》（Munkbrogreven）时，她年仅 19 岁。1936 年，她在瑞典主演了电影《寒夜琴挑》（Escape to Happiness），随后引起了美国制片人大卫 · 塞茨尼克（David O. Selznick）的注意，决定将该片重拍成美国版。1938 年，褒曼和第一任丈夫的女儿出生。美国版《寒夜琴挑》拍摄期间，剧组对褒曼的评价并不高，所以褒曼希望完成这部电影后回到瑞典发展。但电影上映后取得了巨大的成功，褒曼一夜之间变成了家喻户晓的明星。1948 年，英格丽 · 褒曼主动写信给罗伯托 · 罗西里尼要求与之一起拍片，二人由合作伙伴逐渐发展成了情侣。随后褒曼因与罗西里尼发生婚外情而遭到舆论谴责。同年，褒曼主演的《圣女贞德》（Joan of Arc）上映，但这部电影的反响相当差。在这期间褒曼怀上了罗西里尼的孩子，在两人的私生子出生几天后，她和彼得 · 特罗姆离婚了。很快褒曼和罗西里尼就结婚了，两人此后于 1952 年再度生下一对双胞胎女儿。但是两人的这桩婚外情却成了国际大丑闻。因为这次事件，褒曼将自己放逐到意大利。褒曼在 1956 年于《真假公主》中演出，并成功在美国电影圈中复出。她也因此第二次获得奥斯卡最佳女主角奖。1958 年与罗西里尼分手之后，褒曼主演了尚 · 雷诺（Jean Renoir）执导的电影《多情公主》（Elena and Her Men）。并与瑞典裔的制作人拉尔斯 · 施密特（Lars Schmidt）在 1958 年 12 月 21 日结婚，这次婚姻直到 1975 年施密特去世后才结束。褒曼以《东方快车谋杀案》中的演出而获得第 3 座奥斯卡金像奖的肯定（也是首座奥斯卡最佳女配角奖）。褒曼在 1978 年演出瑞典名导英格玛 · 伯格曼的《秋光奏鸣曲》（Autumn Sonata），并以此片第 7 次入围奥斯卡奖，这也是她最后一次在电影中出现，在片中褒曼饰演一位著名的钢琴家与女儿之间的故事，被认为是褒曼生涯最出色的演出之一。1979 年，希区柯克美国电影学院颁给英格丽 · 褒曼终生成就奖。英格丽 · 褒曼在 1982 年 67 岁生日当天在伦敦去世。她的遗体在瑞典火葬，大部分的骨灰被撒向大海，其余的骨灰与她的双亲埋在斯德哥尔摩的公墓。去世前，她把自己的 3 件嫁衣洗得干干净净，亲手叠好，包在塑料袋中：“每一件都属于我，尽管都很短暂。”

国的路易吉 · 希奈蒂订购，但恩佐最后却将这辆 375 MM 卖给了罗西里尼。原本这是辆由宾尼法利纳设计的有着鲜红色车身的敞篷车安装着 4.5 升 V12 发动机。但仅仅数个月之后这辆车就遭遇了车祸，撞到了树上，使得车头受损。事故车运回马拉内罗后，被送往位于摩德纳的斯卡列蒂的工厂修复底盘并重新制作车身。这辆车也成为斯卡列蒂打造的第一辆法拉利。

维修时间将近 1 年，斯卡列蒂使用铝合金板参照梅赛德斯－奔驰 300 SL 的风格创造了一辆戏剧性的法拉利跑车。车身侧面的通风口与 250 Testa Rossa 非常相似。

这辆车于 1956 年 1 月全部修复完成，车身喷上了象征爱情的英格丽灰，罗西里尼直至 1964 年 7 月一直拥有这辆车（据说这是他最喜爱的 7 辆法拉利之一）。它的下一任主人，来自西西里岛的马里奥 · 萨沃纳(Mario Savona)将车身喷成了军绿色。1970 年，这款舍此无他的唯一杰作从马勒莫城被转卖到巴黎。最终在 1995 年，他的现任主人乔恩 · 谢利（Jon Shirley）在巴黎郊区的一个地下车库发现了它，并对其进行了为期 3 年的彻底修复。

2014 年圆石滩上，这辆法拉利 375 MM Scaglietti Coupe 获得了 Best In Show 这个荣誉， 64 年来，法拉利居然是首次获得此荣耀。它还是 1968 年以来首辆获此荣誉的第二次世界大战战后的汽车。此外，这辆车还赢得了 20 世纪 90 年代诸多奖项，在 1998 年的圆石滩竞速节上，它获得了 Luigi Chinetti 纪念奖。

吉亚也参与了 375 MM 的制造，这不是一辆展车，而是在美国威斯康星州的纸制品和贺卡大亨鲍勃 · 威尔克（Bob Wilke）的授意下制造的。威尔克经常开着这辆华丽的 4.5 升 V12 法拉利出席各种社交场合。同时他也是赛车围场内的常客，威尔克赞助的车队在 1959—1962 年赛季 Indianapolis 500 的比赛中取得了胜利。

法拉利于 1954 年 11 月将车辆的底盘交给吉亚位于都灵的工厂，随后吉亚的设计师按照威尔克的想法着手打造华丽而浮夸的车身。硕大的蛋箱形进气格栅依然采用光彩夺目的镀铬工

罗伯托·罗西里尼（Roberto Rosselini），1906 年 5 月 8 日出生在罗马；拿破仑全面战争的时候他的全家移民到了意大利，他的父亲朱塞佩·罗西里尼（Giuseppe Rossellini）出生在比萨，是一家建筑公司的老板。1922 年，朱塞佩·罗西里尼在罗马开设了一家酒店“巴贝里尼”（Barberini），这里可以放映电影，这使得巴贝里尼成为罗马第一家电影院。罗伯托·罗西里尼被允许可以自由进出，从此罗伯托·罗西里尼深深地爱上了电影。

1936 年 9 月 26 日，他和一位服装设计师玛塞拉·德·马奇（Marcella De Marchis）结婚，婚后育有两个儿子。1937 年，罗西里尼制作了他的第一部纪录片《序曲》。罗西里尼的第一部故事片《白船》（The White Ship）是由意大利海军部的视听宣传中心赞助的，这是罗西里尼的“法西斯三部曲”中的第一部作品，后两部作品为《飞行员归来》（A Pilot Returns）和《十字架上的男人》（The Man with a Cross）。在这段时间里，他结识了费德里科·费里尼（Federico Fellini）和阿尔多·法布里齐（Aldo Fabrizi）。在罗马解放后的两个月后，罗西里尼开始准备拍摄一部反法西斯的电影《罗马不设防 》（Rome, Open City），罗西里尼自己承担了拍摄所有的费用，这其中大部分钱来自信贷和贷款，而电影必须在黑市上才能买到。这部戏剧性的电影立即获得了成功。罗西里尼所谓的“新现实主义三部曲”，第二部是《战火的彼岸》（Paisan）；第三部是《德意志零年》（Germany, Year Zero）。“新现实主义三部曲”之后，罗西里尼又制作了两部电影，现在被归类为“过渡电影”，《爱》（L'Amore）和《秘密炸弹》（La macchina ammazzacattivi ）。1948 年，罗西里尼收到了英格丽·褒曼的来信。随着这封信，电影史上最浪漫的爱情故事开始了，此时的褒曼和罗西里尼都处于自己事业的巅峰时期。他们合作的第一部电影是《火山边缘之恋》（Stromboli terra di Dio）。1950 年 5 月 24 日，罗西里尼与褒曼在墨西哥举行了婚礼。1957 年，罗西里尼去印度拍摄一部纪录片。这期间罗西里尼与编剧桑纳利·达斯·古普塔 (Sonali Das Gupta) 有染，不久之后，褒曼和罗西里尼分开了。桑纳利与罗西里尼在 1957 年完婚。1973 年，罗西里尼为了一名年轻的女子西尔维娅·达米科（Silvia D'Amico.）而离开了桑纳利。1971 年，德克萨斯休斯敦莱斯大学邀请罗西里尼帮助建立一个媒体中心，1970 年，他开始与莱斯大学教授唐纳德·德·克莱顿 (Donald D Clayton) 合作拍摄一部关于科学的电影，但因资金不足，无法开始拍摄。1973 年，他受邀在康涅狄格州的耶鲁大学任教。1977 年 6 月 3 日，罗西里尼因心脏病去世，享年 71 岁。罗西里尼早期的新现实主义电影，和他与英格丽·褒曼合作的电影在商业上并不成功虽然在某些方面《意大利之旅》（Journey to Italy）受到了人们的好评。但罗西里尼仍然被公认为电影大师，更为尊称为“意大利电影之父”。

艺，而车身侧面的通风孔则暗示了这辆车作为竞技车型的潜质。这辆 375 拥有浅橙色和烟色组成的双色车身，由一道镀铬的装饰条分隔两种颜色；同样的配色被运用到了车厢内。

这辆车的首次公开亮相是在 1955 年都灵车展吉亚的展台上，紧接着这辆车被运到美国，随后路易吉 · 希奈蒂借用了它，并带它参加了纽约车展。

威尔克一直非常喜爱这辆车，到他 1970 年去世时都没有转手，随后这辆车和其他几辆法拉利一起由其儿子继承；这辆 one-off 车型在四年后易主。之后的主人为了尽可能地保护这辆车的原始状态，没有进行任何修复工作，而是最大限度地保留了汽车的车漆和内饰的皮革。

20 世纪 50 年代，正是法拉利高级定制最辉煌的时期，one-off 正好满足了这些富有而追求个性的车主的需要，纵观这个时期法拉利的 one-off 车型可以看得出一些客户的口味比威尔克更古怪。

这辆 375 是吉亚制造的最后一辆法拉利。20 世纪 60 年代，阿根廷流亡者亚历杭德罗 · 德 · 托马索（Alejandro De Tomaso）得到了吉亚的控制权，并在摩德纳建立了 De Tomaso 公司，开始和马拉内罗唱起了对台戏，又因为获得了福特的暗中支持，一度影响到了法拉利在北美的销售量。

375 系列最后的 10 辆车（包括赛车版本）由法拉利进行了全新的尝试。在轴距为 2598 毫米的底盘上，安装更为强大的 120 型 Lampredi V12 发动机。宾尼法利纳为这 10 辆 375 MM 设计出低矮的车身线条和比之前更加扁平的进气格栅，平滑低矮的车身理论上会提高空气动力学效率。类似的设计手法，后来被用在了 250 Lusso 上。

375 MM Ghia（Bob Wilke）

375 MM

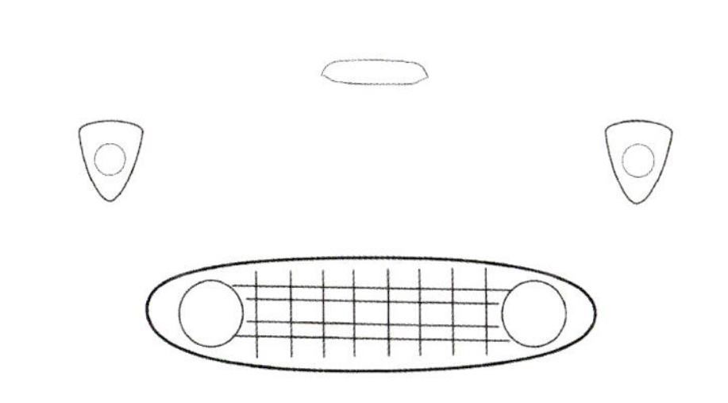

技术参数

发动机形式： 60° 夹角 V12
发动机排量： 4523毫升
缸径行程： 84毫米x68毫米
气门驱动方式： 单顶置凸轮轴
气门数： 每缸两个
点火系统： 每缸两个火花塞，两组分电器
供油方式： 三联装韦伯 42 DCZ化油器
压缩比： 9：1
最大功率： 350马力/7000转/分
润滑方式： 干式油底壳
变速器： 四档手动
车身类型： 双座 Coupe
车重： 1090千克
最高车速： 280千米/时

1953年 Ferrari 250 Europa

1953 年巴黎车展上，法拉利展出了新的豪华轿车 250 Europa。新车取代了 212 Inter 的位置，从名称上就可以看出这辆车将主要销往欧洲市场。250 Europa 的车身最初由维格纳负责设计、制造，这看似是件顺理成章的事情，因为最美丽的 212 车身就出自维格纳之手。

首辆 250 Europa 由维格纳利用 340 Mexico 的生产线制造。但同时展出的 375 America 却由宾尼法利纳设计、制造，在 375 America 面前维格纳设计的 250 Europa 似乎一下子就被夺去了光芒。所以在维格纳完成了首辆展车的制造后，恩佐就将剩下的订单交给了宾尼法利纳。

都灵的设计师没有辜负恩佐的重托，宾尼法利纳为 250 Europa 设计出了类似 375 America 那种清爽、优雅的线条。虽然所有的 250 Europa 都拥有一个大面积的后窗玻璃和椭圆形进气格栅，但几乎每一辆 250 Europa 的细节都是不尽相同的。

宾尼法利纳设计的车身、配合马拉内罗制造的 2963 毫升的 V12 发动机，创造了 250 车系的第一个高潮。

1954 年纽约车展上，宾尼法利纳展出了 250 Europa 系列唯一的一款敞篷车（底盘编号 0311 EU），这辆车的设计基本延续了 212 Inter 的经典风格。由于 2800 毫米轴距带来的超长车身，Europa Cabriolet 显得更加修长和美丽。这辆车的车身光滑得就像鸡蛋壳一样，没有任何进气口和多余的设计，甚至连门把手都凹进车身以免破坏它那光洁的身体。

1953 年至 1954 年，宾尼法利纳制造了 15 辆硬顶

250 Europa Vignale

250 Europa Pinin Farina

和1辆敞篷的250 Europa；维格纳制造了3辆250 Europa。

从理论上讲，Lampredi V12发动机可以为250 Europa提供足够的动力，但375 America的发动机也许更适合该车的尺寸。

250 Europa Vignale

250 Europa Vignale

恩佐在1954年又委托吉奥瓦尼·米歇洛蒂（Giovanni Michelotti）设计、制造了两辆250 Europa。其中一辆由法拉利的美国特许经销商路易吉·希奈蒂订购，来到美国后这辆车参加了当年的纽约车展，之后这辆车遇到了几乎所有卖到美国的法拉利都不可避免的一个问题——缺少必要的零配件，尤其是发动机和变速器的替换件。在原装发动机因缺少配件无法修复后，车主为这辆车换装了一台雪佛兰V8涡轮增压发动机。近年，这辆车在瑞士被修复至出厂状态。

250 Europa

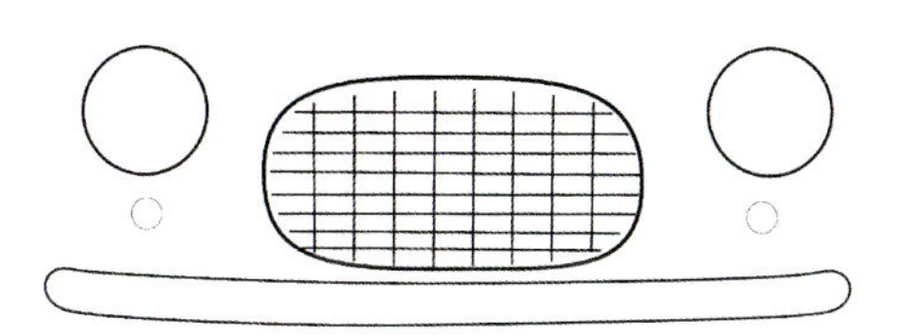

技术参数

发动机形式： 60° 夹角 V12

发动机排量： 2963毫升

缸径行程： 68毫米x68毫米

气门驱动方式： 单顶置凸轮轴

气门数： 每缸两个

点火系统： 每缸一个火花塞，一组分电器

供油方式： 三联装韦伯36 DCF化油器

压缩比： 8∶1

最大功率： 200马力/6300转/分

润滑方式： 湿式油底壳

变速器： 五档手动

车身类型： 双座Coupe/Cabriolet

车重： 1150千克

最高车速： 218千米/时

1953年 Ferrari 375 America

法拉利从 20 世纪 40 年代开始，不管它们使用何种底盘和车身，都安装着同一款式的 V12 发动机。法拉利的第一辆 F1 赛车就搭载了乔克诺 · 克罗布设计的“短”缸体发动机。1947 年奥雷利奥 · 兰普蕾迪以乔克诺 · 克罗布助手的身份加入法拉利。兰普蕾迪认为大排量的自然吸气发动机不但能提供更大的动力，还可以获得更好的燃油经济性。而克罗布则认为，小排量发动机搭配增压器同样可以得到更好的动力输出。法拉利评估了兰普蕾迪的设计后，证明它是成功的。于是恩佐 · 法拉利授意兰普蕾迪设计一款“长”缸体发动机。之后兰普蕾迪为F1赛车设计出了4.5升的V12发动机，并晋升为首席工程师，而克罗布回到了阿尔法 · 罗密欧。在之后的几年中，法拉利一直使用这两款发动机，称克罗布设计的为“短”发动机，而兰普蕾迪设计的则称为“长”发动机。

1950 年，兰普蕾迪设计出了一台 3.3 升 V12 发动机，按照法拉利“一机多用”的传统，新的“275”发动机不仅装配了 F1 赛车，也安装到了其他型号的比赛用车上。1951 赛季，只有两台 275 赛车安装了 340 America 的那台发动机。这些比赛用车拥有很多种车身，不久之后，法拉利开始了公路跑车的研发。凭借高性能的发动机，342 America 将目光瞄准了那些超级富豪们。

法拉利仅制造了 6 辆 342 America，不久后，马拉内罗推出了它的继任者 375 America。这款车的发动机源自兰普蕾迪为 F1 设计的 4.5 升 V12 发动机，只不过为了适应公路跑

375 America Pinin Farina (Gianni Agnelli)

车而刻意降低了输出功率。经过调校后的发动机仍然可以输出300马力的动力。375 America除了轴距变长之外，和其前辈相比几乎没有改变。

1953年巴黎车展上，法拉利同时发布了375 America和250 Europa。这两款车的名称明确表明了各自的预期市场，虽然从机械部分看，这两款车非常相似。唯一的区别是，250 Europa根据欧洲市场高昂的排量税而选择安装了排量较小的3升发动机。

375 America以宾尼法利纳三窗Coupe形象首次亮相，带有双色漆面，虽然“制式”车身由宾尼法利纳制造，但很多美国富翁则更青睐于维格纳的定制车身。

375 America与同期推出的250 Europa都采用相同的2800毫米轴距底盘，编号均按公路版车型系列的奇数底盘序列号进行编号，但加上了后缀“AL”（America Lungo）。375 America底盘的出厂编号为104，而250 Europa底盘的出厂编号为103，是法拉利那时生产出的轴距最长的底盘。

375 America的发动机排量为4522毫升，缸径与行程为84毫米x 68毫米，装备有一组三联装双腔韦伯40 DCZ或DCF化油器，具有双线圈和分电器点火系统，峰值功率可达300马力。发动机连接至四档全同步器变速器上，通过连接在刚性后轴上的通用接合传动轴进行驱动，这样可提供各种传动比，而这取决于客户是想要迅猛加速还是舒适的高速巡航。Borrani制造的钢丝轮毂、鼓式制动器和钢板弹簧都是标配。

这款车采用“长”缸体发动机，并按要求提供了一个宽敞的驾驶室，由此这款车拥有如此之长的轴距。采用长轴距的另一个原因是，宾尼法利纳尝试为法拉利车型设计极具辨识度的“脸孔”。之前的大多数法拉利都是定制车型，它们都没有量产。法拉利只负责制造底盘和发动机，车身则外包给诸如宾尼法利纳那样的车身制造厂完成。低产量的一大特点是每辆车的外形都不尽相同。

为了实现“标准化”，宾尼法利纳统一了设计，另外还尝试简化生产方法。于是便诞生了250 Europa和375 America车型如出一辙的车身和底盘装置。不过此款车型的风格并未完全统一，即使在“标准”宾尼法利纳Coupe车型之间也存在细微差别。除了此前提到的对玻璃区域的处理之外，车身的亮色装饰细节也有所变化：如散热器格栅周围是平坦的；

1959年，阿涅利卖掉了这辆独一无二的法拉利，它的下一任主人是路易吉·希奈蒂，希奈蒂将它运到美国后卖给了洛杉矶苏维利亚石油公司的哈德·克克因，他因逃税而出名。美国汽车俱乐部（United States Auto Club，USAC）的保罗·乌尔克也曾经拥有过一段时间。之后这辆车多次易主并逐渐淡出了大众的视野。

20世纪90年代，这辆车在洛杉矶的一所旧仓库内被发现，此时车漆已改为深蓝色，虽然机械部件保持了原有的模样，但车身和内饰因为多年的疏于打理已经变得残破不堪，锈蚀和裂纹遍布全身。虽然发动机和变速器仍旧是出厂时的样子，但车身上被安装了一根收音机天线，侧窗也不是原厂的样式了，车标也被安装到了发动机盖前方。经过清点发现，这辆车的车厢内部依然保持着车辆出厂时的样式，各种小零件也一样不缺。虽然这辆车看起来残破不堪，但经过简单修复后，发动机立即开始正常工作起来。

这之后又经过几年的准备，全面修复工程才开始进行。2002年，这辆修缮一新的Agnelli 375参加了阿米莉亚岛（Amelia Island）、圆石滩（Pebble Beach）和卡瓦利诺（Cavallino）的展出。并在圆石滩车展上获得了100分的满分。

装备有不同宽度的镀铬装饰环，并可以根据客户的要求在细节方面进行变更。

维格纳和吉亚在1954—1955年间也参与了375 America的制造，只是在影响力方面远不如宾尼法利纳。

最后一辆底盘编号为0355AL的375 America于1955年驶下了生产线，这是宾尼法利纳为菲亚特掌门人詹尼·阿涅利定制的。这辆车拥有全玻璃座舱，矩形的进气格栅和从车顶到车尾的一体式拱璧。这辆车首展于1955年4月的都灵车展。在这辆车的设计之初，宾尼法利纳就有意区别于250 Europa，但仍旧保留了传统的“鸡蛋格栅”和原型保险杠。然而菲亚特的老板詹尼·阿涅利希望法拉利制造一辆明显区别于其他375 America的车型。他的车，被称为Agnelli 375，造型上打破了166和212的传统，使人们很难一眼就认出这是一辆法拉利。

而此时法拉利和宾尼法利纳，它们刚刚建立起一种互惠互利的关系，并且都想给对方留下深刻的印象，于是它们倾尽全力打造了这辆Agnelli 375。在法拉利、宾尼法利纳和阿涅利共同的努力下，一辆永恒经典的车型被制造出来。

宾尼法利纳花费了大量的时间使得Agnelli 375显得这么与众不同。0355AL的进气格栅是垂直的而不是水平的，A柱向前倾斜而不是向后，并且带有一个全景天窗。这辆车还具有独特的可开启的尾窗和独特的飞拱式车尾。这些突破性的设计元素后来被法拉利运用到Dino、Boxer和308上。前宾尼法利纳的设计师弗朗西斯科·马丁嫩戈（Francesco Martinengo）说：“设计一辆定制车往往更容易些，因为你只要取悦一个人，而不是一个大的客户群体”。

在机械方面，0355AL的底盘和发动机并非是375 America那样的配置，发动机的排量为4.9升，这是法拉利第一款使用4.9升发动机的公路跑车。为了适应大排量发动机，化油器更改为42毫米的韦伯DCZ3，其他方面的改变有，16英寸的Borrani轮毂，加强型的竞赛版鼓式制动器，在一些悬架组件上法拉利甚至采用了镀铬工艺来彰显这辆车的尊贵！

375 America Pinin Farina

375 America一共出产10辆，底盘序列号从0293 AL至0355 AL，不过法拉利此后又生产了2辆250 Europa，其发动机容量比375 America稍大一些。外观上，375 America和250 Europa并无区别，只有通过底盘板上的细节或化油器的大小才能区分这两款车型。250 Europa装有韦伯36 DCZ化油器，而375 America则是韦伯40 DCZ化油器。

尽管恩佐·法拉利并不喜欢美国这片土地，但他清楚地知道美国市场变得越来越重要，那里拥有全世界最富有的人们，他的车在那里能卖个好价钱。而事实也确实是这样，约一半的375 America出售到了美国。

375 America Vignale

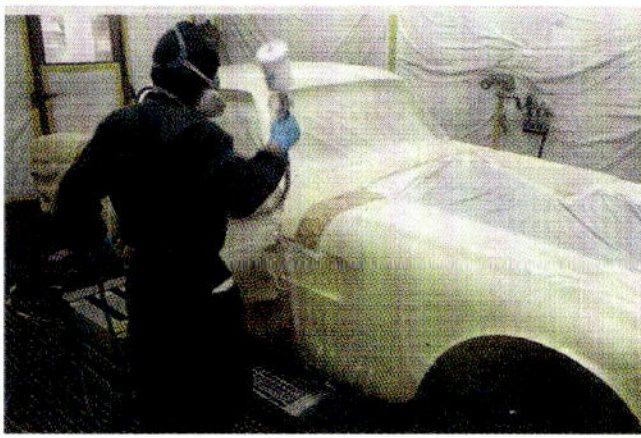

2007年，美国新泽西州的一座鸡舍门前，一辆底盘编号为0337AL的375 America被缓缓地拖了出来，它已经在这所鸡舍中静静地待了好多年了。

这辆底盘编号为0337AL的375 America曾在1954年的都灵车展上展出，随后漂洋过海到了美国。这之后不知道经历了几任车主，现在在鸡舍中被人发现。经过检查，这辆车的发动机已经换成了一台雪佛兰的V8发动机，变速器也被更换为奥兹莫比尔变速器。通过翻查资料发现，这辆车在出厂时颜色是古典的象牙白，现在已经变为了墨绿色。保险杠和前照灯也已经丢失，车身上的小零件，例如维格纳的徽章也早已不见踪影。

修复的第一步先要将发动机和变速器换回原厂款式，这辆车现在的主人经过多方打探终于了解了这辆车的身世：1954年5月，这辆车从北美经销商路易吉·希奈蒂那里售出，1955年还在纽约车展上公开展示过。这之后记录中断了，也许是因为机械故障的原因，这辆车被换上了雪佛兰的发动机和奥兹莫比尔的变速器。这种情况在20世纪80年代之前的北美市场非常常见，因为缺乏足够的零部件供应和熟练的维修工人，法拉利汽车在遇到发动机和变速器故障时，往往得不到妥善的修理，于是很多车主会将原厂的发动机换上本土制造的产品。这辆375 America经过几次转手后，在1975年被卖到了新泽西州，并被漆成了墨绿色。1996年有人就在这座鸡舍中见到过这辆375 America。

根据前几任车主提供的线索，车辆现任主人最终在康涅狄格州的一座旧仓库中发现了这辆车的原装发动机和变速器。修复工作随即有条不紊地展开了，车辆被拆解后发现，车身颜色虽然已经被改变，但车厢内的内饰还是出厂时的样子，只是保存得非常差，皮革老化严重，需要全部更换。幸运的是，当年为法拉利制作车厢皮革的厂家现在仍然存在。保险杠是用黄铜根据照片手工打造的。不过车主并没有采用车辆出厂时的颜色，而是采用了自己喜好的黄色。经过两年的维修，这辆375 America终于在2009年以全新的面貌在圆石滩车展上亮相。

375 America

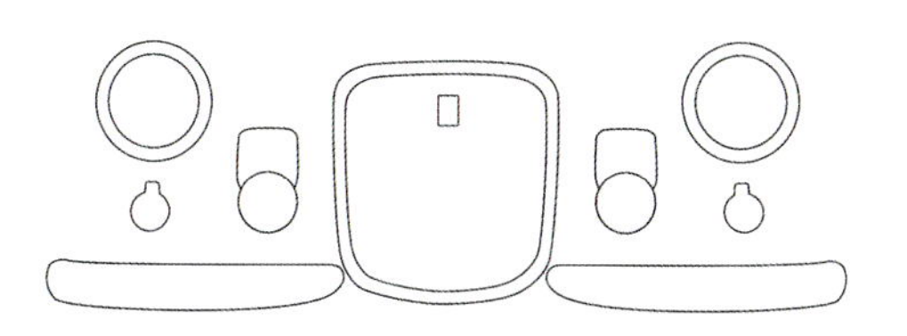

技术参数

发动机形式：60° 夹角 V12
发动机排量：4522毫升
缸径行程：84毫米x68毫米
气门驱动方式：单顶置凸轮轴
气门数：每缸两个
点火系统：每缸一个火花塞，两组分电器
供油方式：三联装韦伯40 DCF化油器
压缩比：8：1
最大功率：300马力/6500转/分
润滑方式：干式油底壳
变速器：四档手动
车身类型：双座Coupe
车重：1150千克
最高车速：240千米/时

1954—1956年 Ferrari 250 Europa GT & 250 Europa GT Boano / Ellena

250 Europa GT 是 250 Europa 车型的后继车型，于 1954 年巴黎车展上公开亮相，最初也被称为 250 Europa。然而，该款车型的名称后面很快便增加了 GT 后缀，以方便与前款车型进行区分。此系列大部分车型的总体形状与前一款 250 Europa 的宾尼法利纳三窗 Coupe 基本相同。其主要不同在于前轮拱和 A 立柱之间的距离，事实上，用肉眼很难把它们区分开来。

此时的法拉利还没实现对整个车型车身的完全统一。250 Europa GT 中就有一辆由维格纳专门为比利时公主莉莲（Liliane）单独设计的车身，这辆车使用了雪佛兰克尔维特的前风窗玻璃。另 27 辆车则采用宾尼法利纳设计的铝制 Berlinetta 车身，后者通常被认为是 1956 年到 1959 年间生产的用于即将到来的“Tour de France”的 Berlinetta 原型车。

即使一些标准的 Coupe 车身都有着细微的不同，以满足特定客户的要求，其中一部分为钢制，另外一部分为铝制。正如 250 Europa 系列，一些车辆有一个“后排座椅”，但实际上却是一个装有软垫的行李平台。

250 Europa 和 250 Europa GT 之间最大也是最重要的

250 Europa GT PininFarina

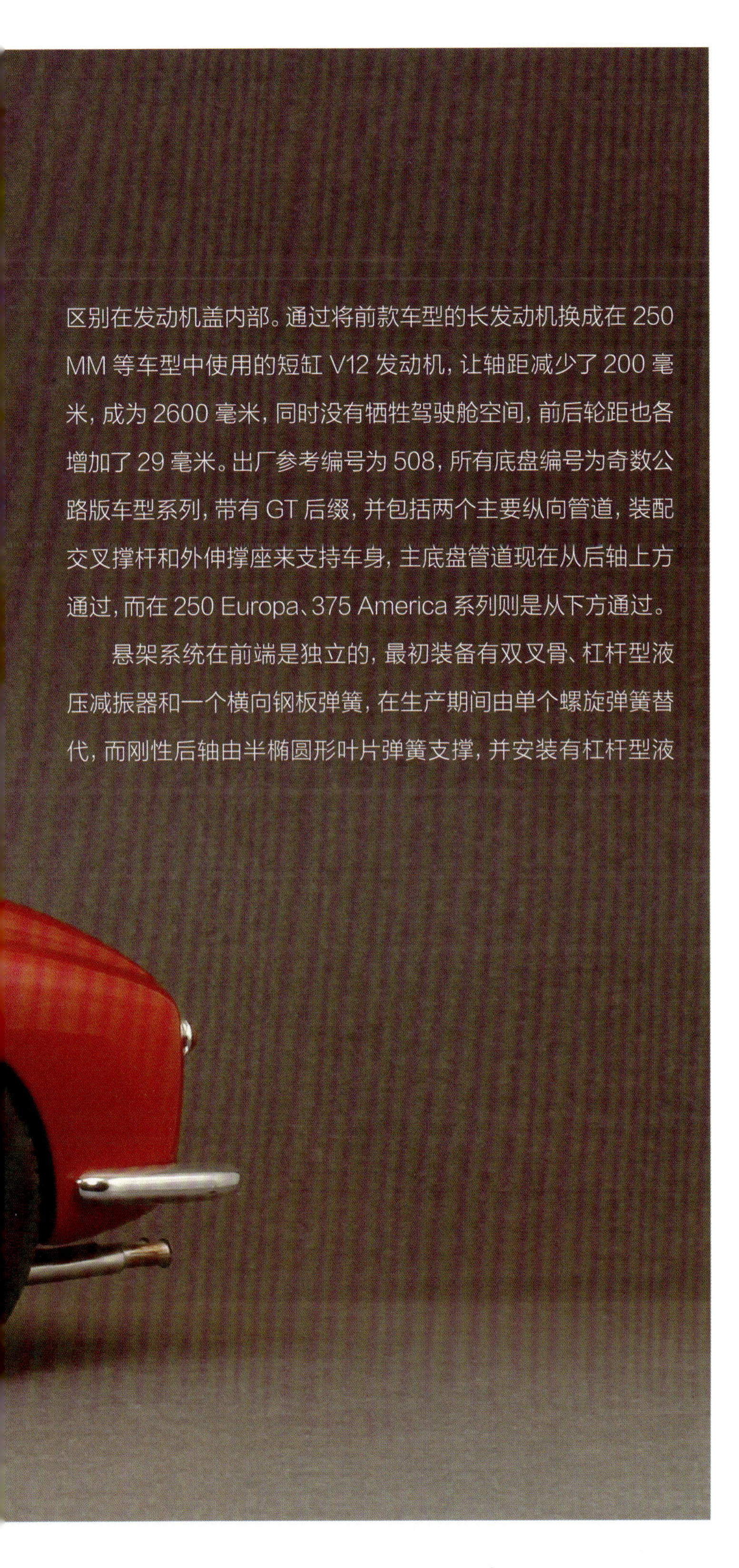

区别在发动机盖内部。通过将前款车型的长发动机换成在 250 MM 等车型中使用的短缸 V12 发动机，让轴距减少了 200 毫米，成为 2600 毫米，同时没有牺牲驾驶舱空间，前后轮距也各增加了 29 毫米。出厂参考编号为 508，所有底盘编号为奇数公路版车型系列，带有 GT 后缀，并包括两个主要纵向管道，装配交叉撑杆和外伸撑座来支持车身，主底盘管道现在从后轴上方通过，而在 250 Europa、375 America 系列则是从下方通过。

悬架系统在前端是独立的，最初装备有双叉骨、杠杆型液压减振器和一个横向钢板弹簧，在生产期间由单个螺旋弹簧替代，而刚性后轴由半椭圆形叶片弹簧支撑，并安装有杠杆型液

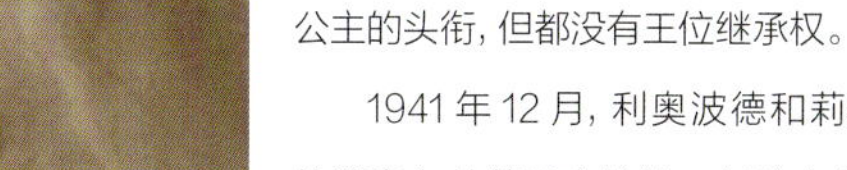

玛丽·莉莲·贝尔斯（Mary Lilian Baels）1916 年 11 月 28 日出生在英国伦敦。她的父母亨利·贝尔斯（Henri Baels）和安妮·玛丽·德·维斯切（Anne Marie De Visscher）一共育有九个子女。

莉莲最初学习的是英语，但是在她父母返回比利时后，她在奥斯坦德就读了一所学校，在那里她学习了荷兰语，然后她继续在布鲁塞尔学习法语。最终莉莲通过在伦敦的一所精修学校完成了学业。

1933 年，莉莲在一次阅兵中看到了未来的丈夫——比利时国王利奥波德三世，但当时他还是布拉班特公爵。几年后，莉莲的父亲亨利·贝尔斯任西佛兰德省省长时，带着她参加了一次王室举办的酒会，莉莲第二次见到了利奥波德国王。1937 年，莉莲和她的母亲在另一场仪式上再次见到了这位国王。不久之后，利奥波德三世国王与贝尔斯联系，邀请他和他的女儿第二天与自己一起打高尔夫球。

1939 年，莉莲在一个为荷兰女王威廉敏娜 (Wilhelmina) 举办的花园式舞会上再次见到了国王，后来在拉肯的高尔夫球场上，她被比利时国王利奥波德的母亲伊丽莎白 (Elisabeth) 邀请去吃午餐。1940 年 5 月，在纳粹德国入侵比利时之前，两人又在一场高尔夫派对中再次相遇。

在纳粹德国入侵比利时之后，莉莲的母亲加入了红十字会，莉莲则协助母亲的工作。与此同时，担任州地区行政长官的亨利·贝尔斯也在积极地做着抵抗。但在最后时刻全家一起去了法国避难。但比利时解放后他被指控在战争期间与纳粹德国合作，但这显然是错误的，因为他在整个时期内并没有在占领期间担任任何职务，而是在法国居住。

1941 年，在伊丽莎白王后的邀请下，莉莲访问了拉肯城堡，在那里她再次见到了被软禁的利奥波德三世国王。这一次两人坠入爱河，7 月，国王向莉莲求婚，但莉莲拒绝了，理由是“国王只娶公主”。然而伊丽莎白王后说服了莉莲同意嫁给国王。

利奥波德国王和莉莲最初计划他们的世俗婚礼在战争结束和比利时解放后举行，但在 1941 年 9 月 11 日，他们还是在拉肯城堡的教堂内举行了宗教婚礼，伊丽莎白王后参加了婚礼。但这样其实是违宪的，因为比利时法律规定世俗婚礼应永远在宗教婚礼之前举行，不久之后，莉莲王妃有了身孕，因此在 1941 年 12 月 6 日，他们举行了世俗婚礼。因为莉莲不是贵族，所以不能拥有王后的头衔，不过国王还是给了她非官方的头衔“Princess of Réthy”，但这个头衔无法获得政府的认可。他们所生的女子虽然都可以拥有比利时王子和公主的头衔，但都没有王位继承权。

1941 年 12 月，利奥波德和莉莲举行世俗婚礼的消息在梵蒂冈主教的一封信中公开发表，这封信在比利时各教会中传阅，比利时人民的反应不一。有些人表示同情这对新人，并向他们献上了祝福。然而，另外一些人则认为，国王不应该在战争时期过多地考虑自己的私人事情，并且婚礼程序也是违反比利时宪法的。即使在战后，这些批评声也持续了很多年。

1944 年，比利时王室被纳粹德国掳走，并由 70 名党卫军成员严格监视。此时这个家庭饮食不足，生活在恐惧之中，他们一直害怕被党卫军屠杀。有一次纳粹官员将伪装成维生素的氰化物拿给他们。1945 年，比利时王室由美国军队解救。

比利时解放后，利奥波德三世国王被控叛国，1946 年，布鲁塞尔成立了一个法律委员会，调查国王在战争和占领期间的行为。在此期间，国王和他的家人流亡在瑞士的 Pregny-Chambésy，国王的弟弟查尔斯·伯兰德爵士代理国政。调查委员会最终否认了对利奥波德的指控，国王于 1950 年回到比利时。然而为了维护国家的稳定，国王选择了退位，国王和第一任妻子所生的儿子博杜安（Baudouin）王子继位。

1960 年，博杜安国王结婚后，利奥波德和莉莲从王宫迁出到阿尔让特伊（Argenteuil）的一处政府财产。莉莲雇用了不同的设计师，将这座破旧的豪宅改造成为前国王的尊贵典雅的住所。 阿尔让特伊成为利奥波德和莉莲主持下的文化中心，培养了许多著名作家、科学家、数学家和医生。莉莲公主成立的一个心脏基金会拯救了数百人的生命。

莉莲被认为是一个对自己非常严格和苛求的女人，由于利奥波德国王战时行为的一些争议，尤其是他的第二次婚姻，所以莉莲在比利时并不受欢迎。然而，她也有一群亲密的朋友把她看作是一个美丽、魅力、智慧、优雅、善良、慷慨、幽默和富有文化的女人。他们钦佩她的勇气和尊严。

2002 年 6 月 7 日，莉莲公主在阿尔让特伊去世。 在她去世之前，她已经表达了希望被埋葬在这里。 然而，她被安葬在比利时拉肯圣母教堂的皇室地下室，与利奥波德国王和他的第一任妻子阿斯特丽德王后（Queen Astrid）葬在一起。

法比奥拉王后（Queen Fabiola）和莉莲的继子参加了葬礼，莉莲的儿子亚历山大（Alexandre）和她的女儿玛丽·埃斯梅拉达（Marie Esmeralda）也参加了葬礼。而莉莲长期疏远的女儿玛丽·克里斯汀（Marie Christine）没有出席。

压减振器。汽车全方位地安装了液压操作的鼓式制动器，驻车制动器在后轮上为缆线操作。除一辆车之外，所有车辆均为左舵驾驶。

销售手册中标有 5 种最终传动比可供选择，最高车速可达 253 千米 / 时。(这似乎并不可能，即使发动机峰值功率有 240 马力)。手册中还表示，如果选用最低的传动比，最高车速则为 203 千米 / 时。

短轴距、轻量化和更精致的车身设计成就了这款经典的法拉利。此时的法拉利开始面向更广泛的全球市场。

但此时的法拉利并非完美，许多人今天会感到惊讶的是昂贵的法拉利汽车中(这里指 250 系列)还会有如此廉价的东西，比如运动版车型中的刷着油漆的仪表板，车厢地板上只有一层薄毡垫，无任何包裹的座椅，但似乎车主们对于这一切都视而不见，他们在乎的只有发动机转速。

虽然发动机的排量依然是 3 升，但与 250 Europa 的发动机完全不同，它是在克罗布设计的短缸 V12 发动机的基础上发展而来的，排量为 2953 毫升，缸径与行程为 73 毫米 x 58.8 毫米，安装有一组三联装双腔韦伯 36 DCZ 或 42 DCZ 化油器，具有双线圈和前水平安装的分电器点火，输出功率据称可达到 220 马力(使用 42 DCZ 化油器可达到 240 马力)。发动机与 4 速全同步器变速器连接在一起，主减速器通过一个传动轴连入刚性后轴。

至 1956 年 1 月，宾尼法利纳制造了 35 辆中的 27 辆，宾尼法利纳对 250 车身的改进一直持续着，1956 年 3 月的日内瓦车展上，宾尼法利纳同时发布了 250 Boano GT 和 410 Superamerica，揭示了法拉利新一代的设计语言：小面积的玻璃窗、宽敞的驾驶舱、显眼的腰线和简洁的车尾，这都令人眼前一亮。椭圆形散热格栅两边的雾灯灵感来自 1955 年的 118 LM。

作为产量创新高而写进法拉利历史的第一款车，250 Europa GT 会经历两个转变。此时宾尼法利纳的生产速度已经不能满足法拉利的需求，建立新厂迫在眉睫。宾尼法利纳决定暂停生产车身，并将工厂搬到都灵郊外的格鲁利亚斯科(Grugliasco)。搬到这里是由他的儿子塞尔吉奥(Sergio)和女婿伦佐·卡利(Renzo Carli)决定的。他提出唯一的条件是，新厂必须能看见阿尔卑斯山的美景并在厂区前种植一些树木。

正因为如此，马里奥·菲利斯·波诺 (Mario Felice Boano) 被赋予生产新型轿车的工作。但首先，他做出一些审美的变化，特别是取消了向上弯曲的尾门。1958 年 1 月，美国杂志

250 Europa GT Vignale (Princess Liliane De Rethy)

《Sports Car Illustrated》的编辑毫不掩饰自己对这款车的喜爱。Boano只制造了75辆车身。当时这款车的售价为10975美元。

一般来说，当宾尼法利纳设计的法拉利被分包给另一车身制造厂时，车身会悬挂该厂的厂徽，所以有部分250 Europa GT悬挂了Boano的标志。

1957年春天，波诺加入菲亚特成为首席设计师，他离开了多年的搭档卢西亚诺·波洛（Luciano Pollo），而生意则交给了自己的女婿埃齐奥·埃莱纳（Ezio Ellena），企业也和Ellena进行了合并，变为了Boano/Ellena车身制造厂。

1957年，250 Europa GT机械方面的改进包括更大尺寸的制动鼓，采用德国ZF公司提供的转向齿轮箱。Boano/Ellena继续制造车身，宾尼法利纳使用相同的底盘生产了几辆敞篷车，这些车辆的拥有者包括法拉利赛车手彼得·柯林斯（Peter Collins）、20世纪50年代著名的赛车手波菲里奥·鲁维罗萨（Porfirio Rubirosa）和沃尔皮（Volpi）伯爵。

Boano/Ellena制造的250 GT在1957年11月的都灵车展上亮相，虽然之前已经出售了一些。相比之前的版本，修改甚微：车窗面积有所增大、侧窗被取消、车尾被缩短、行李箱的容量增加了以便放置备胎。车展后仅有49位车主有幸拥有了这个版本。

250 Europa GT表现出比前任拥有更紧凑的车身和更好的平衡性，马拉内罗对底盘的改进还是显而易见的。虽然定位为公路跑车，但250 GT仍旧没有丢掉赛车的本质。里奇·金瑟尔（Richie Ginther）驾驶着250 GT赢得了众多比赛的胜利很好地证明了这一点。

250 Europa GT Boano/Ellena

250 Europa GT & 250 Europa GT Boano / Ellena

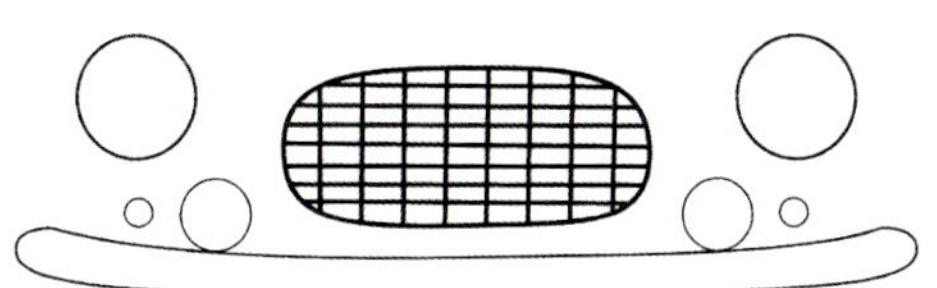

250 Europa GT

技术参数

发动机形式：60° 夹角 V12
发动机排量：2953毫升
缸径行程：73毫米x58.8毫米
气门驱动方式：单顶置凸轮轴
气门数：每缸两个
点火系统：每缸一个火花塞，两组分电器
供油方式：三联装韦伯 36 DCZ3化油器
压缩比：8.5 : 1
最大功率：220马力/7000转/分
润滑方式：干式油底壳
变速器：四档手动
车身类型：双座 Sports Saloon/Coupe
车重：1050千克
最高车速：230千米/时

1956年 Ferrari 410 Superamerica & 410 Superfast

1955 年的巴黎车展上，法拉利宣布要推出一款全新的豪华车用以取代 375 America。这就是 410 Superamerica，新车在 1956 年布鲁塞尔车展上首次亮相。这是宾尼法利纳打造的第一款针对不同客户的个性化车型。实际上，410 SA（Superamerica）是当时最先进的高性能公路跑车。

410 SA 搭载的发动机是当时被称为法拉利公路跑车中最强劲的 4.9 升 V12 发动机。这款发动机的缸垫是不可能损坏的，因为它根本就没有缸垫。兰普蕾迪设计的 V12 发动机缸盖和缸体是一体的，就像一个倒扣着的铁桶，调整气门的话就必须将发动机整体拆解，所以就算是微小的调校对这款发动机来说都是“大修”，这款发动机的保养工时几乎是克罗布设计的发动机的 5 倍，更可怕的是除了法拉利工厂的技工外，几乎没有人会修理这款发动机。虽然兰普蕾迪设计的 V12 发动机产量极少，并大都安装在 F1 赛车上，但还是有几款公路跑车安装了这款大排量发动机。

没有多少车主会为这件事情担心——每升汽油只能令 410 Superamerica 奔跑 3.5 千米。4.9 升发动机传输的动力没有顿挫感，使 410 Superamerica 乘坐起来非常顺滑。这辆车就像一位淑女，她给出她的全部，同时希望你给予她尊重。

椭圆截面的钢管构成了法拉利典型的底盘样式，这个椭圆截面钢管由位于米兰的 Gilco Autotelai 制造，在很多年间几

乎成为了法拉利底盘的商标。早期的 Superamerica 轴距是 2800 毫米，虽然很长但完全适合这辆大车的尺寸。前悬架采用铸钢横臂，通过铜的衬套和钢制的销子固定在底盘上，每一个连接的部分都配有其专门的润滑油加注口，需要经常养护。虽然有些繁琐，但这种对悬架系统的关照是非常值得的，因为这保证了悬架的响应积极和精确。后悬架则更常见一些，半椭圆钢板弹簧，在每边都有一个半径臂控制刚性桥。

在设计 410 SA 时宾尼法利纳采用了一些在 250 GT 系列上成功的元素，比如全景式后窗、翼子板上的通风口和车头的椭圆形散热器格栅。这赋予 410 SA 在融合了优雅和独特个性的同时兼具轿跑车的特性。

410 Superamerica Scaglietti

阿尔佛雷德·莫莫（Alfred。Momo)（左）和路易吉·希奈蒂（Luigi Chinetti）（右）

路易吉·希奈蒂 1901 年 7 月 17 日出生于米兰北部的耶拉戈科诺拉戈（Jerago con Orago），父亲是位枪匠。1917 年，16 岁的希奈蒂就表现出了在机械方面的才能，并进入阿尔法·罗密欧工作。在阿尔法·罗密欧赛车部门工作的时候结识了恩佐·法拉利。

法西斯主义在意大利兴起之后，希奈蒂搬去了法国巴黎，在那里负责阿尔法·罗密欧乘用车的销售，因缘际会而成为一名赛车手。1932 年，路易吉·希奈蒂驾驶一辆阿尔法·罗密欧 8C 2300 第一次赢得了勒芒 24 小时耐力赛的冠军，当时的副驾驶是雷蒙德·萨默（Raymond Sommer）；次年，希奈蒂在比利时赢下了斯帕 24 小时耐力赛的冠军，副驾驶则换成了路易斯·凯龙（Louis Chiron）；1934 年又和菲利普·塔恩斯林（Philippe tancelin）联手拿下他的第二次勒芒 24 小时大奖赛冠军。

第二次世界大战在欧洲爆发后，希奈蒂一直生活在法国，1940 年，当时的意大利政府曾经写电报给希奈蒂，命令其回国参军，但希奈蒂以自己在第一次世界大战时服过兵役，已经为国家效过力为由拒绝回国。随后他和法拉利车队的德雷福斯（Dreyfus）一起去了美国，并于 1940 年参加了印第安纳波利斯 500 的比赛。在战争期间他以一个意大利商人的身份一直待在美国，并学会了机械维修。1946 年，希奈蒂加入了美国国籍。

1946 年圣诞节恩佐和希奈蒂的那次见面其实并没有大家想象的那么友好，希奈蒂仍直呼恩佐的姓氏法拉利。其他人则早已称他为骑士（Cavaliere）或是墨索里尼时期授予荣誉后的尊称为指挥官（Commendatore），但希奈蒂显然不喜欢这一套，对他说来法拉利就是法拉利，之后也一直这么称呼。

随着战争的结束，赛车运动在欧洲和北美逐渐得到恢复，希奈蒂打算大展拳脚了，1948 年，他在遥远的纽约曼哈顿西 49 街开了一家只有一个工位的小车行，虽然立即就做成了一笔生意，将一辆参加了都灵车展的 166 Barchetta 卖给了南加利福尼亚的广播电台高管汤米·李（Tommy Lee），但这家店依然很少有人问津，甚至在当地的赛车圈子里也没什么名气，虽然希奈蒂在极力宣传，但法拉利这个名字对当地大多数富人来说毫无吸引力，希奈蒂决定重返赛场。

1949 年，希奈蒂驾驶一辆法拉利 166MM 赢得了勒芒的胜利，并创下了勒芒三冠王的纪录。这也是法拉利在勒芒赛场上的首场胜利，这场比赛希奈蒂的副驾驶是苏格兰塞尔斯登（Selsdon）男爵彼得·米切尔·汤姆逊（Peter Mitchell-Thomson），虽然这位男爵只开了 20 分钟，其他 23 个多小时都是希奈蒂驾驶的。赛后汤姆逊通过希奈蒂购买了这辆 166MM。同年，希奈蒂赢得了他在斯帕赛道上的第二场胜利，此时的副驾驶是吉恩·卢卡斯（Jean Lucas）。

1950 年，路易吉·希奈蒂位于曼哈顿的车行仍旧在运营，他还是在巴黎和纽约两地之间来回奔波。这位热情洋溢、身材矮小的黑眼睛男子告诉恩佐，法拉利在美国市场的销量及品牌知名度都在迅速提升。造访摩德纳办公室的重要客人也日益增多，还有一些人会直接到马拉内罗的工厂订购公路跑车或是 1000 英里耐力赛和勒芒耐力赛专用的赛车。

1951 年，希奈蒂驾驶法拉利 212 赢得了泛美卡雷拉（Carrera Panamericana）的比赛，这项赛事需要在 5 天的时间内行驶 2100 英里（约 3400 千米），这对赛车手和赛车都是一个严峻的考验。1954 年，希奈蒂再一次参加了勒芒的比赛，但这次并不是以赛车手的身份。

1951 年年底，法拉利在全球已经开设了 14 家专卖店，公路跑车的年产量已经达到了 70 辆。这 14 家中有两家是由希奈蒂运营的，一家在曼哈顿东 61 大街 252 号；另一家在巴黎耶拿大街 65 号。其他店铺分布在伦敦、罗马、苏黎世、阿尔及尔、卡萨布兰卡、墨尔本、蒙得维的亚、圣保罗、波尔图、佛罗伦萨和布鲁塞尔，这些专卖店的库存很少或者根本就没有现车，只是在店铺的窗户上贴上跃马的标志，在店里摆放几本手册而已，车辆必须排单定制，再由摩德纳的办公室负责车辆的交付。路易吉·希奈蒂拿到了法拉利在北美的独家代理权，再后来密西西比河以东的所有地区都有希奈蒂的车行。这种垄断的局面直到 20 世纪 80 年代才被打破。

1956 年，路易吉·希奈蒂创立了北美车队（North American Racing Team），这支车队可以看作是法拉利官方车队在北美的一个分支，有时简写为 NART。从 20 世纪 60 年代起希奈蒂的车队积极参加赛百灵、勒芒和戴托纳的比赛，这为法拉利在北美的宣传做出了巨大的贡献。除了赛车和量产型公路跑车之外，希奈蒂还定制了很多稀有的型号，最著名的莫过于 Spider 版的 275 GTB/4。

退休后的路易吉·希奈蒂一直生活在康涅狄格州的格林威治镇，直至 1994 年 8 月 17 日逝世，享年 93 岁。

为了保护自己的隐私和客户的利益，希奈蒂几乎拒绝了一切的采访和拍照要求，流传下来的照片少之又少。

法拉利在 1956—1959 年间生产了短轴距（2600 毫米）和长轴距（2800 毫米）两种底盘的 Superamerica。但最与众不同的是在 1956 年巴黎车展上亮相的 410 Superfast。都灵的设计师为这种模式做了最成功的诠释。宾尼法利纳制造了两款完全不同的“Superfast”。第一款在 1956 年的巴黎车展上亮相，底盘编号为 0483SA，带有无 A 柱（后来在出售前添加进去）的悬臂式车顶，装有引人注目的尾翼，尾翼后缘中包含有三角形的尾灯组合装置。而最终的配色方案宾尼法利纳决定采用浅金属蓝上覆盖有白色这一色彩方案，并用镀铬饰条分隔，饰条从宽宽的椭圆形散热器格栅的两侧环绕车身。这辆双色车身、带有硕大镀铬保险杠和宽大尾鳍的双座跑车，看起来和同年代的美国车别无二致。

第二款“Superfast”是基于底盘 0719SA 生产的，在 1957 年的都灵车展上展出，鼻翼和驾驶室区域与第一款类似，车尾处理得更为典雅也更为严谨，与汽车前面的曲线线条更为协调一致。

然而，法拉利竞赛车的主要制造商斯卡列蒂也在底盘 0671SA 的基础上生产了一辆样车，这辆车同样带有尾翼，这款以美国市场为目标的汽车显示出了惊动欧美的影响力，车顶、门槛和尾翼板都采用了裸露的不锈钢，与深红色的车身形成了强烈的对比。

Boano 以尾翼为主题做出了新的诠释：在底盘 0477SA 的基础上制造了一辆双门轿车，装有可分式后车窗，并以底盘 0485SA 为基础生产了一辆敞篷车，这两款车都带有曲线形尾翼。

当然最极端的设计还是吉亚在底盘 0473SA 的基础上建造的，这款车因拥有最大和最长的尾翼而获奖，据称设计灵感来自之前为克莱斯勒生产的梦幻车“Gilda”和“Dart”。

410 Superfast 搭载的 24 气门 V12 发动机拥有每缸双火花塞设计，这是由 F1 和运动型赛车直接发展而来的，并装有更大一些的 42 毫米双腔化油器。所以 410 Superfast 确实是一头野兽。

法拉利研发这款车的意图很明显，就是希望可以成功地登陆美国市场，分得一杯羹。在这期间有 5 家公司参与制造了 Superfast 的车身。

绝大部分的 Superamerica 和 Superfast 都销往北美市场，当时路易吉 · 希奈蒂的北美赛车队已经成为恩佐的左膀右臂，它们在例如锡布灵和勒芒等长距离的比赛中都有比较出色的表现，车手们驾驶的也都是最新款、最具竞争力的车型。但是为了避免拿到拼装车、老款发动机和返修的变速器，同时确保零配件供应不断，希奈蒂也付出了不少。他的儿子小路易吉（Luigi Jr）也就是人们常提起“可可”（Coco）说：“我们没有选择，只有在付了足够的钱后，法拉利才会给我们发车！”

410 Superfast Pinin Farina

4.9 Superfast Pinin Farina

在希奈蒂的努力下，美国客户对法拉利的好感与日俱增，足够的资金使得马拉内罗的公路跑车生产业务蒸蒸日上。1959年法拉利公司一共生产了248辆公路跑车，其中大部分的车身都是由宾尼法利纳和斯卡列蒂制造的，这些车中的大部分都销往了美国市场。据说当时在法拉利的工厂里经常可以听到："快点把希奈蒂要的车生产出来，我们需要美国人的钱！"宾尼法利纳当时只负责设计，而斯卡列蒂负责生产。偶尔一些特别的项目也会交给其他车身制造厂负责，但漂亮的车身几乎都是以上两家制造的。

虽然车辆的外观漂亮多了，但性能还是老样子，恩佐对此也丝毫不在意，他对自己生产的公路跑车依旧没有兴趣，他还是乘坐菲亚特1100，司机也还是忠诚的佩皮诺·维德利。不过他的不动产却越来越多，他在摩德纳和博洛尼亚都有置业。还在离工厂不远处的地方买下了一幢巨大的四层别墅。这座别墅就位于艾米利亚古道上，面对着加里波第广场，这也是摩德纳最大的房产之一，面积以及豪华程度都超过了街西面的奥斯家族。恩佐夫妇和恩佐的母亲搬进了豪宅，里面的房间很多，他们只使用了其中很小的一部分。阿达尔吉萨妈妈很明智地把自己的住处安排在了远离劳拉的三楼。

此时恩佐的活动范围已经非常小了，每天开车去马拉内罗的工厂，偶尔去卡斯特尔维特罗看望莱娜和皮埃罗，在附近的试车场参加一些市场活动。而他每天的行程也是固定的，先去看望母亲，早餐过后去理发店刮胡子，然后去迪诺的墓地，之后在法拉利车队的办公室处理公务和看报纸，中午之前他肯定会和佩皮诺·维德利开车去马拉内罗，午餐则往往在工厂马路对面那里吃，这里以前是马厩，后来渐渐形成了一个小型的餐厅兼客栈，名叫卡瓦利诺（Cavallino）。

410 Superamerica & 410 Superfast

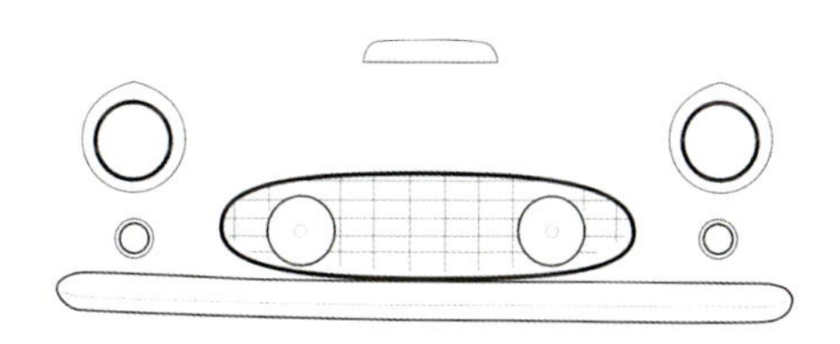

4.9 Superfast

技术参数

发动机形式：60° 夹角 V12
发动机排量：4963毫升
缸径行程：88毫米x68毫米
气门驱动方式：单顶置凸轮轴
气门数：每缸两个
点火系统：每缸两个火花塞，两组分电器
供油方式：三联装韦伯 42 DCF化油器
压缩比：9 : 1
最大功率：400马力/7600转/分
润滑方式：干式油底壳
变速器：四档手动
车身类型：双座 Coupe
车重：1320千克
最高车速：295千米/时

1956年 Ferrari 250 GT Competizione

1956 年对于恩佐来说，是一生之中最痛苦的一年，他钟爱的长子阿尔弗莱德·迪诺英年早逝。1956 年 6 月 30 日，迪诺由于肾功能衰竭辞世，年仅 24 岁。当年恩佐已经 58 岁了，老来丧子的痛苦对恩佐的打击很大，以至于在之后的几十年里他以儿子的名字为一系列车型命名，试图藉此寄托自己对儿子的思念。不过恩佐并没有被痛苦击倒，只是性格变得越来越孤僻。

20 世纪 50 年代，长距离耐力赛在欧洲非常受欢迎，梅赛德斯 - 奔驰、捷豹、蓝旗亚、阿尔法·罗密欧和阿斯顿·马丁，当然还有法拉利，它们都在为赢得 GT 比赛而努力着。

1956 年，法拉利车队在环法耐力赛中又一次问鼎了冠军，也就是说这支车队完成了四连冠的伟业。法拉利早已用 250 GT Berlinetta 车型证明了自身的实力，为了纪念车队获得四连冠，法拉利推出了新的 Berlinetta 车型，取名为 250 GT Tour de France(简称 TdF)。

新车型没有辜负恩佐的期望，首先，它继续在欧洲赛场上摧城拔寨；其次，新车的销量也还尽如人意。对于许多人来说，法拉利跑车看上去有些像斯巴达的勇士一样，力量十足但没有任何的装饰，而且在价格上也很难平易近人。

250 GT Tour de France 是一辆运动型 Berlinetta，或者说就是一辆带有顶篷的“Sports Racing Car”。它的内饰简直可以用简陋来形容，没有音响、暖风和其他任何的舒适性设备，除了前风窗玻璃外，所有的玻璃都由有机玻璃制造，车体几乎全由铝板打造。行李空间被减少到几乎为零，因为要安装巨大的油箱。

虽然早期的 Tour de France 都是由宾尼法利纳设计并制造，但第一辆真正的 Tour de France(截至目前笔者所了解到的) 却是由斯卡列蒂在摩德纳制造的。这家工厂经常制造法拉利公路跑车的车身。

包裹在 250 GT Tour de France 铝制外衣下的是法拉利经典的由椭圆钢管构成的底盘，并且使用了经过轻量化的钢板用于钢管间的加固。

Tour de France 的前进气格栅内还设计有一块小挡板，可以经由铰链控制，作用是为了在冬季防止凉爽的空气经过散热

器，而导致冷却液温度迅速降低。

美丽的手工制作的木框合金方向盘中心雕刻着法拉利的跃马标志，大多数 Tour de France 的座位采用包裹着皮革的桶形座椅，这种包裹性良好的座椅十分必要，因为此时安全带还没有出现在公路跑车上！

Zagato，另一个意大利的车身制造厂，它们也制作了几辆 250 GT 的车身，与其他版本最大的区别就是拥有被称之为 "double bubble" 的车顶线条。斯卡列蒂制造的车体拥有平滑的车头曲线，有机玻璃制造的弯曲的前灯盖和翼子板完美地交汇在一起。斯卡列蒂版 TdF 的车身后部明显可以看出受到了 410 Superamerica 设计的影响，耸起了两道巨大的尾翼。

1957 年，宾尼法利纳在 TdF 的车窗后方增加了 14 个小的百叶窗通气孔，同年又改为 3 个大的出气孔。1958 年生产的最终版本又改为一个大的椭圆形通风孔。这些特征是识别斯卡列蒂版 TdF 最简单的方法。

1959 年，Tour de France 的底盘轴距被缩短为 2400 毫米，但和长轴距车型一样都安装了 Colombo 的 3 升 V12 发动机。

1955 年至 1959 年，250 GT Berlinetta Tour de France（特指 LWB 车型）是最成功的汽车，它们可以说在 GT 组所向无敌，1960 年，TdF 将接力棒传给了传奇跑车 250 GT SWB。

宾尼法利纳在 1957 年应美国的经销商 Luigi Chinetti 的要求另外设计了一款敞篷版本的 Tour de France，在 1957 年至 1960 年间一共制造了 49 辆，并全部销往北美市场。Tour de France 于 1959 年停产，总共生产了 84 辆。

250 GT Competizione

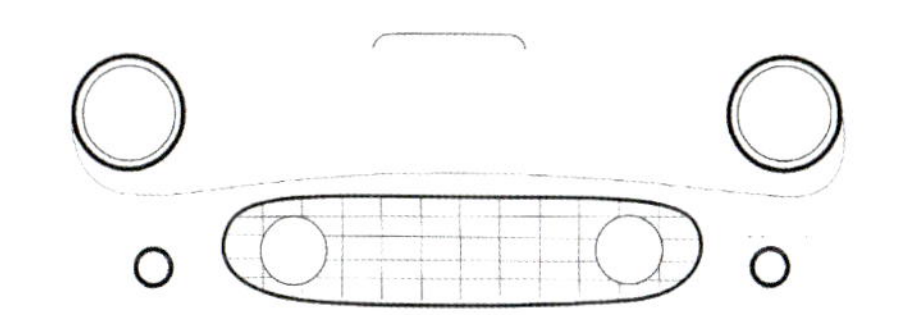

技术参数

发动机形式：60° 夹角 V12

发动机排量：2953毫升

缸径行程：73毫米x58.8毫米

气门驱动方式：单顶置凸轮轴

气门数：每缸两个

点火系统：每缸一个火花塞，两组分电器

供油方式：三联装韦伯 36 DCZ3化油器

压缩比：8.5：1

最大功率：260马力/7000转/分

润滑方式：干式油底壳

变速器：四档手动

车身类型：双座 Sports Saloon

车重：1145千克

最高车速：250千米/时

1957年 Ferrari 250 GT Cabriolet

20 世纪 50 年代，法拉利工厂生产赛车、公路跑车和介于两者之间的 Berlinetta 车型（当时对 Berlinetta 车型并没有严格的定义，一般开放式车身的双座车型都能称作 Berlinetta）。这其中单座赛车才是恩佐的挚爱，而公路跑车的研发和生产其实是由车身制造商和那些法拉利的忠实客户推动的。

尽管 20 世纪 50 年代晚期有多款成功的 Spider 车身法拉利跑车，但装有适当折叠软篷的 Cabriolet 车型产量则相对较少。

除了此后偶尔应特别客户要求或为展示车型的设计研究而生产的 one-off，其中大部分都是在 20 世纪 50 年代早期生产的。

20 世纪 50 年代中期，市场对敞篷车的需求呈上升趋势，法拉利希望在这个领域分得一杯羹。当 Carrozzeria Boano 在 1956 年日内瓦车展上展出一辆 250 GT Cabriolet（底盘 0461GT）时，便开启了此款车型在法拉利量产车计划中的新时代，进而使得跃马品牌在 1957 年和 1958 年生产了第一个宾尼法利纳设计的 Cabriolet 系列。

1957 年初，法拉利尝试在 250 GT 的基础上制造敞篷车，宾尼法利纳接下了这项艰巨的任务。宾尼法利纳不负众望，用非凡的创造力延续了 250 GT 这个传奇车型的魅力。新车的设计围绕着法拉利经典的 2953 毫升排量的 V12 发动机展开，开放式车身令都灵的设计师得到空前的自由度，并且融入了许多 410 Superamerica 和 Superfast 的时尚元素。

1957 年日内瓦车展上，法拉利展出了一辆红色的原型车。其最显著的特点是在左门，这里设计有一个类似英国跑车那样的缺口，这是供手臂休息的位置。一年后在同一个地方，Boano 首次展示了一个类似的方案。由于这款车带有经典的车身线条，宾尼法利纳的诠释很快就受到了更多尊贵的客户的欢迎。

1958 年巴黎车展上宾尼法利纳展出了 250 GT 系列跑车。

250 GT Cabriolet (Peter Collins)

而敞篷版则早在几个月前就公开亮相了。此时法拉利已经在 17 个国家建立了 41 个销售网点，这其中有 17 个在意大利国内。此时法拉利的销售对象已经不仅是赛车手了，更多富裕的家庭都希望能够拥有一辆美丽而实用的法拉利。

发动机仍旧使用熟悉的排量为 2953 毫升的 Colombo V12，7000 转 / 分时的峰值功率为 220~240 马力。马拉内罗声称 250 GT Cabriolet 的极速为 220 千米 / 时，0—100 千米 / 时加速时间为 7.1 秒，虽然没有任何独立的测试验证过这一点。

每侧气缸单顶置凸轮轴发动机的出厂参考为 128C，发动机、变速器和传动系统都与同时期的 Coupe 车型相同。

3 升 V12 Colombo 发动机起初使用一个分电器，但一年之后则改为双分电器，这明显是出于可靠性的考虑。在 20 世纪 50 年代末仍然没有电子点火装置，设置分电器的点火正时以平衡 6 个或更多化油器这是一件至关重要的事情。坊间一直有传闻：在法拉利工厂内有一名专门负责调校分电器的老技师。

车身安装在与同期生产的 250 GT Boano 相同的 2600 毫米轴距底盘上，出厂编号为 508C。所有底盘编号为奇数公路版车型系列，加有 “GT” 后缀，并采用与 Coupe 相同的制造理念打造，装配同样的机械组件，比如悬架、制动器和转向系统。车身也和 250 Europa GT Boano 一样，使用了铁质车身。虽然这有别于 250 GT California，但这也不能否定它的赛车本质。

宾尼法利纳生产的早期原型车之一其实是一辆 Spider，而不是 Cabriolet，因为底盘编号 0663GT 的车身上没有安装折叠软篷，而车内乘客区上方装有一个可拆卸金属后座面板，而且树脂玻璃低风窗玻璃没有刮水器，驾驶席的头枕连入尾板，如同该时期的运动跑车一样。

宾尼法利纳的设计非常优雅，有着完美的平衡感，外观类似于底盘编号为 0725GT 和 0751GT 的两辆

彼得·约翰·科林斯（Peter John Collins），1931 年 11 月 6 日出生于英格兰的伍斯特郡，父亲是一位卡车驾驶人。科林斯从小就对汽车感兴趣，16 岁时被学校开除，原因是他逃课去游乐场玩耍。之后他在父亲的车库里当了学徒，并开始参加当地的小型比赛。与当时许多英国车手一样，科林斯开始参加 500 毫升赛车比赛。

科林斯的成功始于 1951 年他加入 JBS-Norton。那些由诺顿摩托车发动机提供动力的小型汽车，为包括科林斯在内的许多赛车手打开了通向 F1 的大门。在一次聚会上，科林斯通过一位女车手凯·佩特（Kay Petre）认识了阿斯顿·马丁的负责人约翰·沃耶（John Wyer），之后科林斯获得了在银石赛道试驾的机会，随后阿斯顿·马丁加入 HWM 车队参加 F2 的比赛，科林斯成功与车队签订了合同。之后的比赛，虽然科林斯表现出色，但因为车队资金不足，所以他最好的成绩也只是第二名。1952 年科林斯首次驾驶 F1 赛车。1953 年赛季结束后，科林斯离开了 HWM 车队。1953 年至 1955 年科林斯为多家车队效力，但他最辉煌的成绩还是在阿斯顿·马丁车队获得的。

1956 年，科林斯凭借前一年在 Targa Florio 的出色发挥加入了法拉利车队。科林斯的绅士做派很快获得了恩佐的喜爱，在爱子迪诺不幸去世后，恩佐似乎在科林斯的身上看到了迪诺的影子，并把他当作家庭成员般看待。恩佐在距离公司不远处的阿贝托内公路上买了一栋别墅，让科林斯住在那里，几个月后这里成为恩佐家庭的一部分，上班路上恩佐会在这里停留片刻，劳拉也会经常过去帮着科林斯洗衣服和收拾房间。这一时期恩佐和科林斯的感情不像是老板和员工这么简单,而更像是父子。

1956 年赛季科林斯的表现丝毫不亚于队友方吉奥，但就在他即将成为英国首位 F1 世界冠军的时候，他将自己的赛车让给了方吉奥。科林斯的无私行为赢得了恩佐的尊敬和方吉奥的高度赞扬：“他的举动让我感动得几乎要流泪了……彼得是我在赛车生涯中遇到过的最好、最伟大的绅士之一。” 与此同时，在跑车比赛方面，1000 英里耐力赛、纽博格林大赛，佛罗里达的锡布灵十二小时耐力赛，以及勒芒二十四小时耐力赛都可以见到科林斯的身影。也是在这一年，科林斯将家搬到了摩纳哥，以避免被英国军队招去服兵役，从而打断他的赛车生涯。

1957 年 1 月，科林斯与美国女演员路易斯·金（Louise King）结婚，后者是联合国秘书长达格·哈马舍尔德（Dag Hammarskjuld）行政助理的女儿。同年，科林斯与路易吉·穆索（Luigi Musso）进行激烈的对抗。然而，尽管在德国大满贯赛上取得了第三名，但法拉利在这个赛季的大部分时间里都处于劣势，因为 801 型赛车车重超标，动力不足。然而，科林斯在那个赛季还是取得了一些胜利。

1958 年赛季法拉利推出了 Dino 246 赛车，车队的成绩也开始上升。虽然在上半赛季取得了一些成绩，科林斯的成绩也可圈可点。然而，恩佐认为科林斯被他花花公子的生活方式所分心。科林斯也从马拉内罗的别墅搬出去住到了蒙特卡洛的游艇上，恩佐认为科林斯被分散了注意力，不再专注于驾驶和研发跑车，搬家的行为也被视为一种背叛。

恩佐随即解雇了科林斯，失去工作后的科林斯垂头丧气地在英格兰的一家酒吧喝酒，这一情况立即传到了恩佐的耳朵里，恩佐心软了，答应科林斯可以驾驶 F2 赛车直到赛季结束。但这次降级惹怒了科林斯的队友霍索恩（Hawthorn），他立即飞往摩德纳，并砸开了法拉利总部上着锁的大门，同时威胁恩佐如果不给科林斯一辆 F1 赛车，那么自己将永远不会为法拉利车队效力。恩佐妥协了。此时的法拉利车队缺乏顶级赛车手，所以科林斯是安全的。在英国大奖赛上，车队安排科林斯协助队友霍索恩。这场比赛科林斯发疯一般驾驶着赛车，赛后罗布·沃克（Rob Walker）告诉科林斯，他驾驶方式太恐怖了，为了安全他不应该再这样开车了。

1958 年的纽博格林，科林斯发生了致命的事故。他的赛车冲出了赛道，翻到了一道沟中，科林斯被甩出了赛车，在空中撞到了一棵树上。虽然科林斯立即被送往波恩医院，但还是因为头部受伤实在太严重了，不治身亡。

在科林斯发生事故后，法拉利内部对赛车进行了一次深入的调查，包括菲尔·希尔在内的很多车队成员都认为老旧、容易过热的鼓式制动器是造成科林斯事故的部分原因。安装新式盘式制动器刻不容缓，这一次恩佐勉强同意了。其实在这之前科林斯多次建议恩佐在法拉利汽车上安装盘式制动器，但都被恩佐拒绝了，科林斯只得在自己的汽车上安装了邓禄普盘式制动器。在科林斯去世后，他的汽车被送回到马拉内罗。

在霍索恩的强烈要求下，这套邓禄普盘式制动器被从科林斯的汽车上拆下安装到了霍索恩的赛车上。因为改装涉及大量细致的工作，包括轮轴的机械加工以及对博拉尼钢丝轮毂的改造，所以法拉利从英国请了两名邓禄普的制动器专家进行指导。以此为契机，马拉内罗制造的汽车开始全面安装盘式制动器。

1957 年德国大奖赛，科林斯驾驶着法拉利 801 赛车，紧随其后的是方吉奥驾驶的玛莎拉蒂 250F 赛车

Coupe“Speciale”车型，其设计毫无疑问受到这些Cabriolet的影响。

该车型通常装有前照灯保护罩，不过由于意大利车灯法令的改变，后来的一些车型取消了这个灯罩，头灯下方是垂直的橡胶缓冲器，位于宽而低浅的椭圆蛋箱形格栅的两侧。前翼线经过车门，曲线上扬，连接至轻微呈鳍状的尾翼线，一直延伸到后缘顶上的一个齐平安装的三角形尾灯。宾尼法利纳力图为这些Cabriolet车型打造一致风格，尽管同期生产的Coupe车型大同小异，但企业也为特定客户的座驾做个性化处理。

车身由宾尼法利纳制造和装饰，然后送至法拉利进行机械组件的安装。包括4辆原型车共生产了40辆车，底盘编号范围从0655GT至1475GT，除两辆车之外其余全部都是左舵驾驶。

250 GT Cabriolet第一系列从1957年的下半年才开始正式生产。在这之前，法拉利制造了一些定制版本。这些介于赛车和敞篷公路跑车之间的车型，都有流线型的头枕和乘员位车厢盖布。

1958年法国车展上展示了经过轻度改装的该车型，垂直的前缓冲器被一个安装在格栅下方的全宽镀铬保险杠代替。

改进一直持续着，1959年的巴黎车展上展出了其第二系列车型。新车无论外观还是机械部件都源自宾尼法利纳新设计的250 GT系列。为了区别于更像跑车的250 GT Spider California，这款敞篷车的设计风格更显清新，增大了行李箱空间，另外，内部也更为舒适。这款车型直到1962年才停产，共生产了约200辆。

新车处处体现着豪华和愉悦驾驶的设计理念。外置火花塞有利于提高寿命和便于维护等优点，双点火、4档变速器加超速档和盘式制动器的加入也为新车增色不少。对车身的修改完全证实了这一举动；更加倾斜的前风窗玻璃，更大的侧车窗，更大的内部空间，更大的行李箱和优美的发动机罩。1960年开始，可拆卸硬顶取代了布制车篷。

宾尼法利纳为250 GT Cabriolet拍摄了多幅宣传照片，因为对于其目标客户来说，优美的外形、精巧的内饰和宽敞的空间远比底盘和发动机重要得多。精细与实用是这辆车本应提供的，而且事实也确实如此。虽然250 GT Cabriolet的制造模式已经非常接近量产车那样，但细节的差异还是造成了没有两辆完全一样的车。

250 GT Cabriolet Series I

250 GT Cabriolet是汽车中的翘楚，虽然名义上是量产车型，但其实这是只为少数客户生产的定制车型。只有少数皇室成员、工业大亨和时尚精英能有幸购买到这款美丽的法拉利：沙特阿拉伯王子阿里·卡恩（Ali Kahn），也是丽塔·海华斯（Rita Hayworth）的丈夫；社交巨星、天才外交家、马球世界冠军波菲里奥·鲁维罗萨（Porfirio Rubirosa）；Youthful motor-sport车队老板乔瓦尼·沃尔皮·迪·米苏拉塔伯爵（Giovanni Volpi Di Misurata）和法拉利F1车手英国人彼得·科林斯（Peter Collins）。

第一辆展车，底盘0655GT，最后归属法拉利车队车手英国人彼得·科林斯（Peter Collins）。在他将这辆车带到英国时，先将车身漆成了英国赛车绿，而后他委托安装了邓禄普盘式制动器，据说在返回意大利后，法拉利从他的车上拆下这个盘式制动器装置，然后用在250 Testa Rossa运动赛车上，用于测试。

工程师应该对测试结果感到非常满意，因为在1959年底，四车轮盘式制动成为法拉利公路跑车的标准配置，并于该年年初应用在250 Testa Rossa赛车用车型上。

世间的巧合很多，法拉利250 GT Cabriolet遭遇到了宝马503 Cabriolet相同的命运：在同一时期宝马推出了507和503两款敞篷车；法拉利也在同一年推出了250 GT Cabriolet和250 GT California，而业界普遍认为后者是辆更加优秀的车，这种看法使250 GT Cabriolet的知名度远不如California。

250 GT Cabriolet Series II

250 GT Cabriolet

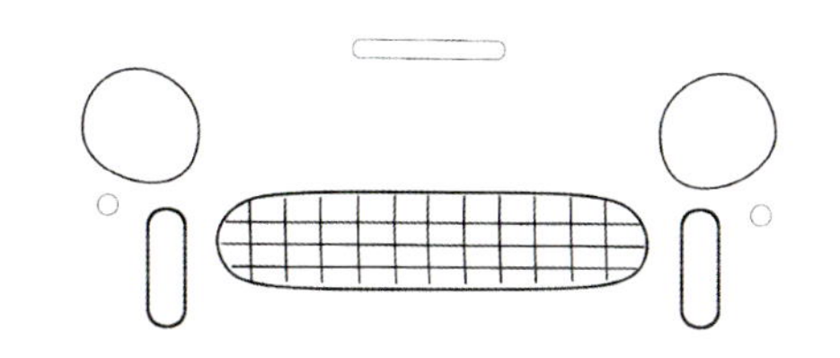

技术参数

发动机形式： 60° 夹角 V12
发动机排量： 2953毫升
缸径行程： 73毫米x58.8毫米
气门驱动方式： 单顶置凸轮轴
气门数： 每缸两个
点火系统： 每缸一个火花塞，一组分电器
供油方式： 三联装韦伯36 DCF 3化油器
压缩比： 8.5：1
最大功率： 220马力/7000转/分
润滑方式： 干式油底壳
变速器： 四档手动
车身类型： 双座 Roadster/Cabriolet
车重： N/A
最高车速： 220千米/时

1957年 Ferrari 250 GT California

California 可以说是当年法拉利公路跑车的一个代表，并且它还代表着意大利的舶来品进一步开拓北美市场的步伐。起初这个主意是约翰·冯·纽曼(John Von Neumann) 想出来的，他是法拉利在北美市场最杰出经销商之一。最初法拉利只是想把 California 做成敞篷的“TdF”，使用相同的 508C 的 2600 毫米底盘和安装 3 联装化油器的 Colombo V12 发动机，但 California 的成功远不止是一辆“去掉顶篷的 TdF”。250 GT California 是一款轻型汽车，既灵活又性感，并且完全适应美国这片土地。

事实上，250 GT California 是一辆值得人们尊敬的 GT 跑车，设计工作仍然由宾尼法利纳完成，宾尼法利纳勾勒出的优美线条由 Scagiietti 转化为现实，Scagiietti 在发动机盖、车门和行李箱盖等地方使用了大量的铝材，这使 California 的运动特性丝毫不输 Berlinetta 车型。250 GT California 的原型车完成于 1957 年末，第二年的 5 月正式投产，同年 6 月份第一批销往北美市场的 California 送到了北美的法拉利特许经营商 Luigi Chinetti 手中。

到 250 GT California 为止，它可能是法拉利生产过

250 GT California

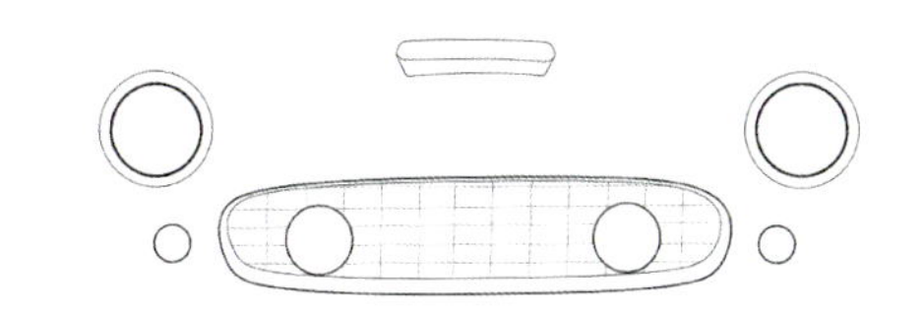

的最美丽的车型，它拥有简洁的前照灯、优美的车身线条和超过所有敞篷跑车的性能。

250 GT California 可以说是定制车型，没有两辆车的造型是完全一样的，虽然如此，宾尼法利纳还是认为一个版本不够完美，于是 California 就拥有了两种截然不同的造型，就像 400 Superamerica 一样。较早生产的车型安装有普通的前照灯，而之后生产的车子在前照灯上加装了有机玻璃灯罩。

250 GT California 是法拉利为美国市场专门设计的车型，这是一款能够用于赛车的公路用车，与它欧洲血统的亲戚相比较，250 GT California 在驾驶行为上更具侵略性，在车身装饰上则略显朴素。

California 使用的 V12 发动机配备 3 联装韦伯化油器，发动机沿袭了运动版发动机的设计方案，每个气缸均有一个进气口。4 档变速器使用合金铸造的外壳，发动机润滑方式为干式油底壳，轮毂使用 16 英寸的 Borani 钢丝辐条车轮。竞赛版车型使用邓禄普 R5 轮胎，普通街道版车型使用倍耐力 Cinturato 轮胎。

最后一辆 250 GT California 于 1963 年驶下生产线。在 1957 年至 1960 年间法拉利一共制造了 49 辆 LWB 车型，在 1960 年至 1963 年间制造了 55 辆 SWB 车型。在这些 California 中有些车身完全是由铝材制成的，并且安装了竞赛款的 V12 发动机。

技术参数

发动机形式： 60° 夹角 V12
发动机排量： 2953毫升
缸径行程： 73毫米x58.8毫米
气门驱动方式： 单顶置凸轮轴
气门数： 每缸两个
点火系统： 每缸一个火花塞，一组分电器
供油方式： 三联装韦伯 36 DCL3化油器
压缩比： 8.5：1
最大功率： 280马力/7000转/分
润滑方式： 干式油底壳
变速器： 四档手动
车身类型： 双座 Roadster
车重： 1075千克
最高车速： 268千米/时

1957年 Ferrari 250 Testa Rossa

250 Testa Rossa

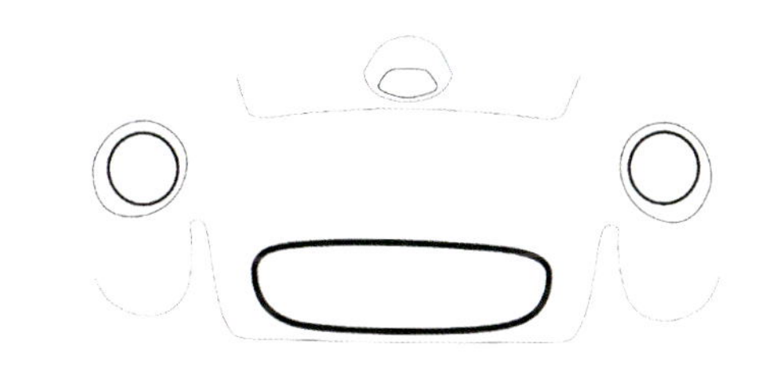

在 20 世纪 50 年代的时候，以 1000 英里耐力赛为首的公路比赛在欧洲各地欣欣向荣地举办着。这些比赛用车和公路跑车相同的是都采用前置发动机的底盘、后轮驱动。GT 和运动赛车虽然都是前置发动机、后轮驱动车型，但是根据发动机的调校不同而区分开来，当时的法拉利是以 250GT 为核心，为了制造具有竞争力的 GT 车型，将发动机的转速提高，从而制造了颇具竞争力的 TdF，用现在的话说就是在公路跑车上配备了高转速发动机。

NART 车队之前从法拉利那里订购过 500 TRC，但路易吉希望得到一款发动机动力更加强劲的赛车，并且要拥有 500 TRC 同等水平的操控性能。此时传闻 FIA 将原型车所采用的发动机限制在 3 升的范围内，这款车的研发也确实受到此传闻的影响。结果，采用了 250 GT 可靠的 V12 发动机，尽管该发动机已被完全调整为带有 6 个双腔化油器，发动机压缩比变为 9.8:1，最高输出功率为 304 马力。新车的底盘与 500 TRC 相同，但发动机缸盖被涂成了红色，所以它被赋予了一个响亮的名号“Testa Rossa”。

250 Testa Rossa 的后悬架采用了变形的双叉臂结构，为了调校方便使用了螺旋弹簧，并且后轴的位置支撑了差速器。250 Testa Rossa 的原装制动系统应为去掉散热器的大口径鼓式制动，但在随后的比赛中法拉利将其改装成了盘式制动。鼓式制动系统虽然也能提供足够的制动力，但在性能方面还是比盘式制动略逊一筹。初看上去 250 Testa Rossa 和它标称的尺寸一样，再望上去就觉得非常紧凑，官方没有发表它的实际尺寸，但推测长略超过 4 米，宽 1.7 米，因为低腰线产生的延伸感，使它看上去比实际要大很多。

250 Testa Rossa 的首次亮相是在德国纽博格林赛道的 1000 千米比赛上。1958 年，250 Testa Rossa 为法拉利赢得了“车队总冠军”的头衔， Testa Rossa 的赛道生涯长久且非凡，直至 1962 年才正式退役，但此后它仍然活跃在各种小型比赛场上。

技术参数

发动机形式：60° 夹角 V12
发动机排量：2953毫升
缸径行程：73毫米x58.8毫米
气门驱动方式：单顶置凸轮轴
气门数：每缸两个
点火系统：每缸一个火花塞，一组分电器
供油方式：三联装韦伯 36 DCL3化油器
压缩比：8.5：1
最大功率：280马力/7000转/分
润滑方式：干式油底壳
变速器：四档手动
车身类型：双座 Roadster
车重：1075千克
最高车速：268千米/时

1958年 Ferrari 250 GT Coupe

20世纪50年代中期，法拉利的公路跑车生产仍然维持着手工制造这种传统模式，虽然制造one-off车型的单辆利润非常丰厚，但恩佐明白这并非公司的主要业务方向，于是他在1958年初委托宾尼法利纳设计一款易于批量生产而且造型经典的车型，用以稳定公司的财务状况。而此时格鲁利亚斯科的新工厂已经完工，宾尼法利纳完成了从工匠式制造到半工业化生产的转变，现在完全有能力接手大批量车型的生产了。

为了配合这种半工业化生产的转变，法拉利和宾尼法利纳都必须做出改变，车型设计在利于量产和尽可能保持统一的同时，还要兼具优雅与时尚。

在制造了两辆仍旧拥有大面积弧形后车窗的实验车型之后，宾尼法利纳明确了250 GT Coupe的设计思路：前进气格栅使用经典的长而扁的样式；前照灯组突出在车体之外；后车窗不再使用大面积弧形玻璃，所有这一切都赋予了这款车巨大的平衡。

250 GT Coupe于1958年6月公开亮相，看起来并不像它的前辈（1954年款250 GT），而更像是Boano/Ellena生产的Europa GT的继任者。相比之下，腰线较低，窗户更高，车身线条非常简洁。

与之前的250系列车型一样，1958年款250 GT Coupe同样安装2953.2毫升排量的V12发动机，三联装韦伯36DCZ3化油器提供混合气体，发动机峰值功率为240马力。此时的法拉利基本已将公路跑车从竞技车型中完全剥离出来，但第一批次的Coupe的后悬架安装的仍旧是250 S的Houdaille。

1959年车型做了些许的改动：后悬架使用了Laycock De Normanville制造的伸缩式减振器，这使驾驶变得更加安全也更舒适；128 DF发动机排气歧管的位置做了修改（之前正好挡住了火花塞）；制动系统改为邓禄普制造的盘式制动器。后两项改进是非常必要的，因为之前就算是最熟练的法拉利车主更换火花塞都需要45分钟，而鼓式制动器存在先天的缺陷，

尤其是在寒冷的冬天。最初安装的倍耐力 165R400 型轮胎，1960 年之后改为了 185VR16。

在 250 GT Coupe 的最后一个生产批次，宾尼法利纳对车身进行了修改，这个批次的 Coupe 使用了 Superamerica 的车尾造型。

250 GT Coupe 在宾尼法利纳位于格鲁吉里亚索的新工厂内制造车身，这条生产线注定将成为众多经典车型的摇篮，如阿尔法 · 罗密欧 Giulietta Spider 和蓝旗亚 B24。

根据当时的记录，巴蒂斯塔 · 法利纳（Battista Farina）的工厂制造了 343 辆“标准化”的 250 GT Coupe 车身，这在当时创造了工厂的一项纪录。

而法拉利方面的记录显示只有 335 辆 250 GT Coupe 最终驶下马拉内罗的生产线。买家包括瑞典贝蒂尔（Bertil）王子和荷兰伯恩哈德（Bernhard）亲王。

1960 年 9 月，英国著名汽车杂志《Autosport》的技术编辑约翰 · 博尔斯特（John Bolster）将自己在古德伍德赛道上一天的经历撰写成了试车报告。在那里他有机会尝试不少于 3 辆法拉利，这些都是马拉内罗的授权经销商提供的：公路版的 Testa Rossa、Berlinetta SWB 和 Coupe（1958 年款，并且已经行驶了 4 万千米）。

博尔斯特在文章中指出，Coupe 的座舱非常宽敞并且豪华。发动机转速在 6000 转 / 分之内噪声被控制得很好，档位清晰易于操作，制动给人以非常良好的印象。约翰 · 博尔斯特承认自己不再年轻，但他表示在驾驶了这辆法拉利几个小时之后，时间好像倒流了。这位风趣的编辑最后表示如果读者想获得和他一样的感受，需要支付 6326 英镑（含税）。

在法拉利的历史长河中，250 GT Coupe 理所当然地会占有非常重要的位置。这是一辆气势雄伟的汽车，它的外表看上去干练而机敏，机械性能可靠。

更具历史意义的是 250 GT Coupe 的生产代表着法拉利的制造能力已经有了质的飞跃，此时的年产量已经达到百辆，但仍然有能力制造定制车型。

250 GT Coupe (Bertil)

伯恩哈德出生于1911年6月29日，全名为伯恩哈德·利奥波德·弗里德里希·埃伯哈德·朱利叶斯·库尔特·卡尔·戈特弗里德·彼得（Bernhard Leopold Friedrich Eberhard Julius Kurt Karl Gottfried Peter）。由于他父母的婚姻不符合利普（Lippe）家族的婚姻法律，因此最初被认为是贵贱通婚的（morganatic），所以伯恩哈德在出生时才被授予“比斯特菲尔德伯爵”（Count of Biesterfeld）的称号。1916年，他的叔叔利奥波德四世（Leopold IV）将伯恩哈德和他的母亲提升为利普－比斯特菲尔德的王子和公主。

第一次世界大战后，伯恩哈德的家族失去了经济来源。但是这个家庭还是很富裕的，伯恩哈德幼年在位于奥德河以东30千米的东勃兰登堡（现在是波兰的卢布什省沃伊诺维村）的家族城堡中度过，在那里接受了早期教育。伯恩哈德小时候身体状况并不好，医生预言他不会活得很久。这个预言也可能是造成伯恩哈德大胆、鲁莽驾车的一个原因。

伯恩哈德在瑞士洛桑大学和柏林学习法律，在那里他迷上了驾车、骑马和狩猎。在1938年他驾驶的汽车以160千米/时的速度发生了事故，他的颈部和肋骨严重受伤，险些丧命。

伯恩哈德在大学期间加入了纳粹党，他还参加了SS骑兵团。尽管如此，他并不是一个激烈的民族主义者，伯恩哈德也从未有过激烈的政治观点或任何种族主义情绪。

伯恩哈德在1936年的帕滕基兴冬季奥运会上遇到了朱丽安娜（Juliana）公主。朱丽安娜的母亲威廉敏娜（Wilhelmina）女王在20世纪30年代大部分时间都在为朱莉安娜寻找合适的丈夫。威廉敏娜女王让她的律师草拟了一份非常详细的婚前协议，明确规定了伯恩哈德可以做什么和不可以做什么。

伯恩哈德和朱丽安娜于1936年9月8日宣布订婚，他们于1937年1月7日在海牙结婚。此前，伯恩哈德被授予荷兰公民身份，并将他的名字拼写从德文改为荷兰文。他被称为“安详的殿下”。

伯恩哈德是六个孩子的父亲，其中四个与朱莉安娜所生，他还有两个私生女。

伯恩哈德虽然加入过纳粹党，但当德国挑起战争后，他和他的母亲立即表现出对纳粹强烈的抵触情绪。伯恩哈德的母亲还因为拒绝在自家门前悬挂纳粹旗帜而差一点遭到迫害。

第二次世界大战爆发后，伯恩哈德时刻谨记自己的身份，1940年6月25日法国沦陷之后，伯恩哈德本人在英国广播公司的一次公开演讲中称希特勒为暴君。伯恩哈德的兄弟此时在德国军队中担任军官，尽管两国的谍报部门都对这对特殊的兄弟感兴趣，但是没有发现任何不正当的信息接触和泄露，伯恩哈德证明了自己是一个忠诚的荷兰公民，此时他已经和德国的那些亲纳粹分子断绝了一切的往来。

在德国入侵荷兰期间，王子携带机枪将宫廷卫兵组织成一个战斗群，并向德国战机开枪。在皇室计划逃离荷兰到英国避难时，28岁的年轻亲王却拒绝离开，最终在妻子的劝说下去了英国，并成为伦敦皇家军事使团的负责人。战事稍缓后，他的妻子朱莉安娜公主和他们的孩子去了加拿大，直到战争结束。

在英格兰，伯恩哈德亲王要求在英国情报部门工作，但是英国海军部和后来的艾森豪威尔盟军司令部并不相信他。然而，在丘吉尔的要求下伯恩哈德亲王最终在盟军战争计划委员会找到了一份工作。

1940 年，默里 · 佩恩（Murray Payne）中尉教会了亲王如何驾驶战斗机，亲王的飞行时间长达 1000 小时，在这期间他摔坏了两架飞机。1941 年，伯恩哈德亲王被授予皇家空军联队指挥官荣誉军衔。亲王曾在 B-24 轰炸机上攻击 V-1 发射台，并在大西洋上用 B-25 进行反潜侦察。伯恩哈德亲王因为他的“能力和毅力”（荷兰语：“bekwaamheid en volharding”）被授予荷兰空军十字勋章。1941 年，他还升任荣誉空军准将。他还协助组织荷兰抵抗运动，担任威廉敏娜女王的私人秘书。

但威廉敏娜女王在签署政令时将“荣誉”一词抹去了，她给了这位亲王一个其他皇室亲王从未有过的地位，虽然这是违反宪法的。但国防部长并没有对君主的法令提出异议，从此亲王在荷兰武装力量中扮演了积极和重要的角色。众所周知的是亲王非常喜欢穿军装，而且喜爱在公众场合佩戴自己获得的各种勋章。

到了 1944 年，伯恩哈德亲王成为荷兰武装部队司令。荷兰解放后，他与家人一起回到祖国。德国投降后，亲王代表荷兰坐到了谈判桌前，在大多数荷兰人看来，亲王是一个真正的英雄。在战后的几年里，他在帮助振兴荷兰经济方面的工作赢得了国民的尊重。

战后，他曾担任福克飞机和荷兰皇家航空公司的监事会成员，几年之内，他被邀请担任众多公司和机构的顾问或非执行董事。在 1952 年与朱丽安娜女王去美国旅行之后，伯恩哈德亲王被媒体宣传为荷兰商界大使。

1954 年，伯恩哈德亲王还召集组织了“比尔德贝格会议”，邀请世界各国贵宾，就经济和国际政治问题展开讨论。出席这次会议的有美国前国务卿基辛格、联邦德国总理勃兰特、法国总统吉斯卡尔·德斯坦、石油大亨洛柯菲勒，以及菲律宾总统等。伯恩哈德亲王的独一无二的关系网成了荷兰提升出口贸易效益的一张“王牌”。

1976 年的丑闻震惊了皇室，当时伯恩哈德亲王已经接受了来自美国飞机制造商洛克希德公司的 110 万美元的贿赂，以影响荷兰政府购买其战斗机。当时他在全球范围内担任 300 多个公司的董事会和委员会成员，并在荷兰为推动该国的经济福祉所做的努力受到称赞。为此，伯恩哈德亲王辞去了荷兰武装部队总监的职务。这意味着他不能在正式场合再穿军装了。同时亲王也将辞去他在商界、慈善机构和其他机构的各种高调职位。伯恩哈德把世界野生动物基金会主席的职位交给爱丁堡公爵菲利普亲王。

1988 年，伯恩哈德和朱丽安娜从他们的个人藏品中出售了两幅作品，为世界野生动物基金会筹集资金。这幅画以 70 万英镑的价格出售，存入瑞士世界自然基金会的银行账户。然而，1989 年，世界自然基金会（WWF）总干事查尔斯 · 德 · 海斯（Charles De Haes）将 50 万英镑退还给了伯恩哈德。

1994 年，伯恩哈德做了结肠肿瘤切除手术，并因呼吸窘迫而出现严重的并发症。他的健康问题在 1998 年继续恶化，此时患上了前列腺肿胀，1999 年时出现呼吸困难，2000 年，当他的神经系统并发症和持续呼吸困难时，他的生命再次受到威胁。

2004 年 12 月 1 日，伯恩哈德因癌症去世，享年 93 岁。12 月 11 日，在 Nieuwe Kerk 举行了一场豪华的国葬。伯恩哈德的棺木被放置在炮架上，而不是他妻子朱莉安娜那样放置在传统的马车上，加之许多第二次世界大战的退伍老兵自发成立了仪仗队，葬礼就像是为一位军人送行一样。作为对他在荷兰皇家空军中所做的贡献的肯定，三架现代 F-16 喷气式战斗机和一架第二次世界大战喷火式战斗机以低空飞行的形式划过葬礼的队伍。

伯恩哈德一手创办了彼尔德伯格集团。他将自己的青春都奉献给了荷兰的解放事业，作为世界野生动物基金会主席，他为保护濒临灭绝的野生动物奔忙；作为欧洲艺术基金会主席，他总能成功地为艺术奖项筹集到资金。欧洲议会 1960 年授予他欧洲奖，以表彰他为公益事业做出的卓越贡献。这一切使荷兰人相信：伯恩哈德亲王正是女王最合适的伴侣 。

1960年年底，恩佐舍弃了他多年来使用的“指挥官”的头衔，表示更乐意被称为“工程师”，除了少数几个敢对他直呼其名的人之外，其他人现在都这么称呼他。这个称呼基于博洛尼亚大学在7月份颁发给恩佐一个工程方面的名誉学位，恩佐对此感到非常自豪。

恩佐的朋友，传记作家吉诺·兰卡迪曾经讲过一个故事。根据兰卡迪的回忆，当时他收到邀请和恩佐一起去博洛尼亚大学参加颁奖典礼，于是他们约好了在卡瓦利诺吃早餐。去博洛尼亚要沿着艾米利亚古道走40多千米，大家开始讨论采用何种交通工具过去。一开始大家建议开公司新款的250 GT Coupe过去，但恩佐觉得这样太招摇了。这些年恩佐一直开的都是老旧的菲亚特、阿尔法·罗密欧和蓝旗亚，多年以后为了宣传才开始开自己公司生产的汽车。但这一天他觉得开自己的车也不合适，佩皮诺·维德利建议开劳拉弟弟的那辆标致过去，这辆车也正好在公司。但恩佐又拒绝了，毕竟意大利最出色的汽车制造商开着一辆法国车出席活动好像有点不太合适。恩佐也不同意坐火车，当然他更是一次也没有坐过飞机，就算是电梯他也是拒绝的。这样就一直僵持着，最后恩佐决定开着那辆标致过去，但将车停在了离颁奖典礼地方1千米以外的地方，然后两人冒着博洛尼亚的酷暑步行去大学参加典礼。

250 GT Coupe (Bernhard)

250 GT Coupe (Bernhard)

250 GT Coupe

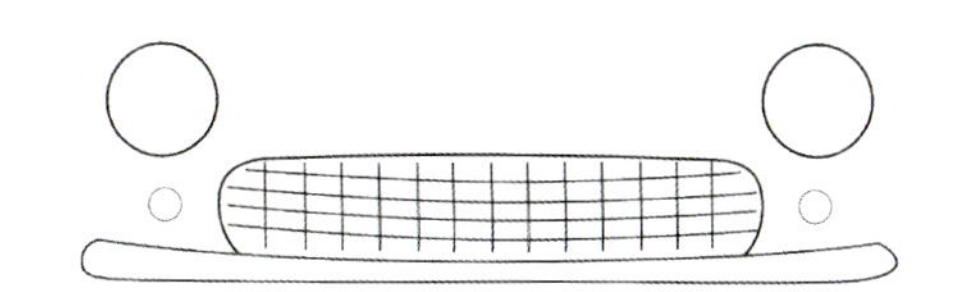

技术参数

发动机形式：60° 夹角 V12

发动机排量：2953毫升

缸径行程：73毫米x58.8毫米

气门驱动方式：单顶置凸轮轴

气门数：每缸两个

点火系统：每缸一个火花塞，两组分电器

供油方式：三联装韦伯 36 DCZ3化油器

压缩比：9：1

最大功率：240马力/7000转/分

润滑方式：干式油底壳

变速器：四档手动

车身类型：双座 Coupe

车重：1230千克

最高车速：250千米/时

1959年 Ferrari 250 GT Berlinetta SWB

在1959年的巴黎沙龙上，法拉利展出了一款比以往250 GT系列车型的轴距稍短的全新车型，新车除了缩短的轴距外，采用的铝制车身也引起了人们的关注。新车被命名为250 GT Berlinetta SWB(简称250 GT SWB)。

1960年7月28日，底盘编号1993的右舵版250 GT SWB驶下生产线，这辆蓝色的SWB是为英国的法拉利经销商罗尼霍雷上校特别定制的，但这辆车为铁质车身。

250 GT Berlinetta SWB由宾尼法利纳设计，位于摩德纳的斯卡列蒂完成铁制和铝制两款车身的制造。250 GT SWB使用2400毫米轴距的底盘和Colombo设计的V12发动机。FIA在1960年6月16日将这两款不同车身的250 GT SWB都分类到相同的ISC中的J类。铁制车身的街道版250 GT SWB配备两个化油器，每个化油器都有两个腔，气缸头部同样配有进气口，这一次则是沿袭发展了250 TR上配置的运动版发动机每个气缸配备一个进气口的设计。合金外壳的4档变速器配合单离合器片，并且法拉利首次将前后制动盘作为了车辆的标准配置，合金外缘的15英寸或16英寸钢丝轮毂由Borani提供，大部分竞技版车型使用著名的邓禄普R5轮胎，而街道版通常选用倍耐力Cinturato轮胎。

这款250 GT SWB的使用手册中列举了7种可以选择的传动比，这就意味着它可以赢得从布兰兹哈奇到勒芒各种比赛的胜利，它保持发动机极限转速在7000转/分的前提下，简单地改变传动比就能将车速从203千米/时提升至最高269千米/时。

在合金制造的变速器外壳内，竞技版车型的档位是以黏性方式耦合并通过短传动杆连接到一个合金楞纹变速器，而铁制车身的街道版则使用一个无楞纹变速器。双联装韦伯40 DCZ化油器与一个黑色的空气净化器外壳连接在一起，而竞赛版中使用三联装双腔韦伯40 DCZ化油器。

由宾尼法利纳设计的250 GT Berlinetta SWB拥有从任何角度观赏都极尽华丽的线条，车身部分完全由手工打造。望着浅色皮革包裹的桶形座椅、400毫米的大尺寸方向盘，这些都使人强烈地感觉到复古与典雅，在木质方向盘的中央刻着黄色的跃马标志，触摸纤细的方向盘，可以感觉到那个时代的气息，方向盘力度不比现在的赛车重，所以驾驶起来没有任何问题，座椅可调范围很小，但大部分驾驶人都能获得舒适的驾驶位置。

法拉利250 GT系列从1955年至1964年间在欧洲以及

国际公路赛事均君临天下，法拉利随着每个赛季的变化在各项赛事中对机械部分进行升级，这使它保持了竞争力，从而赢得了胜利。1954 年，轴距 2600 毫米的 250 GT 诞生，所搭载的 V12 发动机是从 20 世纪 50 年代至 60 年代由 Gioacchino Colombo 所设计，体现了法拉利强悍的个性。V12 发动机采用夹角为 60° 的设计，排气量是 250 毫升乘以 12 所得到的 3 升。250 系列由宾尼法利纳设计车身，在这之中风格发生了几次变化。在法国巡回赛上，推出了 1956 年产的长轴距版 250 GT LWB，之后的 250 GT 系列继续进化，其中取得特别优秀战绩的是这款 250 GT SWB，它于 1959 年在巴黎亮相，由于它的轴距比之前的车型缩短了 200 毫米，所以被称为短轴距的 Berlinetta。这也是法拉利公路跑车中第一辆装配 4 轮盘式制动器的车型。发动机和其他型号的 250 GT 车型是相同的：V12 发动机，排量 2953 毫升，在提高压缩比、更换化油器的前提下实现了 260~280 马力的动力输出。除了当时作为竞赛专用的铝制车型之外，还向部分普通客户提供铁制车身。

受制于当年轮胎的极限界限很低，所以不可能出现先进而且精致的悬架结构。SWB 是一辆集 20 世纪 50 年代悬架技术大成的杰作，所以驾驶它也应用古典式的驾驶方式。即使是同型号的 SWB，到了 1961 年也开始使用 GTO 那样的悬架结构，大大地靠近近代的悬架方式，一定程度上说，SWB 是一辆在古典与现代夹缝之间的车型，不过用现在的眼光审视，发动机也是非常了不起的。就算在弯道上不能甩开对手，在直道上也能远远地抛离对方，这就是法拉利的胜利模式。

在将先进的技术变为产品的过程中，花费大量的时间、劳力、资金本身就具有一定的风险，这在赛车界是一种共识，采用具有竞争性的技术并确保其可靠性的前提下，胜利就近在咫尺了。在对手刚开始将新技术投产的同时就已经使用它的话，那无疑是非常有利的，就像 250 LM 那样采用中置发动机设计。用恩佐自己的话说，SWB 是在古典成熟的底盘基础上，通过缩短轴距而提高操控性，采用四轮制动盘、动力升级的 V12 发动机武装起来的车子。这一武器在各项 GT 比赛中荣获了辉煌的成绩，使之前的法拉利 250 GT 在世界上的名声进一步扩大。

法拉利 250 GT Berlinetta SWB 几乎赢得了在 1960 年间举行的所有国际 GT 赛事的胜利，从 1 月的布宜诺斯艾利斯到 10 月 Monthlery 1000 千米耐力赛，其中最具意义的或许就是 Stirling Moss 获得了 8 月举行的古德伍德巡回赛的胜利。所以与其说 250 GT Berlinetta SWB 是一辆了解了胜利之道的法拉利，倒不如说是为了获得众多荣誉而诞生的法拉利。

250 GT Berlinetta SWB

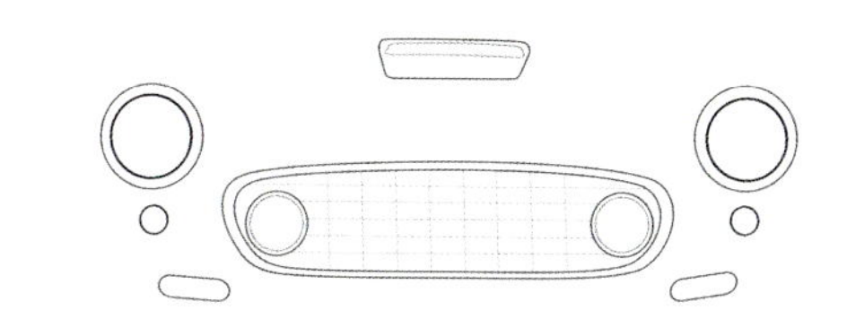

技术参数

发动机形式：60° 夹角 V12
发动机排量：2953毫升
缸径行程：73毫米x58.8毫米
气门驱动方式：单顶置凸轮轴
气门数：每缸两个
点火系统：每缸一个火花塞，一组分电器
供油方式：三联装韦伯 36 DCL3化油器
压缩比：8.5：1
最大功率：280马力/7000转/分
润滑方式：干式油底壳
变速器：四档手动
车身类型：双座 Roadster
车重：1075千克
最高车速：268千米/时

1960年 Ferrari 400 Superamerica

20 世纪 60 年代正值法拉利的黄金时期，几乎每天都有一辆新车驶下生产线，其中大部分是 250 系列车型或是其衍生车型。但是对于真正的富翁来说，他们还可以定制这款 400 Superamerica。在此之前的法拉利汽车都是以单缸立方容量的数字形式来命名的，但 400 Superamerica 打破了这个传统。

法拉利车型的名称在某种意义上可以看作是一种宣言，几乎所有的“America”车型都是针对小型客户群体的，这部分客户需要的不是一辆“家庭车”，很多时候他们需要的是 one off。

400 Superamerica 采用了 Colombo 发动机的基本设计，并且加装外置火花塞和 3 联装韦伯 42 DCN 化油器。因为 400 Superamerica 是 410 Superamerica 的后继车型，所以它们之间的关联是显而易见的。但 400 Superamerica 的发动机体积更小，底盘也更短，轴距被设置为 2420 毫米。尽管宾尼法利纳拍摄了一些极富现代感的照片，但 400 Superamerica 没有任何的宣传手册出版，完全是以一种口口相传的方式来推广和销售。

400 Superamerica 的底盘符合 20 世纪 60 年代法拉利汽车的通常样式，椭圆形钢管结构、螺旋弹簧、液压式减振器，后部的刚性轴连接到一个半椭圆弹簧上。1588 千克的车重

由制动盘制动。单片式离合器的4档变速器上联动Laycock De Normanville加速套件。

第一辆400 Superamerica Pininfarina敞篷车在1960年布鲁塞尔车展亮相，在此之前Coupe版于都灵车展展出。一直到1963年这款400 Superamerica还在各项车展上被大加宣传，在法拉利的展台前，人们通常需要排上几个小时的队才能一睹400 Superamerica的风采——观看的人实在是太多了。

400 Superamerica当年的目标人群是美国的超级富豪们，1960年400 Superamerica在北美的定价为17800美元。虽然价格昂贵，但对于那个年代的美国人来讲，他们只想得到法拉利，除此之外的一切他们都可以接受。恩佐就是利用了美国人的这种心理，从而成功地开拓了美国市场。400 Superamerica在1960年至1964年间共生产了47辆。和410 Superamerica一样，没有两辆400 Superamerica是完全相同的，因为除了机械部件相同外，每部车的内饰都是根据客户的要求定制的。

400 Superamerica的最高车速为260千米/时，0—100千米/时的加速时间为7.9秒，0—160千米/时的加速时间为18.7秒。

400 Superamerica

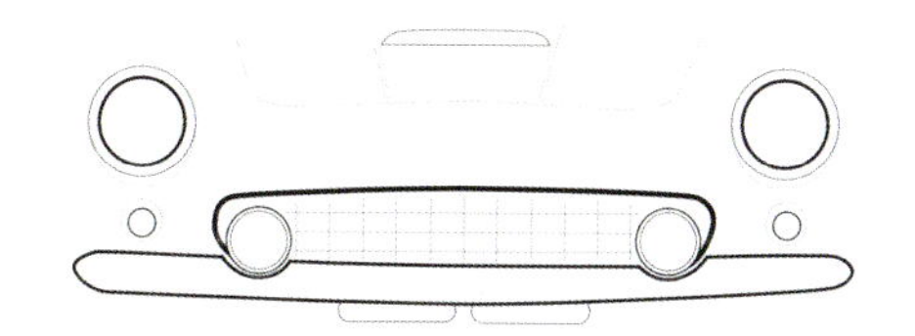

技术参数

发动机形式： 60° 夹角V12
发动机排量： 3967毫升
缸径行程： 77毫米x71毫米
气门驱动方式： 单顶置凸轮轴
气门数： 每缸两个
点火系统： 每缸一个火花塞，两组分电器
供油方式： 三联装韦伯46 DCF3化油器
压缩比： 9.8 : 1
最大功率： 340马力/7000转/分
润滑方式： 干式油底壳
变速器： 四档手动
车身类型： 双座Coupe/Cabriolet
车重： 1588千克
最高车速： 260千米/时

1960—1963年 Ferrari 250 GTE 2+2 & 330 America

20 世纪 50 年代末，法拉利考虑用一款真正的 2+2 车型来充实自己的产品线，但最大的问题是在这之前法拉利并没有可以安装四个座位的长轴距底盘，研发长轴距底盘显然不符合法拉利的造车理念，如何在原有两座车的座舱里装上四个座位，这是法拉利急需解决的问题。于是在法拉利和宾尼法利纳的紧密合作下，第一辆四座法拉利诞生了。

250 GTE 是一辆极受人推崇且拥有巧妙的平衡性和完美设计的跑车。它的底盘传承自 250 GT Berlinetta，并且做了修改，最大的改动就是将发动机的位置前移了 20 厘米，底盘的厂内代号为 508E，这就是该车型 GTE 中 E 的由来。

法利纳和恩佐严格来讲可以说是同道中人。他们俩应该早在 20 世纪 50 年代就互相闻名，据他们的好友讲，两人都十分专权并且像女明星一样固执和虚荣，互相之间都保持着一种怀疑的态度，但都非常有兴趣关心对方的一举一动。不过他们几乎从未碰面或有任何往来。直到 1951 年的一天，在经过了长期的准备并运用了大量外交手段后，两人终于坐到了托特纳饭店的一张餐桌前。正如法利纳所讲的那样，这次经过良好准备的会面引出了长达一生的对话与合作，更是对法拉利日后的发展带来了极其深远的影响。

250 GTE 2+2 的前悬架采用前双横臂独立悬架配合螺旋弹簧和液压减振器，后轮为半独立悬架装配钢板弹簧和液压减振器，精细的钢丝辐条配上装有三个类似飞镖的轮胎帽，使 GTE 的侧线分外矫捷。

装有 3 联装韦伯化油器的 V12 发动机配有和 250 GT SWB 一样的外置火花塞。四档变速器安装有同步器，并且附有一个电控装置，这一装置在车辆高速行驶时将发动机的转速降低了 22%，由此提高了燃油经济性，虽然这项功能只在变速器处于 4 档时工作，在其他时候并不发挥作用，但从用户的反馈情况来看，这项发明显然是不成功的，因为很大一部分车主觉得这样的设计可有可无，而一部分激进的车主则觉得这样的设计简直扼杀了法拉利的野性。

250 GTE 2+2 (Enzo Ferrari)

250 GTE 2+2 的车身由宾尼法利纳和法拉利共同设计并且在 1960 年通过了风洞测试，这在当时是非常前卫的做法。GTE 在发动机两侧的车身上安装有格栅以便热空气能更快地排出。最大化的空间利用理念使得车尾能空出一个宽敞的行李箱。四支镀铬的排气管从尾部的保险杠下伸出。车头的行车灯被安置在法拉利经典的椭圆形进气格栅的角落。完美的抛光铝制跃马标志装在法拉利标志正下方的格栅中。

这辆新型的法拉利满足了市场的需求，直至今日两座车都被认为是缺乏实用性的。250 GTE 2+2 在它所生产的三年中，几乎是以每天一辆的速度驶下生产线，这种生产速度在法拉利中实属罕见，但有一点可以保证：原有的制作标准和车身结构并没有因为高产量而出现丝毫的折扣，这说明宾尼法利纳原有的设计就十分利于生产。

250 GTE 2+2 的原型车在 1960 年 6 月于赛道上首次亮相，这是法拉利的 2+2 车型第一次出现在众多世界媒体面前，Connolly 的皮革和大量镀铬件的使用令车厢氛围一下子豪华了起来。

法拉利终究是法拉利，在接下来的比赛中 GTE 赢得了七场中的六场，这又创造了法拉利的一项新荣誉——就算是 2+2 车型依然不可小视。GTE 2+2 的再次亮相则是次年的巴黎车展上。在 1963 年底停产之前，法拉利大概生产了 1000 辆 GTE，之后工厂又另外生产了 50 辆配备着全新 4 升 V12 发动机的 GTE，这 50 辆车被命名为“330 America”，并全部销往北美市场。330 America 更像是在 330 GT 2+2 出现之前的过渡车型。

1964 年，法拉利又为罗马的飞行队制造了两辆黑色的 GTE，车体的两边都涂有警察的标志。

330 America

250 GTE 2+2 & 330 America

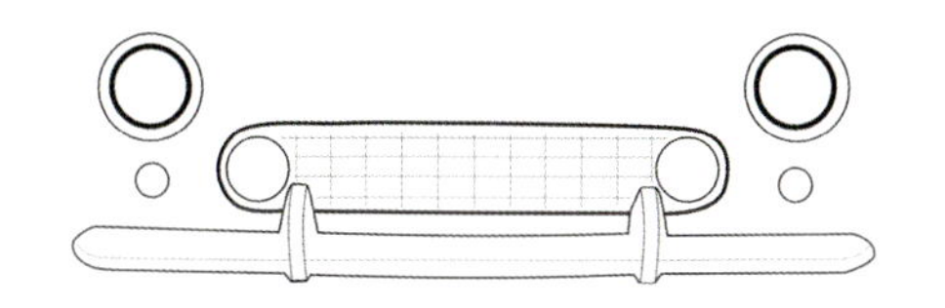

250 GTE 2+2

技术参数

发动机形式：60° 夹角 V12
发动机排量：2953毫升
缸径行程：73毫米x58.8毫米
气门驱动方式：单顶置凸轮轴
气门数：每缸两个
点火系统：每缸一个火花塞，两组分电器
供油方式：三联装韦伯 36 DCL化油器
压缩比：8.8 : 1
最大功率：240马力/7000转/分
润滑方式：干式油底壳
变速器：四档手动
车身类型：2+2 Coupe
车重：1280千克
最高车速：230千米/时

1962—1964年 Ferrari 250 GTO & 250 GTO 63/64

1962 年，世界 Racing Car 锦标赛规定由运动赛道改装车变化为 GT 组别，这个组别只对在 12 个月内产量在 100 辆之上的量产车开放，当年法拉利生产的新式跑车没有一款符合上述规定。于是法拉利利用 250 GT SWB 的底盘，安装了 250 Testa Rossa 的发动机，组成了这辆 250 GTO，然后法拉利以 250 GT SWB 的名义为 250 GTO 报了名，于是只生产了 39 辆的 250 GTO 也得以参加 GT 组别的比赛。

GTO 和 SWB 都使用 FR 的布置方式，用现在的说法可以说 GTO 是 SWB 的发展型。可能因为是封闭车体的关系，GTO 厚重的排气声在座舱中听得非常清晰，在法拉利狂热的收藏者之中，GTO 被评为能奏出最美丽音乐的法拉利。但是怠速时，发动机会发出金属撞击般的机械噪声，并不是非常好听，但令人兴奋的是踩下加速踏板的那一瞬间，音色立即变为澄清的声音，这是个非常戏剧性的变化。

250 GTO 的产量稀少，一方面是因为它赛车的本质，另一个决定性的因素是法拉利当年的汽车全部由手工打造：生产一台 V12 发动机就需要大约两周的时间，而装配好一辆“流水线生产的汽车”则需要花费 2500 个工时，专门为这些跑车进行质量检测的检验员就多达 30 人，而制造一辆 F1 赛车则需要至少 4000 个工时。

想得到 GTO 的人很多，但这款车需要它的拥有者必须具有高度的热情和宽容心。在一切条件都允许的情况下，GTO 的极速可以达到 280 千米 / 时，但是它的发动机、制动系统和散热系统都不适合在普通公路上行驶。GTO 如同法拉利的许多车型一样，没有任何防锈处理，雨水和潮湿的天气就会在它们身上造成丑陋的锈斑。如果车身哪里的铁皮受到了损伤，那么用于替换的部件也必须手工打造，并且没有两辆车的部件是

250 GTO

250 GTO/64

完全相同的，因此受损车辆必须送回原厂进行再次调校。

尽管如此，250 GTO 以它的稀少性和它所取得的胜利，在世界法拉利收藏家和爱好者中受到的礼遇，就像大家都知道的那样。但是现在的 GTO 所有者分成所谓的收藏者和经典车驾驶人两派，在以这辆贵重的 250 GTO 参赛的背后，对于有技术的爱好者来说，能够顺畅地驾驶 GTO，轻松地行驶，这本身就是一件快乐的事情，这也是这辆车至今都能在赛道上活跃的原因之一。

1964 年，法拉利对 250 GTO 进行了一次小范围的升级，厂内称它为 250 GTO 63/64，或 250 GTO 第二系列，用现在的话说就是 250 GTO 的 Evoluzione 车型。或许是因为当年工厂的产能所限，又或许是因为车体构造不一样造成的产能受限，Scaglietti 只生产了 7 辆车身，其中 4 辆是经过改造后的 1962 版 GTO，只有 3 辆是全新制造的。

重新设计的流线型华丽的低线条车体，在低矮的发动机盖上有一个很大的突起，可以想象这个需要大量空气的强劲发动机是多么的可怕，宽而低的外形使得车体重心下降，这都是为了追求更高的弯道表现。63/64 版车型比 62 版 GTO 更倾斜的前风窗玻璃和更小的座舱都能感觉到出于空气动力学的考虑，因为勒芒是一个高速的舞台，开发者重视的高速表现直接体现在了 GTO 63/64 的外观上。

GTO 曾获得过多种比赛的胜利，不仅在勒芒那样的场地赛，还在环法近似于拉力的比赛中，GTO 都以压倒性的强势获胜。

250 GTO & 250 GTO 63/64

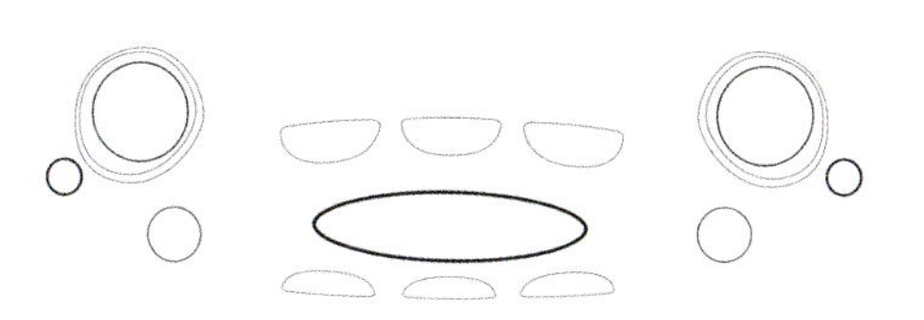

250 GTO

技术参数

发动机形式： 60° 夹角 V12
发动机排量： 2953毫升
缸径行程： 73毫米x58.8毫米
气门驱动方式： 单顶置凸轮轴
气门数： 每缸两个
点火系统： 每缸一个火花塞，两组分电器
供油方式： 六联装韦伯 36 DCS化油器
压缩比： 9.7：1
最大功率： 302马力/7500转/分
润滑方式： 干式油底壳
变速器： 五档手动
车身类型： 双座 Sports Saloon
车重： 900千克
最高车速： 280千米/时

1962年 Ferrari 250 GT Berlinetta Lusso

1962 年巴黎沙龙上，250 GT Berlinetta Lusso（它还有另一个名字 250 GTL，“L” 就是 Lusso 的意思）完成了它在人群面前的首次亮相。尽管有着类似公路轿车的外观，但 Lusso 依然成为法拉利大家庭中的一款双座跑车。

250 GT Berlinetta Lusso 的底盘拥有和同门师弟 250 GTO 一样的 2400 毫米的轴距，车架以最优雅的法拉利方式由半椭圆形截面的钢管构成。前悬架包括：铸铁横臂、螺旋弹簧和 Koni 减振器。后轴和两个半径杆相连接，并且附有稳定杆设计，后轴的两端各连接半椭圆钢板弹簧。稳定杆中心连接在差速器外壳后部并通过两臂防止轮轴侧滑。钢板弹簧上缠绕着金属卡扣以提高悬架系统稳定性。除了后期使用螺旋弹簧的车型外，Lusso 都安装有这种经典的弹簧结构。再加上盘式制动和 Borrani 钢丝轮毂就构成了 250 GT Berlinetta Lusso 完整的底盘。

3 升 V12 发动机的压缩比为 9.2:1，发动机安装的位置与 250 GTO 相比略靠前，并且没有采用干式油底壳。

在大多数 Lusso 车型上 3 联装韦伯 36DCS 化油器都被安装在一个黑色的空气滤清器之下，所以就算打开发动机盖也

看不到化油器，但是双 Marelli 分电器和一对汽油滤清器在发动机盖被打开时都赫然入目。

宾尼法利纳设计的车身被分包给摩德纳的斯卡列蒂制造，除车门和发动机盖为铝制外，几乎所有固定的车体部分都采用钢制成。这就造成了所有销往北欧的车型都遇到了生锈的麻烦。

250 GT Berlinetta Lusso 的座椅调节范围不是很大，但提供的支撑力不错，并且还可以找到第一次出现在法拉利公路车型上的座椅安全带，但那时候安全带还是选配部件。

250 GT Berlinetta Lusso 在 1962 年至 1964 年间一共生产了 350 辆，虽然那个时候法拉利的可靠性还有待提高，但这款车仍然不失为法拉利历史上最成功的跑车之一。

美国杂志《Road and Track》当时的出版人比尔·戴维斯（Bill Davis）在纽约的法拉利经销商那里购买了一辆 250 GT Berlinetta Lusso。对于这辆车他做出了下面的报道：“在行驶了很短的一段时间后，车内的时钟就不走了，但如果你坐在一辆法拉利跑车里，那时钟还有什么意义呢？这之后点烟器的熔丝烧断了，但由于喇叭和点烟器使用的是同一根电线，喇叭也不响了。接着，里程表失灵了。不久之后，在油箱口附近的一处焊点也出现了开焊，每一次加油后汽油都会溢进行李箱。此外，乘员座位旁边的玻璃也只能拉下来一半，驾驶席旁边的玻璃也多次卡住。驾驶人的座位离中间的肘托如此之近，以至于经常会刮蹭到那些昂贵的皮革。之后，加速踏板上的橡胶也脱落了，并且这辆车的价钱还相当于两部美国豪华车的价钱。”在文章的最后戴维斯指出，尽管这辆车有这么多的不足，但是他认为 Lusso 仍然是他所见过的最好的交通工具。

250 GT Berlinetta Lusso

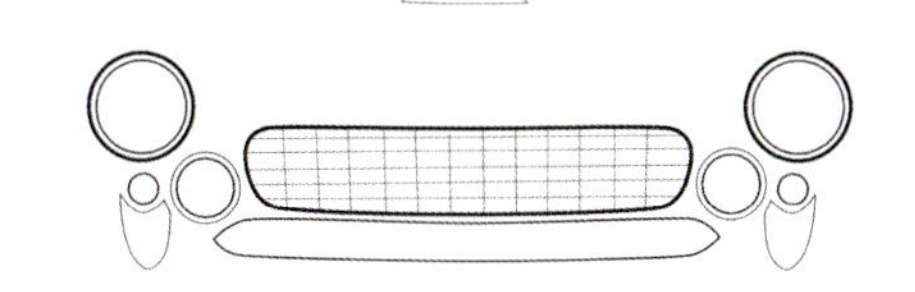

技术参数

发动机形式：60° 夹角 V12
发动机排量：2953毫升
缸径行程：73毫米x58.8毫米
气门驱动方式：单顶置凸轮轴
气门数：每缸两个
点火系统：每缸一个火花塞，两组分电器
供油方式：三联装韦伯 36 DCS化油器
压缩比：9.2 : 1
最大功率：250马力/7500转/分
润滑方式：干式油底壳
变速器：四档手动
车身类型：双座 Sports Saloon
车重：1020~1310千克
最高车速：240千米/时

1964—1966年 Ferrari 275 GTB, GTS & 275 GTB/4, GTS/4

1963 年，在 250 GT California 停产将近两年之后，275 GTS Spider 于 1964 年巴黎车展上与 275 GTB 共同亮相，让敞篷车型又回归到法拉利跑车的阵营。两款车使用了相同的底盘和发动机，车身由宾尼法利纳设计，位于摩德纳的斯卡列蒂负责制造车身。

Colombo V12 发动机的压缩比为 9.2: 1，使用铝材制造的发动机更可以将压缩比提升至 9.7：1~9.8：1。新的 5 档变速器安装在车身后部，由三个橡胶垫架设在底盘上。但变速杆仍然在传统的位置——这就需要通过齿轮和连杆机构延伸到两个座椅之间。因为变速器和发动机是分离的，所以传动轴的安装精度成为了关键。275 GTB 还将离合器踏板和制动踏板由落地式改为了悬吊式，GTB 和 GTS 上另一个重要的改进是首次出现在法拉利跑车上的独立后悬架系统。它由双叉臂悬架结构、螺旋弹簧和可调液压减振器组成。从低位横臂两侧的限滑差速器伸出的防倾杆连接车轴驱动后轮。最初的宣传册提到了齿轮齿条转向，而最终因为技术尚未成熟，275 采用了技术成熟的螺纹转向箱。

购买 275 GTB 时可以选择铁制或铝制车身、三联装或六联装韦伯化油器以及合金或钢丝的轮毂。使用三联装韦伯 40 DCZ/6 化油器时发动机在 7500 转 / 分时可以输出 280 马力的动力，使用六联装韦伯 DCN/3 化油器时发动机可以增加 20 马力的功率输出。275 GTB 在 1965 年的勒芒耐力赛中取得了第三位并在次年获得了第八位的成绩。

275 GTB 的研发并没有止步，V12 发动机缸体每侧只有一个悬置装置，传动轴两边的法兰将发动机和变速器连成一个坚固的整体。齿轮箱现在只有两个悬置装置，目的都是为了获得更加平稳的动力传递和更轻松的换档。车辆的直线稳定性因采用了一个更长更低矮的车头造型而得到了改善，更大的后窗使后视野更加清晰，但这就需要把行李箱的合页放到外面。为了不影响流畅的线条加油盖和备胎全部放到了后行李箱内，虽然这种设置减小了行李箱的空间，好在座椅后面的空间还不错。

由宾尼法利纳设计的敞篷版 275 GTB 装备有相同的独立后悬架和后置变速器。尽管装备了同样的干式油底壳，但该 V12 发动机功率降低了 20 马力左右； 考虑到该车的类型及其目标客户，转矩和灵活性比最大功率更为重要。275 GTB 带有

275 GTB

275 GTB, GTS & 275 GTB/4, GTS/4

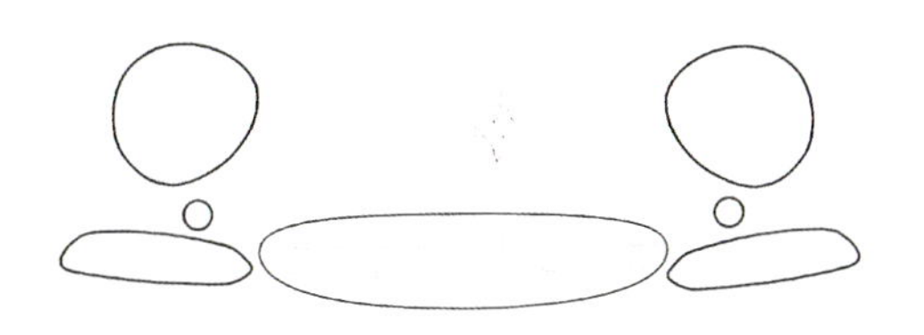

合金轮圈，而 GTS 则装备有钢丝轮圈，使其外观变得更为典雅。

275 GTS 的机械布局与 Berlinetta 车型非常相似，但是其车身却完全不同。而且，宾尼法利纳设计的 Berlinetta 车身是在摩德纳的斯卡列蒂制造的，而该款 Spider 车身在都灵的宾尼法利纳工作室制造，装饰完全之后交付法拉利工厂，以安装机械部件。

275 GTS 较 Berlinetta 车身线条更为柔和也更为保守，车鼻酷似 250 GT California，有着浅而且几乎是矩形的隐藏式蛋箱格栅，扁平挡块的全宽保险杠，在浅凹进口有开放式前照灯。

前翼线重新变为直线，连至驾驶舱部分，然后轻微扬起至尾翼，再进入圆形尾板，尾板装有水平环绕式车灯和带有胶面挡块的后侧保险杠。

1965 年，宾尼法利纳对 330 GT 2+2 进行重新设计时，对车鼻部分进行了几乎完全相同的修改，而同时期 275 GTS 和 330 GT 2+2 的 11 个格栅的前翼排气孔被 3 格栅设计取代，前部、顶部和底部装有细长的抛光铝面装饰。

GTS 车型折叠软篷放下时位于驾驶舱后部的凹处，并在此位置安装有一个夹式顶盖。

275 GTS 尽管拥有同样的机械结构，但从没有获得 GTB 那样的好评，1964 年至 1966 年间，法拉利一共制造了 456 辆 275 GTB 和 200 辆 275 GTS。

275 GTB/4 在 1966 年的巴黎车展上亮相，这是法拉利首次“生产”装有顶置四凸轮轴的 V12 发动机的车型，发动机直接源自 P2 原型车。

恩佐并不想在 GTB/4 的基础上研发其敞篷车款，所以 275 GTB/4 并没有官方制造的敞篷车款。但事情总有例外，1967 年，法拉利的美国进口商路易吉·希奈蒂委托宾尼法利纳设计 275 GTB/4 的敞篷车，车身则由位于摩德纳的斯卡列蒂负责制造，最终 10 辆敞篷车全部销往北美市场。这款车被命名为 275 CTS/4 NART 或 Spider NART。275 GTB/4 从推出到停产仅仅一年半，产量十分有限，并且几乎没有参加任何的比赛。

275 GTB/4

技术参数

发动机形式：60° 夹角 V12
发动机排量：3286毫升
缸径行程：77毫米x58.5毫米
气门驱动方式：双顶置凸轮轴
气门数：每缸两个
点火系统：每缸两个火花塞，两组分电器
供油方式：六联装韦伯 40 DCN化油器
压缩比：9.2：1
最大功率：300马力/8000转/分
润滑方式：干式油底壳
变速器：五档手动
车身类型：双座 Sports Saloon/Roadster
车重：1050千克
最高车速：260千米/时

1964年 Ferrari 330 GT 2+2

1964 年是法拉利的赛车非常重要的一年，从 158 F1 到 250 LM 再到 250 GTO，它们赢下了所有该赢的比赛，法拉利革新的各型跑车带来了前所未有的“广告”效应，马拉内罗工厂的年产量从 598 辆增加到 654 辆，工作人员也由 430 人增加到 450 人。

法拉利研发 330 GT 2+2 似乎是一件顺理成章的事情，在这之前已经有超过 1000 辆的 2+2 车型被制造出来，证明这种车型的销售是成功的，并且开辟了一个新的细分市场“station wagon”。1964 年 1 月 11 日，恩佐 · 法拉利在赛前新闻发布会上对几名关系良好的记者表示，新车会在布鲁塞尔车展上正式亮相，但在这之前会透露一些消息。果然不久之后，330 GT 2 + 2 就出现在了马拉内罗的法拉利展厅内。

新车发布后一些观众不敢相信自己的眼睛，出自宾尼法利纳之手拥有 4 个前照灯的车头看起来非常奇怪。尽管今天的车迷认为这个颇具 20 世纪中叶风情的造型十分独特，并美国味十足，但《Autosport》的记者格雷戈尔 · 格兰特（Gregor Grant）却认为：“至少从车尾望过去，宾尼法利纳的设计还是非常成功的。”和 330 America 一样，330 GT 2+2 的主要市场依然在北美，因此新车看起来颇具美国味，总体车身线条更为流畅圆润。除此之外，角灯环绕灯箱与球形的圆车尾为行李箱提供了更大的空间。

330 GT 2+2 的底盘依旧采用椭圆形钢管制造，轴距比 250 GTE 2+2 增加了 50 毫米，达到了 2650 毫米，转换成后排腿部空间增加了 100 毫米，相比 250 GTE 2+2 那种几乎是摆设的后排座位， 330 GT 2+2 的后排真正达到了乘坐的标准，而且比前者更加舒适。

330 GT 2+2 的悬架形式与上一代车型相同，前独立悬架，

后硬轴钢板弹簧悬架，法拉利认为不会有人用一辆 2+2 车型去参加比赛。330 GT 2+2 的前悬架使用锻造的叉臂，螺旋弹簧通过一个摆臂安装到下部叉臂，再配合安装在橡胶衬套内的防侧倾杆，这样就可以使弹簧更好地发挥功效，而减振筒则以最合理的方式安装在机舱和叉骨之间。这套悬架都是可调节的，也就是说车主可以随意调节悬架的软硬程度。富有才华的法拉利赛车手迈克·帕克斯（Mike Parkes）觉得用“刚中带柔”来形容 330 GT 2+2 的悬架最恰当不过了。

330 GT 2+2 同时提供左舵和右舵版本，最小转弯半径为 13.7 米。四轮盘式制动器由两套独立的伺服系统和储液罐组成，在工作时它们分别控制前后制动器。在理想条件下，160 千米 / 时至 0 的制动距离为 114 米。

330 GT 2+2 使用的是从 400 Superamerica 上发展而来的 3967 毫升的单顶置凸轮轴 V12 发动机。采用干式油底壳润滑，最大输出功率提高了 25 马力，达到了 300 马力。这款发动机遵循了乔克诺·克罗布（Gioachino Colombo）“短”缸体设计，但略有增长，增大的缸径中心加上大直径发动机缸径可提供足够的水道。发动机出厂编号起初为 209，后更改成 209/66，型号上的区别指的是安装支架的个数不同：编号 209 的有 4 个，而编号 209/66 的有 2 个。

与发动机匹配的是一套变速器组，一台 4 速变速器和由莱科克·德·诺曼威（Laycock De Normanville）制造的额外齿轮箱组成了这套系统。这台额外的电控齿轮箱只会在变速器处于 4 档时才开始工作。

内饰设计上，宾尼法利纳并没有采用任何激进的手法，一切都以经典的法拉利样式打造。同时新车并没有使用过多的实木装饰，因为设计师认为使用实木内饰只是单纯地在模仿英国豪华车。

在这一年法拉利的销售列表中 330 GT 2+2 取代了成功的 250 GT 2+2。它比其前任更优雅，成为法拉利重要的车型；它的售价为 750 万里拉，而菲亚特 850 型轿车的售价是 85 万里拉。同时期销售的车型还有 275 GTB/ GTS 和旗舰 500 Superfast（专供北美市场）。

虽然 330 GT 2+2 仍带有优雅的宾尼法利纳风格，但四前

330 GT 2+2 Series I (Enzo Ferrari**)**

照灯显然破坏了其古典优雅的线条。马拉内罗也意识到了这一点，尽管在销量上它是成功的，但法拉利最终还是听取了最忠实的追随者的意见。

1965 年，330 GT 2+2 进行了改款。双前照灯取代了四前照灯布局，前翼子板的发动机舱排气栅格，从 250 GTE 的 11 个凹槽排列改变为三列设计，这些设计也同时应用于 275 GTS，而前后保险杠还装有橡胶面保险杠挡块。钢制轮毂取代了传统的 Borrani 钢丝轮圈（长期以来它都是法拉利的标准部件）。当然最根本的改进就是带超速档的 4 档变速器被性能可靠的 5 档变速器所取代，主减速器通过传动轴连入刚性后轴，离合器助力系统也从机械操纵变为液压操纵，这也使 330 GT 2+2 更加适合长途旅行驾驶。即使是强大的法拉利也不得不适应市场需求：车厢的改动非常大，实木装饰的仪表台，康诺利（Connolly）的真皮遍布车厢；落地式踏板改为悬挂式，中控台上的开关和通风口的布局大都进行了改变；安全带和头枕变成了标配；空调、助力转向和 Borrani 的钢丝轮圈作为选装配合供客户选择。

330 GT 2+2 的基本尺寸为长 4840 毫米，宽 1715 毫米，高 1360 毫米。第一系列底盘代号为 571，第二系列更改为 571/65。所有底盘都按公路版车型系列的奇数底盘序列号进行编号，第一系列序列号从 104376 到 136686，第二系列序列号从 7537 到 10193。因为马拉内罗产能的问题，有一部分装配工作是在宾尼法利纳位于格鲁吉里亚索的工厂内完成的。关于 330 GT 2+2 的最终产量，坊间流传着多个版本：第一系列产量为 625 辆或 622 辆、第二系列产量为 474 辆或 455 辆。

总的来说，330 GT 2+2 是一款非常成功的车型，不论车主是否是专业赛车手或接受过专业训练，330 GT 2+2 都可以以 224 千米 / 时的速度安全巡航。但是对于它 300 马力的动力和 1380 千克的自重，建议不熟练的驾驶人采取更谨慎和理

330 GT 2+2 Series II

性的态度，因为在湿滑路面，后轮很可能出现打滑的现象。当然这也是驾驶法拉利的乐趣之一。

1965 年 2 月，英国摇滚音乐家约翰·温斯顿·列侬（John Winston Lennon）发表了著名的 Ticket to Ride 单曲，列侬的名字风靡了世界各地的音乐市场，并接连拿下英国、美国的排行榜冠军。同一个月，身价高涨的列侬也成功拿到了驾照，并决定购买人生的第一部爱车；据称在当时，有许多名车经销商把自己旗下最好的产品介绍给列侬。但最后列侬选择了这辆浅蓝色、右舵、“open roof”的法拉利 330 GT 2+2。当时的售价为 6500 英镑。

在购得爱车之后，这辆法拉利成为列侬最喜爱的收藏品，根据当时的买卖记录，他在 1967 年出售本车时，里程已经超过 32000 千米，相较其繁忙的巡回表演生涯，每年还与爱车相处 1 万千米以上，这算是相当频繁的接触。

在这之后，这辆车被法拉利经销商购回，并在 20 世纪 80 年代后期由现任车主购买；然而这位买家也有个人的喜好，因此将车身漆成了红色，并针对个性化需求对车厢内做了细微的调整。

近年这辆法拉利被重整一新，除了将一切恢复原厂状态之外，并把车身更改回原始的蓝色，以符合本车出厂时的车身号码标示。

330 GT 2+2 Series I (John Lennon)

330 GT 2+2

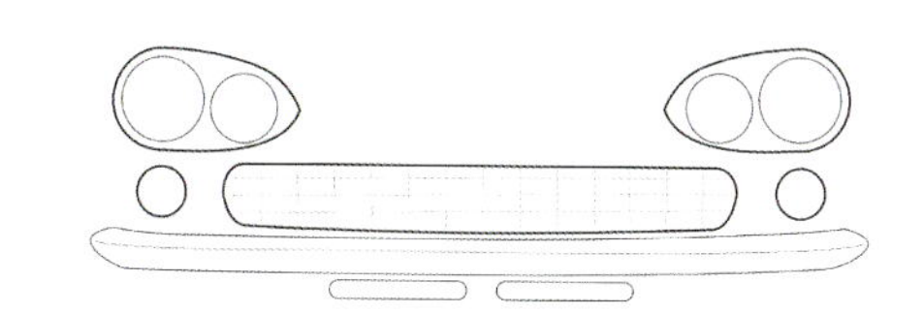

技术参数

发动机形式：60° 夹角 V12

发动机排量：3967毫升

缸径行程：77毫米x71毫米

气门驱动方式：单顶置凸轮轴

气门数：每缸两个

点火系统：每缸一个火花塞，两组分电器

供油方式：三联装韦伯 40 DCZ6化油器

压缩比：8.8：1

最大功率：300马力/7000转/分

润滑方式：干式油底壳

变速器：四档手动（1965之后五档手动）

车身类型：2+2 Coupe

车重：1380千克

最高车速：245千米/时

1964年 Ferrari 500 Superfast

当400 Superamerica在1963年底停产时，恩佐发现自己没有了供那些富豪和挑剔的客户选择的旗舰车型了，为了填补这一空白，在1964年的日内瓦车展上，法拉利与宾尼法利纳再次联手推出了一款超豪华轿车。在1964年的伦敦Earls Court展会上，这款车还没有确定名称，所以当时它被称为"5升的Superamerica"。

车型最终被命名为500 Superfast，并于1964年10月开始进行小批量生产，直到1966年停产。这也将是法拉利小批量生产的最后一款Coupe车型，这一系列是从20世纪50年代和60年代初的America和Superamerica车型开始的。由于这一系列量产车的产量不断增加，一致性也不断加强，小批量生产所需的加工方式变得越来越不可行，尽管销售价格不断飙升，利润也更加丰厚。

500 Superfast车身是由宾尼法利纳设计的，缸径与400 Superlamerica Aerodinamico有惊人的相似之处。这款车带有很大的、浅椭圆形散热器格栅开口，开敞式前照灯按标准安装在两翼的深凹处，不过两辆样车装有树脂玻璃盖。

很长很宽的发动机盖通过纤细的车顶柱与通透的驾驶室部分相连，后窗通过车顶柱与行李箱线条汇合，终止于巧妙的浅椭圆Kamm车尾。尾灯是呈水平状的子弹形装置，每个灯组带有3个单独的圆形车灯，这是这一车型的一个独特之处。前后安装有环绕式镀铬舷窗保险杠；装在前面的保险杠带有浅凹口，用于放置圆形转向灯（除了这一系列的第一辆车之外，该车在保险杠上方装有浅椭圆吸顶灯）。

这一系列早期生产的车辆的前翼带有11槽发动机舱排气口，后来换成在330 GT 2+2和275 GTS车型上采用的三格栅样式。尽管当时的法拉利公路跑车都换成了标准的合金轮毂，但在整个生产期内500 Superfast都装备Borrani钢丝轮圈。

500 Superfast内饰极其奢华，座舱内的氛围犹如高级沙龙般，可调节座椅和变速杆的保护套都包裹着纯手工缝制的康诺利皮革，立体声音响和空调都作为了这款车型的标配。

和400 Superamerica相同，车型编号指发动机总排量（对于500 Superfast而言，代表5升），而非单个气缸的排量。发动机设计汲取了Colombo和Lampredi的精华，每侧气缸单顶置凸轮轴的V12装置，出厂参考号为208，总排量为4963毫升，缸径与行程为88毫米x 68毫米。采用外部V形火花塞设置，并装备有一组三联装双腔韦伯40 DCZ/6化油器、双线圈和装在发动机后部的分电器点火系统，这台发动机在6500转/分时可以输出400马力的动力，得益于大排量发动机，新车的极速可以达到280千米/时。

发动机是这一车型所独有的，缸径中心为108毫米，早期的Lampredi "长"缸体发动机曾采用过此尺寸。然而，这是唯一的共同点；其他的设计特点都是基于原有的Colombo "短"缸体的。该发动机连接到4档、全同步器变速器上，

500 Superfast Seires I

500 Superfast Seires II

早期的汽车上装有电子操作的超速5档，后期的车型中装有5档、全同步器变速器。装备有4档变速器的汽车配有机械驱动的离合器，而5档汽车则装有液压操作的装置，踏板也由落地式改为悬吊式。

宾尼法利纳制造的车身安装在2650毫米轴距的底盘上，出厂参考编号为578，皆按公路版车型系列的奇数底盘序列号进行编号，带有后缀“SF”。这是法拉利在底盘编号上加上后缀字母的最后一个系列的车型。

底盘及其辅助组件在结构上与同期的330 GT 2+2车型极为类似，装备有钢管架、独立前悬架、带钢板弹簧和可伸缩减振器的刚性后轴，以及可选择左舵或右舵车型，总共生产了8辆右舵车型。

500 Superfast的底盘虽然和330 GT 2+2相同，但变得更加完善，加装了具有双回路带制动伺服的邓禄普制动盘和可调式Koni减振器。

500 Superfast是第一辆标配助力转向的法拉利。这一人性化配置使得越来越多第一次驾驶法拉利的人都会询问车辆是否有助力转向系统。

500 Superfast的车身由宾尼法利纳位于都灵的工厂制造。根据都灵工厂的记录，首批500 Superfast生产了25辆；而第二批车型于1966年出厂，共计12辆。但法拉利方面的记录显示500 Superfast的产量为36辆，这是因为法拉利为荷兰伯恩哈德亲王制造了一辆特殊车型（底盘编号为06267）。这辆车使用了330 GT 2+2的底盘和发动机，而车身却用的是500 Superfast的款式。所以法拉利方面没有将这辆车计算在内。

坊间多将500 Superfast昵称为皇家，因为这似乎是一款专为各国贵族和超级富豪而制造的车辆。500 Superfast的制造成本比同期的劳斯莱斯幻影V还要高出20%，而售价为后者的两倍也就不足为奇了，这就是法拉利。

500 Superfast的拥有者包括伊朗国王（在1965年的4个月内购买了两辆）和伯恩哈德亲王，而德国花花公子冈瑟·高盛（Gunther Sachs）和英国演员彼得·塞勒斯（Peter Sellers），以及希腊船王尼亚尔霍斯（Niarchos）都被困在它的魔咒之中。

500 Superfast

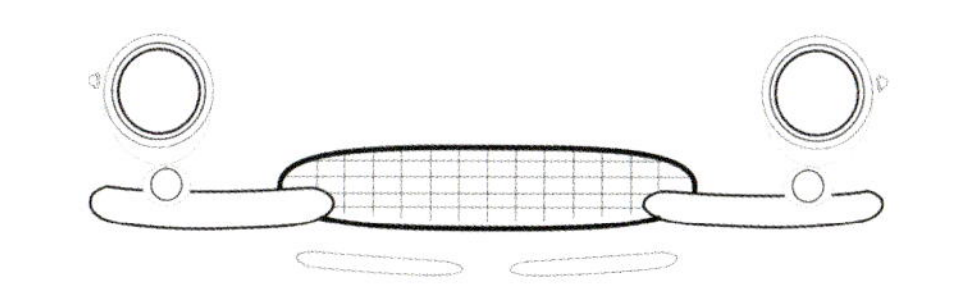

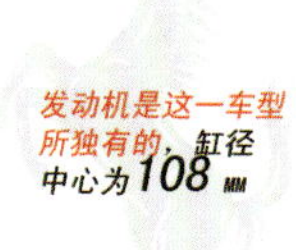

技术参数

发动机形式： 60° 夹角 V12
发动机排量： 4963毫升
缸径行程： 88毫米x68毫米
气门驱动方式： 单顶置凸轮轴
气门数： 每缸两个
点火系统： 每缸一个火花塞，两组分电器
供油方式： 六联装韦伯 40 DCZ化油器
压缩比： 8.8：1
最大功率： 400马力/6500转/分
润滑方式： 干式油底壳
变速器： 五档手动（Seires II）
车身类型： 双座 Coupe
车重： 1400千克
最高车速： 280千米/时

1966—1969年 Ferrari 330 GTC，GTS & 365 GTC，GTS

20世纪60年代中后期，宾尼法利纳显示了其无穷无尽的才华和高产的制造能力。马拉内罗决定继续制造优雅的豪华轿车，在1966年日内瓦车展上展出了330 GTC，这款车是作为Lusso继任者的身份亮相的；在巴黎车展上展出了其GTS版本。它们的底盘都来自275 GTB那款2400毫米轴距的底盘，都灵的设计师围绕着这款底盘结合跃马之前制造豪华轿车所积累的经验。

这一车型兼备了275 GTB Berlinetta和更为平稳的330 GT 2+2的特点，它使用了与275 GTB Berlinetta相同的底盘，又沿用了330 GT 2+2的4升V12发动机。

该发动机是275 GTB发动机的扩容版，在规格上与系列后期的330 GT 2+2车型几乎完全相同：每侧气缸单顶置凸轮轴V12湿式油底壳装置，出厂参考号为209/66，排气量为3967毫升，缸径与行程为77毫米x 71毫米。

该发动机装备有一组3个双腔韦伯40 DCZ/6或40 DFI/2化油器，安装在发动机之后是双分电器，每对分电器拥有双线圈，为12个火花塞点火，据称功率能达到300马力。伺服辅助盘式制动系统的前轮和后轮是独立运行的。

在生产过程中对机械构造所做的唯一重大改变是：从底盘09839起将原来的单个装置替换为双油冷却散热器，并从底盘编号09939的车辆起改用燃油输送系统和带有同步器环的喷钼变速器。

330与1966年4月末的275 GTB车型都有相同的变速器和后悬架布局：两个发动机安装点和两个驱动桥支撑点，由一根高强度钢管将二者相连，满足对车身刚性的要求。

驱动桥为592/1369型5速装置，带有独立螺旋弹簧、叉臂后悬架和Koni减振器。独立前悬架是带有螺旋弹簧和Koni液压减振器的不等长叉臂，蜗杆和滚轮结构转向器不带助力转向。

330 GTC的主要布局与当时生产的275 GTB车型非常类似，而机械布局则几乎完全相同。

车身安装在出厂参考号为592、轴距为2400毫米的钢管底盘上，所有均按公路版车型系列的奇数底盘序列号进行编号。

330 GTC的车身造型与500 Superfast非常类似。330 GTC在行李箱盖上印有车型徽标“330”，这对于法拉利而言并不常见。在此之前，只有几款汽车印有车型标志，而这些

通常是作为“Speciale”车型。

330 GTC 车头的散热器格栅为修长椭圆形，两侧翼子板各开了三条发动机舱散热隔栅，车身三面围有纤细而鲜艳的装饰条。装饰条也和车尾纤细的后保险杠相得益彰。

这种和谐、轻快而优雅的设计第一次是用在早期的 275 GTS 上。330 GTC 的 A、B、C 柱设计得非常纤细，营造了驾驶室宽阔的视野和通透的氛围。这种设计专门针对这款车型，并沿用到了之后的 365 GTC。

三辐条木纹装饰 Nardi 方向盘格调非常高雅，圆形的转速表和车速表从仪表台顶部隆起。三个黑底白字的小仪表板分别是冷却液温度表、油温表和压力计。中控台上方的另外一排小圆形仪表分别是油位表、计时器和安培计。前排乘员座前还有一个可锁定的照明杂物箱。座椅可以进行前后和角度调节。

轮毂是采用合金材料的 10 孔设计，与当时法拉利跑车车型高雅流畅的设计一致（可以选配 Borrani 钢丝轮圈）。法拉利第一次将电动窗作为了标配，但此时电动机构的可靠性还有待验证，所以法拉利在杂物箱内安装了一套手动装置，以备不时之需。空调为选配，大部分销往美国的车型都安装了空调，但欧洲车型却很少安装。

法拉利为 330 GTC 提供了一个深棕色的人造革工具包，里面包含有 25 把工具，从千斤顶、润滑脂枪到轮毂钳、扳手，简直一应俱全。

330 GTC 的油箱盖由轻合金制造，并有拉索，在驾驶席上就可以控制开启。通过这种方式，加油时车主就可以不下车了。时代在改变！

1966 年 10 月 330 GTS 在 Earls Court 展览会上完成了它在伦敦的首秀。它是 GTC 的敞篷版本，与 GTC 共享所有的机械部件。敞篷车款，遵循 275 GTS 的路线，仅修改了侧面和尾部的线条，车头和车灯没有任何变化。

330 GTC 在都灵的工厂制造车身和内饰，完全整装一新后再运至法拉利装备机械部件，在两年内共生产了 598 辆，底盘编号从 08329 至 11613（不包括原型车）。330 GTC 车型被许多人认为是当时最优秀的车型之一。至 1970 年 5 月 GTS 的产量约为 100 辆。

1974 年，在 330 GTC 停产多年之后，路易吉 · 希奈蒂委托 Zagato 设计一款敞篷车，Zagato 利用一辆报废

365 GTS

330 GTC

的 330 GTC 底盘制造了这辆定制车型，但坊间对其评价是“irredeemably ugly”。

365 GTC 在 1968 年年底取代了 330 GTC 车型。外观上与其前款车型基本相同，但删去了前翼侧的排气口，取而代之的是一个靠近发动机盖每个边角的梯形黑色塑料格栅面板。其他外观上的唯一区别是 330 GTC 车型在法拉利手写体徽标下的行李箱盖上有一个小的“330”手写体徽标，而 365 GTC 车型只有法拉利手写体徽标。

正如 330 GTC 车型，365 GTC 的车身也在宾尼法利纳都灵的工作室制造，完全装饰后交付给法拉利安装机械部件。车身安装在 2400 毫米轴距的管结构钢制底盘上，出厂参考编号为 592C，皆按当时使用的公路版车型系列的奇数底盘序列号进行编号。标准公路版车轮与其前款车型一样为 10 孔合金设计，并且同样提供 Borrani 钢丝轮圈作为备选。

发动机是 330 GTC 发动机的增大版本，与在推出 365 GTC 时已经投产的 365 GT 2+2 车型发动机相同。365 GTC 采用每侧气缸单顶置凸轮轴 V12 发动机，其出厂编号为 245/C，排量为 4390 毫升，缸径和行程为 81 毫米 x 71 毫米，安装有一具三联装双腔韦伯 40 DFI/5 或 40 DFI/7 化油器，具有双线圈和安装在发动机后部的双分电器点火系统，输出功率据称能达到 320 马力。365 GTC 和 365 GTS 姊妹车型是法拉利最后推出的具有每侧气缸单顶置凸轮轴的车型。尽管 365 GT 2+2 车型在 365 GTC 问世之后继续生产，但它在此前就已投产。

365 GTC 具有相同的五速驱动桥变速器，以及与 330 GTC 车型相同的独立后悬架布局，而且如 20 世纪 60 年代初期的所有法拉利跑车一样，安装有四轮盘式制动器，后轮装有拉索式驻车制动。

365 GTC 的投产时间很短，底盘编号从 11589 至 12785，提供左舵和右舵驾驶配置。365 GTS“spider”在 1968 年末取代了 330 GTS 车型，但是首辆车直到 1969 年才制造完成。在后期生产过程中，车尾还加入了一个几乎察觉不到的扰流板。365 GTC 的生产一直持续到 1970 年，而 GTS 在 1969 年就已经停产，GTC 产量为 153 辆、GTS 为 20 辆，低产量的主要原因是由于美国和其他地区执行了尾气排放控制法律，而且执行此法律对于低产量跑车系列来说成本过高。

330 GTC (Princess Liliane De Rethy)

330 GTC , GTS & 365 GTC , GTS

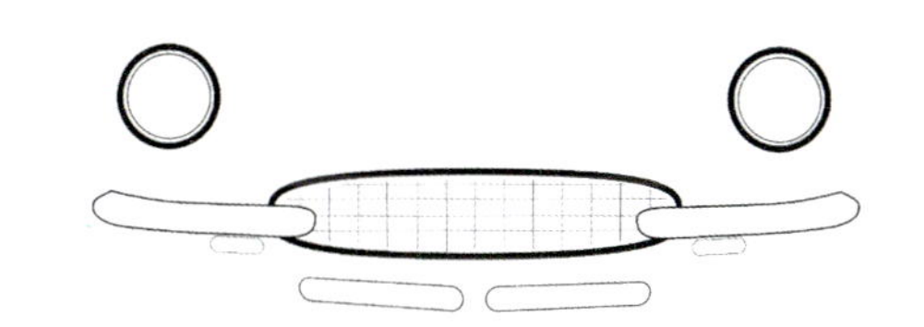

365 GTB/4 Daytona 在 1968 年的巴黎车展亮相后，凭借其新颖的外观和非凡的机械结构，令同一时期生产的其他车型都黯然失色。

到了 20 世纪 60 年代后期，法拉利已经很少生产小批量车系和定制车型了。虽然销售这些车型的利润更加丰厚，但马拉内罗的决策者认为这样太过分散精力。但总有例外，如果客户是恩佐的密友或是某些君王的话，那还是有机会得到一款特殊车型的。比利时国王利奥波德三世委托法拉利为其妻子莉莲公主生产一款定制车型（这款车仅生产了 4 辆）。表面上看这款车是以 330 GTC 为基础，本身并不缺乏独占权，汽车的外形进行了大刀阔斧的改造，Speciale 被认为是一款完全独立的车型。这款车的机械部分与量产版 330 GTC 无异（除第 4 辆车，它安装了一台排量更大的 V12 发动机），宾尼法利纳为这款车型设计了一个全新的外观。

设计师从 365 California 和 500 Superfast 上获得了灵感，大面积有机玻璃环绕的前照灯使这辆车给人眼前一亮的感觉。弧形后窗玻璃在当时是一个非常新颖的设计，这一笔法后来出现在 Dino 206 GT 身上。每辆车都是完全手工建造的，并为客户量身定做，虽然这四个最初都选用了浅蓝色车身。

在 1967 年布鲁塞尔车展上，宾尼法利纳展出了这辆定制版车型（底盘编号 09439，厂内工号 99670）。这辆车一直陪伴着公主直到 2002 年 6 月，这辆车仅仅行驶了 2 万英里。

技术参数

发动机形式： 60° 夹角 V12

发动机排量： 4390毫升

缸径行程： 81毫米x71毫米

气门驱动方式： 单顶置凸轮轴

气门数： 每缸两个

点火系统： 每缸一个火花塞，两组分电器

供油方式： 三联装韦伯 40 DFI化油器

压缩比： 8.8：1

最大功率： 320马力/6600转/分

润滑方式： 干式油底壳

变速器： 五档手动

车身类型： 双座 Roadster

车重： 1200千克

最高车速： 235千米/时

1966年 Ferrari 365 California

20 世纪 60 年代中期，法拉利与宾尼法利纳照往常一样，继续为极少数精英人群制造定制车型。同时法拉利尝试着提高产量以满足日益增长的市场需求。

在意大利敞篷跑车历史中，这辆于 1966 年正式亮相日内瓦车展的车型无疑是最令人印象深刻的。宾尼法利纳将技术成熟的 4.4 升 V12 发动机与极具美感的车身完美结合，使其成为高性能奢华运动跑车的基准。

该车的高昂售价和独特造型意味着注定只供市场中的精英阶层独享，同时 365 California 也代表着法拉利和宾尼法利纳限量版量产车系列的终结。新车的名字也表明了法拉利希望再续 250 California 创下的辉煌，而 365 California 不负众望在法拉利公路跑车的发展史上留下了不可磨灭的印记。

但除了名字和都是一辆敞篷车之外，它和 250 California 没有任何共同点，后者在三年前就已经停产了。事实上，在销售手册上它是 500 Superfast 的直接继任者，但装有折叠帆布顶篷，两者都具有高功率发动机和相匹配的昂贵售价。

1966 年，新车在日内瓦车展亮相后，于同年在 Earls Court 上做了展示，但这辆展车注定不属于英格兰：最终只有两辆卖到了英国，而第一辆（底盘编号 09985）还是在 1967 年 6 月才正式交付。

365 California 参加了 1966 年的日内瓦车展和 1967 年的纽约车展，这两个时间点都是经过马拉内罗深思熟虑的结果。

底盘编号 08347 的原型车使用了 330 GT 2+2 的 571 底盘，但是该量产系列序号从 09127 开始，使用底盘参考编号 598。正如 500 Superfast，底盘送至宾尼法利纳位于格鲁利亚斯科的工厂进行车身制造及内饰装修。

365 California 的车身安装在 2650 毫米轴距的底盘上，出厂参考编号为 598，皆按公路版车型系列的奇数底盘序列号进行编号，没有任何后缀字母。

该车型沿着与同期 330 GT 2+2 车型类似的思路制造，具有相似的独立前悬架、装备钢板弹簧和伸缩式减振器的刚性后轴、四轮盘式制动器，具有独立的前后液压回路，并且该车型还安装有动力转向，这在 330 GT 2+2 车型后期系列上才被列为选装配置。

365 California 搭载的排量 4390.35 毫升的 V12 发动机取自原型车 365 P，发动机为每侧气缸单顶置凸轮轴 4.4 升 V12 发动机，出厂参考号为 217B，缸径和冲程是 81 毫米 x 71 毫米，V 形缸体外置火花塞布局，安装有一具三联装双阻风门韦伯 40 DFI/4 化油器，具有双线圈和安装在发动机后部的分电器点火系统，输出功率可达到 320 马力。

发动机连接至五档全同步器变速器，通过一个传动轴连接到刚性后轴。此发动机基于原 Colombo“短”缸设计，随后进行了升级并用于 365 GTC/S 和 365 GT 2+2 车型。

除了审美辅助细节之外，比如标准树脂玻璃覆盖的前照灯、前端板上部中的隐式旋转雾灯，365 California 成为第一款安装跳灯的法拉利，而安装高度也位于法律规定的最低位置。365 California 车身侧面没有通气孔、中央发动机盖隆起以及车身侧折线，从风窗玻璃向前与 500 Superfast 车型非常相似。从 A 立柱向后显示出真正的差异，车门靠近上边缘有一个

箭头形扇形饰边，一直连入尾翼，门把手上带有镀铬的中心条带。对于该扇形饰边设计细节，宾尼法利纳之前曾用于 1965 年巴黎车展上展出的 Dino 原型车，并继续沿用于 206/246 和 308/328 系列量产车型二十多年。尾翼在后轮上方轻微上扬，上脊线以一个角度连入扁平的行李箱盖边缘，尾翼柔和降落在角度不同寻常的 Kamm 车尾上，与车头线条似乎有些突兀。

正如 500 Superfast，365 California 尾灯是该车型独有的，其角度配合了车尾侧角的形状，通常有三个圆形灯头，其周围是带有反射性的装置。然而，每一辆车的后视镜颜色甚至灯头装置都有所不同。而且，正如 500 Superfast，每个侧角提供了分体式保险杠，但是也有一个例外，底盘为 08631 的车型，安装有一体式后保险杠，同时 1970 年在工厂翻新时还修改了尾灯布局。此车型中保留了 Borrani 钢丝轮圈，尽管大部分法拉利主流量产车都已将合金车轮作为标准配置。

由真皮装饰的驾驶舱提供 2+2 座椅布局，大型车门使后行李箱的使用更方便。

仪表板面板为平面柚木胶合板，下边缘以曲线形式向下大范围地延伸，形成中央控制台的前端，中央控制台位于前座椅之间，继续延伸至后座之间形成一个扶手。

车速表和转速表位于从仪表板表面凸起的单独大圆形仪表舱内，在驾驶人正前方，同时还有三个较小的安装在中央的仪表舱，它们是油温、压力以及冷却液温度计，下方仪表板表面上是一个收音机，周围是燃油表和一个安培计。

365 California 还安装了电动窗，控制按钮位于变速杆和烟灰缸的后部。行李箱盖和加油舱盖没有外部开关，而是在后驾驶舱侧面装饰面板中有两个镀铬杠杆。

2650 毫米的轴距为车厢带来了宽敞的乘坐空间，后排座位也不再是摆设了。但长轴距加上开放式车身使得车身、底盘的刚性直线下降，不过法拉利并没有对其进行加强处理，所以 365 California 并不适合较为激烈的驾驶方式。

365 California 在 1966 年至 1967 年初生产，仅制造了 14 辆车，底盘编号范围是 08347 ~ 10369，其中两辆，09985 和 10369 为右舵驾驶。这使该车型比 500 Superfast 更为稀少，并且是除 275 GTS/4 NART Spyder 之外最罕见的 20 世纪 60 年代法拉利系列量产公路版车型。

365 California 的制造工时非常长，制造一辆需要将近 9 个月的时间。365 California 当时在德国的售价为 76000 马克，而 330 GT 2+2 的售价为 52950 马克。

365 California

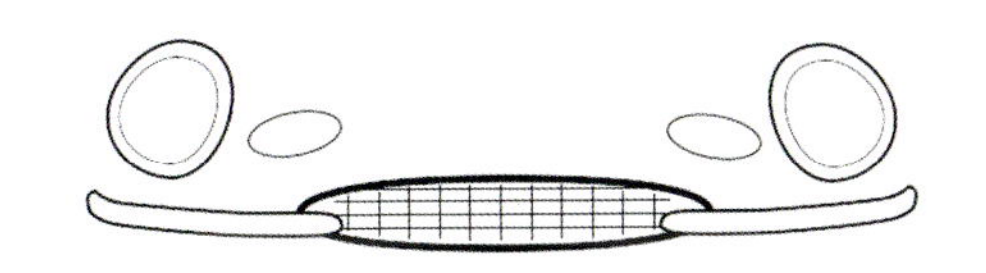

技术参数

发动机形式：60° 夹角 V12
发动机排量：4390毫升
缸径行程：81毫米x71毫米
气门驱动方式：单顶置凸轮轴
气门数：每缸两个
点火系统：每缸一个火花塞，两组分电器
供油方式：三联装韦伯 40 DFI化油器
压缩比：8.8 : 1
最大功率：320马力/6600转/分
润滑方式：干式油底壳
变速器：五档手动
车身类型：双座 Roadster
车重：1320千克
最高车速：245千米/时

1967年 Ferrari 365 GT 2+2

经常有人说法拉利在20世纪60年代生产的车型有些平庸，在这一时期，法拉利生产的50%都是2+2车型，虽然它们只能勉强算作4座轿车。曾经有人略带讽刺地说道："如果这些车只乘坐两个人，那你会得到高级沙龙般的感觉，但乘坐4人之后，就变成了一种痛苦的折磨"。这样的言论似乎可以应用于365 GT 2 + 2之前的车型。

1967年，法拉利决定推出一款重要的新车型用于替换330 GT 2+2。1967年巴黎车展上法拉利如约带来了旗下最新款2+2车型：365 GT 2+2，它代表了豪华轿车这一细分市场的最高级车型。宾尼法利纳设计的车身造型成为新的领导者。365 GT 2+2是330 GT 2+2的继任者，但在销售手册上它替代了500 Superfast的位置。新车型车头类似于365 California，散热器格栅继承了Superfast的神韵，不过保险杠体积更大，宾尼法利纳雕刻出椭圆形的进气道。两侧镀铬的保险杠里镶嵌有此车型独有的雾灯和示宽灯。发动机舱和车身侧面非常干净利落。和法拉利其他车型一样，车身没有任何多余的设计，这一切都是空气动力学的最新成果。

尽管365 GT 2+2与330 GT 2+2的轴距相同，但前后轮距变得更宽，再加之增加了前后悬臂结构，将总长增加了超过130毫米，因此车身变得更宽更低，更显得优雅大气。值得注意的是，合理的布局和空间利用最直观的改变是后排乘客乘坐空间有了空前的改善，更宽敞和更现代化的车厢氛围，这些改进更符合20世纪70年代的豪华轿车趋势。车身安装在2650毫米轴距的底盘上，出厂编号为591，皆按公路版车型系列的奇数底盘序列号进行编号，提供左舵和右舵驾驶版本。此车型沿用前款车型设计思路，主框架上焊接有大段椭圆截面主管、牢固的交叉撑杆和组件，以支持车身和辅助设备。此款车型的一个创新之处在于安装在后悬架上的气动油压减振器，无论路况如何皆可保持恒定的底盘高度，这是法拉利与荷兰的Koni公司共同研发的成果。这辆将近5米的大车拥有良好且平顺的动力表现。4.4升发动机与5档变速器相连，4.4升V12发动机来自365 California，5档变速器通过铸铝的传动轴连接后轴差速器。空调压缩机、助力转向泵、水泵和发电机都安装在发动机的前面。助力转向液拥有独立热交换器。气动悬架无论汽车的负载如何都能始终保持车体水平，Firestones轮胎被米其林子午线轮胎所取代，但新轮胎似乎非常不耐磨。在性能方面，空载1480千克的汽车由排量为4390毫升的V12发动机推动，此款发动机在6600转/分时输出动力为320马力，该发动机被调校得在任何转速区间都有良好的表现。满载燃油的情况下，365 GT 2+2总重量高达1825千克，空载1500千克。大大超过其竞争对手雪佛兰科迈罗和福特野马。考虑到它的尺寸和重量的关系，感觉这是一辆安心的车，可以安全、稳定地驾驶到

245 千米 / 时的最高速度。以往法拉利汽车那种低配置的做法被彻底摒弃：365 GT 2+2 将助力转向、空调、后窗加热玻璃和收音机都作为了标准配置，所有这一切都使得它成为跃马历史中最豪华的轿车之一。这辆大车装备精良，车速表、转速表、机油压力表、冷却液温度表、时钟、蓄电池安培计和发动机油温表一应俱全。但在冬季的短途旅行中，很难看到机油温度指针变化。早期生产型装有电动前角窗。但在后期生产时改成了手动调节。空调是传统的加热风和新鲜空气。早期型 365 GT 2+2 是法拉利最后一款带电动燃油泵的车型，在起动发动机前需要将其打开，一旦发动机正常运行，则必须马上关闭它。

法拉利这次不仅仅为了性能，而且在舒适感上也下了功夫，以满足那些富人和奢侈的美国人。就连行李箱也满足了四名乘客的需求。相当平坦的后窗具有电热除雾功能。行李箱盖可以由位于驾驶席后面的开关控制开启，在行李箱垫下面存有备胎和双油箱。多亏了助力转向的加入使驾驶变得非常轻松，但对于纯粹的驾驶主义者来说，空调系统的加入也是他们不喜欢的，不但占据了驾驶舱的空间，而且还增加了 50 千克的车重。该车型投产期间一直提供 Borrani 钢丝轮圈作为备选。最后一个生产批次的 365 GT 2+2 使用了 Daytona 的那种 5 辐轮毂。设计人员在改变车轮设计的同时，放弃了前照灯上的树脂玻璃盖，不过车灯依旧位于深翼凹处。法拉利在 1967 年至 1971 年间共生产了 801 辆 365 GT 2+2。首发时 365 GT 2+2 的售价为 700 万里拉。

恩佐 · 法拉利从未忘记定制跑车，至少在理论上，没有忽视实用性的考虑，所以他下达了制造“家庭跑车”的命令，于是 2+2 车型占领了马拉内罗产量的相当一部分。365 GT 2 + 2 的成功再一次证明了他的先见之明。直至 1972 年，365 GT 2+2 才从法拉利的销售手册中消失。它的外形没有模仿它的前任：车身线条不再是柔和的圆形，而几乎是四方形，但简洁醒目。这种非传统的线条在当时曾被质疑，但这种设计语言一直被贯彻到 1992 年。并被证明是非常成功的商业设计。

对于法拉利来说，性能是毋庸置疑的，所以这不是这辆车的重点，因为就算是最敏感的妻子或女朋友她们都不知道或不关心这辆车到底能跑多快，舒适的乘坐感受才是她们最看重的。正如大家都知道的那样，马拉内罗一直珍视所有前代车型所积累的经验，这份厚重而珍贵的遗产在全球也很少有企业拥有。

365 GT 2+2

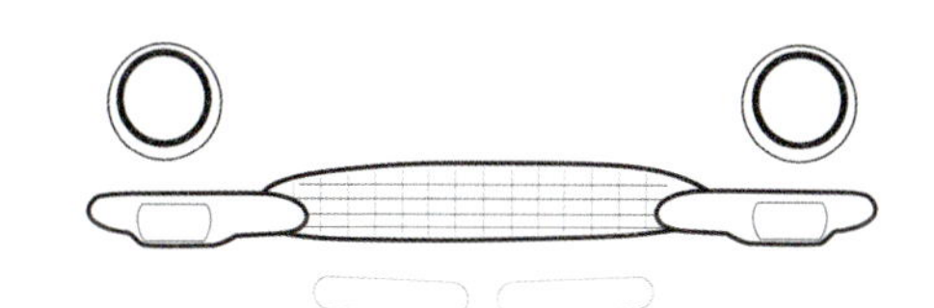

技术参数

发动机形式： 60° 夹角 V12
发动机排量： 4390毫升
缸径行程： 81毫米x71毫米
气门驱动方式： 单顶置凸轮轴
气门数： 每缸两个
点火系统： 每缸两个火花塞，两组分电器
供油方式： 三联装韦伯 40 FI化油器
压缩比： 8.8：1
最大功率： 320马力/6600转/分
润滑方式： 干式油底壳
变速器： 五档手动
车身类型： 2+2 Coupe
车重： 1500千克
最高车速： 245千米/时

1968—1969年 Ferrari 365 GTB/4 Daytona , GTS/4

这辆伟大的 Berlinetta 通常被人们称为 Daytona，这是为了纪念 1967 年 1 月在美国佛罗里达举行的戴通纳(Daytona)24 小时耐力赛中法拉利的那次压倒性胜利，在这场比赛中的前两名被传奇的 330 P4 取得，第三名为 412 P。

365 GTB/4 首发于 1968 年的巴黎沙龙，法拉利当即宣传它是当时最快的车，一台真正为驾驶人设计的车，并且可以作为伙伴同时带给你兴奋的车。Daytona 的车身很沉，在 120 千米 / 时的速度之下时都会发出吵人的机械轰鸣声。它真正的魔力开始于 160 千米 / 时，随着加速踏板深度的增加，Daytona 的魅力刺激着每一位驾驶人的肾上腺素。

1971 年 365 GTB/4 在欧洲的公路测试实测最高车速为 274 千米 / 时，这个成绩完美地显示了法拉利在超高速下的自信和难以置信的直线稳定性。

被安置在 365 GTB/4 机盖之下的是一台 60° 夹角的 V12 发动机，这款发动机装有 4 顶置凸轮轴，排量为 4.4 升，使用干式油底壳润滑，6 联装韦伯双腔化油器提供混合气体。Daytona 没有安装助力转向系统，因为恩佐认为一辆运动车上不需要这些东西，虽然有一大部分 Daytona 的车主希望得到助力转向系统，但恩佐仍然没有采纳这些呼声，从这一点也能看出恩佐固执、专横的一面。

除此之外，365 GTB/4 拥有 5 档手动变速器，钢管底盘采用前后独立悬架，悬架使用了运动车常见的双横臂结构和螺旋弹簧及液压减振器，两个可以包裹住身体的桶形座椅，由 Connolly 制造座椅所需要的皮革。座椅后面和行李箱的空间惊人的大（当然是以法拉利的标准来说）。

365 GTB/4 是一辆值得信赖和拥有品位的豪华旅行车，

它可以以 800 千米 / 天的速度漫步在欧洲各个角落，车身由宾尼法利纳设计，位于摩德纳的斯卡列蒂负责制造车身。车身主要使用钢来制造，发动机盖、行李箱盖和车门使用了铝材制造。

365 GTB/4 的车头前照灯被保护在狭长的有机玻璃灯罩之后，在早期型中，前照灯安装在车鼻之上，之后因为美国的安全规定所以变为了跳灯，后期生产型的 365 GTB/4 除了一少部分之外，绝大多数都采用了跳灯。

1971 年至 1973 年之间，法拉利制造了 15 辆竞赛版的 Daytona，这些赛车参加了很多国际大赛，直至 1979 年才退出历史舞台。

在法拉利车系中，从 250 GT 系列开始，每隔一段时间就会推出一款 Berlinetta 车型，其他车型都以它为标准，Daytona 就是前置发动机的最后一辆这样的车（其后继车型直到 550 Maranello 才重新使用前置发动机布局）。

回顾法拉利 Berlinetta 的历史，365 GTB/4 Daytona 的位置是比较微妙的，Daytona 的机械部分只是延续了 275 GTB /4 的主要构造，并没有达到几年后出现的 365 GT/4 BB 那种技术上的革新。也就是说保持了以前的概念，主要的风格是以追求舒适性为主的车型，这或许是从客观的方面看待这辆车，但如果以法拉利车迷的视角看待 Daytona 的话，它又具有一些不同的魅力。长鼻子上那种端正的外形，V12 发动机的感触，荡漾着古典韵味的内饰，都在继承法拉利传统的同时交

365 GTB/4 Daytona

织着现代的气氛。所以在法拉利车迷中它有一个亲切的昵称："独角兽"。Daytona 的初期车型全部供应欧洲市场，直到 1970 年末 Daytona 才正式进入美国市场。当时在美国测试的极速为 278 千米 / 时。法拉利手册上公布的最高车速是 280 千米 / 时，看来这个速度是没有水分的。

在 365 GTB/4 面世后近一年之后，其 Spider 版在 1969 年的法兰克福车展上亮相，车展上公众和汽车专业媒体都反响热烈。美中不足的是新车竟然安装了 Borrani 钢丝轮毂，这给了 365 GTS/4 一副老气横秋的样子，说话可能有些刺耳，这还是一辆现代车吗？好在 Campagnolo 制造的 5 辐合金轮毂是作为 365 GTS/4 的标准配置，因为它已经大大改善了运动型轿车的魅力。

365 GTS/4 延续了 Coupe 车型的机械特征和性能，其设计在今天看来依然十分出色。外观上两款车腰线以下部分完全相同，只是 Spider 版装有可折叠的帆布顶篷，行李箱外侧设计也有所改变。宾尼法利纳只是简单地移除了车顶而制造了一辆"简化版"的 Daytona 吗？当然不是。敞篷车比运动轿车更加引人入胜，没有顶篷使整车看上去更加精简和拉风。GTB/4 突出的车鼻在新车上更加显眼。在德国展会上，荧光黄色的车身与黑色真皮内饰形成了强烈的对比，并且在销售手册上提供了丰富的车身颜色可供选择。

365 GTS/4 的车身安装在 2400 毫米轴距的底盘上，出厂参考编号为 605，皆按公路版车型系列的奇数底盘序列号进行编号，并提供右舵和左舵车型。底盘结构遵循着该时期其他车型相同的思路，有着大椭圆形钢管、交叉撑杆以及子结构来支持车身和辅助设备。GTS/4 的标准式公路跑车车轮呈 5 合金轮辐"星形"布局，而出口美国和其他特定市场的车，为了满足法律要求，装有大型中央螺母。整个生产期间提供 Borrani 钢丝轮圈选择。

365 GTS/4 的发动机与 365 GTB/4 中采用的 V12 装置相同，出厂参考号为 251，容量为 4390 毫升，缸径与行程为 81 毫米 x 71 毫米，并配有干式油底壳润滑。发动机由一具六联装双腔韦伯 40 DCN20 或 21 化油器（美国市场的车的名称中带有后缀"A"）提供混合气体，具有双线圈和安装在发动机后部的分电器点火系统（美国市场的车带有电子系统），最

365 GTS / 4 (Show Car)

大功率能达到 352 马力。美国市场车型还安装有多个设备来控制废气排放。

发动机通过一个飞轮式离合器进行驱动，由与发动机同速运转的传动轴连接至类似于 275 GTB4 车型上安装的五速变速器，然后通过传动轴连接至独立悬架的后轮，每个车轮均配备叉形臂、螺旋弹簧和液压减振器。

这一车型直到 1973 年才停产，按照以往法拉利车型的标准来看，这是很长的生产时间，其间共生产了 122 辆（或 124 辆）Spider 版本，其底盘编号从 14365 至 17073。

在 365 GTS/4 亮相一个月后，宾尼法利纳在巴黎车展上展示了一款可拆卸硬顶的 365 GTS/4，但它仍然是一个展示车（底盘编号 12925），仅此而已。这辆车没有安装防滚架，但安装有一个保时捷 911 Targa 类似的后拆卸后窗。浅蓝色的车身和白色的硬顶相得益彰，但这种风格的车身没有对后续车型产生任何影响，这仅仅是一款 one-off。

因为产量稀少，所以一些人将自己的 365 GTB/4 改装成了 365 GTS/4。这类改装的 365 GTS/4 有时真可以以假乱真。随着原装 365 GTS/4 的价格飙升，这种 Spider 变体车在 20 世纪 80 年代后期极为受欢迎。

路易吉·希奈蒂和他儿子小路易吉·希奈蒂也使用 Coupe 车型自行改装了一辆 365 GTS/4。

作为 365 California 合格的继任者，高昂的价格并没有妨碍其销售上的成功，尤其是在美国，至今仍被认为是一款备受推崇的车型。虽然硬顶车型的驾驭感受肯定要好于敞篷车型，但在美国市场上，Spider 版本的销售量约占 365 GTB/4 车型总销量的 10%。

365 GTB/4 Daytona 在 1968 年的巴黎车展亮相后，凭借其新颖的外观和非凡的机械结构，令同一时期生产的其他车型都黯然失色。

365 GTS / 4

365 GTB/4 Daytona , GTS/4

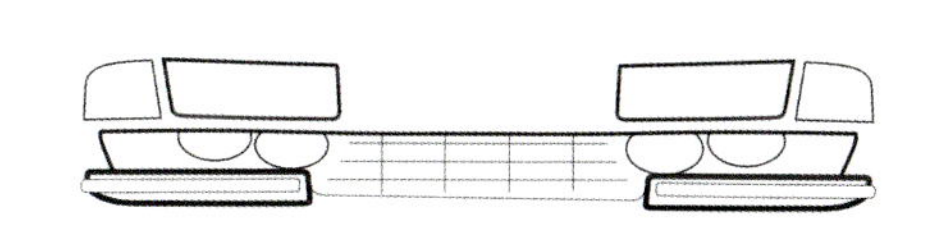

365 GTS/4

技术参数

发动机形式：60° 夹角 V12
发动机排量：4390毫升
缸径行程：81毫米x71毫米
气门驱动方式：双顶置凸轮轴
气门数：每缸两个
点火系统：每缸一个火花塞，两组分电器
供油方式：六联装韦伯 40 DCN化油器
压缩比：9.3∶1
最大功率：352马力/7500转/分
润滑方式：干式油底壳
变速器：五档手动
车身类型：双座 Sports Saloon
车重：1280千克
最高车速：280千米/时

1967—1969年 Dino 206 GT & 246 GT，GTS

20 世纪 60 年代末的时候，法拉利公司在财政上已经陷入了捉襟见肘的窘境。恩佐迫切需要一个强有力的合作伙伴来帮助他共同承担赛车运动的财政风险，但是在经过了与亨利 · 福特之间不愉快的合作之后，留给他的选择只剩下菲亚特集团。

作为意大利最大的汽车集团，菲亚特这个名字对于恩佐来说并不陌生。在恩佐 · 法拉利的企业家生涯起步之初，前菲亚特总监维托利奥 · 瓦内塔 (Vittorio Valetta) 就曾在法拉利车队遇到困难的时候提供过帮助。从 1965 年开始，法拉利就与这家来自都灵的汽车巨头企业一起生产发动机。在那段时期，一旦法拉利车队的发动机设计师弗朗西斯科 · 洛奇 (Francesca Rocchi) 设计出新型的 6 缸发动机需要进行测试时，来自菲亚特集团的员工就会适时地出现在马拉内罗。

菲亚特公司为高端消费市场研制开发的 Coupe 和 Cabriolet 正好需要这种新型的 6 缸发动机。当集团的经理们看到这款新型发动机时，他们很快就准备流水线批量生产出 500 台。这对于法拉利来说也是有利的，凭借这一合约他就能够把这种发动机投入到 F2 的比赛中去。因为街道汽车如果想要参加这一类型的赛车比赛的话，它必须符合多项要求，诸如发动机一类的重要部件必须也被应用在流水线批量生产的汽车当中。而 FIA 将量产车定义的最低数目就是 500 台。

维托利奥 · 瓦内塔和恩佐 · 法拉利可以说是老交情了，20 世纪 30 年代他们就一起在阿尔法 · 罗密欧工作，在恩佐离开阿尔法 · 罗密欧之后，瓦内塔进入了菲亚特集团。1955 年维托利奥 · 瓦内塔将 6 缸发动机引入了马拉内罗。法拉利在研发出 6 缸发动机后，恩佐只想把它装备在赛车上，因为恩佐坚持他的公路跑车上只会搭载 V12 发动机，但恩佐的长子迪诺极力说服了父亲在公路跑车上安装这款发动机，当时的迪诺已经处于疾病的晚期了，于是在迪诺去世后，恩佐用儿子的名字命名了这辆车。

Dino 是法拉利公路跑车上的一颗宝石，虽然它并没有冠以法拉利的名字。1967 年都灵车展，法拉利展出了一款装备 6 缸发动机的新车，Dino 206 GT 诞生了。

Dino 206 GT 并没有遵循法拉利以往的命名规则。“206”中的 20 代表发动机排量为 2.0 升，6 代表使用 6 缸发动机。Dino 206 GT 的车身设计由宾尼法利纳完成，并且通过了风洞试验，所以 Dino 的车身流线感很强。

将 Dino 206 GT 设计并制造出来，这本身就是一个胜利，

Dino 246 GT

因为一辆中置发动机车型做成这个样子是一件相当困难的事情。Dino 206 GT 使用法拉利传统的钢管底盘结构、双横臂独立悬架，配合螺旋弹簧和液压减振器，轮毂使用合金制造。宾尼法利纳设计的车身由铝合金制成，配备顶置凸轮轴的 V6 发动机和变速器一起被横置于车架中央。动力通过离合器片、齿轮向下传递动力，因为空间的局限性，Dino 206 GT 的变速器、差速器和油底壳被整合在了一起。这种设计一直延续到 1989 年 V6 及 V8 横置发动机的车型上。

铝合金制造的车身、真皮包裹的座椅、赛车式的轮胎安装方式和全合金制造的发动机，这些直接导致 Dino 206 GT 的造价昂贵，售价居高不下，销售业绩惨淡。除了价格还有一个原因就是这辆车没有冠以法拉利的名号。于是在 1969 年的日内瓦车展上，法拉利推出了 Dino 206 GT 的改进型——Dino 246 GT。Dino 246 GT 的改进包括，塑料制作的座椅、铸铁制造的缸体、铁质车身和五孔螺钉固定的轮毂，虽然前期的 Dino 246 GT 和 GTS 依然没有任何的法拉利标志，但销售状况明显好转，但还是没有达到预期的销量，于是后期型的 Dino 都在车尾安装了法拉利的跃马标志，并在行李箱盖上烙上了“FERRARI”的字样。

GTS 版本于 1972 年推出，GTS 与 GT 采用相同的机械构造，但 GTS 并不是一辆真正意义上的敞篷车，因为它的后窗支柱在顶篷被移开后仍然保持在原有的位置。移开的车顶可以竖置在座椅后面，顶篷很轻，一个人就可以打开或关闭。一直到 1974 年停产时 Dino 246 GT 和它的 Spider 版本 GTS 一共制造了 3761 辆（其中 246 GT 2487 辆，GTS 1274 辆），而 Dino 206 GT 只生产了 152 辆。

Dino 246 的两个版本都体现了一个共同的概念，强调整体稳定性，并且适用于普通公路行驶，在此之前法拉利从来没有制造出如此容易驾驶的公路用车，之前的法拉利公路用车都太像赛车了。

对于那些装备了 V12 发动机的大家伙来说，Dino 对于驾驶人更加友善和可靠。这是法拉利制造的第一辆可以作为车主唯一座驾的车型，在以前车主不得不另外准备一辆车作为日常用车，因为只有在周末的聚会上才有可能驾驶法拉利出来拉风，但 Dino 的出现改变了这种情况，你既可以驾驶着它去购物，也能在周末兜风。Dino 246 GT 的发动机虽然为铸铁缸体，但在 7600 转 / 分时可以输出 195 马力，驱动 Dino 246 达到 241 千米 / 时的极速。Dino 246 拥有顶级的驾控感觉、绝妙的制动、像乐器一样的发动机和变速器，这些全部趋势驾驶人开得更快，这和装备 V12 发动机的大家伙是一样的。

1965 年，恩佐给自己的小儿子皮埃罗在赛车部找了一份工作，随后恩佐交给皮埃罗的工作对于一位新人来说要求实在是太高了，皮埃罗将负责监督 Dino 206 GT 的生产和销售。

1969 年 6 月 18 日，法拉利与菲亚特集团的主管胡安尼·阿涅利签署了一份合同，根据合同，菲亚特集团将持有法拉利公司中 50% 的股份，恩佐本人则得以保留 49% 的股份，法拉利的合作伙伴宾尼法利纳也获得了 1% 的股份。合同中还确认了在恩佐·法拉利去世后，菲亚特集团将另外获得 40% 的股份，剩下的 10% 则归恩佐的儿子皮埃罗·拉尔迪·法拉利所有。

这是一份绅士间达成的合约。意大利最受欢迎的汽车制造商与这个国家最著名的跑车企业以这种形式确定了它们相互之间的尊重。恩佐确信阿涅利不会插手自己赛车部的领导权，此外他在董事会也保留了一席之地，并且能决定自己的退休时间。

法拉利与菲亚特的联姻也为他们带来了资金上的巨大收获，他们得以在马拉内罗大兴土木，不但扩建了新工厂，还在费奥拉诺兴建了自己的测试赛道。

1970 年恩佐把皮埃罗带入了法拉利公司赛车部的领导层。

206 GT & 246 GT , GTS

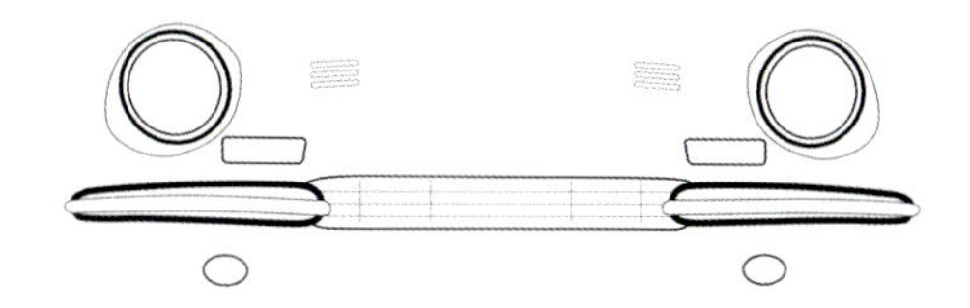

Dino 246 GT

技术参数

发动机形式：65° 夹角 V6
发动机排量：2419毫升
缸径行程：92.5毫米x60毫米
气门驱动方式：双顶置凸轮轴
气门数：每缸两个
点火系统：每缸一个火花塞，一组分电器
供油方式：三联装韦伯 40 DCNF化油器
压缩比：9：1
最大功率：195马力/7600转/分
润滑方式：干式油底壳
变速器：五档手动
车身类型：双座 Coupe
车重：1080千克
最高车速：241千米/时

1971年 Ferrari 365 GTC/4

365 GTC/4 首展于 1971 年 10 月的巴黎车展，两周后在伦敦完成了其第二次亮相。新车拥有宾尼法利纳设计的优美的、干净到几乎锐利的侧线，椭圆形车头的最前端是黑色橡胶制的保险杠。 365 GTC/4 中的“C”代表 Coupe，4 代表 4 顶置凸轮轴，这辆车并不算是法拉利的主流车型，研发初期将其定位于 Berlinetta 和 2+2 之间，但 1971 年它是作为 330 GT 2+2 继任者的身份出现的。

365 GTC/4 的底盘源自 365 GTB/4 Daytona，这就造成了 365 GTC/4 的后排空间非常狭小，而且后窗倾斜得非常厉害，所以有一部分人认为 365 GTC/4 是 Daytona 的后继车型，但这种认识其实是错误的。

365 GTC/4 使用了法拉利传统的钢管底盘，车身只有一种材料——铁质，由都灵的宾尼法利纳负责制作车身。前悬架使用双横臂结构，后悬架使用阻尼自动调节平衡装置。前后均采用通风制动盘，ZF 制作的助力转向系统精确并且深受车主们的欢迎。

4.4 升 12 缸发动机使用和 Daytona 相同的曲轴和活塞。Daytona 的发动机到当时为止已经生产了 3 年，技术已经趋于成熟，但 365 GTC/4 的发动机改为了湿式油底壳润滑，使用的 6 联装韦伯双腔 38 DCOE 化油器采用了侧吸式的安装方式，从而降低了发动机的整体高度。所以宾尼法利纳设计出了低矮的车头线条，这显然是一个由造型决定机械结构的例子，并且在两者之间达到了一个令人满意的平衡。因为要照顾后排空间，所以 5 档变速器回到了传统的位置，通过传动轴将动力传输到差速器，而后传到后轴。发动机的性格也做了全新的调校，峰值动力也降为 340 马力。

365 GTC/4 宽敞的前排座椅通常是由皮革包裹着的，虽然对于早期产品也提供了一批斜纹花呢的座椅。当然后排座椅也能根据车主的需要更换成斜纹花呢，但是后座只能乘坐儿童，或者干脆将后排座椅折叠起来以增加储物空间。

365 GTC/4 的中控台延伸至前排座椅中间，面板中央采用金属拉丝制造，早期车型使用普通的塑料面板，虽然视觉冲击力很大，但和整车的风格极不协调，所以很多车主在购买后立即就将这块面板用皮革包裹起来。

365 GTC/4 轮胎使用大尺寸的米其林子午线轮胎，配合合金轮毂，以三角飞轮的螺母固定在车轴上。但是从 20 世纪 70 年代开始，车主们开始不大愿意用大锤敲打自己美丽的车子。这种轮胎固定方式是典型的赛车样式，虽然拆装简单，但每次都需要用铁锤大力敲打轮胎螺母才能使它松动或紧固，而且那个螺母对于行人来说也是一种危险。所以 365 GTC/4 也几乎是法拉利最后使用这种螺母的车型。

365 GTC/4 在销售初期没有任何选装件，但实际上还有

512 M

1969 年 6 月 21 日，法拉利与菲亚特正式宣布成立联盟。这次结盟可以说是各取所需，恩佐需要资金，而阿涅利为了寻求最高贵的地位和尊荣，为此阿涅利在摩德纳大约花了 70 亿里拉（约合 1100 万美元）找到了自己想要的一切，这比当初福特的报价低很多，但阿涅利保证不会插手赛车部门的运作，所以这笔交易对恩佐来说实在太有吸引力了。恩佐亲自去都灵签署了最终合同，要知道他在过去的几十年里都没有再去过都灵，平常都是要求别人来摩德纳签约。

双方成立联盟后，法拉利依旧对赛车部门拥有绝对的自主权，而菲亚特则负责乘用车方面的业务。虽然 308 GTB、328 GTB、Boxer、400i 等经典车型都出自法拉利，但事实上这些车型的诞生和恩佐并没有什么关系，最后一辆完全凭恩佐的意志制造的公路跑车是 365 GTB4 Daytona。联盟成立初期法拉利制造的那些公路跑车带有太多菲亚特的影子，而不像之前的那些限量制造的法拉利。

一个更高端的版本的车辆装有空调。

365 GTC/4D 原本是一辆驾驶起来非常美妙的车子，在驾驶时可以激发驾驶人更大的自信，遗憾的是 GTC/4 没有被进一步地开发，因为它本能成为和“Boxer”并驾齐驱的一款车。

365 GTC/4 仅仅生产了 2 年，总产量为 500 辆（另有说法为 493 辆）。

事实上在联盟刚刚成立的时候，阿涅利曾经考虑过要将法拉利的产量扩大到每年两万辆，但投资和市场等诸多原因决定了马拉内罗的工厂只能进行小规模的扩张。工厂 1971 年的产量超过了 1000 辆，到了 20 世纪 70 年代末这个数字又超过了 2000。1988 年恩佐去世时，工厂的产量是 4001 辆，远远超过和菲亚特签约时的 619 辆。

菲亚特的人接管了公路跑车的设计、制造和销售等日常工作，恩佐终于从他不喜欢的工作中解脱了出来。制造这些车辆只不过是他达成目的的手段，随着年龄的增长，恩佐越来越鄙视那些仅仅为了面子而购买法拉利的人。那些缺乏教养的土豪带着大笔的钱财来到马拉内罗，拿到车时感觉像是受到了上天的恩赐，这让恩佐很是不屑。虽然恩佐减少了对公路跑车的关注并集中精力对付 F1，但他的生活依旧没有什么改变。恩佐每天都重复着一样的内容：一早去理发店刮胡子、开车去迪诺的墓地、上午在摩德纳的办公室看文件，然后去马拉内罗的工厂。这种程序化的日子已经持续了几十年了。

菲亚特在装配线改造、生产领域扩大、零配件采购成本、铸造车间现代化改造等方面投入了大笔资金，同时还在阿贝托内公路边的果园内建起了一座名为费奥拉诺的大型试车厂。赛道内安装了电视监控等装置，是当时世界上最先进的试车赛道。车队的工作人员也不用像以前那样辛辛苦苦地跑到蒙扎或摩德纳去进行一些特别的测试。另外，斯卡列蒂车身制造厂也被渐渐吸纳进了新公司，到了 20 世纪 70 年代中期，公司在城市边缘的艾米利亚古道上建立了新大楼。公司正在逐步成为菲亚特公司的一个现代化子公司，法拉利传统的品牌形象已经成为一个过去的影子。

不过赛车部门的情况并没有什么变化，恩佐依然对车队有着绝对的领导权，工作也是依旧充满了各种抓狂、激进和极致的投入。

1973 年，法拉利停止了包括勒芒、泛美大奖赛、爬坡赛等在内的所有跑车比赛，因为这些赛事分散了车队在一级方程式上的精力。优雅的 312 以及尺寸更大、动力更强的 512 都永远地停了下来，此时的恩佐仍旧坚持“法拉利不需要博物馆”这一原则，所以这些车辆有些被拆成了零件，有些则卖给了一些个人车主。

其中一辆以 28000 美元的价格卖给了美国商人罗杰·彭斯克（Roger Penske）。还有一位富有的私人客户以25000美元的价格买了一辆 512 M。彭斯克是一个商人，他把汽车运动看作一个为他商业帝国做宣传的平台，在他旗下包括汽车经销商、轮胎经销商、卡车租赁业务和柴油发动机业务在内的各种生意。他购买这辆车目的是他认为这辆车在赛车手兼工程师马克·唐纳修（Mark Donohue）的改造下可以成为比赛的赢家。不过他实在是太不了解马拉内罗的一切了。他在摩德纳结束了其他生意的谈判后，恩佐邀请他见面，但他要去米兰赶飞机，所以拒绝了会面匆匆离开了。这一举动令整个工厂的员工极为震惊，也让恩佐非常生气。能和恩佐见上一面，这种机会可不是谁都有的，而他居然拒绝了，这简直就像是错过了和教皇见面一样。所以工厂之后对彭斯克购买的这辆车一点也不上心。当彭斯克拿到车之后发现这辆车的做工非常差，根本无法用来参加比赛。

512 S

365 GTC/4

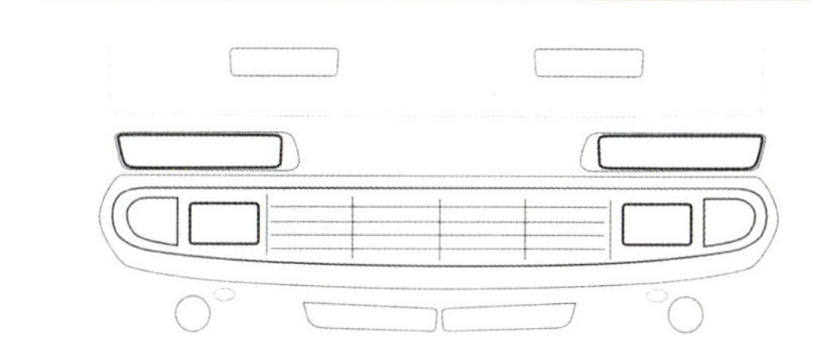

技术参数

发动机形式：60° 夹角 V12
发动机排量：4390毫升
缸径行程：81毫米x71毫米
气门驱动方式：双顶置凸轮轴
气门数：每缸两个
点火系统：每缸一个火花塞，一组分电器
供油方式：六联装韦伯 38 DCOE化油器
压缩比：8.8：1
最大功率：340马力/6800转/分
润滑方式：湿式油底壳
变速器：五档手动
车身类型：双座 Coupe
车重：1450千克
最高车速：260千米/时

1972—1985年 Ferrari 365 GT/4 2+2 & 412

在1972年10月的巴黎沙龙上，法拉利展出了由宾尼法利纳设计的新款2+2车型——365 GT/4 2+2，这意味着仅仅推出一年的365 GTC/4结束了自己的历史使命。新车虽然仍旧采用365GTB/4 Daytona的底盘，但车身却拥有可以容纳4位成年人的空间，虽然在大多数情况下后排座位只是用来放行李的。365 GT/4 2+2拥有极其华丽的外观，后排座位有足够的头部空间，所以这是一辆名副其实的2+2车型。

365 GT/4 2+2的底盘虽取自Daytona，但经由法拉利重新设计，轴距变为了2700毫米，全独立双横臂悬架配合螺旋弹簧和减振器，提供了一个稳定的座舱。4.4升的发动机配有4顶置凸轮轴，结构和Daytona的V12发动机保持一致。5档手动变速器和发动机一起装置在底盘的中前部，通过传动轴向后轮提供动力。

365 GT/4 2+2的车身很重，所以113升的油箱只能提供418千米的续航里程。

1976年，4.4升的发动机排量扩大到4.8升，车型名称也改为了“400”，更重要的是法拉利第一次提供了一款可选装的自动变速器。这款自动变速器为3档，由通用汽车公司提供，和同时代劳斯莱斯上安装的自动变速器极其相似。在内饰的改变包括使用了大面积的真皮包裹中控台和座椅。

在驾驶感觉方面，400也许是该系列中最强劲的一款车，6联装双腔韦伯化油器的吸气声混合着4.8升V12发动机咆哮时的尖叫声，时刻刺激着驾驶人的耳膜。可以说400是到当时为止法拉利制造过的最具运动感的2+2车型。扎实的底盘结构使得这辆大车易于操控，就像法拉利Berlinetta车型一样。从驾驶人的角度上讲，一旦进入车厢握住方向盘就能感觉车身比实际尺寸要小，极速超过250千米/时对于一辆超过了2吨的大车来说，确实是值得赞扬的，即使它拥有340马力的峰值动力。

为了应对美国和欧洲日益严格的排放规定，1979年法拉利开始使用Bosch K-Jetronic机械喷射系统取代化油器，车名改为“400 i”。这是第一次在法拉利的产品上没有使用韦伯化油器。采用机械喷射的供油方式，使排放、油耗得到了改进，但最大动力输出下降为310马力。新车最大的差别就是发动机舱

化油器的吸气声消失了，所有的事情都变得更文明了。5 档手动变速器车型虽然还是能买到，尽管它的销售比例和自动档车型是1∶6。这个数字并不代表 400 i 变得不运动了，只是说明了我们生活的世界正在发生改变。

在 365 GT/4 2+2 亮相后的 10 年内，车型外部只做了微小的改动，尾灯组由 6 盏变为 4 盏，车鼻增加了一个小小的前部扰流板，轮胎帽则由飞镖式样变为了“BOLTON”式样。

1985 年的日内瓦车展上，法拉利推出了这个系列的最终版车型——412，发动机排量提升至 4943 毫升，动力则恢复至之前 400 的 340 马力。ABS 成为标准配置，412 同样提供手动和自动变速器两款车型。尽管大体的形状没有改变，但行李箱末端被提升了 5 厘米，这也是空气动力学的最新成果。1989年，412 宣布停产。当最后一辆 412 驶下生产线的时候，标志着一款生产了 17 年的车型终于完成了自己的使命。由宾尼法利纳设计的经典造型也是时候改变了。今天，它光滑、优美的曲线和相对有限的产量可能会为它的拥有者带来意想不到的升值潜力。

365 GT 2+2 从 1972 年至 1976 年间生产了 525 辆；400 在 1976 年至 1979 年间生产了 502 辆；1979 年末 400 i 开始生产，至 1985 年生产了 1308 辆；最终版 412 于 1985 年生产，到 1989 年最后一辆 412 驶下生产线总产量为 576 辆；在 17 年的时间里这个系列仅仅生产了 2911 辆。

365 GT / 4 2+2　　412

365 GT/4 2+2 & 412

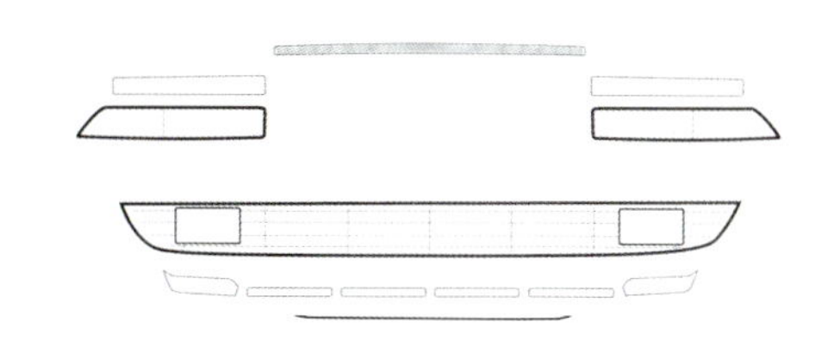

412

技术参数

发动机形式：60° 夹角 V12
发动机排量：4943毫升
缸径行程：82毫米x78毫米
气门驱动方式：双顶置凸轮轴
气门数：每缸两个
点火系统：每缸一个火花塞，电子点火
供油方式：博世 K-Jetronic injection
压缩比：9.6∶1
最大功率：340马力/6000转/分
润滑方式：干式油底壳
变速器：三档自动
车身类型：2+2 Coupe
车重：1805千克
最高车速：250千米/时

1973年 Dino 308 GT/4

Dino 308 GT/4 于 1973 年亮相巴黎车展，并在两周后的 Earls Court 完成了在英国的首秀。在与宾尼法利纳专属合作 20 年之后，法拉利推出了 Dino 308 GT/4。这款车装备有 V8 发动机，由博通设计。身居都灵的这位设计师创作了魅力十足的中置发动机 2+2 车型，其车身不超过 4.3 米，这是一个了不起的成就。

从 20 世纪 50 年代中期开始，宾尼法利纳就垄断了法拉利车型的设计权，所有驶出马拉内罗的新车都由它执笔，这种情况直到 1973 年。那一年，博通车身制造厂受命设计一款小型 2+2——Dino 308 GT/4。

事实上，经过 20 多年的与宾尼法利纳不间断的合作，法拉利突然委托博通设计新型量产车，这是相当惊人的。1969 年法拉利并入菲亚特集团，此次新车由博通设计就是菲亚特方面主导推动的。从 Dino 308 GT/4 2+2 身上可以感觉到强烈的“格鲁利亚斯科风格”。

也许是出于菲亚特方面的原因，不想得罪格鲁利亚斯科的其他车身制造厂；也许是在过去的 5 年中，努西奥·博通（Nuccio Bertone）设计了 12 款中置发动机的车型，所以这次他被要求设计一款中置发动机的 2+2 车型；也许这些都是托词，因为宾尼法利纳在之前就设计出了经典 Dino 206 GT 和 246/GT，并且取得了不俗的销量。不管是什么原因，最终博通得到了这份合同，并在 1973 年的巴黎车展上交出了答卷。

博通设计有许多著名车型，例如兰博尼基于拉科（Urraco）；世界拉力锦标赛冠军车蓝旗亚 Stratos。它们和 1973 年巴黎车展上亮相的 Dino 2+2 都有些共同的特点：发动机位于车身中央，并且横置安放；前后悬都很局促。

Dino 308 GT/4 2+2 的前风窗玻璃面积很大，视野良好，但侧面的视野被 C 柱稍稍破坏了。两个狭小的后排座椅表明，保时捷 911 已经被 Dino GT/4 看作潜在对手了。博通设计的车身由斯卡列蒂在摩德纳的工厂制造。车身大部分为钢制，只有前行李箱盖和发动机盖由铝板打造。棱角分明的车身遭到了普遍非议，可能因为它没有兄弟车型 Dino 246 GT 那种柔美的曲线。

308 GT/4 管状底盘的出厂参考号为 F 106 AL 100，而 208 GT/4 底盘的出厂参考号为 F 106 CL 100。它们皆提供盘式制动器，配有双叉臂、螺旋弹簧和液压减振的独立悬架系统，具有前后防侧倾稳定杆。左侧进气口将冷却空气导入至散热器，而右侧进气口将空气导入至化油器的空气滤清器。整体车形十分紧凑，非常均衡，并非常好地经受住了时间的考验，肯定优于同时代的一些车型。尽管采用中置发动机配置，后排座椅也可使用，远远超出了对 365 GTC/4 后排座椅的使用性，不过腿部空间依旧有限，除非前排座椅大大移前。虽然后排座位对乘客很“舒适”，它们还能够提供额外的充足行李箱空间。通常足够的可用行李箱对中置发动机车是不可避免的问题。308 GT/4 在发动机后有单独的行李箱，像 Dino246 GT 一样，行李箱下的排气消声器多少还是会影响箱体内的温度，尽管有隔热层。在前盖下可提供额外的行李箱空间存放小件物件，当然这个空间最常见的用处是放置小备胎。

1976 年，美国《Road & Track》杂志发表了一个普遍观点：“虽然 Dino 2+2 的外观至今仍然存在争议，但不可否认的是，车主大都认为它还是一辆不错的车。”

V8 发动机总容量为 2926 毫升，半球形燃烧室、缸径

和行程直接继承自 Daytona。，缸径和行程为 81 毫米 x 71 毫米，出厂参考号为 F 106 AL 000。这款发动机使用和 180° 夹角四顶置凸轮轴发动机相同的齿形带传动，这比传统 V12 发动机使用的链传动要安静得多。

佛朗哥 · 罗基（Franco Rocchi）设计的 90° 夹角的 V8

发动机被横向安装，而后直接连接 5 档变速器与差速器，位于发动机湿式油底壳后部下方，遵照 Dino 206 GT 和 246 GT 车型确立的原则。这是一个紧凑车型经典的安装实例，动力总成被整齐地安装在一个狭小的空间内。

四联装双腔韦伯 40 DCNF 化油器安装在 V 形缸体中部，具体规格取决于不同市场和安装的分电器数量。早期系列 I 的欧洲车、所有美规和澳大利亚市场车，其双分电器由进气凸轮轴左端驱动。后来第二个系列欧规车从 1978 年开始配有单一分电器，由前向进气凸轮轴驱动，并带有改装的分电器和电子点火系统。功率输出从早期欧规车型的 255 马力，降到晚期系列美规车的 205 马力，这些美规车都配有催化转换器。

1975 年 3 月，法拉利推出了针对意大利市场的特别车型——208 GT/4，配有 2 升 V8 发动机，因为该国对超过此排量的车征收惩罚性税收。意大利市场的发动机组件几乎完全相同，但容量为 1991 毫升，具有相同缸径，但行程更短，为 66.8 毫米，出厂参考号为 F106 C 000。据称 2 升意大利市场车可提供 180 马力的功率。它与 3 升版本的差异除发动机外微乎其微，外观唯一的区别是 2 升版本没有雾灯。

Dino 2+2 的 3 升发动机在 7700 转 / 分时的峰值功率为 255 马力，最高车速为 236 千米 / 时。将这台发动机安装在轴距为 2550 毫米的 2+2 底盘中部，这本身就不是一件容易的事情，但博通做到了，而且还设计出了合理比例的车身造型。

308 GT/4 车型的底盘号码是 Dino 特别的偶数系列，即使与真正的 246 GT/GTS 的替换车——308 GTB / GTS 系列一起生产时，仍保持偶数。后者底盘号为标准法拉利公路版车型的奇数号码顺序。

308 GT/4 的生产期持续了 7 年，直到 1980 年由 Mondial 8 车型所取代。生产时提供右舵和左舵两个版本，由于各国的立法要求，各个市场的车型规格不同，这已变得越来越普遍。

恩佐显然认为，这个车型可以适应各国的法规，由于其产量高于当时的 12 缸车，后者只在要求符合规定相对宽松的市场上销售。如同 246 Dino，车型名称中的数字系指发动机单缸排气量和缸数，此车为 3 升和 8 缸，数字 4 系指座位数目。

Dino 308 GT/4 (Elvis Presley)

这款新车为法拉利创两个第一，尽管最初以 Dino 名字，这是法拉利的第一款中置发动机 2 +2 车型，也是法拉利第一款带有 V8 发动机的量产公路版车型。

博通在非常紧凑的三维界限内做出了漂亮的设计工作，生产 2550 毫米轴距的中置发动机 2 +2 车型，只比双座的 Dino 246 GT 多出 210 毫米。因为轴距只有 2550 毫米，所以博通将前排座位尽可能地前移，腾出的空间勉强又安装了两个座位，后排座椅可能令两位儿童舒适地乘坐，但如果坐进一位成年人，那就必须横坐在后排。虽然它很容易吞下超额的行李。

308 GT/4 像其兄弟车 246 GT/GTS，没有任何法拉利徽标，因为 Dino 继续要拥有自己独有的商标，这种情况直到 1976 年年底。246 GT/GTS 车型在 1974 年停产后，308 GT/4 是留在 Dino 系列的唯一车型。这也是法拉利经销商在美国可以为客户提供的唯一车型，因为 365 GT/4 BB 和 365 GT/4 2 +2 车型还未为该市场认可。

因此，它们可出售的唯一“法拉利”车，甚至没有法拉利徽标，使问题加剧的是由于排放控制设备，车辆性能有点受到影响。所以马拉内罗在 1975 年中向美国销售商发出指令，将现有库存车加装法拉利徽标，而随后的车型在离厂时就会带有法拉利徽标， Dino 名字只留在行李箱盖的铭文徽章上。1976 年，标配的轮毂进行了升级，五辐铝合金轮毂也在这个阶段推出，绝大多数销往海外市场的 Dino 308 GT/4 2+2 都安装了全新的轮毂。同年，配备天窗的出口型 308 GT/4 驶下生产线。

因此，一些美国市场车配有法拉利和 Dino 两种徽标，同时该市场的保险杠也有所修改。因此，从保险杠就可以大致判断出这辆车的生产年份。

在生产期内，法拉利共制造了 2826 辆 308 GT/4 车型，另有 840 辆 208 GT/4 驶下了生产线。

308 GT/4 是法拉利第一次将 V8 车型作为销售主力。虽然 Dino 308 GT/4 2+2 的销量不俗，但其在法拉利历史中的地位却相对平庸，就像在 20 世纪 70 年代末的所有其他汽车制造商一样。此时的法拉利正处于转型时期，而马拉内罗核心领导人恩佐的年纪也越来越大了。

埃尔维斯 · 普雷斯利（Elvis Presley）也拥有过一辆 308 GT/4。

308 GT/4

技术参数

发动机形式： 90° 夹角 V8
发动机排量： 2927毫升
缸径行程： 81毫米x71毫米
气门驱动方式： 双顶置凸轮轴
气门数： 每缸两个
点火系统： 每缸一个火花塞，两组分电器
供油方式： 四联装韦伯 40 DCNF化油器
压缩比： 8.8：1
最大功率： 255马力/7700转/分
润滑方式： 干式油底壳
变速器： 五档手动
车身类型： 2+2 Coupe
车重： 1150千克
最高车速： 236千米/时

1973—1981年 Ferrari 365 GT/4 BB & 512 BB , BBi

1971 年的都灵车展上，宾尼法利纳的展台上出现了一款安装气缸夹角为 180° V12 发动机的双座跑车，而后这款车出现在 1973 年日内瓦车展法拉利的展台上，法拉利将新车命名为 Berlinetta Boxer，简写为“BB”。而 365 系列遵循了法拉利以往的命名方式， 即每一气缸容积为 365 毫升，再乘以 12 缸，约等于 4.4 升。4 的意思是发动机拥有 4 个凸轮轴。这意味着法拉利在旗舰级 Berlinetta 上用中置发动机布局取代了传统的 FR 布局，这种布局一直延续到 Testarossa。

在生产 Boxer 之前，法拉利的工程师们多次向恩佐说明这种发动机的优势，但恩佐始终拒绝采纳，直至法拉利的赛车在赛场上逐渐失去优势后恩佐才开始考虑工程师们的建议，最终恩佐迈出了这一步。首先装备这种发动机的并不是公路跑车，而是法拉利的 F1 赛车，这完全符合恩佐的一贯思路，最先进的技术优先装备赛车，而后才是公路跑车。在获得了一定的经验后，公路跑车仍旧采用 FR 布局，例如 Daytona。直到 1971 年，装备这种发动机的公路跑车才出现在法拉利的阵容中。

虽然从数据上看，365 GT/4 BB 和他的前任 Daytona 相比差不多，但车身结构却是截然不同的，365 GT/4 BB 的 12 缸发动机纵置于车架中央。4 联装韦伯 40 IF3/C 化油器列成一列架在缸盖上面，这款 V12 发动机的外观可以想象为两个直列 6 缸发动机底对底地连接起来，并且共用一个曲轴，4 个顶置凸轮轴通过正时带驱动。

虽然发动机夹角发生了巨大的变化，但 12 缸发动机的内部却没有多少变化，和 Daytona 上使用的 V12 发动机基本结构一样，1970 年，法拉利在 F1 赛车上首先使用了这款发动机。除了气缸间夹角的变化外，这款发动机最大的改动就是使用了正时带而不是链条。正时带在行驶 19300 千米后需要检查，40000 千米需要更换，好在移开发动机后就可以方便地更换。和发动机配合的是一台手动五档变速器。

宾尼法利纳为 365 GT/4 BB 设计了一个楔形的车身，并且在车头使用了跳灯设计。跳灯的使用显然是为了对应北美安全规定所做的设计，虽然恩佐从没有想过向北美市场销售 365 GT/4 BB，但还是有个别的经销商将 BB 车型销往美国市场。

365 GT/4 BB 的车身由斯卡列蒂制造，车体中部为钢制，

365 GT/4 BB

前盖、发动机盖和车门都是铝制的，竖直的后窗上有个小的翼形设计，这片小羽翼将气流引至发动机进气口，因为车体整体形状平滑，所以如果没有这个小翼，就没有足够的空气供给发动机，另外这个小翼也是开关发动机盖的把手。

6个排气管和6个尾灯则赋予了365 GT/4/BB独特的尾部，前方的 4 个前照灯藏在电控的跳灯中，刮水器臂带着主刮水器清洁玻璃，主刮水器下面还有一个小刮水器用来清洁主刮水器清洁不到的部位。遮阳板异常小，所以配备了可下拉的卷帘，并且附有吸盘可以吸在前玻璃上。普通的黑色变速杆从镀铬的面板中伸出，皮革包裹的合金方向盘看上去都很熟悉。

早期型 365 GT/4 BB 的座椅都是用斜纹软呢包裹（只是在初期），圆形仪表在一个黑色方形的框子里，晚上会闪出红色。

365 GT/4 BB 的前悬架采用双横臂独立悬架，配置螺旋弹簧和液压减振器，后部在每一侧各有两组悬架系统，所以 365 GT/4 BB 的底盘配置更灵活，对于驾驶的反应性更快。Daytona 虽然也这么快但是不够稳定。

1976 年的巴黎沙龙上 365 GT/4 BB 的小改款 BB 512（或叫 512 BB）问世，512 这个名称是为了纪念早先时候法拉利的 512 型赛车。新款发动机的排量增加至 4942 毫升，压缩比变为 9.2:1，变速器采用了双片离合器片设计，发动机采用干式油底壳润滑，512 BB 修改了后悬架的结构，采用 NACA 后轮制动冷却管，并且安装了更宽的后轮，使车辆在弯中的表现更加稳定，排量增大的发动机使得这辆车更容易驾驶，并且换档方面的改进使得换档操作的切换动作变得更顺滑。其他改变包括一个更大尺寸的扰流板，尾灯组变为了 4 盏，皮革座椅成为标准配置。

1981 年的巴黎沙龙，法拉利推出了这个系列的最终改进型 BB 512i（也有一种叫法 512 BBi），虽然在视觉上没有太多的不同，但新名字中的“i”却代表着发动机使用了机械燃油喷射系统，博世的 K-Jetronic CIS 燃料喷射系统取代了韦伯化油器，所以车尾的车型名称增加了字母“i”。

BB 512i 在外观上的改动较小，比较容易识别的特征是雾灯前的进气格栅被取消，行车灯安装到了车鼻最前端，而不像 365 GT/4 BB 和 BB 512 那样藏在进气格栅之后。

法拉利为了对应美国的环保标准而推出了 512 BBi 车型，如果照这样的思路去考虑，BBi 车型的推出还是合情合理的。但这种变得柔和的性格是否合理就全看顾客的角度了。

365 GT/4 BB & 512 BB，BBi

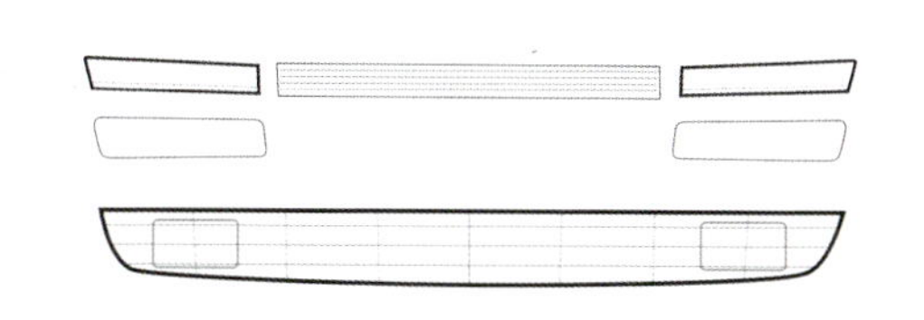

512 BBi

技术参数

发动机形式： 180° 夹角 V12
发动机排量： 4943毫升
缸径行程： 82毫米x78毫米
气门驱动方式： 双顶置凸轮轴
气门数： 每缸两个
点火系统： 每缸一个火花塞，电子点火
供油方式： 博世 K-Jetronic
压缩比： 9.2：1
最大功率： 340马力/6000转/分
润滑方式： 干式油底壳
变速器： 五档手动
车身类型： 双座 Sports Saloon
车重： 1580千克
最高车速： 280千米/时

1975—1991年 Ferrari 308 & 328 & 348

在1975年晚秋的巴黎沙龙上，法拉利308 GTB揭开了序幕，这是法拉利名下的公路GT跑车首次使用12缸之外的发动机。

从308 GTB的外形上观察立即就能看出它是Dino 246 GT的后继车型，由宾尼法利纳着手打造的线条也受到了20世纪70年代锐利边缘这种风格的影响，柔和的线条和锐利的边缘就是从Dino 246 GT那里继承下来的。从车门延伸到后翼子板的进气口完全是Dino 246 GT所使用过的美学概念。

法拉利308 GTB的V8发动机用这个缸径获得了2927毫升的排量，并且使用DOHC。但是曲轴驱动符合新时代在365 GT/4 BB首次引入的正时链，法拉利宣称行驶24000千米后才需要更换，燃油供给系统使用了4联装韦伯双腔40 DCNF化油器。

Dino 308 GT/4 2+2的发动机润滑为湿式油底壳，法拉利308 GTB采用干式油底壳。至少以初期车型来说，可以看作是大功率车型，然而在1976年后半年，308 GTB的欧洲式样采用了湿式油底壳，致使动力有所降低。也有可能是因为各国的燃油等级不同，所以数据有所不同，直至1979年最大动力输出变为227马力。美国式样则采用了双分电器和湿式油底壳，以91号汽油为前提，压缩比为8：1的情况下，最大功率为240马力/6600转/分。以这个规格开始，但1978年排放又有了新规定，式样再次进行了变更之后，动力最终降到了208马力。

在这之后，尾气排放标准再也不是几个国家的规定了，法拉利被逼再次做出改进，面向北美市场的308 GTB和GTS车型在1980年开始使用博世的K-Jetronic(机械分配式燃油喷射系统)，车名更名为308 GTBi和308 GTSi。

328是这款车的最终发展型，发动机排量提升至3185毫升，最大功率为270马力/7000转/分。底盘依旧是1975年式样的双横臂螺旋弹簧及减振器，制动异于往常的出色表现得益于在生产结束前又加入了ABS。车身外部方面，328拥有一个全新设计的前鼻子，在椭圆形格栅之下有一个稍深的扰流板和一个更圆的车头，保险杠已经融合进车身，几乎看不出来了。硕大的车灯安装在车头顶端，转向灯和雾灯被安装在格栅的两边。这辆车拥有了电控的后视镜、空调、ABS、全皮内饰和非常实用的行李空间，加上强劲的发动机，超高质量的制造工艺和其他更多改进，这是你在20世纪80年代所能期待的所有。一些车型甚至装备了带记忆功能的电动座椅，但是对于328 GTB和GTS来说，它们的魅力从1975年出生之初都没有改变过。它们可以说是法拉利20世纪80年代公路跑车的小缩影。

法拉利348的首次公开亮相是在1989年的法兰克福车展上，同年的9月1日348出现在了位于马拉内罗的法拉利专卖店内。348是一辆中置发动机、后轮驱动的双座跑车，它的出现取代了328成为法拉利新一代的入门级跑车。

最先发布的是Berlinetta的348 TB和Spider（准确地说应该是Targa）的348 TS。3.4升V8发动机每缸拥有4个气门，最高输出功率为300马力。348的名字也延续自了Dino 206 GT的命名方式，“348”代表该车安装有一台3.4升8缸发动机；“T”代trasversale(意大利语横置的意思，英文写法为transverse)；“B”代表berlinetta；“S”代表spider。348因为发动机的安装方式和Mondial T保持一致，所以如变速器、差速器等众多部件和Mondial T共享。

Spider车型拥有一个可以移动的顶板，不用的时候可以存放在座位后面，这多亏了348底盘刚性的提高，因为高刚

348 TB

性的底盘和敞篷车身简直是完美的组合。

348 是法拉利第一辆没有使用椭圆形钢管底盘的车子，底盘框架由机器焊接的冲压钢板组成，这样就使得底盘获得了良好的抗扭转性，而且在尺寸上更加精确，提高了制造精细度。纵置的干式油底壳发动机和变速器被放置在一个钢管制的副架上，这个副架再安装在车体中部。5 档变速器横置放在发动机和离合器片中间，位于限滑差速器的下面。因为发动机和变速器被安装在一个副框架里，并且这个副框架可以从发动机舱上方方便地吊起，所以维护工作变得非常容易进行。

所有初期型的 348 都使用了博世提供的 Motronic 2.5 发动机电喷管理系统，车厢内安装了暖风循环系统及空调。选装配置包括一套由著名设计公司设计的真皮行李箱和意大利 Schedoni 金属漆。

所有销往北美市场的 348 车型还安装有 OBDI 发动机管理系统，虽然一部分欧洲车型也安装有该系统，但需要车主按下按钮激活其功能。

348 的车体外皮由钢和铝制造。在设计上 348 的理念完全脱离了 512 BB 和 308、328，尤其是车身侧面的进气口和车体正面的线条，使它看上去更像一辆 Testarossa。348 尾灯的造型也和 Testarossa 类似，包裹在格栅内的尾灯为矩形。但 348 的继任者 355 就将这一切都改回了 308 的样式：圆弧形的侧进气格栅和扁圆形的尾灯。

1993 年，法拉利对 348 系列进行了中期改款，主要改进包括重新设计了发动机起动机、发电机和电池的位置，这项改进使车头获得了更好的重量分布。

3.4 升 V8 发动机改用了博世的 Motronic 2.7 发动机电喷管理系统，压缩比由之前的 10.4:1 提高至 10.8:1，其他的改进包括重新设计的进气歧管、排气系统、消声器和顶置凸轮轴正时。美版 348 的最大输出功率提升为 312 马力；欧版 348 的最大输出功率为 320 马力。轮毂尺寸增大了 1 英寸，悬架系统的几何形状进行了大幅度的修订。油箱的容积减小为 88 升，这也是为了平衡车体的总重量，腾出来的空间用于改善底盘的刚性。改款后车型名称也变为了 348 GTB 和 348 GTS。到 1995 年 348 系列停产时一共生产了 222 辆 348 GTB 和 218 辆 348 GTS。得益于底盘刚性的再一次提高，348 系列中真正的 Spider 车型 348 Spider 在 1993 年 2 月的好莱坞一个独特的活动中向全世界揭幕，348 Spider 为那些渴望获得真正敞篷驾驶体验的人们提供了一个绝佳的选择。

348 系列最大的特点是拥有三种类型的车体：Berlinetta、Targa 和 Spider（硬顶、半敞篷和敞篷）。348 的轴距为 2450 毫米，车长为 4230 毫米，348 TB 和 348 TS 宽 1894 毫米，348 GTB 和 348 GTS 宽 1890 毫米。348 TB 零到 100 千米 / 时的加速度为 5.3 秒，最高车速 275 千米 / 时。

截止到 348TB、TS 停产时，一共有 8844 辆各种型号的 348TB、TS 被制造出来，得益于精良的制造工艺，所以 348 系列的市场保有量巨大，在某些二手车市场上，348 的最低价格仅为 45000 美元（当然这个价格在国内是不可能的）。并且形形色色的汽车网站上都可以买到 348 的配件，维护保养毫无顾虑。

308 & 328 & 348

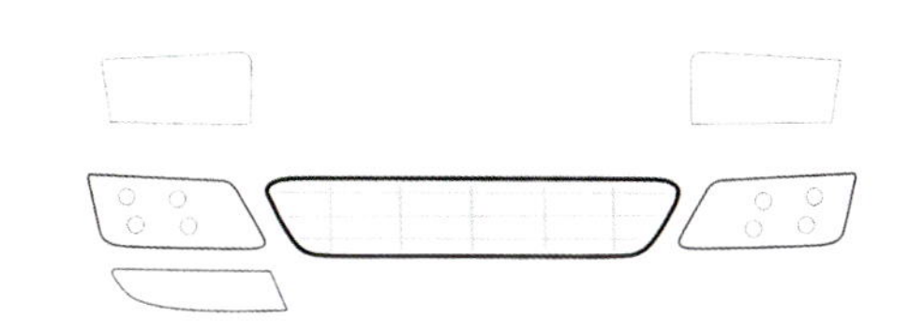

348 TB

技术参数

发动机形式： 90° 夹角 V8
发动机排量： 3405毫升
缸径行程： 85毫米x75毫米
气门驱动方式： 双顶置凸轮轴
气门数： 每缸四个
点火系统： 每缸一个火花塞，电子点火
供油方式： Bosch Motronic 2.7 injection
压缩比： 10.4：1
最大功率： 300马力/7200转/分
润滑方式： 干式油底壳
变速器： 五档手动
车身类型： 双座 Sports Saloon
车重： 1395千克
最高车速： 280千米/时

1980—1989年 Ferrari Mondial 8 & Mondial T Cabriolet

最初使用“Mondial”这个名字的是一辆法拉利赛车，它装备有2升的直列4缸发动机，在1954年至1956年间制造了39辆，宾尼法利纳和斯卡列蒂都为这辆安装F2赛车发动机的法拉利制造过车身。

而这辆Mondial 8首次亮相是在1980年的日内瓦车展，它是Dino 308 GT/4 2+2的换代车型，宾尼法利纳做出了杰出的工作，使这辆长轴距的车看上去像一辆真正的法拉利，每一位购买Mondial 8的人都希望拥有一辆Berlinetta，但出于实用的考虑他们选择了一辆更大的车子。

Mondial 8与同时期的法拉利Berlinetta车型一样，继续采用楔形车身，散热器格栅置于前保险杠下。Berlinetta车型采用极为细长的锻黑色保险杠，而Mondial 8采用更重的环绕式黑色塑料总成，在车头集成了头灯、侧灯和转向灯单元，车尾也有相似的总成，尽管如此一来平衡了车头车尾的设计，但相较之下看上去比较笨重。另一项招致颇多争论的设计是车门后侧围上发动机舱的大型梯形进气栅格。早期车型的这一进气栅格被刷成锻黑色，而非车身色彩，显得更为突兀——尤其是浅色车身车型，因此争议更多。

Mondial使用Marelli生产的Digiplex电子点火系统，赋予了这辆车更丰富的动力储备，并且减轻了污染。结果就是得到了214马力的最高动力，用来推动将近1吨半的车子。Mondial 8这款车的动力输出非常顺畅，但并不令人兴奋，它在外美的外表下，电动车窗，真皮座椅和仪表板，空调都作为了标配。Mondial这款车在车子内部有足够的空间，并且它的后排空间比和它同时代的车子更加实用、通风，可调节的方向盘转向柱在之前的法拉利小车中是不曾见到过的。

底盘使用的是典型的法拉利椭圆形钢管设计。底盘有一项特殊的功能，能把轮子及车子的后半部分和发动机独立拆开，这项设计也使得最初制造Mondial时变得更容易。双横臂独立悬架、螺旋弹簧，不带助力的齿轮齿条转向系统，提供了Mondial非凡的方向稳定性，并且前悬架带防止车头下沉的几何结构。

Mondia 8上的安全配置十分的完善，包括发动机机油警示灯、变速器油警示灯、冷却液温度温度警示灯、前风窗玻璃刮水器损耗警示灯，还有制动灯和尾灯故障警示灯一应俱全。

在欧洲销售的Mondial 8装有出厂编号为F 106 AS 100的钢管底盘。车身由钢板制成，装有铝制前盖和发动机盖。同时期的两座车型在车尾发动机舱后设计有一个行李箱，而Mondial 8却采用了独立的行李箱设计。

Mondial的制造使用了比以往法拉利车型更多的先进技术，这其中包括了使用在发动机和后行李箱盖的新的铝合金和新的车体焊接技术。Mondial 8于1980年至1982年间投产，编号采用公路版车型底盘奇数序号，从31075直至41727，

Mondial 8

总共生产 703 辆。该车型提供左舵和右舵驾驶版本，并且针对全球各个市场对基本规格进行了调整，其中最为显著的是针对美国市场在车身侧围加装了示廓灯。

在 1982 年的夏末，出现了每缸 4 气门发动机，使用新款发动机的车型更名为“Quattrovalvole”，和 308 一样，这是一个实用的改进。新款每缸四气门产生的输出功率显著增加，从而提高了行驶性能。尽管 Mondial 8 的性能领先于当时的多数车型，但人们一直认为行驶性能是它的一个弊端。Mondial Quattrovalvole 欧洲市场的主要车型采用钢管结构底盘，出厂编号为 F 108 BL 100。与同期生产的两座车型一样，Mondial Quattrovalvole 提供右舵和左舵驾驶版本，以及各类全球市场规格车型。从 1982 年至 1985 年的投产期间，共生产 1145 辆车。

1985 年的法兰克福车展对于法拉利来说是个繁忙的时期，所有使用 V8 发动机的车子因为扩大了缸径，而得到了 3185 毫升的排量，在 7000 转 / 分时能涌出 270 马力的动力，车名也随着发动机排量的变化而改为了 Mondial 3.2。在 Mondial 3.2 上，最明显的改进就是 ABS 成为标准配置，而前后轮距为了适应这项改进而分别增加了 25 毫米和 50 毫米。该车型从 1985 年到 1989 年共生产了 987 辆。

1989 年的日内瓦车展见证了法拉利 Mondial T 车型的问世，这是 V8 4 气门 3405 毫升发动机的首次亮相。它所配备的 4 气门发动机可以说是这辆新车上唯一一个熟悉的部件，发动机旋转了 90°，这使得曲轴在这辆车的纵轴上。发动机的安装位置是如此的低，以至于在原先 Mondial 的发动机舱中都看不见了。这样的改变使后行李箱的容积进一步变小了。变速器哪去了？变速器待在它应该在的地方，这种设置称为“Trasversale”（意大利语横置的意思）。和 Mondial T 同时发布的还有一款敞篷车。车头部分，前款车型的一对矩形前照灯变成更为简洁的可伸缩矩形共焦单元。摒弃了梯形尾翼大进气口的设计，以尾翼上整洁的矩形小格栅取代，后者外形更偏向球状，令车身外形更加英姿飒爽。如同 Mondial 3.2，车尾徽标并不能区分跑车与敞篷车，只能表明这是 Mondial T 车型。与前款车型一样，Mondial T 的内饰也经历改动，而且是全面改动，其中包括改装仪表板、中心控制台和衬垫图案，并且后座靠背可以折平变成一个行李平台。选装件包括皮面仪表板以及软皮革上盖。Mondial T 提供右舵和左舵驾驶版本，以及各类全球市场规格车型。Mondial T Cabriolet 在 1989 年至 1993 年间投产，共生产 1017 辆车。

1988 年 2 月 18 日，恩佐度过了自己 90 岁的生日，但虚弱的身体这使他错过了当年另一项盛事：教皇约翰 · 保罗二世（Johannes Paul）在一次旅行中途经意大利并且在马拉内罗短暂逗留，而恩佐由于身体的原因仅仅能够通过电话对这名尊贵的客人表示欢迎。约翰 · 保罗二世在恩佐的儿子皮埃罗的陪同下参观了马拉内罗的法拉利工厂，他甚至还亲自搭乘法拉利新款 Mondial Cabriolet 在费奥拉诺赛道上兜了一圈。

Mondial 8 & Mondial T Cabriolet

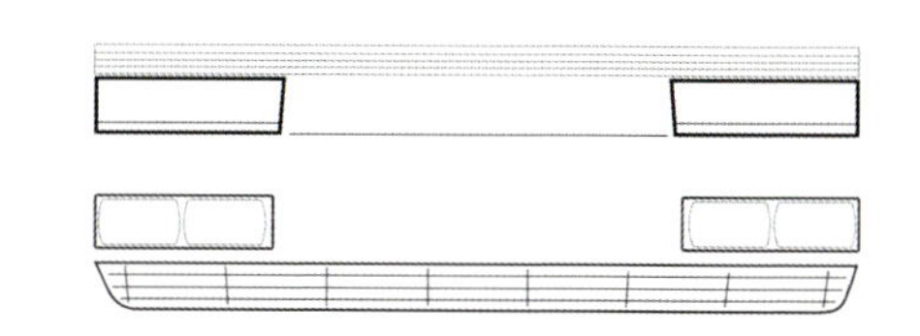

Mondial T

技术参数

发动机形式： 90° 夹角 V8
发动机排量： 3405毫升
缸径行程： 85毫米x75毫米
气门驱动方式： 双顶置凸轮轴
气门数： 每缸四个
点火系统： 每缸一个火花塞，电子点火
供油方式： Bosch M 2.5
压缩比： 10.4 : 1
最大功率： 300马力/7200转/分
润滑方式： 干式油底壳
变速器： 五档手动
车身类型： 2+2 Coupe
车重： 1505千克
最高车速： 255千米/时

1984年 Ferrari 288 GTO

法拉利制造 288 GTO 的原因有很多：赚钱、尝试新的想法、用于参加比赛、推广制造超级跑车的法拉利的名声，出于这些原因法拉利研发了公司历史上的第二款 GTO。

288 GTO 名字的含义是该车安装了一台 2.8 升 8 缸发动机。这名字也唤起了人们对 20 世纪 60 年代 250 GTO 的怀念。尽管顶着这么大的名字，但这辆 GTO 从来没有开上过赛道，法拉利原本想给这台 2.8 升的发动机装配一个倍率为 1.4 的涡轮增压器，使 288 GTO 得以参加 Group B 的比赛（该级别比赛规定参赛车辆的排量必须达到 4 升，而以法拉利的计算方法安装增压器的发动机排量正好为 3920 毫升）。虽然 288 GTO 从来没有参加过比赛，但丝毫没有损害这辆超级跑车的名誉，反而增添了几分神秘感。

288 GTO 的首次亮相是在 1984 年的日内瓦国际车展，同年的 10 月份它和 Testarossa 一起在英国展出。但 288 GTO 开始销售后 Testarossa 才正式亮相，之前的展出只是预展。

如果你想说 288 GTO 仅仅是一辆法拉利的话，那就错了，虽然它的底盘技术取自 308 GTB。但在研发时，一位英国的博士向法拉利介绍了一种新的复合材料，288 GTO 是第一辆使用了该材料的法拉利公路跑车，尽管这个材料只用在了很小的方面。现在我们将这种材料称为“Kevlar 合成纤维”。这种材料是在磨具中一体成型，并且是一种比铝更强劲更轻的新型材料。现代赛车的底盘和车体都是用这种蒸压成型技术，把炭、芳纶、玻璃、轻合金、环氧树脂和黏合剂放在一起处理。在 288 GTO 的前翼子板、车顶、发动机盖和后轮拱上都采用了上述材料来减轻重量和增加车体强度。

288 GTO 的发动机采用夹角为 90°，4 个顶置凸轮轴的 V8 发动机。双 IHI 涡轮增压器，Weber-Marelli 机械喷射系统提供混合气体，发动机采用水冷散热、干式油底壳润滑。V8 发动机纵置在钢管底盘上，双片式 5 档手动变速器安装在发动机后面，这是经典的赛车安装方式。

288 GTO 的悬架系统由螺旋弹簧、同轴液压减振器组成，前后悬架都为双横臂结构，横臂结构是采用钢管拉伸制作的，

衍生自308 GTB的车身由玻璃强化塑料制成，为配合宽大的轮胎，288 GTO比308 GTB宽20厘米，这赋予了288 GTO更大的震撼力。288 GTO使用固特异轮胎。

288 GTO的座舱里有一对漂亮可调的赛车座椅，座椅造型来自Daytona，黑色的皮革包裹着方向盘、变速杆和一些控制开关，除了极速指向320千米/时的速度表外(法拉利公布的288 GTO的极速305千米/时)，其他的部件都来自308 GTB。288 GTO的加速力绝对惊人，就算在干燥路面也要小心驾驶。

但由于规则的变化，288 GTO没有机会出现在赛道上，于是法拉利开发了288 GTO的另外一个赛车版本——288 GTO Evoluzione。Evoluzione的底盘重量减轻了40%，最大功率提升至650马力，法拉利公布的288 GTO Evoluzione的极速为370千米/时。而法拉利在288 GTO Evoluzione的基础上研发了我们熟知的F40。

最终，288 GTO只生产了272辆。

250 GTO建立了一个标杆：拥有强劲的发动机，恰当的悬架和底盘调校，并且可以在公路上驾驶。其实F40已经超出了这个范围，而288 GTO则正处于这个界限内，这意味着288 GTO更加忠实地传承了250 GTO的精神。

288 GTO

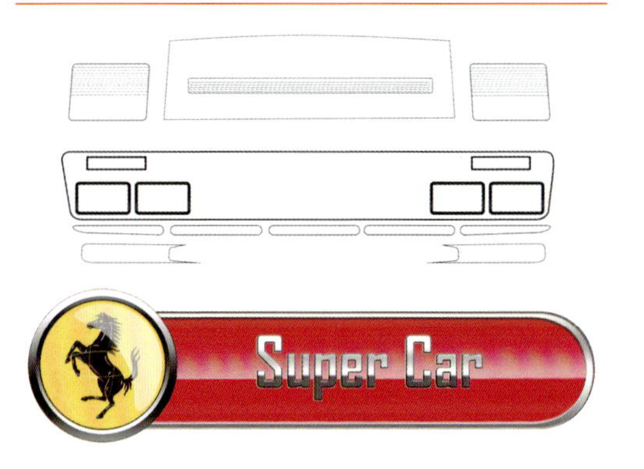

技术参数

发动机形式：90° 夹角 V8 双涡轮增压

发动机排量：2855毫升

缸径行程：80毫米x71毫米

气门驱动方式：双顶置凸轮轴

气门数：每缸四个

点火系统：每缸一个火花塞，电子点火

供油方式：Weber-Marelli 机械喷射

压缩比：7.6∶1

最大功率：400马力/7000转/分

润滑方式：干式油底壳

变速器：五档手动

车身类型：双座 Sports Saloon

车重：1160千克

最高车速：305千米/时

1984—1994年 Ferrari Testarossa & 512TR & F512M

1984 年 10 月 2 日，取代原有 BB 系列的新型 12 缸 Berlinetta 在巴黎香榭丽舍大道华丽登场。几天后该车再次在巴黎沙龙这个传统的车展上亮相，此时的法拉利非常迫切地想通过这次展示来向人们传达自己的理念。这辆新型的 Berlinetta 被命名为 Testarossa，这个名字和 20 世纪 50 年代在 Racing Car 领域赫赫有名的那辆车重名，正确地说 50 年代那辆车的写法是“Testa Rossa”，这个变化看上去可能没有什么不同，但其实是法拉利迫切地想将这个名字复活的表现。代表了法拉利新时代 Berlinetta 的这辆车，在为它命名的时候，最初想到用那辆战绩彪炳的 250 Testa Rossa 来命名新车的人就是恩佐 · 法拉利本人。

GTO 这种具有一定历史的车名，使其复活后，在销售上取得了绝佳的效果，恩佐就是了解了这个事实之后进行了提案，这种提案正好和菲亚特控制的法拉利公路跑车部门的思路不谋而合。同时也意味着自公司创立以来以三位数为车子命名的传统被打破。法拉利积极地扩展销售量和改变意识，分开的 Testa Rossa 在法拉利车迷之间已经用连在一起的形式传诵已久了，法拉利担心使这个名字复活后，有些客户会产生抵触情绪，然而以 Testarossa 命名这件事情上，新车同样使用了红色的气缸盖，这也算是最低限度地继承了历史。不同的是当时的发动机已经从 250 Testa Rossa 的 60° V12，变成为了 180° V12，但不会影响到将缸盖喷成红色，于是 Testa Rossa 在 20 世纪 80 年代复活了。

新车就想大家看到的那样，Testarossa 的散热器位于发动机两侧，而且各配了一台电动风扇。快达到 2 米宽的车尾，是 Testarossa 外观最具风格的地方了。宾尼法利纳对于车体造型的设计，和 BB 系列一样使用了风洞试验，并且采用了 CAD 这种全新的手法。实际上最终完成的 Testarossa 的车体，风阻系数为 0.36，Clf 和 Clr 的数值分别为 0.01 和 0.10，这在当时已经做到了空气动力学的极限。在 Testarossa 的发动机舱内，具有一个副车架结构。这个结构以发动机为核心，将动力总成和后悬架都集成在这个副框架上，然后再以每个角 4 颗螺钉，总共 16 颗螺钉的方式将副框架安装到底盘上。不过在 Testarossa 的进化型上，法拉利就对这个结构进行了否定，废除了副框架，512 TR 和 F512M 的动力总成和后悬架完全是一

Testarossa

体成型的。Testarossa 的前轮胎使用 225/50VR16、后轮胎使用 255/50VR16，而 512 TR 一下子将轮毂尺寸提高到 18 英寸，能够进行这种改变的直接理由就是采用了一体成型的框架和悬架刚性的提高。ATE 提供 Testarossa 的前后通风制动片，虽然没有装 ABS，但对它的制动效应评价还是相当高的。齿轮齿条的转向系统虽然没有安装助力转向系统，但还是可以适应的。

发动机是从 BB 时代就确立的方式，并且不加改变地被继承了下来，Testarossa 所使用的水平对置发动机被称为 F113A，缸径 82 毫米 ×78 毫米，总排气量为 4943 毫升，这是当时为止 512 BBi 使用的 F110A 基础上改进而来的，当然在 F113A 的基础上做了相当大的改良，最突出的变化发生在缸盖部分，法拉利在 Testarossa 的 F113A 上使用 DOHC 双顶置凸轮轴、每缸 4 气门的设计，这种技术在 Testarossa 出道之前的 8 气缸车型上已经使用了，12 缸发动机完成向 4 气门的进化也是理所当然的。燃料供给系统为 Bosch 的 K-Jetronic 机械喷射，这又是和 512 BBi 时代没有变化。

Testarossa 在 1984 年秋到 1991 年末生产了 7 年时间，然后 Testarossa 的改良发展型在 1992 年举办的底特律车展上对外发布，新车更名为 512 TR，TR 为 Testarossa 的缩写。在 512 TR 发表之前，Testarossa 就进行过多项改进。初期生产型的 Testarossa 使用较高位置的后视镜，但只有在 1985 和 1986 两年出产的 Testarossa 上采用了这种安装方式。1987 年以后的款式就将后视镜移到了 A 柱的底端，在 1988 年夏末前后轮胎发生了变化，安装方式从中央单螺栓锁定改为 5 颗螺栓固定。从 1987 年开始 Testarossa 使用博世的 KE-Jetronic 燃料供给系统。在行驶方面变得非常敏捷，法拉利公开发表的动力和转矩没有任何变化。Testarossa 在使用 KE-Jetronic 的同时，法拉利针对之前客户就反映过的发电机传动带会断的情况，加宽了传动带。其他的改变包括，悬架臂形状发生了变化，减振器设定也重新调整，刚性更加提高的悬架臂，配合与之前相比多少更柔和的 16 英寸轮胎使得 Testarossa 的乘坐舒适度和运动性更进一步提高。之后的法拉利将三元催化器作为 Testarossa 的标准配置，所以在日本、欧洲和北美市场销售的法拉利已经在动力上没有任何区别了。 最初进行对 Testarossa 大微调的时候是 1992 年，出现了 512 TR。512 TR 被打造成一辆在所有方面都超越 Testarossa 的车型，在 F113B 发动机上安装了博世新的 Motronic M2.7 系统，压缩比提高到 10.4 ： 1，通过这些措施使功率提高至 428 马力。法拉利的其他改良策略包括 18 英寸轮毂，轮胎变为前 235/40ZR18、后 295/35ZR18，并且放弃了自行车式的小备胎，使车头储物空间增加。

512 TR 的最高车速上升至 315 千米 / 时，此时任何人都不会怀疑 512 TR 是 Testarossa 的最终进化型。但是法拉利在 1994 年推出了拥有 440 马力的 F 512 M。F 512 M 在外观上最大的变化莫过于前照灯，F 512 M 放弃了跳灯而用上了潜望镜式的头灯组合，尾灯则恢复了法拉利传统的四圆灯设计。至于发动机，使用上顶尖的钛合金连杆和新的进、排气系统，最大输出功率提升至 440 马力，加速度没有变化，最高车速变为 325 千米 / 时，和 F40 持平。

Testarossa & 512TR & F512M

F 512 M

技术参数

发动机形式: 180° 夹角 V12
发动机排量： 4943毫升
缸径行程： 82毫米x78毫米
气门驱动方式： 双顶置凸轮轴
气门数： 每缸四个
点火系统： 每缸一个火花塞，电子点火
供油方式： Bosch Motronic 2.7 injection
压缩比： 10.4：1
最大功率： 440马力/8500转/分
润滑方式： 干式油底壳
变速器： 五档手动
车身类型： 双座 Coupe
车重： 1455千克
最高车速： 325千米/时

1987年 Ferrari F40

F40是恩佐下令制造的最后一辆车，并且它是以纪念建厂40周年而命名的一辆车。据传闻在1986年的夏天恩佐说了这么一句话："让我们以我们一直在做的方式，为明年的庆典准备一辆车。"这就是将一台强有力的发动机安装在现有的底盘上。

在288 GTO Evoluzione巨大的帮助下，一年内新车就准备妥当，288 GTO花费了很多时间和里程来测试涡轮增压发动机的性能和稳定性。和F40同时进行研发的还有一辆长轴距的2+2敞篷车，由斯卡列蒂制造车身，那辆2+2车型采用前置发动机及复合材料底盘，车头来自Mondial，机械部分来自412。这辆测试车，证明了高强度和轻量化的组合能够满足公路用车的苛刻要求，这辆Mauro Forghieri制造的4升V8四轮驱动的新车在F40的研发中也起到了重要作用。只是4轮驱动这种技术在25年后才正式装备在法拉利的跑车上。

F40的发展在很多方面是不寻常的，比如在车体的构成上使用聚酰胺纤维的聚氨酯添加剂和纤维强化塑料，利用这些从竞赛车型中学到的技术，使F40成为一辆传统与先进技术的结合体。

F40的底盘是非常传统的，但是车体使用了复合材料，制作这个复合车体花费巨大，所以F40的推出时间被延期了一些。F40的前后悬架由独立双横臂、螺旋弹簧和液压减振器组成，减振器同时也可以通过位于仪表板上的开关控制，驾驶人可以根据路面的情况来进行微调。无助力的齿轮齿条转向系统，时刻向驾驶人传递着清晰的路感。

F40的制动盘为通风钻孔式，配合无伺服的四卡钳。铝制的连杆连接悬架。

F40是第一款使用油箱袋的公路跑车，油箱是用橡胶制造的，这种材料通常只在飞机和赛车上使用。手动5档变速器、限滑差速器和288 GTO上安装的非常相似，并且也装有向下传动的齿轮来降低这辆车的重心。合金的轮毂通常配备倍耐力

前 245/40ZR17，后 335/35ZR17 的轮胎。F40 没有备胎，甚至连维修工具都没有配备，虽然在车头设计有一个安放备胎的空间，所以驾驶人必须对随车配备的 AGIP 补胎液压力瓶充满十足的信心。

F40 的发动机完全是 288 GTO 那款发动机的升级版，288 GTO 的发动机被证实了具有绝佳的可靠性。宾尼法利纳决不妥协的设计理念为 F40 带来了完美的车体设计，这一切都是恩佐希望看到的。

1987 年 7 月，F40 首次出现在马拉内罗的法拉利专卖店内，之后在同年的法兰克福车展上公开亮相。288 GTO Evoluzione 在 1987 年 7 月之前经常出现在各大汽车杂志上，法拉利对它的赛道测试结果和其他的故事非常满意，但为什么始终没有 F40 的报道？甚至连谍照都没有，那是因为在 F40 正式亮相之前，它实际上是秘密进行的，并且保密工作做得非常到位。

F40 是一辆集合了华丽的外观、强劲的发动机和驾驶人梦想的超级跑车，它在世界汽车界变得越发疯狂的时候出现在了市场上。最早发售的 F40 售价高达其成本的 3 倍。世界上大部分的二手车要比新车便宜一些，但某些法拉利的车型则不是这样。20 世纪 60 年代后期那些众所周知的杰作，它们的保值比黄金还要高。

其实 F40 已经不能算作纯正的公路跑车了，它的驾驶特性更偏向于赛车。所以不能说 F40 是一辆危险的车，因为危险的不是 F40，而是它在 478 马力这种高动力下的优秀弯道界限，要想正确地操控这辆车子就要求驾驶人具有相应的经验和知识，更不用说在真正高速行驶的情况下，要求驾驶人要了解在高速行驶时的基本驾驶技术了。如果把这些都考虑进去的话，再对 F40 进行评价，那么得出的结果就是 ,F40 是一辆研发成熟、拥有强劲动力和高性能表现，同时易于操控的超级跑车。

F40 是一辆好车，但它并不是适合所有人的车子，而是给有限人群最高级驾驶乐趣的一辆车子。所以 F40 是当时最强的一款面向公路的 GT 跑车。

F40

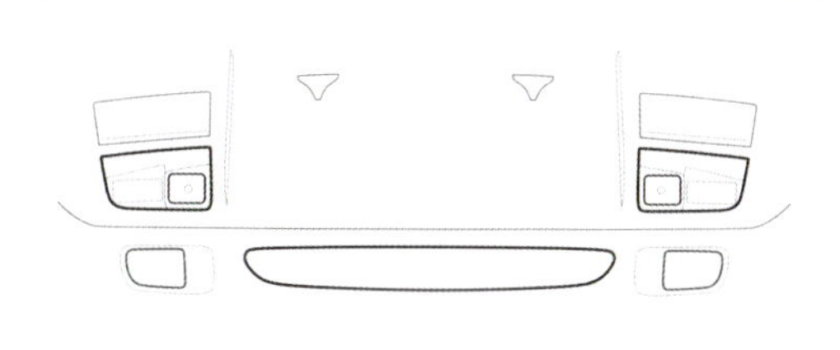

技术参数

发动机形式： 90° 夹角 V8 双涡轮增压
发动机排量： 2936毫升
缸径行程： 82毫米x69.5毫米
气门驱动方式： 双顶置凸轮轴
气门数： 每缸四个
点火系统： 每缸一个火花塞，电子点火
供油方式： Weber-Marelli
压缩比： 7.7：1
最大功率： 478马力/7000转/分
润滑方式： 干式油底壳
变速器： 五档手动
车身类型： 双座 Sports Saloon
车重： 1235千克
最高车速： 324千米/时

1992—1998年 Ferrari 456 GT & 456 M

听到法拉利的名字，人们脑中首先想到的肯定是“Berlinetta”车型，但是对于法拉利，它还有另外一条生产线是不能被忽视的，这就是为生活富裕的驾驶人们所准备的2+2车型。2+2车型不仅仅是追求绝对的性能，同时还要求能够完成长距离的舒适驾驶。2+2车型其实很早就出现在了法拉利的阵营中。1991年发表的456 GT继承了传统的位置。由宾尼法利纳打造的在现代的外观上交织着传统的氛围，同时注入了新开发的5.5升V12发动机和前置发动机底盘，使456 GT实现了优秀的重量分配。这也是20年来第一款前置发动机的法拉利车型。

456 GT的设计工作由宾尼法利纳工作室的阿迈德欧·菲利沙(Amedeo Felisa)担纲，其中不乏设计天才洛伦佐·拉马奇奥迪(Lorenzo Ramaciotti)的手笔。456 GT的核心是一台由计算机辅助设计出的V12发动机，此外，车上还有一些人性化设备。456系列在接下来的十几年中一共生产了3289辆，各版本的产量分别为: 456 GT 1548辆; 456 GTA 403辆; 456 M 668辆；456 M GTA 650辆，其中很大一部分被漆成了蓝色。

1996年456 GTA发布，A就是“Auto”的意思，代表自动变速器。456 GTA安装有一台4档自动变速器，而456 GT安装的是一台6档手动变速器。

456系列采用一款夹角为65°的V12发动机，这款发动机的排量为5.5升（5474毫升），具有每缸4气门技术，使用博世的Motronic M2.7发动机管理系统，最大输出功率为436马力。这台发动机可以推动1690千克的车身达到302千米/时的最高时速，零至100千米/时的加速时间只需5.2秒，这使它成为了当时世界上最快的4座跑车。

456的名字延续了法拉利V12车型的命名传统，“456”代表每个气缸的排量为456毫升，456系列也是法拉利最后使用这种方法命名的车型。对于456来讲，这款发动机略显笨重，但却证明了这台发动机具有非凡的稳定性，所以这款发动机日后安装在了550和575M身上。

456的底盘采用了钢管框架和一体式复合材料制成，底盘上还使用了一种名为“sandwich filler”的特殊材料。宾尼法利纳设计的车身基本上都由铝材制造。

1998年，456系列进行了中期改款，车型变更为456 M，“M”代表Modifile。第一辆456 M的底盘编号为109589。456 M在车身上的改进很大一部分是为了更加优秀的空气动力学效应和提高冷却效率，在室内的改进包括：使用了Connolly Leather制作的真皮座椅；Becker挪到了驾驶舱前部；首次使用了Sony生产的音响系统。并且在456 M发售时，法拉利追加了一种新的颜色——金属色的香槟金，这是宾尼法利纳为456 M专门调制的颜色。

456 M翼子板上的线条和跳灯的样式继承了古典的韵味，为了不破坏它的平衡感，在设计时宾尼法利纳将发动机盖上的出风口都去掉了，作为GT车型配上了进气格栅内不可缺少的

圆灯，因此456 M最终成就了这样优雅的线条。

456 M尾部安装牌照的位置变得流畅了，456 GT在减振器下面的可变尾翼被废除了，取而代之的是固定的翼片，虽然是固定的，但是比之前的尾翼能提供更多下压力的同时，在高速时还能获得更高的稳定性，由于这些重新设计的部位，使得456 M在细节处理上变得非常整洁。

456 M的空气动力学测试在马拉内罗的法拉利工厂内完成，新建成的风洞发挥了作用，在风洞测试后，前灯后方的散热口被废除了，456 M是使用这个风洞开发的第一款公路跑车。除了车身细节发生改变外，花费时间最多的部分就是内饰的改动了。

法拉利的工程师们首先要做的就是既要保留456 GT运动车性能。还要尽可能的舒适和优雅。所以456 M以一种十分优雅的姿态出现在人们面前。

内饰的具体变化包括，仪表板得到了重新设计，驾驶人正面集成了所有的行车信息，包括车速、发动机转速、冷却液温度、油压，并且在仪表板上采用了550 Maranello的多功能显示屏。驾驶席座位使用了具有5向电控功能的真皮座椅，调节范围有：座椅前后、高度、倾斜度、腰部支撑和头枕的高度，并且带有记忆功能。为了方便后座乘客的进出，搬动前座背上的手柄前座会翻起并且向前滑动。后座取消了中央控制系统，提高了乘坐空间。

5.5升发动机的核心没有发生变化，只是优化了点火顺序，提高了发动机的顺畅度。点火顺序从之前的1、12、5、8、3、10、6、7、2、11、4、9、变成了1、7、5、11、3、9、6、12、2、8、4、10。因为要保留2+2车型的性格，所以和550 Maranello做了区别化处理，没有采用可变进气系统，和其他车款一样，ECU采用博世的Motronic M5.2，最大输出功率和转矩均没有发生变化。

在2002年的日内瓦车展上，法拉利展出了迈克尔·舒马赫（Michael Schumacher）个人定制版的456 M，这是一款高度个人化的车子，从车身涂装到内饰装潢以及机械部分完全按照舒马赫个人的意愿定制，这款车被称为456M GT(A) Scaglietti。该车型一经展示立即引起了强烈的反响，所以在456 M生产的最后一年，用户可以指定他们的车子安装斯卡列蒂套件，以得到和舒马赫同样的配置。从此之后法拉利开始提供个性定制套件。

456 GT

456 M

456 GT & 456 M

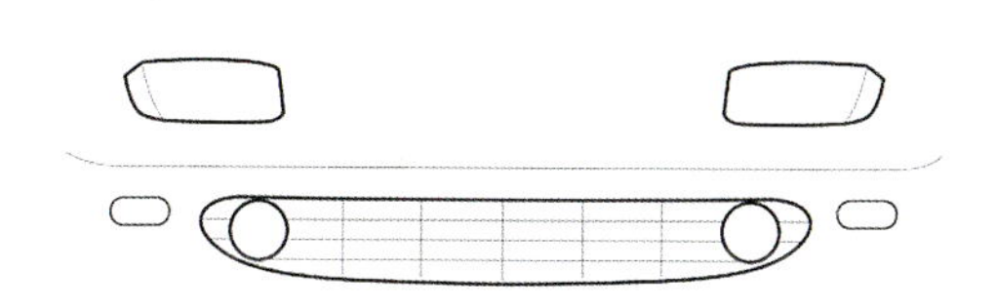

456 M

技术参数

发动机形式：65° 夹角 V12

发动机排量：5474毫升

缸径行程：88毫米x75毫米

气门驱动方式：双顶置凸轮轴

气门数：每缸四个

点火系统：每缸一个火花塞，电子点火

供油方式：Bosch Motronic M5.2 injection

压缩比：10.6：1

最大功率：442马力/6250转/分

润滑方式：干式油底壳

变速器：六档手动

车身类型：2+2 Coupe

车重：1690千克

最高车速：300千米/时

1994—1995年 Ferrari F355 Berlinetta , GTS , Spider

在恩佐时代，法拉利车队的首要任务就是制造出有轮子的发动机；至于车体及车内舒适的装潢设计则没有任何意义，法拉利车队关注的仅仅是发动机的功率。但 20 世纪 90 年代法拉利跑车所遭遇的销售危机已经清楚地表明，恩佐时代已经一去不复返。

1995 年 4 月，348 系列的换代车型 F355 Berlinetta 开始生产、销售。355 系列又一次打破了法拉利传统的命名方式。355 表示该车型安装有一台 3.5 升排量、每缸 5 气门的发动机。相比 348 系列的发动机，355 安装的发动机在排量上只增加了 91 毫升，但动力却多出了 60 马力。

355 的发动机使用了 Nicasil 制造的钢制内衬，锻造合金的活塞通过钛合金连杆连接曲轴，这些材料通常只在 F1 赛车上使用。355 的 V8 发动机每个气缸都是纯赛车式样，5 气门分别是 3 进 2 出，这和 348 非常不同。液压挺杆操作，4 顶置凸轮轴，气门弹簧被设计成以 10000 次 / 分的方式运作着。法拉利所生产的第一批 355 车型使用了博世的 M2.7 发动机管理系统，在 1996 年之后则全部换装了 M5.2 版本的新 ECU。法拉利新研发的排气系统减少了发动机在高转速时排出的废气量，并且排气系统安装有三元催化器。11:1 的高压缩比结合每缸 5 气门的设计赋予了这台 V8 发动机 375 马力的最大输出功率，对于公路用车来说，这是一个很了不起的输出功率。

355 的底盘采用一个冲压制作的框架，车体后部有一个支撑发动机、变速器和后悬架的钢管框架结构。变速器和 348 看起来是相同的，但是它拥有 6 个间距比更近的档位和一个更加强劲的离合器片，这些都装在一个镁合金的箱子里。悬架采用全方位独立悬架：双横臂结构、Bilstein 制造的减振器可以连续的通过电子感应器控制，感应器分析车速和转向角度后再对悬架系统的软硬进行调节。

355 的原装轮胎采用倍耐力提供的前 225/40ZR 18、后 265/40 ZR 18。F355 的底盘利用了地面效应，平整的底盘使

空气可以快速地通过车底，流体提供的负升力使车子更加贴近地面。F355齿轮齿条的转向系统配备了在法拉利跑车上并不常见的助力转向系统，ABS作为了全系标配，值得一提的是F355的ABS是可以通过中控台上的按钮手动关闭的。经过这些改进后，使F355的操控性达到了一个全新的领域。

1994年，法拉利最先推出了Berlinetta和targa的GTS，1995年发布了敞篷车型Spider。Spider车型在宾尼法利纳的实验室中进行了1800小时的风洞试验，这使F355 Spider获得了完美的车体曲线。

1997年，法拉利推出了安装F1式序列变速器的355F1。当年法拉利经销商给出的价格是，安装这款变速器的车型比普通版要高6000美元。

对于常年的法拉利车迷来说，355F1的内饰或许有些陌生，隐藏着气囊的方向盘后有着蝙蝠翅膀般的换档拨片，两个座位之间没有了法拉利传统的铝制变速杆，取而代之的是小巧的铝制梯形倒档扳手。355F1在换档时无须踩下离合器踏板，只需拨动拨片就可以进行档位齿轮的改变，和F1那种半自动变速器的操作方式是完全相同的。

355 F1的外观并没有改变，只有尾部的标签上显示它是一台拥有F1半自动变速器的“355 F1”。

355系列一共生产了11273辆，其中Berlinetta的产量为4871辆（3829辆6档手动变速器车型、1042辆F1式半自动变速器车型），GTS的产量为2577辆（2048辆6档手动变速器车型、529辆F1式半自动变速器车型），Spider的产量为3717辆（2664辆6档手动变速器车型、1053辆F1式半自动变速器车型）。

F355 Berlinetta

F355 GTS

F355 Spider

F355 Berlinetta , GTS , Spider

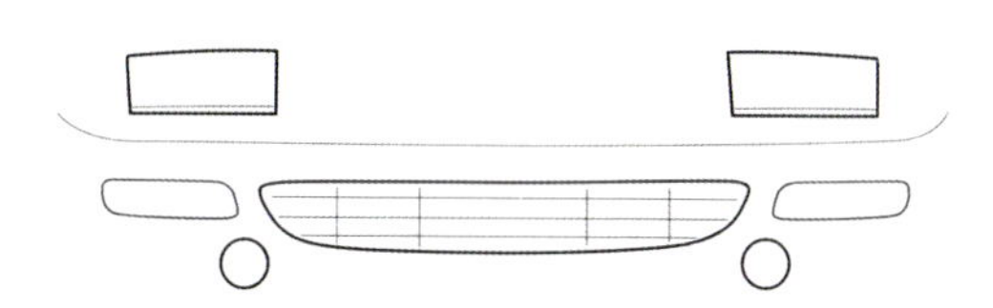

F355 Berlinetta

技术参数

发动机形式： 90° 夹角 V8
发动机排量： 3496毫升
缸径行程： 85毫米x77毫米
气门驱动方式： 双顶置凸轮轴
气门数： 每缸五个
点火系统： 每缸一个火花塞，电子点火
供油方式： Bosch Motronic M5.2 injection
压缩比： 11∶1
最大功率： 375马力/8250转/分
润滑方式： 干式油底壳
变速器： 六档手动
车身类型： 双座 Coupe
车重： 1350千克
最高车速： 295千米/时

1995年 Ferrari F50

1995 年，法拉利 50 周年厂庆的前夕，一款全新的超级跑车横空出世了。这款车是为了庆祝公司 50 周年而特别研发的，车名延续了 F40 的传统，命名为 F50。

F50 最初的设计方案是恩佐的儿子皮埃罗提出的，皮埃罗的灵感来自法拉利公司 1947 年生产的 125 S。50 年后，当工程师和设计人员重新审视这一主题时，一辆豪华跑车 F50 便诞生了。法拉利车队的主席迪·蒙特泽莫罗称赞这辆红色跑车为：“人们可以驾驶着它去取面包的一辆 F1 赛车。”

这种说法确实恰如其分，这台高科技的产物拥有一个 12 缸的发动机来提供 520 马力的动力，并且可以达到每小时 325 千米的最高车速。在空气动力学方面，由于进行了无数次的风洞测试，F50 的车身已经达到了最优化的设计，宾尼法利纳为 F50 设计出了完美的外衣。当 F50 以高速行驶在路面上时，地面效应使整个车身就像舢板一样紧贴在路面上。在费奥拉诺的成绩也证明了 F50 成为了当时法拉利中最快的公路跑车——在费奥拉诺的单圈速度比 F40 快了整整 3 秒。

F50 没有像 F40 那样大批量量产，产量最终被缩减到 349 辆，最后一辆 F50 于 1997 年 7 月驶下了马拉内罗的生产线。F50 应该是法拉利第一款严格限制产量的公路跑车。

F50 的内饰十分简单，但很严谨，座椅上真皮材料所散发出的气味很容易唤醒人们对于奢华高贵的印象。只要望一眼变速杆下 6 档位的铝制面板和发动机盖下的 V12 发动机，每一个法拉利车迷都会心跳加速。F50 使用的这款 V12 发动机前身是在 1992 年 F1 赛车上使用的那款 F92A。

以“行驶在公路上的 F1”为概念开发的 F50，虽然还是作为公路跑车被开发出来的，但法拉利在其中做了很多新的尝试，最为引人瞩目的就是动力传动框架结构。F50 的车身为碳纤维一体成型整体式结构，中置的 V12 发动机用 6 根螺栓固定在底盘上，在发动机的后方连接变速器，悬架及减振器都连接其上，这样发动机、变速器都成为底盘的一部分，在这种布局下 F50 的刚性比 F40 得到了大幅提升。

F50 的前悬架仍旧采用传统的双横臂结构，后悬架则做出了全新的设计，虽然悬架方式还是双横臂结构，但螺旋弹簧和减振器改为了水平安置，这样可以获得更加精确的减振效果。电子控制的减振器由 Bilstein 生产，它可以根据车辆的速度和转向角度自动调节悬架的软硬。为了保证电子元件工作的精确性，悬架系统上没有再安装其他部件。F50 的五辐轮毂非常漂亮，用五角形的螺母固定在车轴上。固特异为 F50 专门制作了一款专用轮胎叫“Fiorano”（前 45.7 厘米 ×21.6 厘米、后 45.7 厘米 ×33 厘米）。

F50 的碳纤维制作的底盘仅重 102 千克，橡胶质地的油箱（油箱袋）容积为 105 升，制动卡钳为钛合金制造的 4 活塞卡钳。F50 的发动机源于 F1，夹角为 65° 的 V12 发动机是在 639 至 643 F1 上使用的 F92A 发展来的。法拉利将原来 3.5 升的排量提高至 4.7 升。V12 发动机纵向坚固地安装在承载式车身的后舱壁上。

宾尼法利纳对这款车的造型缺乏 F40 的粗犷之美，除了锻黑色表面的车侧缩进线条和传统的双尾灯处理之外，它与任何其他法拉利车型并无共同之处。它有很多曲线、进气孔和排气孔，

其后翼甚至比 F40 更引人注目，但其车身形状在设计时考虑更多的是空气动力学性能，而不是美感。它确实有可拆卸硬顶，因此车上乘客更有类似 F1 的驾乘体验。但车上没有地方可存放硬顶，所以厂家提供了一个较小的帆布顶篷，以防车主拆下硬顶后开车出门时遭遇恶劣天气。硬顶未拆卸时，车身的流线型更好，而硬顶拆卸后，两个小防滚环和一个符合空气动力学的边饰部分与发动机盖融为一体，让复杂的车身曲线变得更美。在发动机盖上是透明的发动机栅格罩，通过这里能够清楚地看见发动机顶上碳纤维的增压室，以及四周的机械部件。

F50 的车身是全碳纤维制成的，车门轻到可以用一根手指关上，黑色的皮革和红色的织物以及包裹着碳纤维的座椅浑然一体。F50 比 F512 M 和 F355 的坐姿更低，因为方向盘、转向柱和仪表板为一体成型，方向盘角度无法调节，但座椅可以前后滑动并且角度是可调的，所以还是可以得到一个合适的驾驶姿势。

F50 同样也生产了美国版本而且与前两款"超级跑车"一样，所有的市场型号均为左侧驾驶。与 F40 一样，美国版 F50 安装了空调作为标准配置，带有复合材料外壳的座椅用皮革装饰，中间采用布料，同时还提供"标准"和"加大型"座椅尺寸供选择。仪表板从传统的表盘换成了驾驶人面前的多色彩照明显示面板，在其他方面，始于 F40 的简朴风格仍然随处可见，驾乘人员仍然需要手动升降车窗。

F50 的生产期间为 1995 年至 1997 年，底盘编号为 101919 至 1107575。

F50

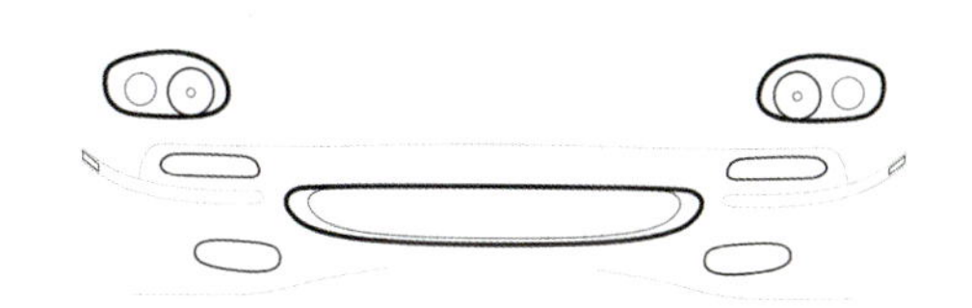

技术参数

发动机形式： 65° 夹角 V12
发动机排量： 4699毫升
缸径行程： 85毫米x69毫米
气门驱动方式： 双顶置凸轮轴
气门数： 每缸五个
点火系统： 每缸一个火花塞，电子点火
供油方式： Bosch Motronic 2.7
压缩比： 11.3 : 1
最大功率： 520马力/8500转/分
润滑方式： 干式油底壳
变速器： 六档手动
车身类型： Sports Tourer/Barchetta
车重： 1230千克
最高车速： 325千米/时

1996—2002年 Ferrari 550 Maranello & 575M Maranello

法拉利在推出456M时，也将其作为一个验证平台来使用，在获得了充分的理论依据和实际数据后，于1996年发布了全新的旗舰级Berlinetta车型——550 Maranello。在新车发布会上，法拉利宣称550 Maranello比其上一代车型F 512 M在费奥拉诺赛道的单圈成绩要快3.2秒。这个成绩多少有些令人难以置信。

确实配置良好的FR车型是比MR车型要快一些，然而那毕竟是要在发动机输出功率达到300马力时才能显现出来。而一旦发动机的输出功率达到450马力时，牵引力所带来的操控感FR车型是不能和MR车型相比拟的。而550 Maranello拥有485马力的最大输出功率，那么它到底是以什么样的牵引力方式将速度缩短了3.2秒？

根据迈克尔·舒马赫的建议，费奥拉诺赛道在1996年修改了2个弯，但这并不会使单圈速度发生多少的改变。

550 Maranello的速度并非只因为它安装有一台追求高功率输出的大排量发动机，在实用领域上拥有雄厚的转矩储备才是一台优秀发动机同时应该具备的个性。

550 Maranello的内饰古典而舒适。新追加的酒红色座椅面采用的皮革非常细腻，空调出风口的镀铬飘荡着20世纪60年代古典的气息，但是令人很兴奋的是，驾驶姿势并不是古典式的，电动座椅可以令绝大多数驾驶人找到完美的驾驶姿势。

收纳在车头的V12发动机可以爆发出485马力，但并非只在最高输出时才这样，在经常使用的转速区间也能输出足够的动力。发动机在1500转/分时就能令1700千克的550 Maranello顺畅起步，6档时车辆能以40千米/时的速度定速巡航。这台V12发动机在2000转/分时就能感觉到有了明确的动力提升，从那时起拉伸到极限的7700转/分，这种感觉并不是丝般的顺滑，发动机的动作能令驾驶人想象出来48气门、12活塞在运动，这是法拉利应有的激情。

550 Maranello的底盘很扎实，并且乘坐感觉惊人的好，在跨越起伏路面的时候，身体和椅面接触的感觉也很柔和，对腰部的支撑很贴合，不会产生摇动，实际地感觉到四轮独立电子减振器发挥了非常恰到好处的作用。法拉利所说的“舒适”是无论在静的时候还是在动的时候都确实得到了完成。几乎可以这样断言，到当时为止还没有像550 Maranello那样能在赛道和普通公路表现出两种截然不同性格的车子，个人认为，只有在多弯角的路况下才能发挥550 Maranello的所有本领。

550 Maranello安装了一台手动6档变速器，使用6档位的结果就是各档位之间比较接近，这台变速器3、4档的加速感非常强烈。550 Maranello安装的ABS是到当时为止法拉利所使用的最高级版本，工作更快、周期迅速，并且工作细

腻。高效率的 ABS 成为了 550 Maranello 高速过弯的秘密武器。

法拉利在 1996 年推出 550 Maranello 时，就已经标志着 V12 FR Berlinetta 的回归。实际上 1992 年推出的 456 GT 已经表明了法拉利正在进行战略转型。自出道以来 550 Maranello 官方一直没有改款车型，但内在的改良一直没有间断过，这期间法拉利在斯卡列蒂定制车型上增加了“Fiorano”套件。在 550 Maranello 推出 6 年后，法拉利将其进化成为 575M Maranello。

从名称上就能得知 575 MM 将发动机排量从 5.5 升增加至 5.75 升，“M”代表“Moddified”（改进），表明 575MM 是从 550 M 的基础上演变而成的，所有性能均得到了全面的提升。除了 V12 发动机的改进之外，这也是法拉利首次在公路跑车上安装 F1 式变速器。575M 一经推出就成为杰出的典范，其灵动的外形让设计者决定不做过多的修改，而且这种造型也顺应了法拉利对前置发动机 Berlinetta 的要求。575 M 在外形方面的改进主要是根据空气动力学的最近成果，发动机盖上进气口的造型与尺寸有了调整，以改进其空气流动效率和流体动力效率；换装新设计的车头扰流器。另外，安装了新设计的前照灯组，灯组周身采用和车身同色的烤漆，灯筒内采用灰色处理，近光灯使用 HID 氙气前照灯，并在车头安装了前照灯清洗器。最后一处的改进是在轮拱附近，从空气动力学的角度出发修改了轮眉。

从后面看，575M 和 550 几乎没有区别，转到车头才看出来确实是进化了，座舱也能确实地感觉到比 550 宽敞了。转速表周围是车速表、油温表、油压表、冷却液温度表和燃油表，这些都以法拉利经典的方式排列着。作为现代法拉利车型，燃油表变为数字柱状显示，转速表内可以显示档位，中控台的设计也符合人机工程学，变速杆的位置只剩下一个短小的拉杆，强调了 575M 采用的是 F1 式的变速器。

575M 的发动机除了在排量上有所提升外，其他部件基本沿用了 550 上那台发动机的设计。575M 的机油循环系统拥有两个抽油泵和一个送油泵，并且有独立的储油槽和专用的散热设备。增加了 0.25 升的排量主要是用于改善功率曲线和转矩。575M 发动机的最大输出功率为 515 马力，最大转矩为 588.6 牛 · 米。

575 M Maranello

550 Maranello & 575M Maranello

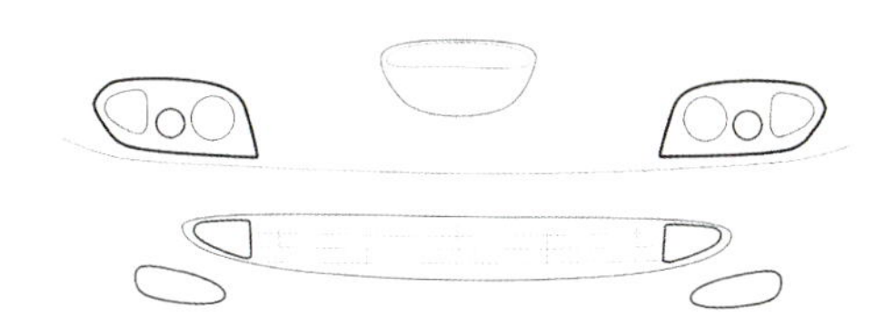

575 M Maranello

技术参数

发动机形式：65° 夹角 V12
发动机排量：5748毫升
缸径行程：89毫米x77毫米
气门驱动方式：双顶置凸轮轴
气门数：每缸四个
点火系统：每缸一个火花塞，电子点火
供油方式：Bosch Motoronic M 7.1
压缩比：11：1
最大功率：515马力/7250转/分
润滑方式：干式油底壳
变速器：六档手动
车身类型：双座 Coupe
车重：1730千克
最高车速：325千米/时

1999—2000年 Ferrari 360 Modena , Spider

法拉利在进入 20 世纪 90 年代之后，对公路跑车的研发一下子重视了起来，并且投入了大量的资金和精力。在 F355 推出后不久法拉利就着手研发下一代 V8 发动机。当时汽车界对法拉利这种态度的转变大都持有怀疑的态度，因为在恩佐时代，公路跑车部门的作用只是为赛车部提供资金，不可能将大量的资金和技术投入公路跑车的研发。

360 Modena 便是法拉利转型后的第一款作品。360 Modena 以追求高效空气动力学和乘坐舒适度为目标，它的车体比 F355 略大，并且在发动机舱的设计上使用了类似 F50 那样的玻璃舱盖。

360 Modena 的车架设计合理，进出驾驶舱也没有想象的这么困难，方向盘的角度是可以 4 向调节的，大部分驾驶人都能获得良好的驾驶姿势。配备安全气囊的三辐方向盘尺寸较小，仪表都位于方向盘的正后方，易于观看，各个部分都使用了铝制材料，这样就得到了一个比较明快的内饰氛围，整体感觉比 F355 更豪华。座椅后方的储物空间可以横着放下一个标准的高尔夫球袋。

V8 发动机的基本构造没有发生改变，每缸仍为 5 气门设计，气缸盖采用了轻合金铸造，这大大降低了发动机的重量，360 Modena 发动机的净重仅有 184 千克。在 F355 的基础上，这台发动机的排量增加了 88 毫升，提升至 3586 毫升，最大输出功率提高了 20 马力，在 8500 转 / 分时可以输出 400 马力，每升动力输出约为 112 马力，同时低中转速的转矩也相应增大了。通过排量的提升以及采用可变进气和可变排气正时，使得发动机转矩变化曲线更平滑。360 Modena 提供传统手动变速器和 F1 半自动变速器两种配置。手动档车型开起来没有了以前法拉利那种明显的吸入感，但能清晰的感觉到已经入档了。半自动变速器和 355 F1 上那款基本相同，但法拉利此时的 F1 半自动变速器还稍微有不完善的地方，比如在停车时微速前进和倒车时，轻点加速踏板车子会出现些许的顿挫感。降档的时候变速器具有保持发动机转速的电子程序（降档的时候使发动

360 Spider

360 Modena , Spider

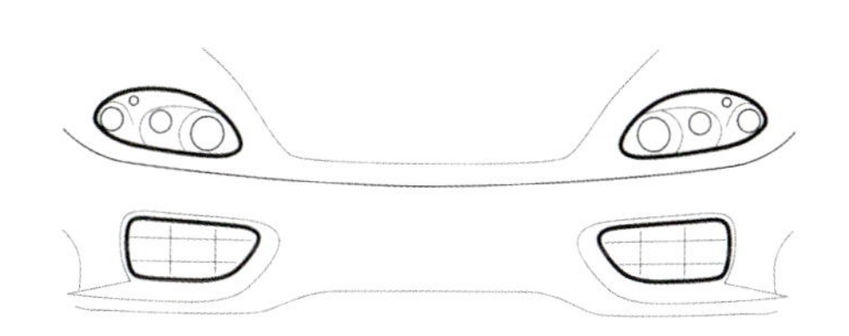

机自动补油），做到这点比找到一位像舒马赫那样的赛车手还要难，但法拉利还是做到了。

1998 年，法拉利在日内瓦车展发布了 360 Modena，一年之后，法拉利又在同一地点发布了 360 Spider。虽然从外表看上去 360 Spider 是 360 Modena 的敞篷版，但实际上 Spider 并非 Modena 的衍生车型，因为 360 Spider 的内部结构尤其是车架结构都是全新设计的。敞篷车与硬顶车相比，因为缺少硬顶的协同作用，不能利用完整的承载式车身产生坚韧的驾驶室。因为车体的整体刚性大打折扣，所以世界各大车厂在推出敞篷车的时候，对车体的刚性总是隐讳其词，敞篷车也早已习惯地被人们视作同型号硬顶车型的附属品。

但法拉利不会这么草率地推出低刚性的敞篷车型。尽管厂家对 360 Spider 的车身结构并未刻意宣传，但是在设计之初，法拉利高层就坚持 360 Spider 必须拥有与硬顶版非常接近的车架结构和性能，于是宾尼法利纳用电脑模拟系统对 Modena 的车架进行了大幅改动，造就出刚度相当的 360 Spider 车架，更难能可贵的是它仍然使用铝合金作为车架材质，360 Spider 的车重因此从 Modena 的 1391 千克降低到 1350 千克，少了车顶不仅刚性不差而且轻盈了许多，这正是所有汽车设计者共同追求的理想境界。

360 Modena

1999 年，北美地区（美国和加拿大）的销售量超过了 1000 辆，这已经占到法拉利总销量的 25%，成为法拉利公司最大的市场。并且北美地区的销量还在以每年 10% 的速度增长。自 1992 年以来，法拉利在北美地区的销售工作一直是由吉安·路易吉·朗基诺迪·堡康利（Gian Luigi Longinotti Buitoni）负责，在卢卡·迪·蒙特泽莫罗的指导下，从根本上改变了法拉利在北美的销售策略。这包括扩大业务范围、提高工作效率，以满足那些高要求的客户，北美客户对法拉利的热情不但没有随着时间的流逝而减少，反而越来越高涨。

于是法拉利借由 360 Modena，在纽约举办了一场壮观的上市活动。360 Modena 所搭载的 V8 发动机最大输出功率 400 马力，法拉利真的找来了 400 匹马。这次活动的视频在之后的几个月内在世界各地的一百多家电视台播出。

360 Modena

技术参数

发动机形式： 90° 夹角 V8
发动机排量： 3586毫升
缸径行程： 85毫米x79毫米
气门驱动方式： 双顶置凸轮轴
气门数： 每缸五个
点火系统： 每缸一个火花塞，电子点火
供油方式： Bosch Motoronic ME 7.3
压缩比： 11：1
最大功率： 400马力/8500转/分
润滑方式： 干式油底壳
变速器： 六档手动
车身类型： 双座 Roadster
车重： 1350千克
最高车速： 300千米/时

2000年 Ferrari 550 Barchetta Pininfarina

550 Barchetta Pininfarina 在 2000 年巴黎车展上首次亮相，它的名字得自于为了纪念法拉利车身制造厂和宾尼法利纳设计工作室成立 70 周年。

550 Barchetta Pininfarina 的设计灵感源自 166 MM、250 GT California 和 365 GTS/4 Daytona 等富有传奇色彩的顶级法拉利公路跑车。其设计理念旨在为此款敞篷式前置 12 缸发动机车型营造一种怀旧的韵味。550 Barchetta Pininfarina 的设计和开发体现了法拉利对纯粹和极致赛车的唯美诠释。事实上，它的设计更像是刻意为之，为区别于其他所有车型而引发车迷追捧。因此，这款车型采用限量方式进行生产，仅生产 448 辆，最后的一辆 550 Barchetta Pininfarina 于 2001 年 12 月驶下生产线。每辆车上都附有一面纪念牌，上面镌刻系列号码与塞尔吉奥·宾尼法利纳（Sergio Pininfarina）的签名。

融合了现代造型和尖端技术的 550 Barchetta Pininfarina 完美诠释了新世纪的经典敞篷式前置 V12 发动机法拉利跑车。此款车的一个明显特色是采用传统的 Barchetta 式切削的前风窗玻璃（比 550 Maranello 低 100 毫米），与车身相同的颜色覆盖至玻璃边框的下半部。此外，这款车型可说是为了让车主在晴朗天气下享受奔驰乐趣而打造的，因此只配备了基本的手动软篷供紧急之需。550 Barchetta 的车主们也非常愿意沉醉在 485 马力 V12 发动机所发出的机械声中。

功能性强且简洁实用的 Barchetta 式解决方案加之简单的手动软篷，使得法拉利工程师为加固底盘和增加安全性能（后防滚架）所造成的额外重量完全抵消。因此，550 Barchetta Pininfarina 具有和 550 Maranello 一样的车重。

550 Barchetta Pininfarina 的独特设计体现在诸多醒目的装饰上，如轮罩拱上的法拉利徽标、两片式合金轮圈以及铝制油箱盖。另外，法拉利还为此款车型提供了丰富的色彩选择。

车内部也彰显出其纯正的跑车血统，跑车风格的座椅（如果市场允许，可按要求配备 4 点固定型赛车安全带系统）由真皮和碳纤维制成。完全符合人机工程学的驾驶座椅，引人注目的包裹式设计从仪表板贯穿至中央通道，让驾驶人置身于一个 L 形的驾驶室中。驾驶室内的碳纤维和黑色 Lorica 人造皮革尽显汽车的运动风范。同样地，在中央通道和后隔板的装饰上也使用了 Lorica 面料。

由减振材料制作、真皮包覆的后防滚架在意外发生时，可为乘客提供更高的结构刚度和保护。风窗玻璃四周经过重新设计，并以高强度钢管加以强化，以抵挡汽车翻覆时的强大冲击。

550 Barchetta 的发动机使用了和 550 Maranello 相同的排量为 5474 毫升的 V12 发动机。发动机缸体、缸盖和机油箱均采用轻合金加工而成，配备带 Nikasil 涂层的铝制湿式气缸套。在长时间高速行驶过程中，钛合金连杆可提供高速运转时的最大可靠性。四气门缸盖配有液压挺杆。 进气和排气操动轮的设计直接取自于 F1 缸盖中的部件，从而实现容积效率和燃烧效率的完美平衡。可变几何形状进气管有助于提升转矩和功率曲线。获得专利的法拉利系统包括改变流体力学性能的

进气歧管中的第三个增压器。空气通过发动机 CPU 控制的 12 个电动气动节流阀被吸入。这一控制确保发动机在任何转速下都能发挥最佳性能，并确保在整个转速范围内实现最强劲的转矩输出。

车辆后部可以选装 F1 序列式 6 档变速器，并搭载优化重量分配的防滑差速器。发动机与变速器通过一根传动轴实现硬连接，并通过离合器将动力传递给变速器。自行通风式 Brembo 制动系统配备了 ABS ，悬架结构将一个可变逻辑、多参数的人机交互界面收纳其中，供驾驶人变更减振设置。

尽管法拉利 550 Barchetta Pininfarina 不是一辆竞赛车型，但它的设计理念是回到法拉利最初的样子，因为法拉利制造的第一辆车就是 Barchetta，随后的 166MM 等大奖赛车型都是 Barchetta。因此回顾马拉内罗制造过的车型就会发现 Barchetta 的重要性。

但从 20 世纪 50 年代开始，Barchetta 车型渐渐淡出了历史舞台从 375 MM 和 375 Plus 之后，这种车型就从跃马的生产线中消失了。1995 年推出的 F50 也只能勉强算是 Barchetta，因为它是有 A 柱和防滚架的。当然现在碍于各种法规的限制，一辆正宗的 Barchetta 车型是不可能合法上路的，所以法拉利也要做出些许的妥协。

虽然有了 550 Maranello，但要在这基础之上设计 Barchetta 车型，这个过程至少需要 12 个月。因为欧洲和美国的安全标准，新车要通过所有的安全碰撞测试，Berlinetta 和 Barchetta 的车身结构是完全不同的，所以车架几乎是全新的设计。Barchetta 车型失去车顶的刚性结构，所以必须加强车身部分的刚性，尤其是座椅后部和行李箱的部分，完全是重新设计的。

宾尼法利纳的设计师在最初仍然不想为新车配备防滚架，但最后还是遵照法规要求安装了防滚架。

正如法拉利所说的，550 Barchetta Pininfarina 的顶篷只是一个临时的部件，它的大部分时间都应该被折叠起来放在行李箱中。另一方面，请记住，550 Barchetta Pininfarina 不是一辆敞篷车，它就是 Barchetta，它的设计和制造就是为了令驾驶人将上半身完全暴露出来，找回 125 S 的那种驾驶感觉。

机械部分也被修改了吗？当然没有，发动机、变速器和制动系统都和 550 Maranello 完全一样，唯一的改变是在悬架上，重新调整了以适应不同的重量分配。

550 Barchetta Pininfarina (M.Schumacher test car)

550 Barchetta Pininfarina

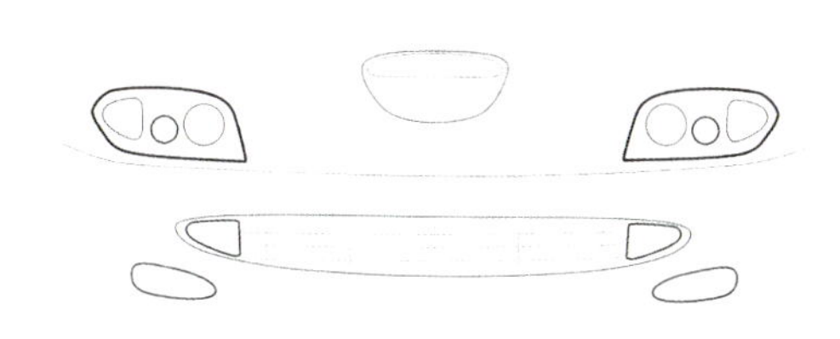

技术参数

发动机形式： 65° 夹角 V12

发动机排量： 5474毫升

缸径行程： 88毫米x75毫米

气门驱动方式： 双顶置凸轮轴

气门数： 每缸四个

点火系统： 每缸一个火花塞，电子点火

供油方式： Bosch Motronic M5.2

压缩比： 10.8：1

最大功率： 485马力/7000转/分

润滑方式： 干式油底壳

变速器： 六档手动

车身类型： 双座 Barchetta

车重： 1690千克

最高车速： 300千米/时

2002年 Ferrari Enzo

在法拉利的历史长河中，每隔一段时间就会推出一款超级跑车，这些跑车都集合了当时法拉利在赛车领域积累的所有最新成果。具有代表性的车型包括：288 GTO、F40、F50，每一款车的性能都堪称当时工程技术的杰作。

2002 年，法拉利 Enzo 横空出世。Enzo 借鉴了大量 F1 赛车技术，并将法拉利长时间积累的赛道经验和最先进的赛车技术融入到这款车的开发中。

法拉利在开发 Enzo 时给自己设定的目标是通过引进 F1 赛车的人机界面来提高驾驶人的操控性，将 Enzo 打造成一个更协调一致的系统。在此之前，法拉利从来没有哪一款车的造型受到其功能性的影响。Enzo 在风洞中精心打造而成，不管是赛道上还是公路上都能一如既往地展现其最佳性能。Enzo 的前端设计，无论是形状还是功能都完全是 F1 赛车车鼻的翻版，车身的侧面经过用心雕琢，以完全达到车内流体动力的要求。由于工程师更注重细节之处空气动力性能的提升和高效的地面效应，所以在设计车辆尾部时并没有采用巨大的尾翼。由宾尼法利纳主持完成的这项宏伟巨制，旨在将各种功能完美结合，并在其外部勾勒出一条令人难以置信、魅力无限的曲线。

毫不妥协的姿态、紧凑的空间以及轻量化的目标是整个驾驶舱的灵魂，所有元素都体现了一丝不苟的功能性。Enzo 内饰的所有主表面均由碳纤维制造，车辆的控制按钮和开关都集成在方向盘上，这一特点效仿了 F1 赛车。甚至连桶形座椅都是由碳纤维制成，座椅倾斜度可调，座垫提供不同尺寸，不同驾驶风格和身材体型的车主在乘坐时都能找到最舒适的姿态。Enzo 为法拉利车型的内饰设计开辟了新的纪元：人机界面的效率更胜以往，全力确保驾驶人以最舒适的姿势来发挥车辆的最大性能。

Enzo 采用法拉利新研发的 V12 发动机，发动机夹角仍为 65°，因为借鉴了 F1 上的丰富经验，从而体现了某些独特的技术解决方案。该款发动机的排量为 5998 毫升，最大功率输出 660 马力。全新的 V12 发动机完全立足于在低转速和更宽泛的转速区间内提供异乎寻常的强大功率和巨大转矩。后置变速器直接与发动机相连，此模式仅出现在 F1 版本上。Enzo 的主要目标是，在进行极速驾驶时减少换档时间（已减少至 150 毫秒）。这要归功于一套全新的控制逻辑和更深入的改进，从而与汽车的极致性能相得益彰，且舒适度未受丝毫影响。

Enzo 的制动系统由 Brembo 针对此车开发，特点是采用碳陶瓷化合物材料（CCM）制成，虽然这种材料在多年前就已在 F1 赛车上使用，但法拉利将其用于公路版跑车，还是史无前例的。由于 CCM 的采用，Enzo 所有的制动性能参数都表现得更加完美，堪称跑车的标杆。

Enzo 座舱给人的感觉是无论是谁坐进去都能找到合适的驾驶位置，原来的法拉利不是这样的。F40 的方向盘用一种比较复古的方式向上扬，F50 有些向下，并且两者的位置和角度

都不可调，它们都需要用驾驶人的身体去适应汽车的构造，这一点在 Enzo 上变成了可调节的设置。

Enzo 座舱内各种开关按钮的触感很舒服，唯独空调开关的触感稍有逊色，也许法拉利是在有意暗示驾驶人不要将过多的精力放在调节座舱的温度上。转速表和速度表两个大口径的仪表透过方向盘正对着驾驶人，多屏显示屏可显示胎压、油压、油温等信息，并且这个仪表的显示方式能从运动模式转到竞赛模式（运动模式为柱状显示；竞赛模式为扇形显示），方向盘框的顶端安装了警示灯，最左边是 ASR 的警告灯，关闭的话就变为红色，中间的 4 个是发动机转速警告灯，从左至右分别代表发动机的转速达到 6500、7000、7500、8000 转 / 分，多亏有了这 4 盏闪灯在高速行驶的时候驾驶人几乎不用看转速表了，所有的仪表驾驶人都能清楚地看到，和以前法拉利不同的是，Enzo 的人机工程学考虑得比较周全。

Enzo 的标准轮胎使用了普利司通专门为其开发的 RE050A Scuderia 轮胎，轮胎的总体感觉橡胶偏硬。轮胎接地部分的刚性很充分，抓地方式是用所有接地面都牢牢地抓住地面使侧壁压缩的起效方式，也就是和现在的普利司通运动系轮胎一样，在接地的刚性高的同时，把轮胎的成分弄软。Enzo 通过这种轮胎配方获得了乘坐的舒适感，特别是 Enzo 的后轮，选用了胎壁比较厚的尺寸。之所以没有使用软胎，是因为高速行驶时下压力会随之提高，过软的轮胎会被压扁，反倒弄巧成拙，影响 Enzo 的性能，当然这里面也有耐磨性的考虑。根据法拉利的工程师讲，标配轮胎基本上能跑 1 万千米，并且在 2 天不间断的行驶后轮胎也不会有明显的磨损痕迹。

Enzo 底盘总体的刚性非常高。这一点和 F1 很相近，F1 就是要在追求绝对性能的同时，保证极致的线性信息能够即时地传递给驾驶人，驾驶人也需要根据车子传来的信息调整自己的驾驶步调。在这一点上 Enzo 和法拉利一样向着同样的方向迈进。

Enzo

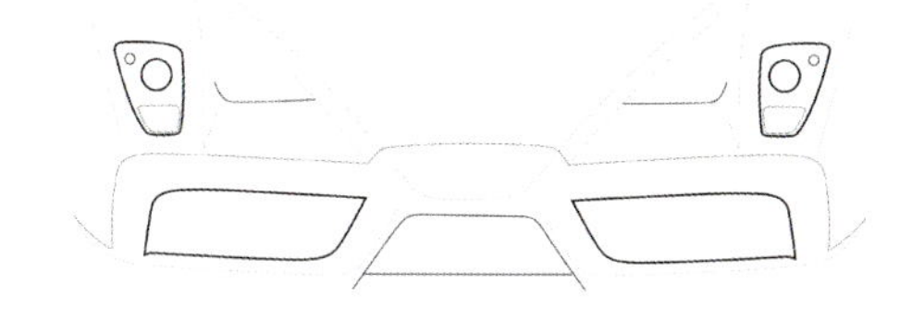

技术参数

发动机形式： 65° 夹角 V12
发动机排量： 5998毫升
缸径行程： 92毫米x75.2毫米
气门驱动方式： 双顶置凸轮轴
气门数： 每缸四个
点火系统： 每缸一个火花塞，电子点火
供油方式： Bosch Motoronic ME 7
压缩比： 11.2 : 1
最大功率： 660马力/7800转/分
润滑方式： 干式油底壳
变速器： F1电控液压六档
车身类型： 双座 Coupe
车重： 1365千克
最高车速： 350千米/时

2002年 Ferrari 360 Challenge Stradale

360 Challenge Stradale 的开发目标很明确，打造一辆在公路上行驶的“赛车”。开发该车型的工程师具有国际法拉利倍耐力杯挑战赛（Ferrari Challenge Trofeo Pirelli）和 GT 竞赛的丰富经验，这意味着他们有能力提出更好的解决方案，使 Challenge Stradale 真正做到独一无二。他们的设计思路非常清晰，既要大幅度降低车重，又要大幅度修改发动机、空气动力性设置、制动、F1 风格的变速器。车重的瘦身使得 Challenge Stradale比360 Modena足足轻了110千克，同时，再加上其 V8 发动机更强大的功率输出，使其性能更显优越。

事实上，Challenge Stradale 是直接以 360 Modena 为基础开发而来的。也就是说，技术人员减掉了所有与性能和安全性无关的东西，这样一辆更加轻便、行动更敏捷、绝对堪称赛车配置的 Berlinetta 诞生了。Challenge Stradale 的主要材料是铝，其重量只有钢材的三分之一。底盘和车身采用全铝制作。另外还引入了一些其他新型材料：用于连杆制造的钛也被用在悬架上，另一种直接从 F1 赛车引进的材料碳纤维被用于制造结构件和内外部装饰。

Challenge Stradale 将 360 Modena 的空气动力性能又推进了一步，通过优化的车身设计使 Challenge Stradale 比 360 Modena 多出了 50% 的下压力。

Challenge Stradale 搭载 F1 电动液压变速器。离合器和换档操作都通过转向柱上的拨杆完成。此外，采用全新控制逻辑后，每一个档位的换档时间极大缩短。在两个座椅中间还配备了用于倒档操作的特殊按钮。此款车型根据减振和牵引力控制（ASR）的不同提供两种驾驶模式（运动和竞赛）。在“竞赛”模式下，ASR 防滑系统会自行切断，采自 F1 的起步控制（Launch Control）功能将被开启。

制动系统的亮点是采用碳合成材料（CCM）制成的制动盘，这是法拉利与 Brembo 长期合作的结晶。这样一个包含铝制制

动器的系统拥有出类拔萃的制动性能和令人惊叹的制动距离。

Challenge Stradale 在底盘和悬架方面也做了巨大改进：它的前后悬架弹簧均采用强度更高的钛材质，并采用直径更粗的后防滚杆。减振校准设计也尤为特别，此外，整车的重心高度降低了 15 毫米。

Challenge Stradale 的座椅采用标准的桶形座椅，角度不可调节，所以驾驶姿势是有些抱着方向盘的。Challenge Stradale 和 360 Modena 的驾驶感觉有较大的不同，最明显的是因轻量化而造成的轻快感。尽管发动机硬件上没有进行加工，但比 Modena 更加具有活力，因为承重的变化，消声器的声音多少发生了一些改变，发出了更轻的声音，有些人觉得这种声音和法拉利有些不太相衬。

Challenge Stradale 所选用轮胎的工作温度会很高，正式驾驶前要充分暖胎才行，赛车使用的轮胎是要有点融化的感觉才最好。较硬的悬架可以忠实地进行转向，只要行驶在赛车线上，用 Challenge Stradale 做出较好的圈速并不是一件困难的事情，良好的整体调校能使驾驶人在比赛时很好地攻守。

Challenge Stradale 转向系统的刚性提高了，和 F355 Challenge 软绵绵的转向相比，改进非常明显。从 215 毫米到 235 毫米加宽的前轮也是有效改良的地方，整辆车的设定都是以竞赛用车为目标。

但对于纯粹轮胎接地性能带来的抓地力则稍有不满，因为悬架变硬了，配重的移动变得比较激烈，在弯角不踩加速踏板的情况下，后轮容易失去抓地力，轮胎离开地的瞬间会尖叫。右脚从加速踏板换到制动踏板，牵引力会消失，不踩制动踏板的情况下只能用横向力把车身甩过去。

因为 Challenge Stradale 增加了转向不足的特征，所以推头特性显著，还有一个原因是因为后轮抓地力过强。转向过度的话，立即反打方向盘，必须要矫正角度。驾驶 Challenge Stradale 在打方向时要非常小心，一旦方向盘和赛道的角度调整不好的话，即使在发夹弯那种很慢的弯角，车子打转的事情也会发生。采用了 F1 技术的半 AT 变速器换档更快。发动机在中转速区间，在 3 档下掉到 4000 转 / 分，车子也能正常加速，这种时候如果降到 2 档去加速，就能获得非常强烈的加速感。

因为采用了 F1 换档技术，所以在换档时不用刻意地配合发动机的转速，机械上判定换档时机会自动换档，制动时又会自动降档，可以保护发动机，对于赛车来说是非常方便而且安全的装备。

360 Challenge Stradale

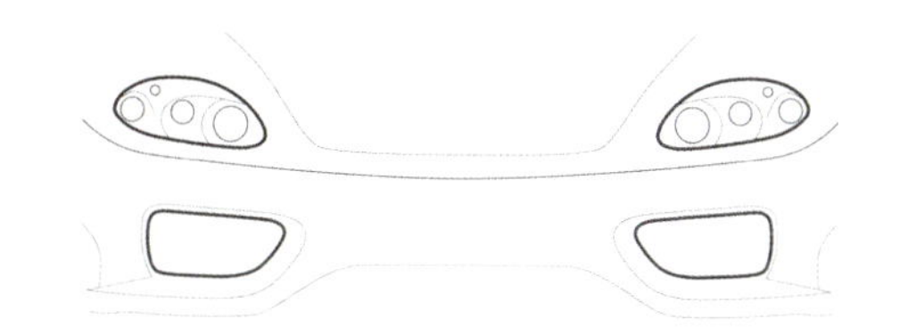

技术参数

发动机形式：90° 夹角 V8

发动机排量：3558毫升

缸径行程：85毫米x79毫米

气门驱动方式：双顶置凸轮轴

气门数：每缸五个

点火系统：每缸一个火花塞，电子点火

供油方式：Bosch Motoronic 7.3

压缩比：11.2：1

最大功率：425马力/8500转/分

润滑方式：干式油底壳

变速器：F1电控液压六档

车身类型：双座 Coupe

车重：1180千克

最高车速：300千米/时

2004年 Ferrari 612 Scaglietti

38%直板铝片+ 34%铸压铝+ 28%铝金属块，第一辆采用全铝车架的法拉利诞生了，这就是612 Scaglietti。

利用全铝材料制造车架是一个大胆的尝试，但完全符合现代汽车的趋势。事实上，612 Scaglietti的轻型刚性结构，在减轻车身重量、增强动力表现、提高驾驶舒适性和安全性方面，均具备一系列优势。612 Scaglietti的底盘和车身均是由铝合金制成的。法拉利与美国公司Alcoa协作开发的先进生产和组装技术，已经促成将整个车重显著减轻而抗扭刚度极度提高，这两者均是满足任何法拉利的极高性能要求的重要因素。

自166 Inter以来，法拉利已经生产了一系列获得巨大成功的2+2车型，从1951年的212 Inter到20世纪90年代的456M。612 Scaglietti的名字是由集团主席迪·蒙特泽莫罗先生提议的，用以纪念著名设计师塞尔吉奥·斯卡列蒂（Sergio Scaglietti）。斯卡列蒂和法拉利从20世纪50年代就开始了合作，塞尔吉奥和恩佐的私人关系非常好，斯卡列蒂一直在为法拉利公路跑车制作车身，而塞尔吉奥的拿手好戏便是对铝材的运用，40多年前已经是掌握铝材料车身技术的巨匠。

612中的“6”表明发动机的排量(5748毫升取整)，而“12”是其发动机拥有的气缸数。

法拉利的工程师们在设计456 M的后继车型的时候就决定重新开始，法拉利的设计目标很明确，制造一辆突破以往的公路跑车，不仅性能上要突破，空间上也要突破，并且这辆新车一定要拥有高含量的创新元素，从而树立法拉利新生代GT跑车的方向。

据官方资料讲，612 Scaglietti的车身造型借鉴了375 MM的设计理念。375 MM首展于1954年的巴黎沙龙，车身设计由宾尼法利纳完成，但375 MM并不是一款量产车。Roberto Rossellini委托法拉利为其制造一辆特别的车型，以赠送给Ingrid Bergmann。612 Scaglietti的外形确实有375 MM的影子，但充其量也只是长轴距、车厢后移这些元素有些相近而已。

法拉利将612 Scaglietti定位为2+2车型，但其实612 Scaglietti的后排空间已经宽敞了许多，成年男子也可以很方便地进出612 Scaglietti的后座。从此法拉利2+2车型的后排座椅不再是“鸡肋”了。为此612 Scaglietti的轴距达到了2950毫米，车宽为1957毫米，对于GT车型来说，这个数据绝对称得上是一辆大车了。

612 Scaglietti的发动机沿用了575 M上那款5.75升V12发动机，安装位置仍为中前置。变速器和差速器位于后轴

前方，其他部件如冷却系统、电池以及油箱等也都集中到了车身中后部，从而使整车的前后重量分布比率达到了 46 ： 54。

虽然发动机的基本构造没有变化，但通过些许改进后输出功率和转矩均得到了提高。612 Scaglietti 具有新设计的进气管道，在保险杠的散热器开口两旁，有通往每侧气缸体的单独进气管；新的排气系统改变了形状和体积，可以降低反压力；此外，这款发动机还具有更高的压缩比（11.2 ： 1），进气管和排气管的流体力学特性都得到了提高。612 Scaglietti 还配备了 Bosch Motronic ME7 发动机管理系统。

源自 F1 技术的换档拨片已经成为法拉利的经典之作，612 Scaglietti 安装的半自动变速器为最新的升级版本——F1A，A 代表“Automatic”的意思。

作为 2+2 车型，首先需要考虑的是高速巡航，而不是如何去劈弯。按下中控台上的“Auto”按钮后，612 Scaglietti 便可以变为一辆极易驾驶的“自动档”跑车，档位的升降全部由电脑执行，并且具有超常的平顺性。新加入的 CST 电子稳定性和牵引力控制系统进一步提高了 612 Scaglietti 的动态操控性，该系统在确保安全的同时，还能提供最佳的性能。

2004 年，法拉利正式进驻中国。2005 年，法拉利中国一周年之际，法拉利在中国举行了“法拉利红色万里行”活动，两辆稍加改装的 612 Scaglietti 由 51 名中外记者轮流驾驶，行程超过 24000 千米，其中包括 1500 千米左右极其艰难的路程，最高抵达青藏高原海拔 5231 米的高度，历时 45 天的旅程，总行车时间420 小时，每天最多行驶 900 千米，经过 37 座城市。在完成全部行程的过程中，只由于道路坑洼换过 2 次轮毂，在恶劣的路段更换了两套雪地轮胎，而从其他方面来讲，甚至没有换过一次机油。尽管在某些地区，油品质量和道路条件欠佳，以及抵达的海拔高度，但两辆 612 Scaglietti 成功地克服了这一切困难。

612 Scaglietti

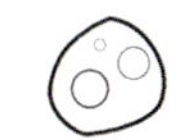
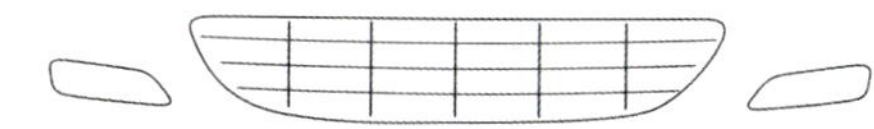

技术参数

发动机形式：65° 夹角 V12
发动机排量：5748.32毫升
缸径行程：89毫米x77毫米
气门驱动方式：双顶置凸轮轴
气门数：每缸四个
点火系统：每缸一个火花塞，电子点火
供油方式：Bosch Motronic ME 7
压缩比：11.2 : 1
最大功率：540马力/7250转/分
润滑方式：干式油底壳
变速器：F1电控液压六档
车身类型：2+2 Coupe
车重：1840千克
最高车速：315千米/时

2004—2005年 Ferrari F430，Spider

2004年9月的巴黎车展上，360 Modena的继任者F430正式亮相。F430标志着法拉利新一代入门级Berlinetta的诞生，它的设计灵感来源于1961年的F1赛车156 F1，菲尔·希尔（Phil Hill）驾驶该车获得了1961年F1的车手冠军。

F430最大的升级并不是增加了发动机的排量，而是法拉利首次在公路跑车上装备了专门为单座F1赛车研发的电子差速器（E-Diff），同时在方向盘上安装了manettino旋钮，通过它可以直接控制车辆的动态性能。

F430在研发期间深受F1部门的影响，例如，将使用碳陶瓷制动盘的制动系统作为了标准配置；长时间风洞实验磨砺的外形设计可以创造出特殊的气流，不但增加了下压力，而且改善了冷却效果。优秀的空气动力学设计，特别是平坦的车身底部和较大的尾部扩散器，进一步提高了下压力。F430在车架方面采用了法拉利在铝技术方面的最新技术成就，该技术从360 Modena时代开始一直不断地改良。

2005年3月的日内瓦车展上法拉利展出了F430 Spider。F430 Spider的全铝制车身和底盘进行了精心加固，以确保每个乘客的安全，并满足如此高性能跑车在结构刚性上的要求。两只非常坚固的钢制滚翻保护杆与风窗结构合为一体，向乘员提供最大的安全保障。全自动的电动软篷可以折叠在座椅后面的专用水平软篷下面，这使法拉利的工程师们能够在盖板完全放下的状态下精心打造车身的空气动力特性。F430 Spider的外形是长时间测试的结果，明显的变化是扰流板与发动机罩顶融为一体，新的更大的后进气口突显了汽车的刚强气势，新的后窗框包含的扩散器是赛车比赛的衍生品。发动机则仍然暴露在玻璃罩下。

F430 Spider的最高速度为310千米/时，0至100千米/时的加速只需4.1秒。

从360 Modena到F 430的进化过程，冷静地说是在沿用了基本设计的同时对各个机械要素一点一点地逐步改进，可以说是大微调，进化的跨度并不大。在这些改进中最重要的一点当然就是换了动力总成。这台发动机是在过去的玛莎拉蒂用

的4.2升V8的基础上研发出来的新发动机。这款发动机最突出的特点是扭力特性平缓，没有像以前的V8发动机那样具有定点的炸裂感，也没有像之前几代V8发动机那样在低转速区间出现转矩波动。新的4.3升发动机在绝大多数转速下都可以全力加速，转矩输出宽泛，没有明显的下滑趋势。

360 Modena上那台V8发动机的功率要比F355 Berlinetta的发动机要高出许多，6档变速器也帮了不少忙，因为360 Modena上安装的那台6档手动变速器其实就是将328 GTB上的那台5档变速器重新切割成6个档位。在这个基础上，360 Modena的加速踏板只要稍微踩下一点点，动力输出就很猛，高敏感的电子节气门更加强了它的速度感。但是F430并不是以这种方式加速的，F430是在任何一个档位、任何一个回转区域都有着强劲的加速，从驾驶人的角度出发这点是非常令人愉快的，因为能够自由自在地控制加速，所以F430有着这种本质上的快感。

高明的电子差速器赋予了F430更多的弯角自由度，配合强力发动机的同时，底盘性能也获得了提升和优化。首先感觉到的就是前轮的抓地力，不论以何种角度进弯前轮都能感到强烈的接地感，这点比Enzo还要出色。Enzo和360 Modena在高速进弯的时候还能感觉到抓地力一点一点地丧失，而F430没有这种感觉，令驾驶人可以安心地加速。所以F430是法拉利中置发动机车型的异例，车头对方向盘的转动响应积极，360 Modena在高速进弯时，车鼻会上抬，同时车身的空气动力学特性会发生微小的改变，法拉利针对这点对F430的外形做出了改善。

E-diff电子差速器在F430的操控系统中是非常重要的一环。F430可以一边加速一边转弯，360 Modena和F430 Challenge都不能这样驾驶，贸然踩加速踏板的话，它们只会径直地冲出赛道。360 Modena和F430 Challenge在转弯的时候，必须正确地将车鼻对准出弯的方向，并且尽可能地少转动方向盘，因为此时车子的四轮都会有些打滑，360 Modena和F430 Challenge必须采用这种出弯方式，如果不用这种方式转弯，而用普通的驾驶方式进弯，进弯的速度没有拉起来，等着你的就只有转向不足了。但是F430用普通的驾驶方法就能出弯，明显就是因为差速器的不同而造成的。

总而言之，F430做到了令普通驾驶人也可以以专业赛车手的驾驶方式高速行驶，并且在弯道中的自由度也有明显的提升，尤其是在过弯这件事上，是一款能令驾驶人感受到非常享受的一款车。

F430

F430，Spider

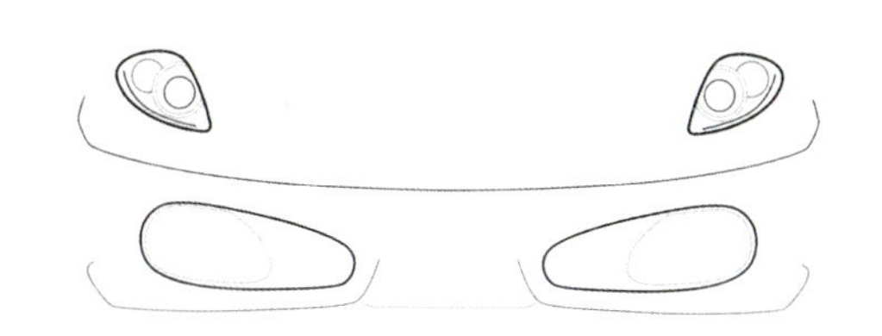

F430

技术参数

发动机形式： 90° 夹角V8

发动机排量： 4308毫升

缸径行程： 92毫米x81毫米

气门驱动方式： 双顶置凸轮轴

气门数： 每缸四个

点火系统： 每缸一个火花塞，电子点火

供油方式： Bosch Motoronic ME 7

压缩比： 11.3：1

最大功率： 490马力/8500转/分

润滑方式： 干式油底壳

变速器： F1电控液压六档

车身类型： 双座Coupe

车重： 1350千克

最高车速： 315千米/时

2005年 Ferrari Superamerica

2005 年法拉利将极具来头的“Superamerica”复活。Superamerica 车型一直定位于豪华车的顶点，此次法拉利推出的 Superamerica 是在 575M 的基础上变幻出来的变形车。

“Superamerica”对于法拉利迷来说，这是一个具有特别令人憧憬的名字，这个名字散发了和以往法拉利具有的速度感所不同的能量。听到法拉利的名字，人们马上会想起赛车机械，但从恩佐创业初期开始，法拉利就推出过很多款高性能的豪华车型，尤其为了迎合美国市场，法拉利将更大排量的发动机安装到现有车型上，并在车名上加上“America”。法拉利在 1951 年推出了 340 America，以及之后的 342 America 和 375 America。归根到底这就是为了特别顾客所准备的特别车型，随着这种特性被人们所知道，这些车型的人气也逐渐提高。但是因为拥有这些车的车主不会轻易放手，所以 Superamerica 就像 250 GTO 一样成为有钱都买不到的虚幻车型。

顶着这个名字复活的 Superamerica 没有采用法拉利近年来约定俗成的命名方式，这种没有包含数字的形式也表明了像 Enzo 那样作为限量车型的身份。

2005 款 Superamerica 用一句话概括，就是在 575M Maranello 的基础上，装配了一个电动顶篷，并且这款车和它的名字一样，是专门针对美国市场所发开的限量车型。前一代 550 Barchetta 只拥有前风窗玻璃，这对于追求完美度的法拉利市场部来说，这种设计是不被允许的。

Fioravanti 于 2001 年发表的研发成果，被用在 Superamerica 的电动收纳系统上。但因为这种技术只是简单地将顶篷翻转，没有解决遮光的问题，所以在法国 Saint-Gobain SA 公司开发出可改变玻璃明暗度的变色玻璃后，这一问题才得到解决，法拉利将这一整套系统称为 Revocromico。

在 Revocromico 车顶的碳纤维框架上嵌入了可调节光线明暗的玻璃，这个顶篷可以以座舱后部为轴翻转，并且收纳到行李箱上方。Revocromico 顶篷的开闭时间（包括侧窗下降时间）为 10 秒，仅顶篷自己开闭时间为 7 秒，但操作顶篷必须要在驻车制动时才能操作，行车时无法操作。顶篷的开关在中央控制台的后端，窗框和顶篷的固定需要手动完成，因为这项操作需要一定的精确度。Superamerica 的后窗和顶篷是一体的，后窗也作为防止顶篷打开时风吹入座舱的反流板。在细部上，高位制动灯嵌在正反两面，并且在收纳的时候，从行李箱盖上还有固定用的锁扣伸出，这些小细节都能看出接近德国车的精细程度。

由宾尼法利纳设计的内饰和外观造型，为 Superamerica 保留了法拉利 V12 Berlinetta 典型优美的平衡比例，并将其巧妙地融入该车独特的 Revocromico 车顶。这项创新功能因两侧拱壁而无缝融合进了该车的线条，这种造型灵感来自法拉利一些最经典的车型，比如 308、328 系的 GTS 车型，同时拱壁与车顶结构本身还提供防倾保护。另外在行李箱盖中央的拉手被取消了，但是在后部中央的跃马标志上增加了盾形的按键。

乍一看，你可能只以为Superamerica是575M的变形车，但它在很多地方都进行了改进。前保险杠做了加强，轮胎为了增大的车重和发动机而进行了改变，前轮仍然为255毫米，后轮改为305/30ZR19，原装轮胎为普利司通Potenza RE050轮胎。

Superamerica内部设计也很独特，包括手工精制的皮革装饰和车顶开关的碳纤维细节，还有带有环绕音响的收音机和仪器显示。整个内部装饰完全改变，光线从大型玻璃车顶透入，但是这绝不会影响车上舒适的空间。

Superamerica座椅还装饰了特殊的穿孔皮革，而车上的存储空间增大了，并带有一个存储柜以及座位后面的特殊封闭箱，并且客户还可以选择红色或黄色的转速表。

Superamerica在驾驶室内使用的电子变色技术在汽车行业属世界第一。玻璃车顶大约1平方米（1130毫米宽，840毫米长），即使关闭，也可将自然光线洒满驾驶室。然而，它也可让乘客调整玻璃色彩，以满足自己的要求。事实上，与Saint-Gobain合作生产的电子变色玻璃是层压的，一个玻璃基板内表面是用电子变色薄膜多层镀膜的。当低压电通过时，激活电子变色层，改变玻璃明暗。

在最亮设置时，进入驾驶室的光线与传统玻璃天窗一样，而最暗设置时，只有1%的太阳射线滤过。玻璃仅需要不到60秒就可从最暗变为最亮设置。但是，当发动机关闭时，玻璃自动还原到最暗设置，以保护驾驶室。在安全、维护和清洁方面，玻璃车顶及其结构非常相似于正常的风窗玻璃。

Superamerica发动机的压缩比提高到11.3 ∶ 1，为了配合这项改动，发动机各个部分都进行了改造。改良包括使用新的更高流进气管道；优化了缸盖进气管和进气歧管的流体动力特性；新的排气系统降低了背压。发动机的ECU采用Bosch Motronic ME7系统，控制PFI多点电喷、线控节气门和每个火花塞的各个单一线圈。4个传感器位于曲轴箱里，以防撞击。经过这些改进后，发动机的最高输出功率提升至540马力。

Superamerica安装的变速器使用了和612 Scaglietti相同的款式，换档速度为180毫秒，在F1 A模式时自动换档更顺畅。

Superamerica的底盘基于575M Maranello，并且带有额外的结构强化，可确保法拉利的性能与优雅时尚敞篷车的完美结合。因为采用创新的旋转玻璃车顶，所以车体的刚性要求更高。法拉利对底盘做了强化，特别是A柱。车体后方的后拱壁进一步强化了结构，这是通过围绕车顶的机制进行的，而后防火墙已加固，并在驱动桥周围增加了额外的支撑杆。

Superamerica和550 Barchetta 宾尼法利纳一样是限量车型，但比前次的产量稍多，生产了559辆，价格比575M提高了22%。日本从官方渠道进口了20辆。这辆背负着华丽的使命被复苏的车子，飘荡着使人怀念的气息，再加上易于驾驶的特性、无出其右的豪华，这就是Superamerica。

在评价Superamerica的时候，希望您能了解它的历史，了解它真正的用途。

Superamerica

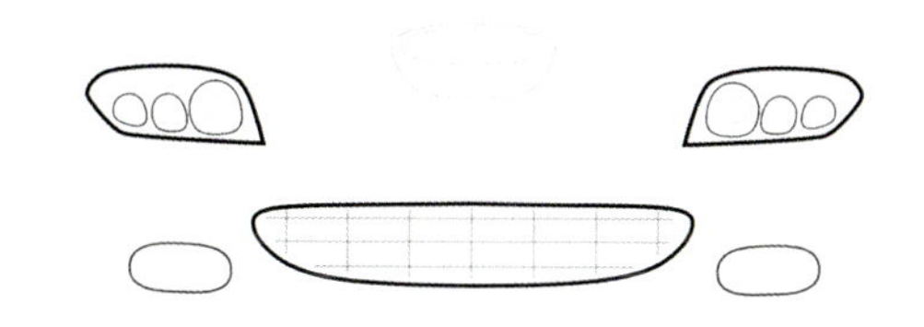

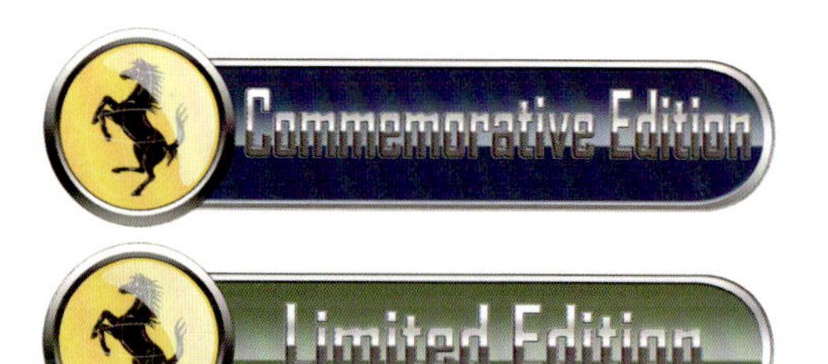

技术参数

发动机形式：65° 夹角 V12
发动机排量：5748毫升
缸径行程：89毫米x77毫米
气门驱动方式：双顶置凸轮轴
气门数：每缸四个
点火系统：每缸一个火花塞，电子点火
供油方式：Bosch Motoronic ME 7
压缩比：11.3 ∶ 1
最大功率：540马力/7250转/分
润滑方式：干式油底壳
变速器：F1电控液压六档
车身类型：双座 Coupe
车重：1790千克
最高车速：320千米/时

2006年 Ferrari 599 GTB Fiorano

宾尼法利纳的设计师在设计 599 GTB Fiorano 时有个明确而又雄心勃勃的目标。他们想打造一款创新的车型，同时使其仍然具有性能最高的法拉利跑车的所有经典标志。

与往常一样，设计工作并不是一个孤立的流程，而是与优化汽车的外部空气动力学设计紧密联系，从而设计出领先的下压力车身。车辆前部倾斜的线条可以让车身侧面保持动感十足的姿态，599 GTB 的设计也从此展开。599 GTB Fiorano 外形上最具创意的部分是环绕式后车窗被两个飞拱所环抱，这两个造型奇特的飞拱将气体引导至扰流板，不仅设计新颖，而且可以为车尾提供强大的下压力。

在设计 599 GTB 时，宾尼法利纳认为是时候告别标志性的尾部圆形四尾灯了，599 GTB Fiorano 的车尾装有硕大的 LED 尾灯，尽管车牌还是在保险杠上，但是移到了保险杠的上半部。后减振上的扩散器经过了漫长的空气动力学开发，现与排气管周围的扰流装置实现了集成。

599 的前胎尺寸为 245/40ZR19；后胎为 305/35ZR20，使用了非常夸张的配比，在不甚平缓的路面上行驶，方向盘也能忠实地反映路面的情况。如果选用 20 英寸的前胎，因为轮毂大了一圈，所以对路面的接触会更加充分，路感更加锐利，选用这种轮胎配置后座舱的乘坐感觉依然舒适，几乎感觉不到换装了大尺寸的轮胎。

以 F1-Superfast 命名的 6 档半自动变速器，在一般的道路上也能自然地工作。612 Scaglietti 也使用了相同的变速器，让人怀疑是不是采用了 Torque Converter 式的自动变速器，599 GTB 在 612 Scaglietti 的基础上进行了更进一步的进化。612 Scaglietti 是单离合器，而 599 GTB 采用了双离合器，双离合器在半自动变速器是比较难处理，但尽管如此，599 GTB 的优化程度还是得到了提高。

599 GTB 车体轻，集成了 F430 的铝制车体，尽管车身大了一圈，但比 575M 轻了 40 千克。比如说用 575M 做蛇形路线，会感觉到车身很重，用 599 GTB 就不会有这种感觉，实际上总体铝制化后，不仅仅是减轻重量。对车体其他方面也会带来联动效应。在此基础上，发动机的搭载位置也和 575M 时代有了很大的不同，实际上发动机的最前端已经非常接近前轴了，这是真正的中前置设计。575M 因为要考虑到座舱的尺寸，底盘使用的实际上是缩短的 456 GT，所以 575M 的 V12 发动机的前端比前车轴突出去一点。然而 599 GTB 比 575M 相比轴距长了 250 毫米，加长的部分全都用在将前轴推前。结

果使庞大的 V12 发动机在前后轴之间安稳地安放。唯一放置于后轴后方的是一个轻量化的 6 档半自动变速器。不仅如此，发动机安装的位置也相当低。曲轴的中心位置距地面仅为 128 毫米，575M 是 280 毫米。发动机是 Enzo 使用的 F140B 的改进版 F140C，和 575M 用的 F113 比轻了 19 千克，通过这些改动，使车体的重心下降了 20 毫米。

599 GTB 上安装的代号为 F140C 的 V12 发动机，比 Enzo 使用的 F140B 减少了 40 马力的动力输出，为 620 马力。峰值功率的减少带来了非常顺畅的加速感，这台 V12 发动机从低回转区间至转速的红区，在这个范围内的任何转速下功率都不会有明显的迟滞，有时还会因为动力输出过于顺滑而感觉不到速度感。能使速度感消失，从这一点上就能看出 599 GTB 的发动机和底盘的配备、调校都无懈可击。

在各方面都寻求设备升级的 599 GTB 并没有使用 F430 上电子控制的 E-diff 差速器，而是采用更具竞争性的机械式 LSD 差速器。法拉利解释说之所以 599 GTB 没有采用电子差速器是因为 599 GTB 车头部分的荷重较大，没有必要采用这种配置。另一个的原因是机械式差速器的重量比较轻。在实际驾驶中也可以感觉到采用机械式差速器的 599 GTB 也能做出非常干净而实在的转向。E-diff 差速器最大的特征是在驱动轮即将打滑时就开始介入，而且是一点一点地起效，整套系统打开的速度和时机都很快，起效的深度也非常之大。这样设计明显是为了确保车辆的稳定性而做的。因为 599 是前置发动机车型，所以这方面的需求就减弱了。

599 GTB Fiorano 的底盘沿用了 612 Scaglietti 的基本设计，最重大的改变是将减振器中的液体改为了电磁黏性液体。它的悬架阻尼是通过一个具有超高性能的系统进行控制的，这个系统是法拉利公司协同 Delphi 合作开发而成，这一类型的设置首次用于法拉利的公路跑车。这个半主动系统的最大响应时间仅为 10 毫秒，比起传统的油压系统快了四倍。在费奥拉诺赛道上，599 GTB 轮胎的抓地力非常实在，车子在上下起伏的时候，悬架会一下子变硬。根据法拉利研发人员说，采用了电子控制的减振器使振动的吸收和悬架反应速度都得到了提高。

事实上，599 GTB 是一辆 FR 的 Rcaing Car。在狭窄的盘山公路上也是可以将动力全部发挥，非专业驾驶人也能感觉到人车一体的感觉。能达到这种程度最大的理由是在界限附近的动作不会超出界限，就像 AE86 那样可以轻快地驾驶，AE86 是因为车重低，而 599 GTB 是因为车辆的极限非常高，所以驾驶 599 GTB 可以轻松地做到 4 轮漂移的状态。

当具备了这些特性后，我们就不必为法拉利的 V12 旗舰车型不是中置发动机而感到遗憾了。

599 GTB Fiorano

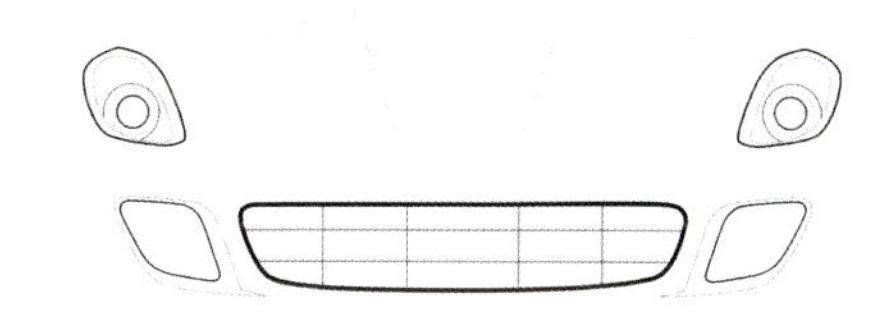

技术参数

发动机形式：65° 夹角 V12
发动机排量：5998毫升
缸径行程：92毫米x75.2毫米
气门驱动方式：双顶置凸轮轴
气门数：每缸四个
点火系统：每缸一个火花塞，电子点火
供油方式：Bosch Motoronic ME 7
压缩比：11.2：1
最大功率：620马力/7600转/分
润滑方式：干式油底壳
变速器：F1电控液压六档
车身类型：双座 Coupe
车重：1580千克
最高车速：330千米/时

2007年 Ferrari 430 Scuderia, Spider 16M

在推出 F430 后，法拉利并没有立即着手研发下一代车型，而是花费了相当长的时间继续研发 F430。得益于法拉利“XX”计划，2007 年法兰克福车展上 F430 的终极进化版 430 Scuderia 面世。在开发 430 Scuderia 的过程中，舒马赫花了很多时间参与研发，舒马赫发挥其多年在赛道上的经验。430 Scuderia 的研发目标为：更轻的车体、更强劲的发动机、舒适并符合人体工程学的座舱和更刺激而安全的驾控体验。不仅在费奥拉诺，舒马赫曾经在纽博格林长时间地测试 430 Scuderia，并对控制系统进行了连续而系统的调节，以协调换档时间、牵引力、悬架硬度和整车稳定性。因而，这一车型的成功很大一部分获益于舒马赫在整个开发过程中给予的大力协助。

430 Scuderia 的进气管道和排气系统均得到了优化，最主要的变化是采用了源于 F430 Challenge 车型的排气结构，并采用碳纤维材料制作进气歧管和滤清器的外壳，以帮助降低重量。得益于法拉利的一级方程式技术，430 Scuderia 的点火系统使用了特殊的线圈。并首次以市售车型的身份采用了能够监测火花塞电极间电流状况的 ECU，使发动机的每一次点火都被精心“设计”。同时 4.3 升发动机的压缩比也被提升到 11.9 ：1，这主要归功于新的活塞设计。这些“微观”处的高技术使用实现了 430 Scuderia 的高功率。430 Scuderia 的整车重量为 1250 千克，发动机最大输出功率 510 马力，在费奥拉诺赛道的成绩甚至比超级跑车 Enzo 还要快，仅此一点就足以说明其非凡的能力。

430 Scuderia 的底盘离地间隙比 F430 低 15 毫米，其他的变化包括新型 10 辐合金车轮、碳纤维车外后视镜、新型后保险杠和位置更高的排气管，这种排气管与参加法拉利挑战赛的 F430 Challenge 相同。法拉利对 430 Scuderia 的车身细节进行了修整，使其可以在 150 千米 / 时的速度下产生 75 千克力的下压力，在最高车速下可以达到超过 300 千克力的下压力。

430 Scuderia 的 6 档半自动变速器采用法拉利最新研发

430 Scuderia

的控制软件 Superfast 2。因此，法拉利公路跑车具有了有史以来最快的换档速度。这里有一些数据能够说明这件利器的实力：F430 和 Enzo 的换档时间为 150 毫秒；具有轰动一时的 F1- SuperFast 变速器的 599 GTB 换档时间为 100 毫秒，这个换档速度已是当今民用车领域的最快值，相对于普通汽车，这种换档间隙很难被人察觉。现在，使用升级版 F1-SuperFast 2 变速器的 430 Scuderia 将换档时间刷新到 60 毫秒，与 F1 赛车的 30~40 毫秒换档时间处于同一数量级，为当时民用车之首。

430 Scuderia 配备了 F430 上安装的电子差速器 (E-diff)，599 GTB 上安装的 F1 Trac 控制系统也被 430 Scuderia 纳入其中。有了这两样武器使 430 Scuderia 在 “Race” 模式下的出弯速度比 360 Modena 提高了 40%，在 “Sport” 模式下的出弯速度提高了 20%，而且即使在极端条件下，控制系统的自动介入也是难以被察觉的。

为了与 430 Scuderia 的超级性能相匹配，工程师们为这款车型配备了最新的碳 - 陶瓷（CCM）制动盘，前制动盘的尺寸达到了 398 毫米 ×36 毫米，配备 6 活塞铸铝制动卡钳，后制动盘为 350 毫米 ×34 毫米，配备 4 活塞制动卡钳。430 Scuderia 还配备了最新型的 ESP 8.0 系统，它可以将计算和响应时间缩短 15%。

为庆祝赢得 2008 年的 F1 世界汽车制造商冠军，法拉利推出了 430 Scuderia 的敞篷车款，命名为 Scuderia Spider 16M。Scuderia Spider 16M 兼容了 430 Scuderia 的创新内容与开放式 F430 Spider 的驾驶乐趣，该车型仅限量生产 499 辆。

作为 360 Challenge Stradale 的继任者，430 Scuderia 并没有脱离公路。方向盘上的 Manettino 旋钮很好地证明了这一点，虽然 430 Scuderia 的长相和配置都十分赛车化，但它的定位其实是位于 F430 和 F430 Challenge 之间的，并且稍微偏向 F430 一边。

430 Scuderia Spider 16M

430 Scuderia , Spider 16M

430 Scuderia

技术参数

发动机形式:90° 夹角 V8
发动机排量：4307毫升
缸径行程：92毫米x81毫米
气门驱动方式：双顶置凸轮轴
气门数：每缸四个
点火系统：每缸一个火花塞，电子点火
供油方式：Bosch Motoronic ME7
压缩比：11.9：1
最大功率：510马力/8500转/分
润滑方式：干式油底壳
变速器：F1电控液压六档
车身类型：双座 Coupe
车重：1250千克
最高车速：320千米/时

2007年 Ferrari 612 Sessanta

2007 年的日内瓦车展上，法拉利发布了一款“新车”——612 Sessanta。虽说 612 Sessanta 是在 612 Scaglietti 的车身基础之上制造的，但其身份却十分特殊。612 Sessanta 是作为纪念法拉利建厂 60 周年而推出的限量版纪念车型，如果按照以往的命名规则，这辆车应该被称为“F60”！而法拉利将 2009 赛季的 F1 战车命名为 F60，这是法拉利车队打造的第 55 款单座 F1 赛车。命名为 F60 是为了庆祝车队自 1950 年以来，参加的第 60 届 F1 世锦赛。

因为 612 Sessanta 是在 612 Scaglietti 的基础上改进而来的，因而拥有后者的全部改进套件。612 Sessanta 限量生产 60 辆，并且全部安装 F1 变速器。60 辆 612 Sessanta 有两种双色涂装可供车主选择，并且可以添加一些特殊的元素，比如将车身底部的黑色换成特殊的黑色；使用银色对前灯和后减振的细节设计进行颜色处理

612 Sessanta 的外部特征包括：

- 带有三个透明档位的电子变色全景车顶
- 新型单片锻造的 19 英寸轮毂
- 带有特定油漆框架的散热器格栅
- 带有黑色镀铬特殊排气管的镀铬后格栅
- 前挡泥板上的“612 Sessanta”标志

内饰特征包括：

- “Terra Bruciata”色（612 Sessanta 专有颜色）的 New Natural 皮革
- Marrone 地毯
- Grigio Scuro 的内饰细节设计（仪表板横梁、车门细节设计、通道板）
- 黑色安全带
- “Terra Bruciata”色方向盘、仪表板、后壳和内饰上部

其他配置包括：

- 方向盘带有三个位置的 Manettino 旋钮和发动机起动按钮
- 座椅、车门和后侧采用专属的衬垫款式
- 带有衬垫、设备齐全的特定中央通道，带有双茶几隔板和后把手
- 车门带有四个口袋，其中两个可密封
- 特殊款式的仪表组
- F1 变速器板上标有庆祝 60 周年的独特标志
- 带有衬垫的皮革和设备齐全的行李箱
- 带有黑色卡钳的 CCM 制动系统
- 博世车载影音娱乐系统
- 倒车摄像头
- 电视调谐器
- 巡航控制系统

创立于 2006 年 7 月的法拉利经典部门（Ferrari Classiche）旨在向所有法拉利生产的赛车和车龄超过 20 年的公路跑车提供维护、修复和认证服务。法拉利经典部门能提供高质量的翻新和维修服务，还可以生产与最初零件相同的所有部件，包括发动机和变速器。除此之外，法拉利经典部门的专家委员会还可以对历史上的法拉利汽车颁发“可靠性证书”。该认证按照传奇法拉利档案中所包含的技术和历史信息进行，档案包含自公司成立之日起关于 GT、赛车和跑车原型车的所有信息，同时考量车辆本身的状况及经历。“可靠性证书”不仅能够证明车辆的真实身份，还被认为是帮助保护车主的投资的重要证明。

车辆经过经典部门的重整和翻修后，车上都会钉上一块 Ferrari Classiche 的专属铭牌，车主还会得到一张证书，上面标有车辆的信息和皮埃罗 · 法拉利先生的亲笔签名。

612 Sessanta

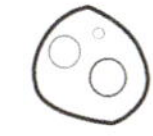

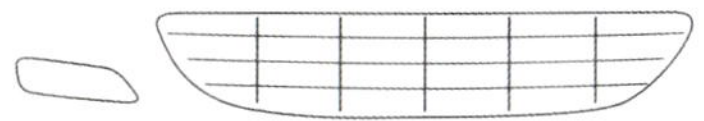

Anniversary Edition

技术参数

发动机形式： 65° 夹角 V12

发动机排量： 5748毫升

缸径行程： 89毫米x77毫米

气门驱动方式： 双顶置凸轮轴

气门数： 每缸四个

点火系统： 每缸一个火花塞，电子点火

供油方式： Bosch Motronic ME 7

压缩比： 11.2：1

最大功率： 540马力/7250转/分

润滑方式： 干式油底壳

变速器： F1电控液压六档

车身类型： 2+2 Coupe

车重： N/A

最高车速： 315千米/时

2009—2012年 Ferrari California & California 30

California，法拉利继 Superamerica 之后又复活了一个尘封已久的名字。但区别于 Superamerica 的是，2009 款 California 只是继承了 1957 款 250 GT California 的名字和作为敞篷车的身份而已，因为 250 GT California 实际上是一辆去掉车顶的 250 GT TdF，而 250 GT TdF 是当年法拉利的旗舰级 Berlinetta。2009 款 California 从发动机就能看出它是辆入门级的法拉利。

因为 California 是 CC（Coupe Cabriolet）车身，所以 A 柱比较粗，较长的车窗设计得也较高，再加上一个容纳发动机的长鼻子，使它的视野比 F430 还要狭窄。和其他前置发动机车型一样，California 拥有充足的膝部空间。新型的仪表板非常吸引人，转速表位于中控台醒目的位置，两侧的仪表则内嵌得很深：一侧能以数字形式显示包括油压、冷却液温度在内的不这么重要的信息，另一侧为速度表，看起来有一些像古时候的日晷，可以很直观地反应车速，而另一个内嵌在转速表中的辅助电子速度表非常讨人喜欢。

F430 的 V8 发动机经过了这么多年的验证，技术已经趋于成熟，为何此次法拉利还要采用平面型曲轴而放弃传统曲轴呢？之前有报道曾指出法拉利的动力工程师 Vittorio Dini 提出平面型曲轴不应只停留在实验室，这固然是一个契机，但不是全部，从实际运用出发，平面型曲轴也是时候该登场了。

相对于 F430 发动的 4307 毫升的排量，California V8 发动机的排量要略小一些，减少至 4297 毫升，输出功率也有所下降，但转矩却增大了，减小排量无外乎更绿色环保。然而，两款发动机根本的不同并不是排量和曲轴不同这么简单，California 采用的 V8 发动机是法拉利第一款运用直喷技术的发动机。这一技术升级使 California 的百千米油耗保持在 11 升以下，F430 则至少需要 12 升（这个数据是基于欧洲的油品质量和路况测得的）。

California 的变速器同样配有自动模式，这样你就可以和大多数车主一样开着 California 在都市的公路上一边享受着路人拜神式的目光一边听着小曲"低速巡航"了。对于一辆目标客户为顶级富豪的跑车来说，自动模式显得尤为重要。

California 的行李箱有 340 升之多，并且可以和车厢贯通。法拉利产品总监 Massimo Fumarola 称，在设计 California 时，唯一硬性的指标就是硬顶敞篷，其他方面都没有限制，所以给予了设计团队最大的发挥空间。法拉利并没有选择硬顶敞篷，而是市场选择了这样做，Massimo Fumarola 这样说道。但不论怎样，法拉利干得不错，从按下按钮到车身变形完毕仅需 14 秒。

California 显然是为富裕的三口之家或是女士准备的休旅车，因为 California 的后排除了放行李和安置儿童座椅之外，我实在找不到其他的用途，而且对于儿童来说，后排座位是相对更安全一些的。

California 并没有按照法拉利以往的命名传统来命名，而是继承了 20 世纪 50 年代那款经典敞篷车名字。

法拉利从来不会推出中期小改款车型，就算不同的年款进行小范围的配置升级，厂家也会不动声色地进行，而这次 California 30 打破了这个传统。此次升级以数字 30 为主要特征，即重量减轻 30 千克、功率提高 30 马力。

在外观上，California 30 与五年前推出的老款比基本没有差异，California 30 与老款的唯一区别在于如果选装了“Handling Speciale 操控套件”，前进气格栅、发动机盖上的进气口以及前翼子板侧通风口三处会采用银色涂装，这是 California 30 与老款在外观上的唯一区别。

大尺寸液晶触摸屏在法拉利的车系中很少见到，这次作为了 California 30 的标配，DVD 播放、导航、AUX 接口、USB 插座等一应俱全，但遗憾的是没有中文操作界面。而且导航还不能直接通过触摸屏操作，需用使用一个额外的遥控器。考虑到车型定位，换档控制按钮在 California 30 上，AUTO（自动）与 LAUNCH（弹射起步）的按键位置进行了互换，常用的 AUTO 切换键挪到了左侧，更易于驾驶人操作。

California

法拉利 California 30 提供了 2+ 的座椅布局，消费者可以根据自己的需要选择前排座椅造型与风格，后部则可以在两个独立座椅或整体式长方形储物隔板之间做选择。进入中国的大部分车型都选装了独立座椅。对于后排座椅更多的时候还是让它放行李或者用来固定儿童安全座椅比较好。

前面提到的选装单元“Handling Speciale”，包含了受控于速度更快的电控单元（响应时间缩短 50%）的磁流变减振器，该电控单元运行了法拉利专用软件。该套件还配有更坚硬的悬架弹簧，能够实现更加精确的车身控制与舒适的驾驶体验。此外，新款车型还采用新型转向器，减速比更低（降低 10%），能以更小的方向盘角度更快速地入弯。配合这套系统加之减少的 30 千克的车重和提升的 30 马力的发动机，理应得到更好的动力表现。数据上确实如此，California 30 的 0 至 100 千米 / 时加速为 3.8 秒。但实际驾驶感受却几乎感觉不到，因为减负 30 千克对于一台原本就已经采用全铝底盘和车身，且车重仅有 1630 千克的硬顶敞篷跑车而言可谓是巨大挑战，而法拉利斯卡列蒂高级研发中心主要通过采用更先进的铝加工技术与制造工艺实现的，研发费用高达上亿。但实际使用中，行李箱里的两箱水或是你的一个魁梧的朋友都会随时抵消这 30 千克的重量。

California 可以说是最适合中国消费者的法拉利，因为它是法拉利车系中最便宜的；其次它是辆敞篷车；最后它是一辆天天可以开的法拉利。

California & California 30

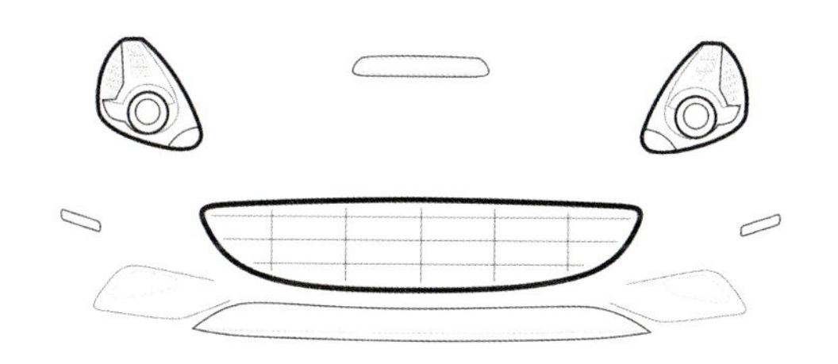

California

技术参数

发动机形式：90° 夹角 V8
发动机排量：4297毫升
缸径行程：99毫米x77.4毫米
气门驱动方式：双顶置凸轮轴
气门数：每缸四个
点火系统：每缸一个火花塞，电子点火
供油方式：缸内直喷
压缩比：12.2：1
最大功率：460马力/7750转/分
润滑方式：干式油底壳
变速器：F1电控液压七档
车身类型：Coupe/Cabirolet
车重：1630千克
最高车速：310千米/时

2010—2011年 Ferrari 458 Italia , Spider

458 Italia 和 F430 哪里不同？至少外形上的变化就十分激进：修长的车鼻、低矮的车身以及如鲨鱼般的造型，座舱的造型则像一辆 C 组的 GT 赛车，双尾灯造型也预示着新一代设计语言的贯彻。在 F430 身上你可以清楚地看到从 A 柱到 C 柱的过渡，而在 458 Italia 身上 C 柱似乎消失了，或者说更像是车顶和发动机盖的延伸。虽然这是一个大胆的设计，但不可否认这也是 458 Italia 身上一个非常性感的地方。

驾驶 458 Italia 你会立即感觉到它和 F430 比增进了许多，首先底盘的刚性提高了，路面上的每一个微小的振动都能传递给驾驶人。458 的悬架系统有两种模式可供选择，通过方向盘上那个画着减振器的按钮，可以在赛道模式和舒适模型中进行选择，当然赛道模式才是法拉利的王道。

458 Italia 并没有采用碳纤维一体化盆型底盘，虽然法拉利在碳纤维应用方面有很高的造诣，但现在的法拉利公路跑车都采用铝管空间框架，法拉利车身设计部是这样解释的：在碳纤维的运用和制造方面我们是行家，但我们认为碳纤维底盘不适用于量产型公路跑车，因为我们要考虑车辆在日常行驶损坏后怎么维修，另外碳纤维结构在发生碰撞后一些微小的损坏可能当时无法察觉，但是随着时间的推移，其结构的稳定性必然降低。所以我们只会在限量车型上大量使用碳纤维材料，因为其产量低，就算使用了碳纤维材料仍旧可以满足售后维修的供应。

当然法拉利也认为铝合金材料并不是制造汽车最理想的材料，但受制于成本所以不得不妥协。但是法拉利利用了航天技术开发了铝锂合金——2099 合金，空客 A380 客机上首次使用的新型铝合金。并且这种合金可以回收再利用，同时这种合金比传统合金拥有更轻的重量和更高的抗扭性。所以虽然 458 Italia 需要满足更严格的碰撞法规，但是车身净重依旧比 F430 轻了 5%。

458 Italia 没有变速杆，对，没有！并且永远不会有，在 458 Italia 的选装清单里也没有手动变速器，因为法拉利认为 7 档双离合变速器要比 6 档手动变速器表现更完美，所以，习惯使用换档拨片吧。458 的座舱里还有什么？两个旋钮，它们分别控制着仪表板上两个液晶显示屏所显示的内容：左侧显示屏可以显示 Manettion 中各种复杂的设置、各种温度、各种状态以及赛道上的圈速；而右侧则显示一些娱乐系统的信息和那个法拉利认为可有可无的速度表。458 的所有按钮和显示屏的角度都是对准驾驶人的，而且前排的乘客几乎无法看到导航屏幕，因为显示导航信息的屏幕正是显示速度表的屏幕。

法拉利的跑车是很完美，但舒适度仍然存在改良的空间，而且越是昂贵的选装件越是背离舒适路线，比如碳纤维座椅简直就像是用石头雕刻出来的，为了轻量化法拉利几乎将所有的减振物都掏了出来，长时间坐在这样的椅子上很容易令臀部和大腿失去知觉。458 电子节气门的灵敏度也是至今为止最高的，在大城市拥堵的路况下你会恨疯了这样的设定，好在 458 的变速器有自动模式，而且 Manettion 最低档轻柔的加速踏板设定有助于减轻右脚的压力。

2009 年法兰克福车展上，法拉利推出了新款 V8 车型 458 Italia，就像跃马集团一贯的做法，两年后在同一地点 458 Spider 如约而至。新车在车头方面没有任何变化，它的新功能大多集中在驾驶舱和车身后部。事实上，这是一辆拥有可折叠

硬顶的MR。458 Spider的车顶收纳空间仅需F430 Spider顶篷的一半。

就像所有的法拉利敞篷车那样，开着它穿梭在蔚蓝的海岸或是飞驰在蜿蜒的盘山路上，一路上不仅能感受到法拉利的驾驶乐趣，还能享受路人羡慕的目光。车顶打开时，听着发动机传来的阵阵雷鸣，不由得会让驾驶人心潮澎湃。不过，要在赛道上开这款车我还是奉劝大家还是乖乖开着458 Italia比较好，也许你的同伴正拿着计时器在维修站等着呢。道理很简单，不同的法拉利跑车适合不同的用途和不同的客户。我们惊奇地发现，Coupe与Spider的客户之间几乎没有重合（仅有5%而已）。而客户的来源也在发生改变：美国（尤其是加利福尼亚州和佛罗里达州）和英国的客户是敞篷车的最忠实拥趸。

虽然458 Spider并非重新设计，但你会发现前照灯的独特形状竟然能与车身后部如此和谐地融为一体。新车不再配备防滚翻保护杆，这一细节也提升了汽车的空气动力学性能。法拉利产品营销总监尼古拉·博阿里(Nicola Boari)说道：“这款Spider在敞篷和密闭的情况下都能保证同样的性能。顶篷敞开时，得益于风洞试验的空气动力学研究，气流得到进一步优化，充分提升了声学舒适性。”

458 Spider

458 Spider的车顶可以完全缩进尾部，与430 Spider等车型的传统帆布软顶相比，占据的空间更小。顶篷打开后，尾翼和扰流器下方的进气口能够保证空气动力效率：扰流器的作用是维持尾部的滑流。新车型具有众多的精妙设计，其中包括具有双重功能的玻璃后窗，当顶篷闭合时，它能充当后窗，而当顶篷敞开时，它可以保持在升高的位置，以阻挡扰人的涡流。玻璃板由驾驶人操控，可根据需要调节高度：无论顶篷是闭合还是打开，它都可以完全降低。

458 Spider在行驶途中之所以能保持完美的声学效果，是因为法拉利的空气动力学研究成果已经将风声降至最小，因此即使将顶篷打开，车内的人也可以正常对话。行李箱盖上设计的进气口可通过逆通风效应净化空气出口，从而优化了气流。该款新车的行李箱盖完全封闭，发动机不再外露，打造出一种强烈而令人折服的美学效果。

458 Spider具备众多具有开拓意义的技术解决方案。许多技术与底盘相关，使底盘的重量和刚度得到了精细的优化。为了将重量的影响减至最小，法拉利采用了新的轻型合金以及新的焊接和熔合方法。在优化过程中，法拉利充分利用铝材的巨大潜力，使该车与430 Spider相比，重量轻了几乎30%。为了明显改善舒适度，法拉利采用了多连杆后悬架和前双叉骨悬架，在增强汽车刚度的同时不影响内部空间的舒适体验。车辆的性能表现会根据方向盘上manettino旋钮的不同位置而发生改变。然而，与458 Italia相比，“运动”和“赛车”模式的配置更注重操控性和驾驶乐趣，而不是赛道上的极致性能。

458 Italia , Spider

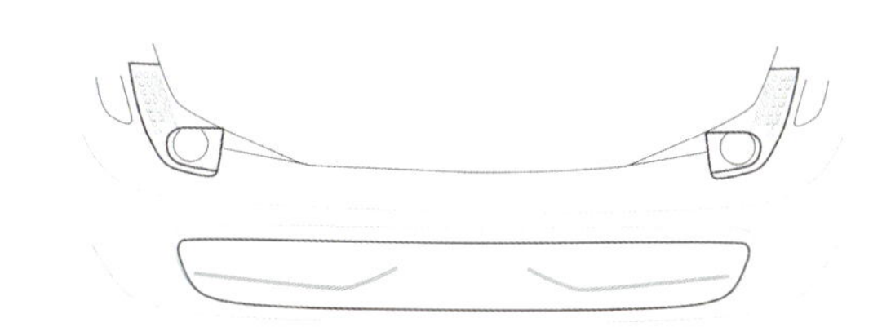

458 Spider

技术参数

发动机形式：90° 夹角 V8

发动机排量：4499毫升

缸径行程：94毫米x81毫米

气门驱动方式：双顶置凸轮轴

气门数：每缸四个

点火系统：每缸一个火花塞，电子点火

供油方式：缸内直喷

压缩比：12.5 : 1

最大功率：570马力/9000转/分

润滑方式：干式油底壳

变速器：F1电控液压七档

车身类型：双座 Roadster

车重：1485千克

最高车速：325千米/时

2010年 Ferrari 599 GTO

在法拉利超过60年的历史中，只有3辆车以“Gran Turismo Omolgata”（符合赛车标准的公路跑车）之名降生，它们每20年转世一次，且每次降生必大放异彩。自250 GTO以来，法拉利已经推出了48款新车，2010年，599 GTO携传奇再度归来。

之前的两代GTO（1962年的250 GTO、1984年的288 GTO），都如“Omolgata”本义所释，都是按照GT组别的规则要求而制造的。虽然599 GTB在诞生之日起就被冠以Rcaing Car的美誉，但讽刺的是这款基于599 GTB而打造的GTO却和任何比赛都扯不上关系。诚然，599 GTO的制造灵感确实源于专攻赛道的599XX，并最终将GTO打造成最接近赛车的公路跑车。

2010款GTO已经不是符合赛车标准而制造的公路跑车了，因为法拉利一开始就没打算以官方身份用GTO参加任何比赛。然而，599 GTO却遵循了前两代GTO的遗风，将车辆进行了彻底的改造，无论是车身、动力总成、制动系统，还是轮胎，所有的部件都和599 GTB截然不同。

和推出前两代GTO一样，法拉利此次推出599 GTO的目的很明确，打造一辆有史以来最快的量产车。

599 GTO确实是辆好车，但它的售价比599 GTB整整高出10万欧元，法拉利称599 GTO发动机的零件有95%出自那款稀有的599XX，相比599 GTB，GTO独享了全新的活塞和曲轴连杆，气缸内的摩擦阻力也由此减少了12%，新设计的进气系统强化了高转速条件下的响应能力。新的排气系统也能使GTO符合欧洲苛刻的排放标准。

GTO的CCM制动盘虽未改变，但与之匹配的卡钳却换成了由Brambo研发的碳陶瓷卡钳，这样在不增加制动系统总重量的情况下，获得了“悬崖勒马”的制动效果，自适应悬架的动作也更为迅速，米其林轮胎提供的侧向支撑力更为坚挺，轮胎的硬度也显著提高。20英寸的轮胎接地面积有了大幅提高，从而增强了前轮的抓地力，削弱了转向不足的倾向。

GTO沿用了599 GTB的6档变速器，而非7档双离合变速器，升级后的变速器升档时间提升至60毫秒。在经过一番彻底的轻量化后，599 GTO的车重减少为1605千克。

GTO的车身外皮厚度比GTB削减了20%，车身得以减重4千克，一体式的车窗玻璃加上更薄的厚度也贡献了5.5千克。车顶为了安全考虑保持了原有的厚度，保险杠采用了最近的RTM工艺制程，前后各减重2千克。门槛和车尾扩散器都由碳纤维打造，GTB的行李箱盖采用复合材料，而GTO使用了铝合金制造，因此减少了40%的重量。

三个新增的传感器（两个位于车体前部，一个安装在车尾）时刻监控着车辆的侧倾，同时经过升级的ECU能够更迅速地处理它们测量的信号。随后，电磁可变液压悬架将对减振器里的磁性液体施加磁场，根据实际需要相应增加或降低流体的黏度，以调节悬架的软硬。CCM制动盘的规格与GTB相同，卡钳也依旧是前六活塞、后四活塞配置，但是卡钳本身也采用了碳陶瓷材料，所以制动效率更高。

GTO的轮胎尺寸为GTB的前245/35 ZR20、后305/35

ZR20 增加到前 285/30 ZR20、后 315/35 ZR20，轮胎不仅仅是变宽了，而且前轮的尺寸直逼后轮，从而削弱了转向不足的倾向。轮胎的横向支撑力也得到了明显的提高，使汽车对驾驶人的转向迟滞降低到最小限度。

GTO 的 6 升 V12 发动机有 95% 的零件与 599XX 相同。另外，GTO 新设计的进气系统缩短了进气道的长度，从而优化了高转速发动机的响应能力，同时发动机在低转速区间的转矩输出也要优于 GTB，大约在 2000 转 / 分时就有将近 500 牛·米的转矩可供支配。

GTO 的两具六合一的排气系统直接取自 599XX，液压成型的制造工艺，令排气管的厚度更加纤薄，不仅有助于减重，而且也减少了焊缝数量。排气系统为 GTO 的减重做出了 13 千克的贡献。变速器虽然仍为 6 档，但 3、4 档的齿比降低了 6%，与发动机通过技术革新后节油 3% 的成绩正好相互抵消。轻量化的传动轴减重 8 千克。变速器升档速度由 100 毫秒缩短为 60 毫秒，降档时间由 500 毫秒缩短为 120 毫秒，而且在大力制动时可以按住降档拨片，任由变速器在极高的转速区间自由地降档。虽然拨片仍然固定在转向柱上，但尺寸更长，因此就算在进弯大幅度转动方向盘时，换档操作仍然弹指可及。

因为 599 GTO 的方向盘转向角范围较 GTB 缩小了 15%，这意味着你的双手可以一直握在 3 点和 9 点的位置了，反应超快的方向盘能轻松处理除掉头弯外几乎所有的弯角，而且可以通过它轻松地预见到车尾摇摆的趋势。因此，对付 GTO 甩尾的反打方向盘的动作并不像你想象的那么富有戏剧性。稍有苗头你就能将其扼杀。

599 GTO 就是一辆如此完美的公路跑车！

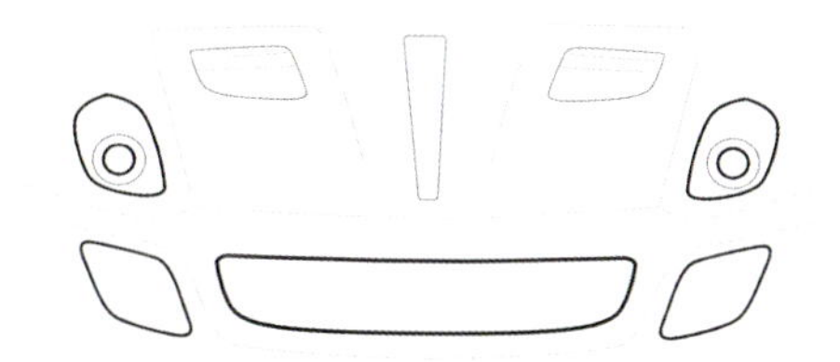

技术参数

发动机形式： 65° 夹角 V12

发动机排量： 5999毫升

缸径行程： 92毫米x75.2毫米

气门驱动方式： 双顶置凸轮轴

气门数： 每缸四个

点火系统： 每缸一个火花塞，电子点火

供油方式： Bosch Motoronic ME 7

压缩比： 11.2：1

最大功率： 670马力/8250转/分

润滑方式： 干式油底壳

变速器： F1电控液压六档

车身类型： 双座 Coupe

车重： 1605千克

最高车速： 335千米/时

2010年 Ferrari SA Aperta

2010 年巴黎车展，法拉利带来了 SA Aperta，一款为纪念宾尼法利纳设计工作室成立 80 周年而打造的法拉利敞篷跑车。车名中的 SA 代表塞尔吉奥 · 宾尼法利纳 (Sergio Pininfarina) 和安德鲁 · 宾尼法利纳 (Andrea Pininfarina)，Aperta 在意大利语中则有露天之意。这款纪念版车型衍生自 599 GTB Fiorano，但不设车顶，产量也被严格地限制在 80 辆。和以往的法拉利限量车型一样，SA Aperta 一经发布，80 辆的限额早在生产线未开动之前便被抢购一空，标价 36 万英镑的价格亦没有降低买家的兴趣。

缺少顶篷这一点是显而易见的，C 柱的飞拱却依然健在，并且喷上了亚光银色的涂料，与经过强化并改短的A柱前后呼应。车头的格栅和门槛的碳纤维迎宾版都是新加入的元素，加上重新设计的内饰和新颖的跑车座椅，视觉效果简直叹为观止。

至于 SA Aperta 的用途，只要想想开着敞篷法拉利跑车顶着红日招摇过市的样子，任何人都能明白这是专为超级花花公子准备的跑车。SA Aperta 肯定会成为富豪们的珍藏，终其一生受到无微不至的照顾，偶尔会在顶级的私人聚会上露个脸。SA Aperta 并不讲求日常的实用价值，随车附送的所谓“应急车顶”需要全手动拆装，更何况这个车顶虽然美观实用，但厂家只保证它能承受 128 千米 / 时的速度。SA Aperta 行李箱的容积也许高于 599 GTB，大派用场的机会同样少之又少。

拥有 SA Aperta 的人也许永远不会用到“Race”档，但方向盘上的 manettino 旋钮却清楚地告诉你 SA Aperta 可以这样

驾驶。Race 模式下，只要驾驶人深踩加速踏板，后轮立即会空转，虽然此时车轮依然可以勉强抓住地面，但后轮打滑的情况会一直维持到 4 档，直到变速器升为 5 档时后轮才能完全咬住地面。

SA Aperta 的变速器较 599 GTB 相比稍微对齿比做了改进，升档时间也缩短至 60 毫秒，降档时间也只需 120 毫秒，而且和 599 GTO 一样，驾驶人可以连续拨动左侧的拨片令变速器连续降档，就算此时的车速非常高，SA Aperta 也知道自动提高发动机转速给予配合，期间排气系统发出的巨响必然令一般驾驶人心存畏惧，此时车尾的四个排气管也会喷出火星。

法拉利制造了 80 辆似幻似真的 SA Aperta，与其说 Aperta 是披着羊皮的狼，还不如说它是披着狼皮的豹。单凭 Scuderia 盾形徽章就可确定 Aperta 的身份，也可以从驾驶层面推敲它的性能，然而就算你已经做好了充分的心理准备，SA Aperta 的表现还是会令你措手不及。

SA Aperta

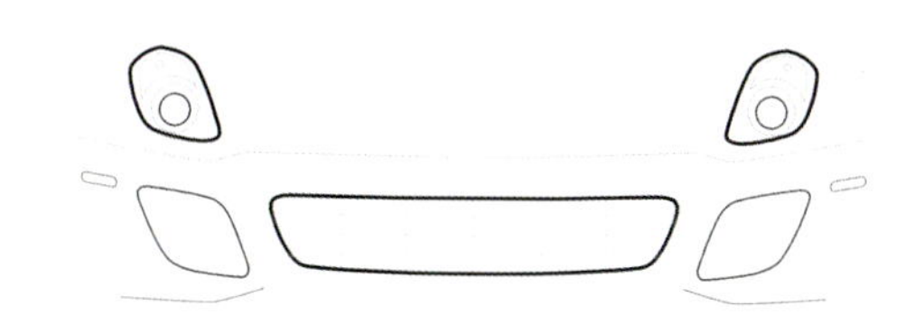

技术参数

发动机形式： 65° 夹角 V12

发动机排量： 5999毫升

缸径行程： 92毫米x75.2毫米

气门驱动方式： 双顶置凸轮轴

气门数： 每缸四个

点火系统： 每缸一个火花塞，电子点火

供油方式： Bosch Motoronic ME 7

压缩比： 11.9 : 1

最大功率： 670马力/8250转/分

润滑方式： 干式油底壳

变速器： F1电控液压六档

车身类型： 双座 Roadster

车重： 1705千克

最高车速： 325千米/时

2011年 Ferrari FF

法拉利经过多年的发展和坚持，已经变为好像宗教一样的品牌，教义就是“制造后轮驱动的超级跑车”。而今，听闻法拉利推出FF，那种打击程度就像晴天霹雳一般。不过仔细想想，法拉利推出四驱车并非没有前兆。1987年6月，法拉利就制造过两辆原型车来验证不同的车身制造工艺和四驱技术，原型车的代号为408 4RM，两辆原型车的底盘编号分别为70183、78610。2008年我就曾经报道过一组谍照，其内容就是一辆经过伪装的612 Scaglietti正在测试四驱系统，当时我就预言法拉利有可能会推出612 Scaglietti的四驱版本，但没想到的是法拉利会将这套系统标配在612 Scaglietti的换代车型上，并将其作为一个卖点。

4RM与传统的四驱系统相比重量轻了50%，这令空间比612大，而且又是四驱的FF，重量仍可以维持在612的水平。这套组件的总长度只有170毫米，所有部件包括转动轴、齿轮、离合器、冷却系统以及所需的变速器油，这些加在一起仅重45千克。PTU系统也不是经常去与曲轴耦合，当各种各样的传感器探知到后轮突破抓地力的时候，PTU便会和曲轴耦合，而PTU里面是2档结构再加一个液压式离合器来左右两个前轮的动力分布。严格来说，FF有两台变速器，控制后轮的是DCT双离合7档变速器，另一台是前轮的PTU。当后轮以1档或2档行进时PTU会用1档；后轮用3档或4档时PTU用2档，PTU内的两组离合器利用松紧原理平衡前后轴的转速，并可按照中央电脑的指令独立控制前轴两个车轮的动力输出，即PTU同时身兼前轮差速器的功能。至于后轮用到5档至7档时，PTU则完全断开，法拉利的工程师认为，当变速器用到5档时

车速已经相当高了，这时已经没有必要用到四轮驱动了。

FF 的车身以及底盘仍以 Spaceframe 制造，刚性比 612 更强，前中置发动机、后置变速器和座舱后移的座舱布局，都有利于创造 47 : 53 的前后轴重量分配。全新设计的 6.3 升 V12 发动机保留了 599 GTB 和 Enzo 一样尺寸的气缸口径及 65° 夹角，但改用了 GDI 直喷技术，压缩比也高达 12.3 : 1，最大输出功率为 660 马力，是史上最大功率的法拉利量产车，而在发动机处于 2000 转 / 分时就有大约 80% 的转矩可供支配。

新发动机加上 FF 全新 GT 的定位，可以感受到新车有两种明显的性格。FF 的 manettino 提供 5 种驾驶模式，ESC OFF、SPORT 已是最跑车化的设定，以下依次为 COMFORT、WET 和 ICE-SNOW，与 599 GTB 和 458 Italia 相比，着重全天候性能的 FF，manettino 模式明显兼顾到了较多湿滑路面的行车需要。

法拉利推出 FF，实际上它还是很后驱的 GT 跑车，虽然它有出乎意料的舒适性和内部空间，但它后驱的特性依然没有改变。而且皮埃罗·法拉利也明确表示，今后法拉利依旧会沿着其父亲的理念发展。

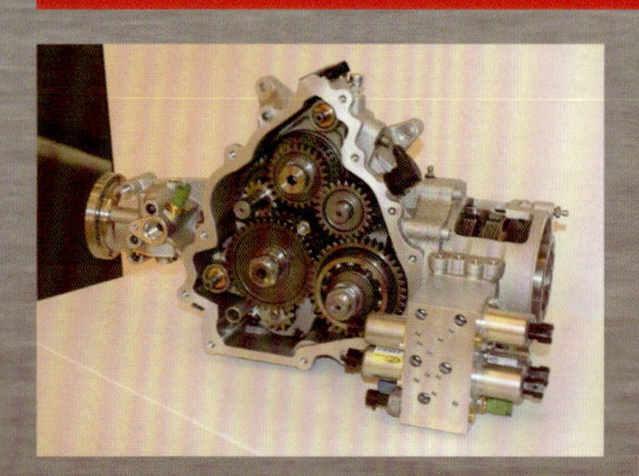

FF 乃 Ferrari Four 的简称，Four 代表四座，亦代表四轮驱动。FF 采用了全新的 Shooting Brake 车身设计，如同一辆三门四座的旅行车，这全新的车身演绎手法令乘坐空间大幅提升，用途亦更具弹性，可以说 FF 是近代法拉利公路跑车中最颠覆传统的型号。据法拉利讲，它们用了将近 6 年的时间来研发这套四驱系统，就是为了保留法拉利后驱的特性。这套名为 4RM 的四驱系统首先没有中央差速锁，因为前轴的动力是直接由发动机曲轴输送到发动机前方一个名为 PTU（Power Transfer Unit）的前轮动力系统，换言之，发动机曲轴不再只向后方传递动力。

FF

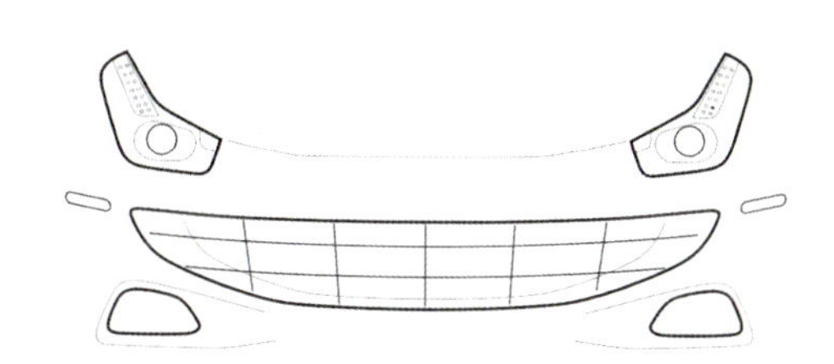

技术参数

发动机形式： 65° 夹角 V12
发动机排量： 6262毫升
缸径行程： 94毫米x75.2毫米
气门驱动方式： 双顶置凸轮轴
气门数： 每缸四个
点火系统： 每缸一个火花塞，电子点火
供油方式： Bosch Motoronic ME 7
压缩比： 12.3 : 1
最大功率： 660马力/8000转/分
润滑方式： 干式油底壳
变速器： F1电控液压七档
车身类型： 四座 Coupe
车重： 1790千克
最高车速： 335千米/时

2012年 Ferrari 458 Italia China 20th Anniversary

1992 年，中国第一辆法拉利 348 TS 在北京售出，为纪念首辆法拉利进入中国 20 周年这一重要里程碑，2012 年，法拉利推出 458 Italia 中国限量版车型。此款特别车型专为中国市场打造，设计灵感源于跨界艺术设计师马兴文先生所创意的“龙马”主题，限量仅 20 辆。

458 Italia 中国限量版不仅是一辆性能卓越的法拉利，同时也是一件极具收藏价值的艺术精品。车身采用了马拉内罗首次调制的一款红色——马可 · 波罗红，配以磨砂金涂层的轮毂、前部两个小型气动弹性风翼以及车体侧面优雅的金色镶边，整个车体呈现尊贵和动感的气息。

458 Italia 中国限量版内部设计的细节和工艺上处处体现了“龙马”主题和对中国文化的礼赞。汉文字作为五千年中国文化的精髓，是历史和文明的传承。艺术创作的金色写意书法体 “龙马”图案被精细地绣制在车内座椅的头枕位置，以简体中文呈现的发动机“起动”按钮及专属于 20 辆限量版跑车的特制纪念铭牌与车内其他细节相得益彰。

458 Italia China 20th Anniversary

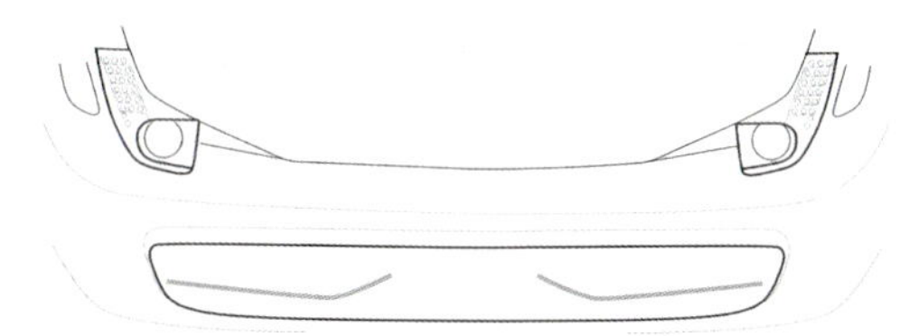

技术参数

发动机形式：90° 夹角 V8

发动机排量：3558毫升

缸径行程：85毫米x79毫米

气门驱动方式：双顶置凸轮轴

气门数：每缸五个

点火系统：每缸一个火花塞，电子点火

供油方式：Bosch Motoronic 7.3

压缩比：11.2：1

最大功率：425马力/8500转/分

润滑方式：干式油底壳

变速器：F1电控液压六档

车身类型：双座 Coupe

车重：1180千克

最高车速：300千米/时

2012年 Ferrari F12 Berlinetta

这辆车的 0—100 千米 / 时加速只需 3.1 秒，至 200 千米 / 时用时 8.5 秒。这就是 F12，马拉内罗制造的新 12 缸旗舰车型（限量版车型除外）。

新车是法拉利时隔 19 年再次推出以 Berlinetta 作为后缀的超级跑车，法拉利造型中心与宾尼法利纳之间的密切合作，建立了一个自信而优雅的车。给人印象深刻的前格栅，令人们回忆起了那些在 20 世纪五六十年代的 GT 车型。法拉利在设计 F12 的空气动力学车身时做了 250 个小时的风洞实验，造就了令人眼前一亮的车身中前部的“开孔”——Aero Bridge（空气桥），它的作用是将经过发动机盖的部分空气导入车体两侧，从而为车辆提供一些下压力，这是首次利用发动机盖来产生下压力的技术。而主动制动冷却系统，可以确保仅

F12 Berlinetta

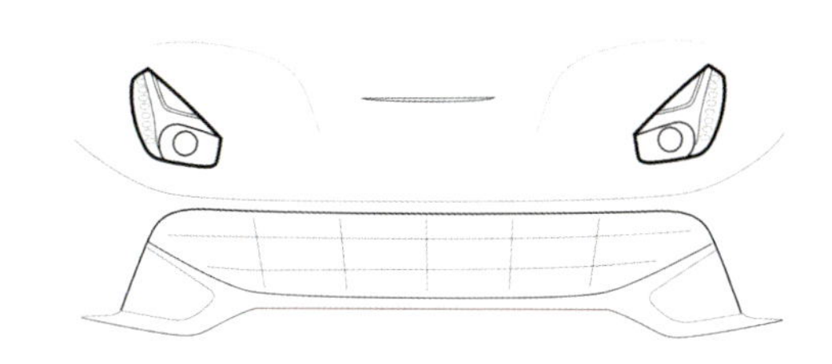

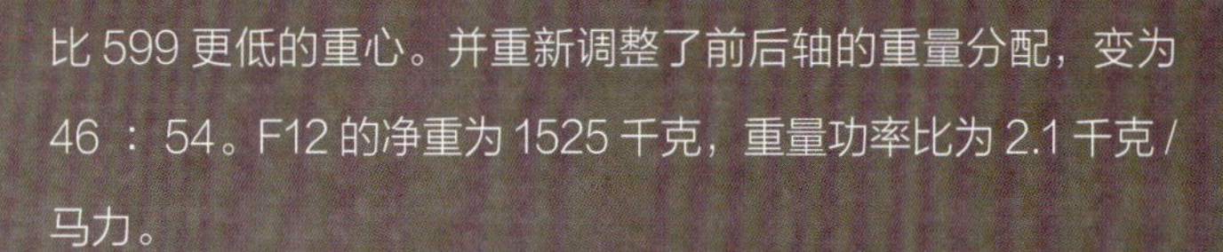

在制动系统的运行温度过高时，前保险杠上的制动进气道导向叶片才会打开。

F12 的空气动力效率值为 1.12（相当于 599 GTB Fiorano 的两倍），速度为 200 千米/时时下压力可达 123 千克力，比上一代车型 599 增加了 76%，而空气阻力系数仅为 0.299。

F12 是一款科技含量极高的汽车，重新设计的车体框架和底盘由 12 种不同的铝合金打造。这样在保证车身强度的前提下做到尽可能的轻量化。F12 的轴距相比 599 又缩短了 30 毫米（从 2750 毫米缩短为 2720 毫米），而且 F12 有着比 599 更低的重心。并重新调整了前后轴的重量分配，变为 46 ： 54。F12 的净重为 1525 千克，重量功率比为 2.1 千克 / 马力。

F12 的车长缩短了 47 毫米、车高降低了 63 毫米、宽度缩小了 20 毫米，中心高度也降低了 25 毫米，车身覆盖件和车架使用轻质铝材后，车重减轻了 70 千克。车身刚性提高了 20%。

F12 的底盘是如此的低矮，那它如何过减速带呢，为此法拉利准备了一套悬架升降杆供车主选装。这套系统并不是底盘升降技术，F12 的悬架是可调的，这套系统可以把它理解为一个装在悬架上的千斤顶，它只能够提供前悬架升高，提高车辆的接近角，方便车辆通过减速带和上下坡，当车速超过 40 千米 / 时后车身会自动回落。

排量为 6262 毫升的 V12 发动机纵向安装在车头。这款发动机在 8250 转 / 分时的峰值功率为 740 马力，这意味着 F12 的最高速度可达 340 千米 / 时。卓越的性能保证了 F12 在费奥拉诺赛道上的单圈成绩最终定格为 1 分 23 秒。但 F12 的油耗却比 599 降低了 30%，二氧化碳排放量降低至 350 克 / 公里。

技术参数

发动机形式： 65° 夹角 V12
发动机排量： 6262毫升
缸径行程： 94毫米x75.2毫米
气门驱动方式： 双顶置凸轮轴
气门数： 每缸四个
点火系统： 每缸一个火花塞，电子点火
供油方式： Bosch Motoronic
压缩比： 13.5：1
最大功率： 740马力/8250转/分
润滑方式： 干式油底壳
变速器： F1电控液压七档
车身类型： 双座 Coupe
车重： 1630千克
最高车速： 340千米/时

2013年 Ferrari LaFerrari

最大输出功率 963 马力，最高时速超过 370 千米 / 时，0 至 100 千米 / 时加速在 3 秒以内，0 至 200 千米 / 时加速在 7 秒以内，这组数字是什么概念？这分明是一辆 F1 赛车。2013 年 3 月 5 日的日内瓦车展上，跃马集团将这组数字赋予了一辆公路跑车，它的名字是 LaFerrari。新车拥有一套被称之为“Hy-KERS”的混合动力系统，由法拉利和玛涅蒂 · 马瑞利（Magneti Marelli）共同研发，LaFerrari 是首款装备此系统的法拉利公路跑车。

在 V12 发动机旁边，安装有一套 120 千瓦的双电机电气系统，它可以输出 163 马力的额外动力。6262 毫升自然吸气发动机的压缩比为 13.5 ∶ 1，与发动机匹配的依旧是经典的 7 档双离合变速器。LaFerrari 不仅仅是由马拉内罗建造的最快的车（它令 F12 在费奥拉诺赛道做的最快圈速只保持了一年时间，这一快就快出了 3 秒），还是至今为止最接近单座赛车的公路跑车。

LaFerrari 的制动使用了 Brembo 的碳陶瓷制动系统，制动盘的尺寸分别为前 398 毫米，后 380 毫米。底盘由四种不同的复合材料制成，换句话说四种不同的碳纤维材料被高压制成一个整体。LaFerrari 的内饰也处处体现出超级跑车应有的风范，驾驶席虽然是固定不可调的，但方向盘转向柱还是可以做细微的调整以适应不同身材的驾驶人。

多年前在一次对法拉利造型中心的负责人弗拉维奥 · 曼卓尼（FLavio Manzoni）的采访中，他提及未来更加令人惊叹的法拉利新型跑车（指的就是 LaFerrari）：“我们需要在保持法拉利的 DNA 的同时，尽可能地超越自己；新车的造型借鉴了两辆 20 世纪 60 年代的原型车，330 P4 和 312 P。”

仅有 4 9 9 位幸运的法拉利爱好者（之后又增加了一辆用于慈善拍卖）能够拥有一辆 LaFerrari。这款跑车和它的控制踏板会像 F1 赛车一样进行调试，此后车主便可坐享其中。确切地说，这款车型共搭载了两台驱动机：一台优美的 V12 发动机和一台运用 F1 赛车 KERS 技术研发的电机。二者相结合可让跑车释放高达 965 马力的强劲动力，而 F1 赛车只能达到 750 马力。LaFerrari 跑车将为 499 位幸运车主带来前所未有、与众不同的驾驶体验。

在 LaFerrari 研发期间，阿隆索积极地参与其中。LaFerrari 的客户并非职业赛车手，所以如何才能令普通人也能驾驭这款性能出众的跑车呢？在每次试驾结束后，阿隆索都会向负责最终调试的工程师和测试人员提供反馈和建议。在他的帮助下，技术人员进行了深入的数据分析：他的观点和精准判断得到了遥测技术的进一步证实。这款跑车的研发获得了冠军车手的大力支持，虽然 LaFerrari 在很多方面都借鉴了 F1

赛车的设计，但公路跑车的驾驶感受和F1还是有很大区别的。阿隆索解释说："你完全想不到，LaFerrari和F1赛车的驾驶方式会存在如此巨大的差别，二者在距离测算方面更是截然不同：驾驶F1赛车时，景物进入视野的速度更快，驾驶人的姿势更低、更趋于平躺，视野会受到车轮的严重影响。所以，驾驶人的视距大约为300米。但这段距离可在瞬间飞驰而过。目视前方是正确的：但你不能只盯着鼻锥，因为车速实在太快了。""就驾驶本身而言，这并没有什么神奇之处。你只需协调运用加速、方向盘和制动。驾驶公路跑车时的临场发挥并不适用于F1赛车：F1赛车要在各个方面都达到完美，从轮胎开始就是这样，无论使用的是新胎、干胎、湿胎还是中型轮胎。"这是一个很有趣的说法。别忘了，我们是在谈论专业、高端、精密的F1赛车。它的诸多特性当然不是公路跑车可以复制的。F1赛车舒适吗？是的，因为座位是量身定制的，方向盘和踏板还可以按照要求进行精确调节。但是，F1赛车的悬架系统十分坚硬，并且离地高度仅有1.5厘米，所以赛车压过石子时，会感觉到明显的颠簸。对F1车手来说，这是正常情况。而卡丁车是不配备悬架系统的。

LaFerrari虽然是法拉利最接近F1的公路跑车，但阿隆索认为F1赛车在空气动力学、轮胎、制动以及重量减轻方面太过精密复杂，所以二者无法进行全面对比。"但二者的加速度十分相似：F1赛车的最大功率可达750马力，而LaFerrar则可以接近950马力，所以超出的动力可以弥补重量方面的不足"，阿隆索说。"拥有可与F1赛车相媲美的加速度，这是一款真正出色而与众不同的跑车。此外，它还具有便捷等其他优点。LaFerrari可以在普通道路上行驶，并且不会产生颠簸。F1赛车和LaFerrari在长期可靠性上也存在差别：F1赛车的里程数达到1000千米后就需要更换发动机：而轮胎在跑过40千米或80千米后就需要进站更换。

LaFerrari是一部性能强劲的跑车，不是一个玩具，驾驶人必须谨慎使用加速踏板，它不是用来向朋友炫耀飙车速度的，这种事情应该在赛道上进行。LaFerrari是一款收藏车型，你可以在周末开着它出去兜风，在休闲中领略它的风采。就像在周日陪着你的爱人漫步海边，你们悠闲地散步，而不是在别人面前展示。

控制系统的设计方式可以确保跑车在转弯时保持绝对平稳。manettion表盘上带有各种功能，驾驶人可以根据自信程度和驾驶风格进行相应调节。这项技术让LaFerrari能够满足不同类型的驾驶风格，适合信心程度各异的驾驶人。但关闭电子辅助是错误的做法，甚至可能带来危险。连像阿隆索这样的职业赛车手都不会关闭电子辅助。manettion的运动和竞赛模式要比职业车手的手动操作更加智能。但这一点也存在着争议。有多少资深车手会为了证明自己的天分而关闭manettion功能，反而却被计时器证实没有manettion智能呢？

LaFerrari

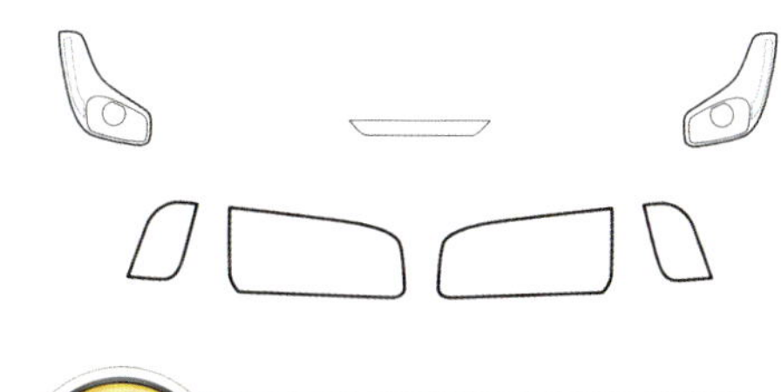

技术参数

发动机形式： 65° 夹角 V12 & Hy-KERS
发动机排量： 6262毫升
缸径行程： 94毫米x75.2毫米
气门驱动方式： 双顶置凸轮轴
气门数： 每缸四个
点火系统： 每缸一个火花塞，电子点火
供油方式： Bosch Motoronic
压缩比： 13.5 : 1
最大功率： 950马力/9250转/分
润滑方式： 干式油底壳
变速器： F1电控液压七档
车身类型： 双座 Coupe
车重： 1345千克
最高车速： 370千米/时

2013—2014年 Ferrari 458 Speciale , Speciale A

458 的故事开始于 2009 年的 458 Italia，2011 年推出了敞篷车型，Speciale 则在 2013 年问世。显然，马拉内罗的决策层认为 2007 年的 430 Scuderia 已经到了换代的时候，尽管它搭载了一款高度运动调校的 4.3 升 8 缸 4 气门发动机。所以 2013 年 8 月 21 日，法拉利发布了458 Speciale，一款专为“绅士车手”准备的运动型轿跑车。新车比其前身 Italia 的车重足足轻了 90 千克。新车中后部安装的排量为 4497 毫升的 V8 发动机最高可以输出 605 马力的动力，最高车速达到 325 千米 / 时，并且具有非凡的 2.13 千克 / 马力的重量 / 功率比，3 秒内即可完成 0—100 千米 / 时的加速。这款发动机具有 135 马力的功率 / 排量比，可以说是公路跑车搭载的自然吸气发动机的最高值。随着 7 档双离合变速器、碳陶瓷制动器和法拉利独家的防滑控制（SSC），集成了电子动态控制、校准、牵引力控制系统，整套电子系统实时监控车辆状态，当车辆处于极限时，电子系统开始介入以保证车辆的安全。这套系统的搭载可以提高转向、转弯速度和确保在加速出弯时候获得最大牵引力。

新型特制米其林 Pilot Sport Cup 2 轮胎的采用令 Speciale 的转变大功告成。这种轮胎经法拉利进行了长期的测试，潮湿天气下抓地力明显上升，在公路和赛道上使用时性能非常一致。因为有了七速变速器和双离合器，新车的卓越动力性能臻于完善，表现出更具赛车风范的换档和快速驾驶。换档时，双离合器大幅降低了转速的瞬时减少，在极速驰骋时，这对提升性能至关重要。因此制动钳设计上力求更轻，通风冷却更好，制动盘直径更大，硅材质成分更高，前制动片采用新材料，凡此种种与其他因素共同造就了新车堪称典范的制动效率。最显著的特征是缩短了制动距离。事实上，458 Speciale 在费奥拉诺赛道整整跑完了 70 圈，制动能力丝毫未受影响。与所有法拉利车一样，发动机的性能丝毫不用怀疑。首先，不用操控也能感受那份激动。发动机的轰鸣声，不同路况不同速度，声音频率从低到高也各不相同，你只用聆听它的声音就能感受到激动之情。在这一领域，技术人员从

两个方面做出了出色的工作：车外的声音和车内的声音，后者经过适当的过滤，没有那么让人激动。法拉利将研发重点放在燃烧效率、构造和进气效率上，从而获得了更大的功率和转矩，以及更加出色的效率。燃烧室的容量减小，并且气缸空间采用不同的几何形状设计，从而使压缩比提升至 14:1，而曲轴多个方面经过设计，并使用了一些耐压度高的特殊材料。进气效率也是得益于有针对性的研发而取得的成果，这些研究着眼气缸盖和沿着喷嘴的排气和进气歧管的设计，以获得最佳的效果。与此同时，新的气门提升器通过不同形状的凸轮轴边缘工作。458 Speciale 另一值得称道的地方是它的空气动力性能。风洞测试成就了车型方方面的更佳效率。车前身采用被动式可移动空气动力学部件，旨在同时减少高速下的阻力，并平衡车身，后者是享受驾驶之乐和安全的必备细节，而这正是法拉利技术团队设定的两大主要目标。458 Speciale 的整体平衡得到改善，车翼、侧向导向器和发动机罩上的种种设计均发挥了作用。门槛上的微型侧翼非常新奇，位于后轮轮罩前方，同时有助于提升车型的操控性能。车尾的设计同样重要，采用比 458 Italia 设计更鲜明、保证提升负载的扰流器，扩散器配有两片活动副翼，这都是从 LaFerrari 借鉴而来的。458 Speciale 的一切都证明了马拉内罗制造的新车完全继承了 458 的优点并将之进化。

根据惯例，推出 458 Speciale 的敞篷车款是顺理成章的，法拉利也确实这么做了。2014 年秋，新车在法兰克福上进行了一次预展，之后在巴黎车展上正式发布，命名为 458 Speciale A。

发动机仍然是那台排量为 4497 毫升的 V8，9000 转 / 分时最大输出功率 605 马力，6000 转 / 分时最大转矩 540 牛·米。这台安装在车辆中后部的大功率 V8 发动机使 458 Speciale A 成为当时最快的敞篷法拉利。458 Speciale A 的可折叠的铝制车顶可在 14 秒内完成开启或合闭过程。与 458 Speciale 相比，458 Speciale A 的车重仅增重了 50 千克。

458 Speciale A 的高刚性底盘由 10 种铝合金材料打造，在费奥拉诺赛道的单圈成绩为 1 分 23.5 秒。

虽然 458 Speciale A 是一款公开发售的车型，但稀少的产量注定只有 499 名幸运的车主可以拥有它，马拉内罗也清楚地知道大部分 Speciale A 会停在那些私人车库内。

458 Speciale

458 Speciale A

458 Speciale ,Speciale A

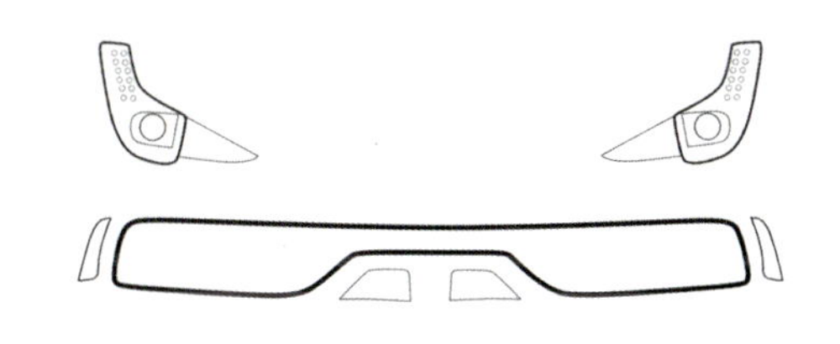

458 Speciale

技术参数

发动机形式： 90° 夹角 V8
发动机排量： 4497毫升
缸径行程： 94毫米x81毫米
气门驱动方式： 双顶置凸轮轴
气门数： 每缸四个
点火系统： 每缸一个火花塞，电子点火
供油方式： 缸内直喷
压缩比： 14：1
最大功率： 605马力/9000转/分
润滑方式： 干式油底壳
变速器： F1电控液压七档
车身类型： 双座 Coupe
车重： 1395千克
最高车速： 325千米/时

2014年 Ferrari California T

1966年，法拉利在日内瓦车展上推出了365 California，一款由宾尼法利纳设计的超豪华敞篷跑车。50年后，一款新型的敞篷跑车再次被赋予了California这个名字。车型名称中的"T"代表着马拉内罗重新回到了制造涡轮增压发动机的行列中。

一项法拉利对California车主的问卷调查中显示，70%的车主表示这是自己的第一辆法拉利。California在日常生活中使用的频率也比其他法拉利车型高出50%。

硬顶敞篷的车身结构使California T的车身结构极为紧凑，在改善操纵动力的同时，依旧保留了宽敞舒适的驾驶室空间。它的驱动桥结构促成了完美的重量分布，并按照法拉利的传统使重心稍稍偏向车尾（前侧47%，后侧53%）。

此外，发动机在底盘上的位置更低（比之前的California低40毫米），跑车的重心也因此得以改进，进一步提升了操作性能。底盘和车架完全由铝制成。这是一种轻盈的解决方案，具有出色的扭转刚性，对敞篷跑车来说这也是一个特别重要的因素，可以实现更好的性能和安全性。

为了降低污染物的排放，California T的排量被缩减为3855毫升，车型名称中的"T"代表Turbo。这款V8发动机还是能释放出560马力的动力以及7档时的755牛·米的最大转矩。California T的耗油量成功降低了15%，转速范围也因此提高20%。通过降低车身整体重量与惯性，以及使用源于F1赛场的平面机轴和创新双涡流涡轮，涡轮迟滞几乎被完全消除。整个转速范围内的转矩曲线都在不断增加，这全靠能根据

采用的档位来调整转矩传递的可变增压管理（Variable Boost Management）系统。巧妙的设计与生产技术也让它拥有了法拉利经典、强劲、令人心醉的声音。

由于方向盘转动角度的减小，使得 California T 改善了车辆动力性能，而且得益于新的转向器和机械装置，让方向盘对驱动程序输入的响应性也得到改善。新弹簧与最新一代 Magnaride 减振器（速度比之前提高超过 50%）与车身运动加速度计配合降低横摇和纵摇幅度，带来更精确的操作，同时保证令人难以想象的舒适乘车体验。

车上的电子系统也是这个领域内的一流水准，它将最新版的 F1-Trac、SCM3 磁流变悬架、ESP 8.0 Premium 与 CCM3 制动系统整合在一起，一同来控制高性能防抱死制动系统。

California T 座椅形式仍然为 2+，而且还带着复杂的车顶收放机构，即便如此，行李箱仍然有不错的储物空间。可以放进去两个 20 英寸的登机箱，如果将后排座椅靠背翻折，还能放进去一个高尔夫球包。

California T 集合了法拉利的优雅、运动和多功能性的特点，就像它的前辈那样。

California T

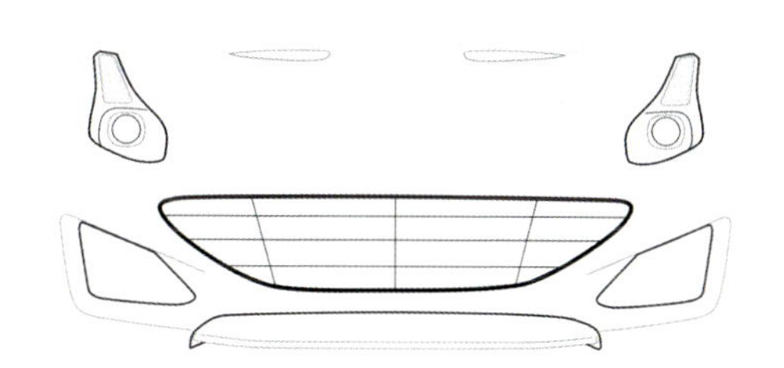

技术参数

发动机形式： 90° 夹角 V8 双涡轮增压
发动机排量： 3855毫升
缸径行程： 86.5毫米x82毫米
气门驱动方式： 双顶置凸轮轴
气门数： 每缸四个
点火系统： 每缸一个火花塞，电子点火
供油方式： 缸内直喷
压缩比： 9.4：1
最大功率： 560马力/7500转/分
润滑方式： 干式油底壳
变速器： F1电控液压七档
车身类型： Coupe/Cabriolet
车重： 1370千克
最高车速： 316千米/时

2014年 Ferrari F60 America

1956 年，路易吉 · 希奈蒂创立了北美赛车队（NART），从那时起海蓝色的车身加上白色的条纹就成为北美赛车队的官方涂装色。在之后的几十年时间里，希奈蒂作为法拉利在北美的独家经销商，为跃马成功打开美国市场做出了不可磨灭的贡献。2014 年底，法拉利为了纪念马拉内罗制造的汽车成功登陆美国市场 60 周年，而推出了一款纪念版车型——F60 America。

F60 America 只制造了 10 辆， 原始首发价为 250 万欧元(也有说法是 320 万美元)，但正式发布的时候已经销售一空。这款车采用了 F12 的底盘和构架，发动机仍然选用 V12，大排量发动机在美国市场是最受欢迎的。安装在车身前中部的 V12 发动机在 8250 转 / 分时可以输出 740 马力的功率，7 档 F1 双离合变速器与差速器一体安装在尾部，这样的布置可以得到优秀的重量分配。从马拉内罗公布的少量数据来看，这款车在 3.1 秒内就可以完成 0—100 千米 / 时的加速。

F60 America 除了稀少的产量外，还融入法拉利最新的技术成果，如装备了碳纤维底盘、新一代的 SCM 磁流变阻尼减

振器、复杂的多连杆后悬架系统以及 CCM3 碳化陶瓷制动器等。

F60 America 的车身被重新设计为 Aperta 形式，座椅后方增加了真皮包裹的碳纤维防滚架。为了对应极端天气，每辆 F60 America 都拥有一套额外的织物车顶。F60 America 与 F12 Berlinetta 在空气动力学上最明显的区别就是取消了翼子板上的“空气桥”。

F60 America 在原本悬挂盾形标志的地方使用了特殊的纪念款“跃马”标志，更显示出这款车型的与众不同。此外，F60 America 的选档按键也与 F12 Berlinetta 有所不同，选用了来自 458 Speciale 的样式。座椅则采用了两种颜色，座椅中间均有美国国旗的图案，驾驶人座椅呈红色，乘员座椅则为黑色。

F60 America

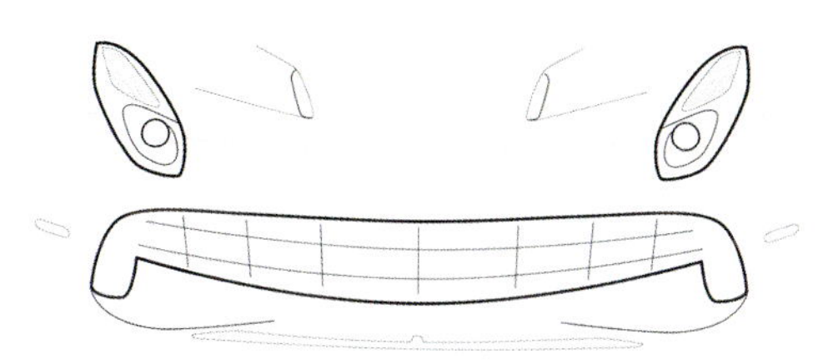

技术参数

发动机形式： 65° 夹角 V12
发动机排量： 6262毫升
缸径行程： 94毫米x75.2毫米
气门驱动方式： 双顶置凸轮轴
气门数： 每缸四个
点火系统： 每缸一个火花塞，电子点火
供油方式： Bosch Motoronic
压缩比： 11.2：1
最大功率： 740马力/8250转/分
润滑方式： 干式油底壳
变速器： F1电控液压七档
车身类型： 双座 Barchetta
车重： 1630千克
最高车速： 340千米/时

2014—2017年 Ferrari FXX-K & FXX-K EVO

FXX 是法拉利的特殊限量赛车制造知识和其丰富比赛经验相互结合的成果。它将提供一个基本框架，LaFerrari 就是在这个平台上研发的。2005 年 FXX 面世，限量“29+1”辆。全球只有 29 位法拉利的忠实用户可以成为 FXX 的车主，而那“+1”辆的车主为 F1 七届冠军迈克尔·舒马赫。

2007 年，法拉利宣布将 FXX 研发计划延长至 2009 年，同时为 FXX 推出升级版 Evoluzione 套件。

2009 年，FXX 测试工作即将全面结束的时候，法拉利制造了“XX 计划”的第二款车型 599 XX。

带有“Evolution”之名的作品一般都代表着这是一款终极的车型。对于法拉利而言，已经推出了一款可以在日常路面上驾驶的终极产品 599 GTO。不过像我之前说的那样，法拉利对于这种日用版本的表现还是不甚满意，而希望能够进一步提升其性能，于是在 2012 年推出了终极的赛道专用版本 599XX Evolution。对于那些已经有幸购买了法拉利 599XX 的人们而言，可以将自己的爱车进行升级来获得 599XX Evolution。这款 599XX Evolution 作为正在进行中的法拉利 Corse Clienti 计划的一个组成部分。

2014 年，马拉内罗以 LaFerrari 为平台制造了 XX 系列的又一款车型 FXX-K，在新车的名字中“K”指的是动能回收系统（KERS）。这也是 XX 计划的第一款混合动力车型，FXX-K 将被限量制造 40 辆。

FXX-K 动力系统的总功率为 1035 马力，最大转矩为 900 牛·米，其中 848 马力的动力来自 V12 发动机，187 马力来自电机。V12 发动机已经经过全新调校以适应 Hy-KERS 系统。FXX-K 的空气动力学车身经过重新设计，在 200 千米 / 时时可以产生 540 千克力的下压力。FXX-K 的净重为 1165 千克。

FXX-K 拥有 4 种驾驶模式：Qualify，适用于短距离加速；Long Run，用于长距离的驾驶；Fast Charge，电池的充电速度更快；Manual Boost，这种模式下发动机和电池都将以最快的速度响应驾驶人的每一个动作，车辆会获得最大的动力和转矩。

FXX-K 上的很多技术都源于 F1 赛车，包括 E-Diff 电子差速器、F1 - Trac 牵引控制和赛车化的 ABS 制动系统，所有这些都由中央控制台 (Manettino) 控制。与之前的 FXX 和 599XX 一样，FXX-K 是法拉利客户测试驱动程序的一部分，它允许 XX 汽车的车主在指定赛道上行驶，收集数据以供未来的法拉利公路跑车和赛车使用。汽车的前部有一个大的气流拆分器和双侧面的扰流器，前照灯非常小，以改善空气动力学。高高耸起的车尾，包括一个可移动的扰流尾翼，另外在两边尾鳍的末端还各有一个小翼片，以最大限度地提供下压力。

FXX-K 的功率质量比为 1.42 千克 / 马力。

2017 年 10 月 29 日，法拉利发布了 FXX-K 的进化版

FXX-K & FXX-K EVO

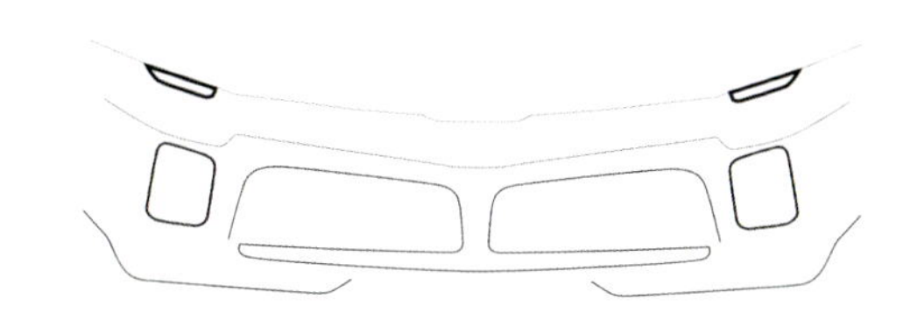

FXX-K EVO。XX 计划的所有车型都不可以在普通公路上行驶，也不会用于任何竞赛项目，它是法拉利研究和发展的方向，现在已经变为了创新和卓越性能的代名词。

在开发阶段，设计师的首要工作就是降低整体重量。通过借鉴法拉利 F1 的经验和采用创新的碳纤维组件，他们成功地制造出一个比以前更轻的汽车。FXX-K EVO 的空气动力套件由法拉利的工程团队与法拉利造型设计中心的设计师协同研发，代表了法拉利目前最先进的设计成果。

超过一年的 CFD 模拟和风洞测试获得了极其优秀的空气动力学车身，在车速 200 千米 / 时时，车身可以产生 640 千克力的下压力，极速时的下压力更是高达 830 千克力。为了保证良好的下压力和风阻，工程团队将可移动扰流板的活动范围和控制软件都进行了详细的审查和重新编程。而车身底盘也经过了优化以便更加符合地面效应。

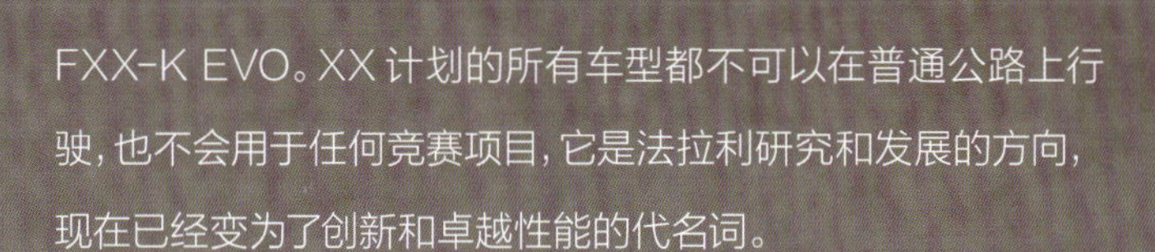

FXX-K

FXX-K

技术参数

发动机形式：65° 夹角 V12 & Hy-HERS
发动机排量：6262毫升
缸径行程：94毫米x75.2毫米
气门驱动方式：双顶置凸轮轴
气门数：每缸四个
点火系统：每缸一个火花塞，电子点火
供油方式：Bosch Motoronic
压缩比：11.2∶1
最大功率：1035马力/9250转/分
润滑方式：干式油底壳
变速器：F1电控液压七档
车身类型：双座 Coupe
车重：N/A
最高车速：N/A

2015年 Ferrari 488 GTB, Spider

2015 年 3 月，日内瓦车展上法拉利推出了 488 GTB，新车在上代车型 458 的基础上进行了大幅度的改良，最大的变化是搭载了法拉利最新款的 V8 涡轮增压发动机。新发动机的排量虽然从 4.5 升缩减为 3.9 升，但最大输出功率却增加了 100 马力，最大转矩也有所增加。

488 GTB 由法拉利设计中心设计完成，雕刻般的两翼是突出其个性的关键所在。它的大型进气扇形板是对 308 GTB 的致敬。488 GTB 的车鼻采用双开放格栅，将空气引入两个散热器。车子还有一个双前扰流器。在中央，两个吊架与一个导向板结合，导向板可将空气引向平坦的底盘。发动机盖中间部分突出耸起，形成两个气流通道。这两个气流通道具备双重功能：使车子更具运动感以及引导来自保险杠的两个通气口的气流。通气口巧妙地隐藏在车身正面的视野中，使汽车线条干净整洁。车尾是增压扰流器和大型通风口，增加了汽车的空气动力学效能。全新的尾气排气管被重新设计位置，以容纳扩散器所需的更多高度。

新款涡轮增压发动机在 8000 转 / 分时会释放 670 马力的动力，特别是升功率输出可达到 172 马力 / 升，这是法拉利公路跑车的新纪录；在 7 档时可达到 760 牛 · 米的最高转矩；在 3 档 2000 转 / 分时加速踏板响应时间仅为 0.8 秒。这使得 488 GTB 仅在 3 秒内就可从起步飙升到 100 千米 / 时、在 8.3 秒内从起步飙升到 200 千米 / 时。

在燃烧室方面，效率最大化表现在特别塑形的高转筒式进气口与 200 巴（1 巴 =0.1 兆帕）直接燃料注入的结合。全新的 V8 发动机亦加入了离子感应系统，此系统会衡量电离流，控制点火时间，还能够根据情况预测熄火并具有多火花功能。油泵可以在高压或低压时补充用油，保证了机械效率。由于摩擦降低，带有滚柱指轮随动器的气缸盖减少了低转速时 10% 的配气机构消耗的功率。使用平面机轴架构保证了紧凑性达到最高、重量更低，帮助提高了发动机的内部流体动力学效能。

诸多组件帮助动力系统实现了超乎寻常的响应时间。涡轮安装了滚珠轴承，减小了摩擦。压缩机轮用钛铝合金打造，这是一种低密度的钛铝合金，因其惯性更低而保证了最大的加速度。另外，双涡管技术使每个气缸的废气均通过独立的涡管排出，增加了废气脉冲的效率，实现最大功率。

优秀的发动机和复杂的空气动力学设计，结合车辆动态控制系统，大幅度地提高了法拉利公路跑车原本已异常灵敏的响应性，使其接近了赛车的水平。

488 GTB 还拥有全新的运动信息娱乐系统，导航简便，各种功能触手可及，同时融入到整体的美学设计中。

488 GTB 的钥匙由 V8 的进气增压室形状启发，采用无钥匙起动，这还是法拉利的首例。

同时法拉利开发了一款新的油漆颜色“Rosso Corsa

488 GTB

Metallizzato”，突出了此款车型运动感特性，同时表现出了它独特的优雅和专属性。上百万颗微粒悬浮在车漆中，近距离观赏则会发现，这种使用三层配制的颜色有着惊人的深度和光泽度。

2015 年法兰克福车展上，法拉利发布了 488 GTB 的敞篷版本 488 Spider。

488 Spider 以折叠式硬顶（RHT）为设计核心，力求成为超跑细分市场的全新技术标杆。

空气动力学设计中永远面临着两个互相矛盾的目标：最小的风阻和最强的下压力。但马拉内罗的工程师们又一次做到了二者的巧妙融合，将空气动力学性能系数成功提升至 1.53，成为法拉利量产 Spider 车型的新标杆。

中央空气动力柱与灵感源自 F1 的双扰流器，构成了车头最重要的空气动力学元件。空气动力柱负责掌控迎面而来的强大气流，将其向车头平面的纵向与横向分流。空气动力车身底盘融合了诸多提升气动效率的元素，比如涡流发生器，亦或是特别设计曲度的空气动力学套件，加速气流，减小气压。这一系列空气动力学解决方案成功让 488 Spider 的车身“贴地飞行”，在不增加风阻的前提下进一步提高了下压力。车身底盘的前半部分采用扁平设计，可产生下压力，继续压低车身，同时又确保尽可能减小对进入进气栅格的气流的影响。

488 Spider 的顶篷开合仅需 14 秒就可完成，如果车速在 45 千米 / 时之内，顶篷依然可以完成开合，所以就算是突然下雨的情况也可以轻松应对。开放式车身相比封闭车身还需要考虑到机械部件的耐用度，为了防止机械部件的腐蚀，法拉利在金属材料里加入了镁，并且根据零件位置的不同开发了 11 种合金材料，使 488 Spider 的底盘刚性比上一代车型提高了 23%。

每一辆法拉利都拥有与众不同的独特声浪，488 Spider 也无一例外。这款全新的 V8 声浪即便在低速、音量增大及转速上升时也尽显饱满而强劲的魅力，与发动机超凡的加速踏板响应、转矩及动力的表现相得益彰。得益于加长的等长排气歧管和平面曲轴的运用，即便在敞篷状态，发动机声浪依然悦耳，却丝毫不具侵略性。通过发动机不同速度时声调和韵律的深入研究，声浪得到了进一步的提升，这也是法拉利一直以来的精湛所在。

488 Spider

488 GTB, Spider

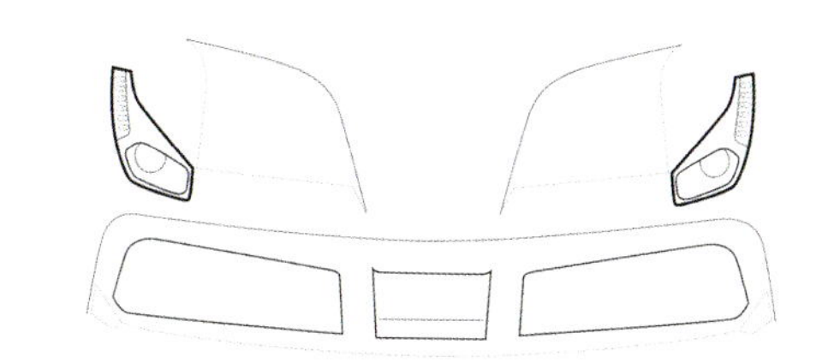

488 GTB

技术参数

发动机形式： 90° 夹角 V8
发动机排量： 3902毫升
缸径行程： N/A
气门驱动方式： 双顶置凸轮轴
气门数： 每缸四个
点火系统： 每缸一个火花塞，电子点火
供油方式： 缸内直喷
压缩比： N/A
最大功率： 670马力/8000转/分
润滑方式： 干式油底壳
变速器： F1电控液压七档
车身类型： 双座 Coupe
车重： 1370千克
最高车速： 330千米/时

2015年 Ferrari F12 TdF

2015年10月13日，法拉利为了表达对于环法赛（Tour de France）这一经典耐力赛事的崇高敬意而推出了一款限量版车型——F12 TdF，该车限量发售799辆。

20世纪五六十年代，法拉利凭借出色的赛道表现，在这项堪称车坛传奇的耐力道路赛中独占鳌头，其中最让人津津乐道的莫过于1956年款的250 GT berlinetta SWB，该车曾连续四次蝉联环法赛冠军。作为法拉利家族的最新成员，F12 TdF集多项技术创新于一身，汇聚了法拉利基因中的所有灵魂元素。

由于和后轮相比，前轮轮胎尺寸相较原先增加8%，因此使得F12TdF的动态性能大幅提升，特别是车辆过弯时对于侧向加速度的承受能力得到了显著增强。而由于轮胎尺寸改变所带来转向过度趋势则被创新的后轮转向系统所抵消，该系统在保证方向盘快速响应以及车辆入弯性能的同时，还增强了车辆在高速行进过程中的稳定性。

此外，F12 TdF对车身、内饰、发动机、变速器以及驱动装置等均进行了全新设计，并在车内外大量使用了碳纤维材料，从而令整车重量降低了110千克。所有这些因素为F12 TdF带来了前所未有的性能数据，0至100千米/时的加速时间为2.9秒，0至200千米/时为7.9秒，同时，还大幅度提升了车辆对于侧向加速度的承受能力。F12 TdF在费奥拉诺赛道创造的最好单圈成绩为1分21秒。

F12 TdF全新设计打造的一体化制动卡钳保证了车辆出众的制动距离，该设计曾应用于LaFerrari车型。全新一代的制动系统可以把车辆从100千米/时-0的制动距离控制在30.5米，而200千米/时-0的制动距离则控制于121米以内。

F12 TdF的动力核心采用了F12 Berlinetta所搭载的6262毫升65°夹角的V12发动机，但在原有的基础上，法拉利将发动机的最大输出功率从8500转/分下的740马力提升到了780马力，令其升功率达到了惊人的125马力/升。发

动机拥有赛车级的响应速度，这主要得益于转速 6750 转 / 分时 705 牛·米的最大转矩以及出色的低转速区转矩输出(2500 转 / 分时即可输出最大转矩的 80%)。F12 TdF 对发动机还进行了更多的优化调整，不但加入了赛车中常用的机械挺杆，还同时引进了在 F1 赛车发动机中常用的几何形状可变式进气口，实现了在高转速之下大幅度提升容积效率的设计诉求。

同时，F12 TdF 配备法拉利自主研发的控制逻辑系统，后轴转向装置可对后轮进行自动调整，计算出最佳转向角度，以配合方向盘转角、转向操作的速度，以及当前的车速。

F12 TdF 所具备的空气动力车身当车速达到 200 千米 / 时可以产生 230 千克力的下压力，比 F12 Berlinetta 提高了 107 千克力。

车身侧翼的空气桥经过重新设计，提升了空气在流过侧面上部时的气流激能效果。而在尾部，车轮拱罩上的格栅能创造出低压效果，可抽出进入车轮拱罩内的空气，从而增加车身底板区域的空气动力效率，该区域通常很少被用来增加跑车的下压力。

后扰流板的长度和高度也分别增加了 60 毫米以及 30 毫米，同时后窗玻璃的安装角度也更为垂直，从而增加了扰流板的表面积，这不仅有利于增强下压力，还提升了下压力的利用效率。后行李箱两旁的后窗采用了凹曲面的设计，进一步提升了车辆的空气动力特性。

F12 TdF 由法拉利全球设计中心设计，从设计语言来看，其目标是在 F12 Berlinetta 车身的塑形美感与全新不同的空气动力解决方案之间创造出精密极致的融合。空气桥的革新设计便是最好的例证。

F12 TdF

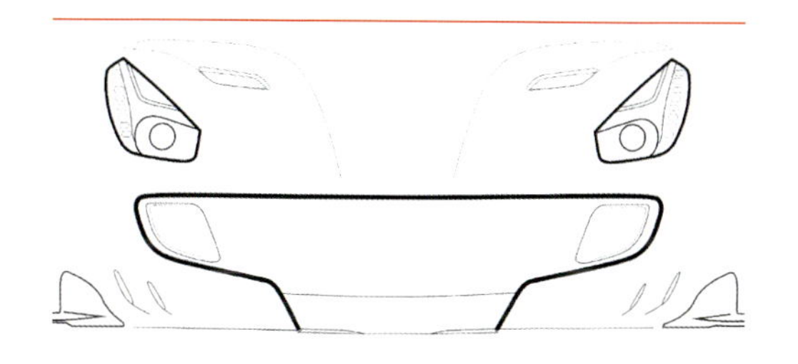

技术参数

发动机形式：65° 夹角 V12
发动机排量：6262毫升
缸径行程：94毫米x75.2毫米
气门驱动方式：双顶置凸轮轴
气门数：每缸四个
点火系统：每缸一个火花塞，电子点火
供油方式：Bosch Motoronic
压缩比：N/A
最大功率：780马力/8500转/分
润滑方式：干式油底壳
变速器：F1电控液压七档
车身类型：双座 Coupe
车重：1415千克
最高车速：N/A

2016年 Ferrari GTC4 Lusso & Lusso T

在 2016 年的日内瓦车展上，FF 的换代车型 GTC4 Lusso 的实车首次亮相。GTC4 Lusso 的名字是向 20 世纪 60 年代的两款经典车型致敬，GTC 取自 1966 年法拉利生产的 330 GTC；Lusso 则是 1962 年 250 GTL 的名字，需要特别指出的是这两款都是双座车型。新车名字中的“4”代表“四座”，也代表“四驱”。

有了之前 FF 的造型打底，GTC4 Lusso 的外形并不会令人感到过多的意外。Lusso 的外形设计由法拉利造型中心操刀，除了造型上的改进外，Lusso 改动最大的地方是在车尾，优化后的空气动力学扩散器配合车体的流线造型令 Lusso 的风阻比 FF 减少了 6%。

在车体侧面的翼子板上，设计师还设计了三片鱼鳃状的散热翼片，这也是一个致敬 330 GTC 的设计，但这个散热翼片只是纯装饰，里面其实是封闭的。

根据一项法拉利的调查显示，所有 FF 的行驶里程几乎占这一时期法拉利全系车型行驶里程的 50% 左右，并且这 50% 的里程中有 60% 的时间车上坐有 4 名乘客。法拉利意识到车主们对车内的舒适度和豪华度的诉求已经达到了一个前所未有的高度，所以 Lusso 的车厢内处处体现出法拉利的诚意。

Lusso 从中控台到车顶、从 A 柱到 B 柱，法拉利几乎将一切手可以摸到的地方都使用真皮将其包裹起来。10.25 英寸的多点触摸屏幕，集合了导航、蓝牙、媒体播放等功能，并且支持 iPhone 的 CarPlay。全景天窗是作为 Lusso 的选装件供车主们选择的，巨大的全景天窗一直从前排遮阳板延伸至后排乘客的头顶后方，尺寸巨大所以不能开启。超大的全景天窗虽然没有遮阳帘，不过依旧可以很好地隔绝热量和紫外线。即便是在艳阳高照时，车内的乘客也不会被阳光骚扰到。

Lusso 行李箱的常规容积为 450 升，后排座位放倒后可以达到 800 升，但就算 450 升的空间也可以满足日常需要。

Lusso 的动力总成为 6.3 升的自然进气 V12 发动机，匹配七档双离合变速器。Lusso 还装备了 E-Diff 后桥电子差速锁，用限制单侧车轮动力的方式实现主动的轮间差速，提升过弯能力；F1-Trac 电子稳定系统，类似 ESC；SCM 减振控制系统，利用电磁减振的主动调节来控制车身姿态，比如在大力制动时不让车头有多余的上下振动；4RM-S 则是在 FF 的四驱系统基础上，多加入了后轮转向装置，进一步提升转向稳定性。

Lusso上还安装了一套名为“SSC4”的侧滑角控制系统，相比F12 TdF上安装的“SSC3”，多了四驱系统。Lusso的四驱系统硬件结构与FF完全一致，这是一套轻便又独一无二的装置。Lusso的四驱系统相比FF在软件上有一个巨大的升级，控制前桥轮间动力分配的两组多片离合器在FF上至多只能给单侧车轮分配前桥动力的50%。假设过弯时外侧车轮的动力已经达到了前桥所有动力的50%，那么想要让内侧车轮转速更低，从而帮助车辆过弯，FF是通过适当切断内侧车轮动力来实现的，这样无法做到动力的最大化利用。而Lusso则可以令前桥的单侧车轮拥有前桥全部动力的10%~90%。也就是说，即便在弯道中的极端情况下，理论上所有动力也都会派上用场。

既然只是软件的不同，为何在FF上要那般设定呢？原因出在温控上。如果离合器片压得太紧，它们会散发出太多的热量，导致打滑甚至部件的损坏。因此，法拉利为Lusso设计了一个全新的油液冷却装置，这样，单侧离合器片可以放心压紧，从而实现了更宽泛的动力分配。

Lusso的故事到这里并没有讲完，2016年底，法拉利又一次给全世界喜欢Lusso这款车的潜在车主们带来了另一个选择——GTC4 Lusso T。法拉利破天荒地将一台V8发动机放入了原本V12车型的发动机舱内，这在法拉利70年的历史中尚属首例，这样做的好处显而易见，直接拉低了Lusso车型的门槛。

Lusso T与Lusso车型相比除了发动机之外，最大的区别是驱动方式变为了后轮驱动，4WS（后轮转向系统）、SCM-E空气悬架、ESP9.0电子车身稳定系统以及第三代侧滑角控制系统（SSC3）都将作为Lusso T的标准配置。

法拉利的自然进气V12发动机是情怀，但既然488 GTB都已走上了增压发动机之路，那么我们还需要执拗吗？毕竟Lusso还是一款兼顾日常实用性的四座车型。Lusso T可以带给车主除了情怀以外的一切，品牌价值、动力、操控和实用性，更重要的是可以省下将近两百万元的购车款和后期养护费用。

GTC4 Lusso

GTC4 Lusso T

GTC4 Lusso & Lusso T

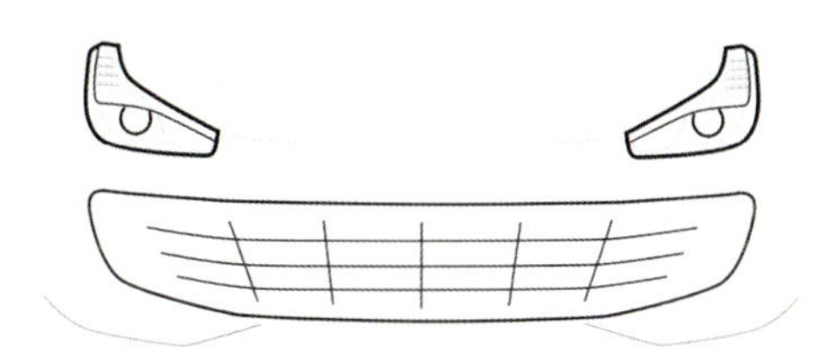

GTC4 Lusso

技术参数

发动机形式：65° 夹角 V12

发动机排量：6262毫升

缸径行程：94毫米x75.2毫米

气门驱动方式：双顶置凸轮轴

气门数：每缸四个

点火系统：每缸一个火花塞，电子点火

供油方式：缸内直喷

压缩比：13.5 : 1

最大功率：690马力/8000转/分

润滑方式：干式油底壳

变速器：F1电控液压七档

车身类型：四座 Coupe

车重：1790千克

最高车速：335千米/时

2017年 Ferrari J50

2006 年 12 月 13 日，法拉利于日本东京国立新美术馆（National Art Centre）发布了一款限量版定制超跑——J50，以此庆祝跃马家族登陆日本 50 周年，并献礼品牌即将到来的 70 周年庆典。新车名称中的“J”，代表 Japan，50 代表日本公司成立 50 周年。

作为一款采用中后置发动机的双座敞篷跑车，法拉利 J50 采用 Aperta 车身设计，让人不禁联想到 20 世纪七八十年代跃马品牌推出的多款经典的公路跑车。据悉，J50 由法拉利马拉内罗造型设计中心操刀设计，并由特别定制部门（Special Projects Department）根据用户的不同需求而提供个性化定制方案。秉承跃马家族 Fuoriserie 的传统——即在特殊历史时刻推出数量珍惜的极少量纪念版车型，该车型仅限量制造 10 辆，且专供日本市场，首辆 J50 在 2017 年底交付。

脱胎于 488 Spider 车型的 J50，搭载最大功率为 670 马力的 3.9 升 V8 发动机——该款发动机一诞生便享誉业界，曾于今年国际发动机大奖评选中荣膺国际年度发动机大奖。

虽然 J50 是基于 488 Spider，但法拉利还是重新设计了车身细节，包括全 LED 前照灯，同时前保险杠上的进气格栅采用了横贯式设计。此外，新车前脸还加入了黑色饰条，并意在致敬法拉利 F40、F50 等经典车型。J50 车身侧围设有两条醒目的视觉引导线，一条在侧窗顶部沿线延伸，与风窗玻璃融会相连，另一条黑色饰条则由车头向后方一直延展至车门后部的进气口，二者在驰骋中产生交相辉映的视觉效果，为 J50 注入无穷的活力。

J50 的发动机舱盖位置略微下降，搭配突出的轮拱，使整车造型呈现出法拉利中置发动机跑车的典型特征。两个碳纤维

材质通风孔则使车头看起来更加小巧犀利，突显 LED 前照灯引人注目的动感轮廓。

J50 的四圆式尾灯位于尾翼下方，在视觉上起到拉宽车身的效果。尾部扩散器的形状受喷气式发动机后燃器的启发，增强了整车的力量感。经过精心设计的 20 英寸锻造轮毂亦成为该款限量车型专属的标志性配置。

在座舱内，运动座椅与车尾舱盖轮廓呼应，使 J50 具有极高的辨识度。碳纤维材质的硬顶在收起时可一分为二，便于存放在座椅后方。

于东京展出的 J50 采用三层红色车漆，呈现出丰富的层次感。座舱以黑色为底色并辅以红色装饰，搭配高档皮质及 Alcantara 材质。当然 10 位幸运的车主可根据自己的需求对 J50 的外观进行个性化定制，在充分享受创新设计带来乐趣的同时，尽情彰显自己的独特个性。

J50

技术参数

发动机形式：90° 夹角 V8

发动机排量：3902毫升

缸径行程：N/A

气门驱动方式：双顶置凸轮轴

气门数：每缸四个

点火系统：每缸一个火花塞，电子点火

供油方式：缸内直喷

压缩比：N/A

最大功率：670马力/8000转/分

润滑方式：干式油底壳

变速器：F1电控液压七档

车身类型：双座 Barchetta

车重：N/A

最高车速：330千米/时

2017年 Ferrari 812 Superfast

812 Superfast，注定要在法拉利的历史中留下浓墨重彩的一款车。之所以这么说，是因为812 Superfast是目前法拉利量产车型中排量最大、动力输出最强的一款车，同时也是法拉利第一款采用电子转向和后轮主动转向的公路跑车，并且812 Superfast的设计工作全部由法拉利设计造型中心独立完成。多项第一令所有人都非常期待这款车的表现。

812 Superfast搭载的发动机源自2002年法拉利推出的“马王”车型Enzo。Enzo发动机的排量为6升，之后法拉利通过增大活塞行程的方法得到了6.3升的排量并安装到了F12 Berlinetta上，现在又用同样方式扩容到6.5升，但发动机75%的零件，包括曲轴、连杆、活塞等部件却都是全新设计，并且优化了燃效与性能方面的表现，压缩比也达到了13.5:1，最高输出功率也变为惊人的800马力。为了缩短喷油时间，并令喷出的油滴更小，喷油压力也从200巴调整到350巴。据称，6.5升是这个缸体的极限容量，123马力/升的升功率，意味着这台发动机的研发潜力已经很低了，但对法拉利来说，一切都有可能。

与发动机匹配的依然是法拉利引以为傲的七档双离合变速器，为了提高发动机高转速区间的利用率，变速器也进行了优化，平均每个档位的齿比调节了6%，有助于发动机转速更快地攀升。在速度上，新变速器升档快30%，降档快40%，这个数字足够厉害，但在实际驾驶时并不会体会到，因为它之前做得已经足够完美了。

812 Superfast的换档频率非常积极，当车速达到50千米/时时，变速器已经处于最高档位，此时发动机的转速大约在1000转/分，换档动作一气呵成，几乎察觉不到，发动机就算处于如此低的转速，也没有任何异动。变速器如此积极地升档，除了环保的考虑外，还有另外一个目的：隐藏发动机的800马力。发动机在3500转/分之下时，驾驶感觉和一台3升6缸发动机相类似：动力储备充足、加速有劲但不暴躁。配合电子转向系统，很容易令驾驶人忘记正在驾驶的是一辆V12车型。

法拉利电动助力转向系统并不是独立存在的，通过与PCV 2.0虚拟短轴距系统和5.0 SSC侧滑角控制系统进行联动控制，并且对每一个弯中监测转向力矩并调整方向盘的转动响应。会令驾驶人有时忘记这辆车的尺寸，好在硕大的车头一直在提醒着驾驶人。

812 Superfast和上一代车型相比，操控性有了质的飞跃，但它毕竟是一辆拥有800马力的大型GT，如果驾驶人对自己的驾驶技术有足够的信心，大可以将发动机转速拉到3500转

/分之上，812 Superfast 就像变了一辆车一样。它那颗躁动不安的心此时被挑逗起来，发动机的轰鸣声、排气的吼叫声会一起冲击驾驶人的耳膜。

812 Superfast 安装了 Brembo Extreme Design 的制动卡钳，这套装备也用在了 LaFerrari 上，配合着前 275 毫米、后 315 毫米的倍耐力 P ZERO 轮胎，官方宣称 100 千米/时-0 制动成绩相比 F12 提升了 5.8%，要知道在跑车界，每提升 1% 都需要做极大的努力。

法拉利似乎并不屑于在跑车尾部安装一个可升起的尾翼，虽然在很多时候这个装置的炫耀意义远大于实用。但这并不代表 812 Superfast 身上没有这种可动空气动力学装置。812 Superfast 的前轮处安装有一组可主动旋转的翼片，旋转角度为 14°，当车速低于 180 千米/时时翼片将空气导入车体为前制动盘提供冷却；当车速高于 180 千米/时时，翼片会令空气更快速地通过车底，增加地面效应。在车尾后扩散器的翼片也可以旋转 17°，或提高低速时车尾的抽气能力，或加快高速时底盘的空气流动速度。这一点上法拉利做得可谓非常低调而实用。

812 Superfast

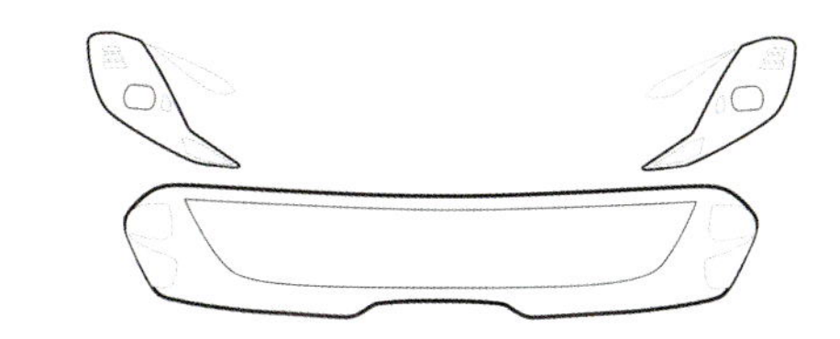

技术参数

发动机形式： 65° 夹角 V12
发动机排量： 6496毫升
缸径行程： 94毫米x78毫米
气门驱动方式： 双顶置凸轮轴
气门数： 每缸四个
点火系统： 每缸一个火花塞，电子点火
供油方式： 缸内直喷
压缩比： 13.5：1
最大功率： 800马力/8500转/分
润滑方式： 干式油底壳
变速器： F1电控液压七档
车身类型： 双座 Coupe
车重： N/A
最高车速： 340千米/时

2017年 Ferrari LaFerrari Aperta

1987 年，在恩佐的授意和监督下，法拉利制造了 F40 用以纪念公司的第一辆车型 125 S 诞生 40 周年。从那时起，每隔 10 年法拉利就会推出一款纪念款车型。

2017 年，法拉利发布了 LaFerrari Aperta，将其对核心价值的演绎推向了新高度。该款车型专为品牌最富激情的客户而设计，全球限量 209 辆，且已悉数售罄。

法拉利技术专家针对 LaFerrari Aperta 的底盘和空气动力布局进行了大量的研究工作，使这款敞篷跑车可与硬顶跑车的性能（抗扭刚性、横梁刚度和阻力系数等）媲美。

LaFerrari Aperta 沿用了 LaFerrari 车型的混合动力总成，使用一台输出功率为 800 马力、排量 6262 毫升的 V12 发动机与一台 120 千瓦（163 马力）的电机组合，总输出功率为 963 马力。同时，该款车型还保留了动态控制系统和主动式气动布局相结合的设计。

LaFerrari Aperta 的外观造型保留了硬顶版本的基本特征。但当车门完全打开时，LaFerrari Aperta 的车门所处的角度与硬顶版的车门略有不同，这也是两款车型唯一的显著区别。由于该款车型为敞篷车型，车底承受着各受力线的压力，因此法拉利的技术专家将精力集中在加强车身底部设计。而在硬顶车型上，这些压力都集中在车身上部。技术专家为此对车底进行了一系列有针对性的修改，从而使 LaFerrari Aperta 具备与 LaFerrari 一样的抗扭刚性，并且，在动力性能方面亦可与其他超级跑车相抗衡。

与此同时，LaFerrari Aperta 的设计初衷亦是在敞篷状态下，也能实现与 LaFerrari 相同的阻力数值。为了有效管理散热器流向发动机罩的热气流，对散热器的倾斜角度做了适当调

整。在硬顶车型中，合适的散热器的倾斜角度是为了确保气流流经发动机罩，但在LaFerrari Aperta车型中，散热系统向后倾斜，引导空气沿车身底部流动。这种解决方案将热气流和进入驾驶舱的气流完全分离，将温度控制在最合适的水平。

为实现散热系统的新布局，工程师设计了一条特殊的风力输送管道，以便引导发动机盖前格栅以上部分的气流。由于冲击汽车的气流动量变化，这种解决方案还可以产生一定的下压力。此外，将热气流引向车身底部还意味着需要重新设计车辆扰流板。车的前挡板变得更长，纵向扰流板周围的车身底部面板有所降低，以提升贴地效果，并使车辆产生更强的、更有效的下压能力。

为了确保在敞篷车型中完美应用空气动力学，技术专家还在风窗玻璃顶部开发了一种创新型的集成系统。使原本要进入驾驶舱的高速气流被一个固定在行李架上的倾斜挡风条捕获。该挡风条具有一定角度，可引导气流流经车内空间，随后以较慢的速度从后排乘客座椅中流出。这种设计能够实现同其他法拉利敞篷跑车相同的内部舒适度，且不会增加阻力。

法拉利就是法拉利，就算知道几乎所有LaFerrari Aperta的拥有者都会将其珍藏在车库里，法拉利还是重新设计了LaFerrari Aperta，而并不是将LaFerrari去掉顶篷这么简单。

LaFerrari Aperta

技术参数

发动机形式： 65° 夹角 V12 & Hy-KERS
发动机排量： 6262毫升
缸径行程： 94毫米x75.2毫米
气门驱动方式： 双顶置凸轮轴
气门数： 每缸四个
点火系统： 每缸一个火花塞，电子点火
供油方式： Bosch Motoronic
压缩比： 13.5：1
最大功率： 963马力/9250转/分
润滑方式： 干式油底壳
变速器： F1电控液压七档
车身类型： 双座 Barchetta
车重： N/A
最高车速： 370千米/时

2017年 Ferrari Portofino

在 2017 年法兰克福车展上，法拉利发布了 California T 的换代车型。2008 年发布 California，2014 年 California T 面世，从时间上看，法拉利这次车型换代的步伐稍急了些。

新车型被命名为Portofino，一座意大利西北部的海港小镇。

Portofino 基本沿用了 California T 的车身架构，包括可折叠硬顶敞篷的设计。法拉利的每一款新车与其前任车型相比都会对车架和底盘进行升级。Portofino 也一样，在车重减轻的同时提升车架的抗扭转强度。

动力方面，仍然是沿袭自 California T，3.9 升双涡轮增压 V8 发动机依然是 Portofino 的唯一动力方案，但新车的输出功率有了较大提升。厂家考虑到大多数 Portofino 的车主都是首次拥有法拉利，为了让驾驶人可以更快地适应，也为了让增加的动力不至于反而为驾驶人带来麻烦，Portofino 搭载了 E-Diff 第三代电子差速器，配合 F1-Trac 牵引力控制系统，能让驾驶人用尽每一点动力，以意想不到的速度出弯，同时不会出现危险。

与此同时，由于转向助力也终于升级到电动 EPS，使得 Portofino 的转向比降低了 7%，以追求更精准的转向操控，配合 SCM-E 磁流变减振系统，能在舒适和操控之间，获得比 California T 更合理的平衡点。

Portofino 对豪华和舒适的追求绝不亚于前作 California

T，包括 18 向电动真皮座椅和 10.2 英寸大屏车载系统的加入。中控上的物理按键减少了，车内娱乐系统则能直接由乘员控制。乘员前方还有一块小的显示屏，可以显示车辆行驶时的数据，令乘坐也变成一种乐趣。

Portofino 对空气动力学设计也进行了大幅度的优化：在开篷状态下，Portofino 的座舱气流比 California T 可减少最多 30%，风噪也因此降低，即便选装 JBL 高级音响，也能在敞篷打开时欣赏了。最重要的是在敞篷时头发也不会被吹乱了。

随着 Portofino 的上市，法拉利还发布了一款新的颜色 “Rosso Portofino”，这是马拉内罗专门为 Portofino 调配的颜色。

Portofino

技术参数

发动机形式：90° 夹角 V8
发动机排量：3855毫升
缸径行程：86.5毫米x82毫米
气门驱动方式：双顶置凸轮轴
气门数：每缸四个
点火系统：每缸一个火花塞，电子点火
供油方式：缸内直喷
压缩比：9.5 : 1
最大功率：600马力/7500转/分
润滑方式：干式油底壳
变速器：F1电控液压七档
车身类型：Coupe/Cabriolet
车重：1664千克
最高车速：320千米/时

第十一章　爱上马拉内罗

Ferrari

法拉利的故乡之所以被冠以超级接地气儿的绰号“马村”，也是紧密关联 Logo 中的跃马形象以及总部所在地“马拉内罗”的第一个字。

对于前往马拉内罗的交通途径，有两种方案：其一前往最临近马拉内罗的博洛尼亚机场，从国内出发可以从法兰克福、维也纳等欧洲核心中转机场前往，然后打车（贵！不推荐）或通过当地流行的 Bla Bla Car 叫车软件约车（Uber 在意大利被禁用）前往，全程经过高速和村庄，大概在 40 分钟左右抵达。

其二是比较推荐的，从国内直飞米兰后选择搭乘火车前往摩德纳（马拉内罗所在区域），意大利火车站售票机甚至有中文引导，每日前往摩德纳的班次较多且票价便宜，快车和慢车所需时间从 1 个多小时到 3 小时左右不等，当然这段路程选择自驾也方便。抵达摩德纳市区后，再打车或约车前往马拉内罗即可，不到 20 分钟。

Biglietti
Tickets
398
BUONGIORNO ITALIA!

Ferrari

马拉内罗实则是一个纯朴而安静的小镇，因为法拉利的降临而戴上了光环，否则它甚至不会引起游人的注意。当法拉利的一款款传奇跑车从眼前的街角绝尘而去，一首首高亢而动听的交响乐在镇子里日复一日地上演，时光荏苒而唯独激情不灭，令无数前来膜拜的游人陶醉在古朴与华丽的碰撞之中。

对于“马村”的住宿选择，首推地理位置最好的星球酒店 Planet Hotel，它正好处在法拉利总部和 F1 设计研发中心的中间位置，出门步行几分钟即可抵达总部、博物馆、餐厅，以及热门购物地点。而每晚在 100 欧元上下的价格也已算实惠，毕竟打开房间窗户即可饱览安装法拉利 Logo 的相关建筑。

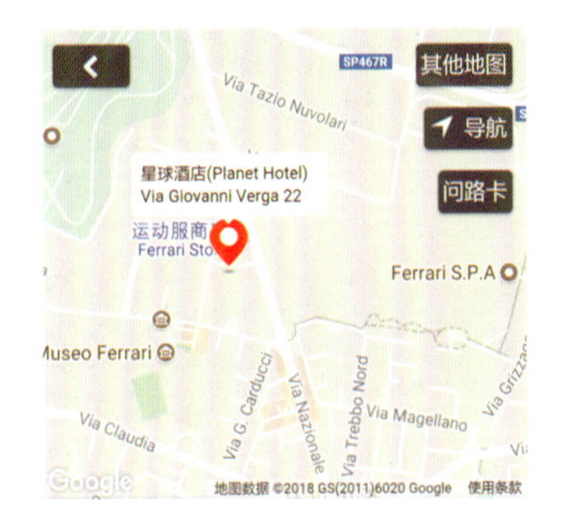

不同于曾经参观过的其他汽车厂商总部，没有现代化的高楼耸立，没有阔绰的前庭，小路临街的法拉利总部朴素得甚至有些“不起眼”，然而如此保留70年前初建风貌而没有大刀阔斧改造的门面恰好体现了对传承的忠贞，宛如一座神秘的梦工场。

这期间，也许你根本数不清自己有多少次感叹。在完成深度膜拜之后，作为参观模式的传统环节，最等不及的便是选购官方纪念品了。与法拉利总部隔路相望的就是“第二参观项目”——法拉利官方商店，但这里是纯粹的官方纪念品旗舰店而非展厅。从冠军F1战车上的珍贵零部件（最全）、各种比例模型、服饰及周边以及儿童玩具等一应俱全。

所谓传奇,即受到历史永恒的垂青。而掀开传奇面纱，总是令人万般期待。法拉利总部可以通过预约进行参观，在门口的访客室稍作休息后，进入看似“窄小”的入口之后却可是一番广阔的朝圣之地。乘坐巴士围绕其中可以领略其历史、设计及制造方面的故事，运气好的话还会碰到未上市而正在测试中的伪装车。而对于“VVIP”级的参观者，甚至有机会探访珍藏了历代经典车档案的古董车修复中心，以及存放了历代F1“天价”战车的车库。总部内全程禁止拍照，进去之前所有到访者的手机摄像头都会被贴上一个贴纸。

112
112
OMER

到马拉内罗必定要参观法拉利博物馆。首先，法拉利博物馆位于法拉利总部的斜对面（正对面是 F1 研发中心和费奥拉诺赛道），相距步行时间仅需 5 分钟，门口的 F1 艺术装置也非常显眼。

在这里除了可以一睹经典车型的风采之外，历史瞬间画面、设计手稿、功勋发动机等也穿插其中，可以全面了解品牌发展故事。

而相对于展品层次分明的法拉利博物馆，贝壳型的恩佐博物馆则建在摩德纳，车迷们可以选择打车前往。

而这里的一大特色是定时播放的恩佐纪录片电影，从中可以深刻感受恩佐先生的独到主张以及对赛车事业的热血执着。

70年来的甄选车型在一个无遮挡的空间错落摆放，可以更清晰而直观地领悟法拉利设计语言的传承。

两个博物馆的展车都会定期更换。

FERRARI ALFA 40/60 HP Corsa TARGA FLORIO 1920
Enzo Ferrari
14

参观总部和两座博物馆至少会消耗一整天时间，却兴奋而不觉得累。现在是时候深呼一口气，携带战利品去饱餐一顿了。法拉利总部对面的卡瓦利诺是临近餐厅的不二之选，装点了法拉利元素的就餐环境不仅复古而优雅，更可享受品质上佳的意大利美食。从餐厅可以使用跃马标志这一点上就可以看出这家餐厅和法拉利的渊源颇深，恩佐经常在这里吃午餐，据说这里还为恩佐单独开设了一个单间。

除此之外，在距离总部大概 2 千米左右的地方（位于高架桥一侧下方），更有一家令很多车迷和舒马赫粉丝慕名而去的著名餐厅——Montana Ristorante。从门口停放的车辆数量即可感受到这里的受欢迎程度，这里不仅因成为舒马赫披挂红魔战袍时期最爱的餐厅而得名，更是法拉利高层宴请尊贵客人的首选之一，而必选菜则当属舒马赫最爱的“妈妈牛排”，来自女主厨的招牌美味。当然，要想如愿就坐，提前预约是必需的。

如果并非走马观花，那么以上环节肯定要花费近一天时间。如果旅行时间允许，强烈建议再预留一天，走入更加放松而精彩的以下部分。对于法拉利的铁杆粉丝而言，在官方商店淘货可不是他们的风格，按照距离法拉利总部从近到远的顺序，强烈推荐以下四个独立商铺。

从官方商店出门右拐一直走不到1千米，会遇见十字路口处的Warm Up车迷店。个人非常喜欢这家店的店面设计，内部也非常紧凑，商品则完全专注于法拉利的大小纪念品及服饰周边。

从法拉利官方商店出门左拐2分钟，来到著名的Shopping Formula 1车迷店，这也是个人见过展示最专业、商品最丰富的车迷店。汽车模型及精品周边不必多说，法拉利相关的最新及经典车模最为齐全，当然尤其以意大利模型制造商BBR品牌为主。然而这里最令人欣喜的是老板用心珍藏的法拉利老物件，以及各类汽车书籍、DVD影像资料（不限法拉利品牌）。而法拉利相关的书籍就有一面墙之多，甚至法拉利车队的签名照片公司内部报纸、工作服、纪念品、经典车书等也可以在此好好淘上一番。

作为“填补遗憾”的收尾地点，可以来到 Gioagio Giochi 车迷店看看是否有念念不忘的模型型号可以在这里找到，而法拉利相关的书籍这里也相比前面两家店多一些（当然，比 Shopping Formula 1 还是逊色）。

继续向远处走，会遇见 Hors Ligne 车迷店，一对非常热情的俊男俏女经营该店，从店里的中文铭牌“马拉内罗法拉利精品专卖店”可以看出这也是深受国内游人喜爱的车迷店。从店里的布置和物品可以猜到老板也是爱车之人，在这里同样可以淘到诸如车手签名照以及明信片等在别处难得一见的纪念品，值得在此停留。据老板讲，这里才是马拉内罗开设的第一家法拉利授权的精品店，只不过离总部稍远一些。

来到“马村”岂能不骑马？而骑马的待遇并非土豪专利，实际花费也并非遥不可及。在当地提供试驾法拉利服务的机构琳琅满目，运营也非常成熟，然而权衡车型、价格、服务等多方面，个人也有如下推荐主次。

距离法拉利总部最近，也是最专业、规模最大的一家当属 Push Start 公司。从 488 到 GTC4 Lusso，不仅车型相对最新（还提供一辆兰博基尼供热血分子“对比”体验），所提供服务也最为全面，从浅尝辄止的分时段公路及山路试驾体验，到赛道体验一应俱全。如果时间紧凑，个人建议选择试驾 Spider 敞篷车型，不仅饱眼福赚眼球，更饱耳福，在添加价格合理的视频录制服务后，更容易录制出视觉冲击力强烈的第一视角驾车视频。例如选择最新型号 488 体验 30 分钟，价格不超过 400 欧元（近 3000 元人民币），也算值回票价了。

如果排队困难，次选则是 Pit Lane 公司。除了同样拥有少量新车型外，价格也差不多，视频录制服务为 25 欧元，同样在接受范围内。

如果想要以更低价格去体验，如下两家可供选择。当然，试驾车型也相对旧款，但实际体验对于普通车迷来说大同小异，例如选择试

驾一辆超过十年车龄的经典 F360 Spider 敞篷跑车，不仅试驾花费仅为最新车型的一半，自然吸气 8 缸发动机的磁性声音也另有一番味道。

既然是偶像级跑车的诞生地和全世界朝圣者的聚集地，也一定少不了古董车经纪公司的偶遇。例如这家 Purosangue 古董车展厅，在不超过 100 平方米的面积内存放了超过十辆在拍卖会上备受宠爱的珍贵车型。这里的工作人员同样也非常愿意接待每一位车迷。

最后，如果时间仍有富裕，那就在马村遛个弯儿吧，总会有惊喜发现。例如古董车综合修复公司 Toni Auto，尽管门面看起来就像国内的街边汽车美容店般普通，可从门口放眼望去，法拉利 250 GTO、玛莎拉蒂 MC12 等神车的出现令人顿时热血沸腾。这里的工作人员非常亲切而友善。

马村，听着且望着不是多大地界儿，却可以让全球车迷在此以精彩纷呈的方式深度体验法拉利的魅力。希望这一分享可以让已计划前往的车迷受用，还能激发更多梦想者的朝圣行动力，成为人生圆梦法拉利的有趣征程。

（卞亚梦）

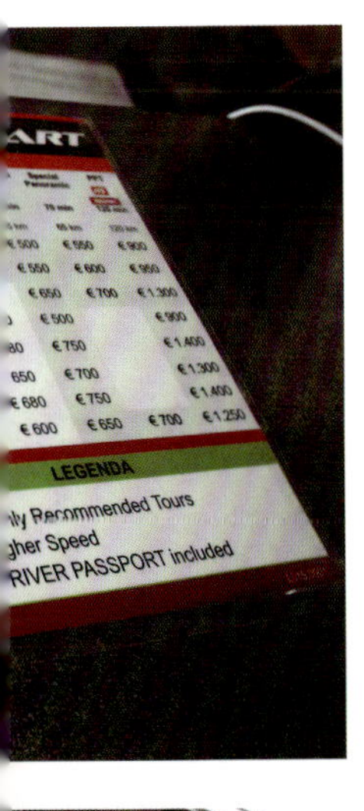

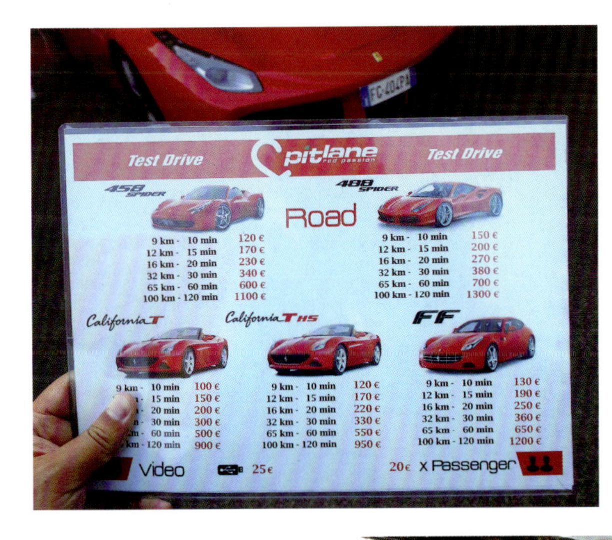

花絮

王若冰

80后汽车达人,法拉利及赛车运动史专家,摄影及比例模型爱好者,《车品味》创始人之一。

自幼酷爱机械和制作模型,大学毕业后分别供职于传统汽车媒体和网络汽车媒体,积累了丰富的写作、编辑和摄影经验。2011年出版第一本个人著作《法拉利公路跑车宝典》。2013年之后开始尝试用跨界的手法来阐释汽车的奥秘。

更多分享可扫描二维码
关注王若冰的微信公众号“车品味”

2003年第一次和法拉利合影

2007年,法拉利60周年活动受邀参加,并和托德合影

书房,关于法拉利的书籍全部珍藏于此

书稿第一遍打样

制作中的599GTB钧瓷版1:24车模

作者的上一本著作赠送给了马拉内罗最著名的纪念品店Shopping Formula 1

作者(左1)在法拉利总部内

卞亚梦

80后汽车达人，摄影及电子音乐爱好者，《爱擎海》双微创始人。

超过10年服务汽车及生活方式媒体的特约撰稿人，超过8年在宝马中国等厂商负责传播企划类工作，曾兼任广告及公关公司的咨询顾问及资深文案，曾是奔驰、宝马、英菲尼迪、阿斯顿·马丁等品牌的特约撰稿人。

策划、编著及翻译汽车品牌书《惟美阿斯顿·马丁》《宝马M圣经》《法拉利圣经》等5种。

更多分享可扫描二维码
关注卞亚梦的微信公众号“爱擎海”

在亚洲地区中法拉利最密集的香港偶遇F40

于阿布扎比的法拉利主题公园“圆了”F1冠军梦

意大利阿婆为一睹最新“国宝”而逼停了正陶醉于山路疾驰的我

相信法拉利铁粉们同样不会放过乐高版模型

2009 ROC“王中王”鸟巢活动上膜拜法拉利车神舒马赫

第一辆法拉利车模就吻合我的偏好——敞篷

可参考的文献和推荐读物

在恩佐先生建立法拉利车队时就非常重视品牌宣传，每年都会出版一些内部刊物，法拉利正式成立汽车制造厂后，更是每年都会出版一本年鉴，虽然中间有过中断，但在1989年再次恢复了出版。

法拉利在全世界拥有数以万计的车迷，所以关于恩佐和法拉利的各种官方和非官方书籍都是不计其数的。但我相信没有人会去统计到底有多少关于恩佐·法拉利及其汽车品牌的书籍、小册子、专题文章和杂志专栏。当我拥有足够多的关于法拉利的资料时，发现很多都是重复的。这些个人出版的书籍大多是针对法拉利各款汽车的分类和整理，以及对法拉利车队在各个时期赛车成绩的记录和整理。但是对于恩佐·法拉利的介绍和研究少之又少，造成这样的原因是恩佐本人非常注重自己在公众面前的形象，而且他不允许任何人对自己的一切提出反对意见，所以在恩佐有生之年里很少有人过度批评他。意大利媒体经常会对法拉利车队的赛车和赛车手大肆批评，但几乎从未对恩佐本人有过人身攻击（仅有一次因为教皇说"残忍地吞噬了自己的孩子"而对恩佐进行了劈天盖地的口诛笔伐）。

本书的资料全部来源自传统媒体（法拉利官方网站除外），法拉利年鉴、官方杂志和周年纪念书籍是本书重要的资料来源。

关于恩佐·法拉利个人生活的书很少，我们能找到的关于他早期生活的资料都源于恩佐自己的自传。1962年，恩佐出版了第一本自传《My terrible Joys》；1963年，这本书发行了英文版；一年后又出版了修订版，名为《Due Anni Dopo》；1974年又出版了一本名为《Le Briglie Del Successo》带有插画的自传；恩佐最后一本自传是《Ferrari 80》。

1980年，Piero Casucci出版了一本名为《Enzo Ferrari 50 Years of Motoring》的书，算是一本不错的关于恩佐和法拉利车队的书。

乔克诺·克罗布在1987年（也就是他去世的前一年）出版的《Origins of the Ferrari Legend》一书中从自己的角度阐述了早期的法拉利汽车的研发历程。虽然克罗布对他和兰普蕾迪的那些摩擦、和恩佐之间的争吵只是一笔带过，但这本书仍然不失为研究法拉利和恩佐的珍贵的第一手资料。

尼基·劳达在1977年出版了自传《For the Record》，因为劳达是以一种不愉快的方式和法拉利分手的，所以这本自传中披露了一些恩佐非常私人的事情，这也算是首次将恩佐的另一面展现在大众面前。为法拉利效力过的很多位车手都出版过自己的自传，而他们看事情的角度也各不相同，但对于法拉利的赛车手，我还是推荐恩佐写的一本名为《Pilote, che gente...》的书，这本书中描述了法拉利车队中每位车手的优点、缺点和特点。如今这本书成为了记录恩佐·法拉利与法拉利的赛车手们关系的重要文献。

Marcel Massini在1993年出版了一本名为《Ferrari by Vignale》的书，资料翔实并附有大量照片。诸如此类的书籍还有《Ferrari Pininfarina》《Ferrari by Zagato》等。

关于法拉利公路跑车方面的著作有数百本之多，单是介绍单一车型的书籍就有几十本，但其中大多数都是美丽照片和重复资料的堆砌，而且车型收录得也不完整，也没有一个系统的体系将这些车型串联起来。

一本小开本名为《Ferrari all the Cars》的书将法拉利的所有制造过的车型（概念车除外）做了一个系统的介绍，该书过几年就会更新一版，现在已经更新到了第四版，第一版时的名字是《Tutto Ferrari》，当时的售价仅为10欧元。但这本书美中不足的是每辆车的介绍都很简炼，图片也很少。

2016年，Dennis Adler出版了一本名为《Ferrari 70 Years》的书，这本书得到了小路易吉·希奈蒂的大力协助，虽然在车型方面不是那么全面，但叙事角度比较新奇，而且书里面介绍了一些one-off车型，图片也比较丰富。

因为法拉利很多时候都与其他品牌息息相关，因此关于阿尔法·罗密欧、菲亚特、玛莎拉蒂和蓝旗亚的品牌著作对研究法拉利也有一定的帮助。

如果想全面了解法拉利车队的战史，那么一定要在关于国际大奖赛的大量书籍中寻找资料。关于法拉利车队赛车史的详细故事可以参考Giannino Marzotto 1987年出版的《La Ferrari Alla Mille Miglia》一书。这本书对法拉利车队早期的记录非常详细。

Mark Hughes在2003年出了一本名为《The Complete Book of Formula One》的书，里面详细介绍了从1950年至2002年所有F1比赛的记录，资料翔实而且附有很多珍贵的历史照片。千禧年之后F1比赛相关内容的书籍就非常丰富了，从车队战绩到技术规格等五花八门。

在车辆拍摄方面可以参考冈瑟·劳普（Gunther Raupp）大师的《The Ferrari Book》，这本书经过几年就会重新再版一次，同时加入最新的车型照片。自1984年起，劳普就成为法拉利官方日历的御用摄影师。

除上面列出的书籍外，老牌汽车杂志，例如《Car》《Octane》《Car and Drive》《Road & Track》等也会不定期推出法拉利的专题，这些杂志也为本书的撰写提供了大量的资料。

致　谢

我很幸运来自一个非常爱读书的家庭，我的父母一直都有读书的习惯。在我家里，我的妻子也会在床头放上一本书。

我受到家庭成员的鼓励去撰写这本书，更重要的是，他们不间断的爱才使得这本书的完成成为可能。

我开始考虑写这本书的时候我意识到这会是一个挑战。我并没有想到我会这么享受这个过程，主要因为我和我的好友卞亚梦一起在做这件事。

在众多朋友的大力支持下，本书才得以问世。特别要感谢王洪浩、陈磊、姚夔、陈柏卿、郭立峰，他们为本书的诞生付出了巨大的努力，作者谨向他们致以诚挚的谢意。